Hochschulwachstum in der Zwangsjacke

Heinrich Ursprung

HOCHSCHUL

WACHSTUM
IN DER ZWANGSJACKE

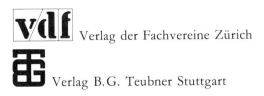

Verlag der Fachvereine Zürich

Verlag B.G. Teubner Stuttgart

Der Verlag dankt dem Schweizerischen Bankverein für die Unterstützung zur Verwirklichung seiner Verlagsziele.

1986

© Verlag der Fachvereine an den Schweizerischen Hochschulen und Techniken, Zürich
ISBN 3 7281 1507 X

B.G. Teubner, Stuttgart
ISBN 3 519 07285 8

Umschlag: Fred Gächter, Graphiker ASG, Oberegg
Druck: Schüler AG, Biel

Vorwort

Die Betriebsausgaben der Eidgenössischen Technischen Hochschulen (ETHs) sind im Jahrzehnt nach 1974 bloss noch etwa im Ausmass der Teuerung angestiegen, real also kaum gewachsen. Grund: Die eidgenössischen Räte betätigten den Bremshebel dort, wo der Spareffekt am grössten ist, d.h. bei den Personalausgaben; diese machen rund 75% der Betriebsausgaben der ETHs aus. Die Räte beschlossen im Herbst 1974, den Personalbestand der Bundesverwaltung, zu welcher die ETHs rechtlich gehören, zu plafonieren. Im Jargon spricht man vom Personalstopp-Beschluss.

Ich habe nicht den Eindruck, dass die Räte bewusst oder gar gezielt das Hochschulwachstum bremsen wollten. Vielmehr ging es darum, das Ausgabenwachstum der Verwaltungstätigkeit insgesamt (und damit eben auch der Hochschultätigkeit) zu bremsen. Theoretisch hätte dabei die Regierung die Möglichkeit gehabt, im Vollzug des Personalstopp-Beschlusses ausgesprochen differenziert vorzugehen, vielleicht Bildung und Forschung im Vergleich zu anderen Bereichen zu bevorzugen. Seitens der ETHs wurde denn auch keine Gelegenheit verpasst, auf ihre besonderen Nöte hinzuweisen, nicht zuletzt auf die über Erwarten und erfreulicherweise wieder steigenden Studentenzahlen («die Schweiz braucht mehr Ingenieure») und auf die Langzeitwirkung hochstehender Forschung («die Schweiz muss den Anschluss an High-Tech immer wieder sicherstellen»). Aber auch unsere Konkurrenten im Kampf um den eingefrorenen Staatskuchen machten steigende Bedürfnisse geltend. Im Austragen der unvermeidlichen Zielkonflikte zwischen den grossen Staatsaufgaben gab es zwar einige Korrekturen zugunsten von Bildung und Forschung. Aber im grossen und ganzen waltete Opfersymmetrie.

Der Personalstopp-Beschluss traf die ETHs unvermittelt nach einer langen Phase der Angewöhnung an Wachstum. Eindrücke jenes Übergangs vom Wachstum zum Nullwachstum sind im Vorläufer[1] des vorliegenden Buches dokumentiert. Dort wird das Bremsmanöver sichtbar, das die ETH

---

[1] H. Ursprung, «Wachstum und Umbruch». Birkhäuser, Basel, 1978. 199 S.

Zürich machen musste, als nach einem Vierteljahrhundert quantitativen Wachstums die Plafonierung kam.

Die damals verwendete Darstellungsform – eine Auswahl datierter, unveränderter Texte von Reden und Aufsätzen – hat in Politik, Praxis und Wissenschaft gute Aufnahme gefunden und Anstoss zum vorliegenden Folgeband gegeben. Ich berichte darin über unsere Anstrengungen zur inhaltlichen Umgestaltung der ETH Zürich in mehr als einem Jahrzehnt quantitativen Nullwachstums.

Viele meinen, der Personalstopp-Beschluss allein sei an allen unseren Schwierigkeiten schuld. Weit gefehlt! Eine Jacke wird nicht nur durch ihre Kleinheit zur Zwangsjacke. Wäre sie etwas dehnbarer, könnte ihr Träger etwas freier atmen. Aber da sind steife Bänder eingenäht in Form von Rechtsnormen, die unsere Handlungsfreiheit einschränken. Wollten wir zum Beispiel an der ETH Zürich grosse Nettoeinnahmen erzielen (z. B. durch Vermarktung eines Angebots an Weiterbildungsveranstaltungen) und mit dem erwirtschafteten Gewinn neue Ausgaben tätigen, so wird uns dies durch das Bruttoprinzip des Finanzhaushaltsgesetzes verwehrt. Auch unsere eigenen oder uns nahestehenden Versuchsanstalten, als Profitcenters vorprogrammiert, dürfen nicht Reingewinne erwirtschaften, die wir gerade wieder für Ausgaben verwenden könnten. Wollten wir Mitarbeiter verschiedener Fachrichtungen zu arbeitsmarktabhängigen Löhnen anstellen, steht die Besoldungsskala im Wege. Wollten wir dank der Kontakte vieler Professoren zu Lieferanten, auch im Ausland, zu besonders günstigen Konditionen Maschinen und Apparate, insbesondere Computer, selbst einkaufen, hindert uns daran die Einkaufsverordnung. Wollten wir einen wichtigen Führungsentscheid einmal rasch treffen, bedrängt uns der Bundesbeschluss von 1970, die sogenannte Übergangsregelung, der die Leitungsorgane verpflichtet, über alles und jedes vorgängig von Entscheiden Vernehmlassungen durchzuführen. Diese Vorschrift in den Mitspracheartikeln des erwähnten Bundesbeschlusses verleitet Leitungsorgane dazu, sich lange hinter der Arbeit von Kommissionen und Gremien zu verstecken und dann schliesslich eine Kompromisslösung mit möglichst kleinem Verärgerungsfaktor anzuordnen. So zustandegekommene Entscheide sind nicht immer die besten, und häufig fallen sie zu spät. – In einem Satz: Der Mangel an unternehmerischer Freiheit hat sehr wesentlich dazu beigetragen, dass der Personalstopp-Beschluss so hemmend wirkte.

Einige unserer Gesprächspartner in Politik und Verwaltung haben das eingesehen und im Rahmen der gesetzlichen Möglichkeiten Lockerungen der Vorschriften oder ihrer Handhabung vorgenommen. So hat zum Beispiel das Personalamt unserem Vorhaben zugestimmt, aus einer primär für Sachmittel reservierten Kreditrubrik («Unterricht und Forschung») befristet wissenschaftliches Personal zu entschädigen. Das war ein von Einsicht getragenes, in der Folge aussergewöhnlich nützliches Ausbrechen aus der sonst starren Rubrizierung unseres Haushalts. Andere Gesprächspartner haben auf unsere eigenen Schwächen hingewiesen, etwa unsere Schwierigkeit, «Stückkosten» zu ermitteln. Was kostet die Ausbildung eines Absolventen je nach Fachgebiet? Welche Kennziffern meinen wir, wenn wir vom «Betreuungsverhältnis» zwischen Professoren, Assistenten und Studierenden sprechen? Welcher Anteil der Kosten entfällt auf Forschung, welcher auf Lehre? Jeder, der Hochschulen von innen erlebt hat, weiss, wie schwierig es ist, solche Zahlen zu ermitteln und sträubt sich dagegen. Wenn er aber gleichzeitig mehr unternehmerische Freiheit fordert, muss er sich sagen lassen, eine Unternehmung kenne die Stückkosten und habe Kennziffern. Die Bemerkung, eine Hochschule sei keine Unternehmung und auch keine Verwaltung, kann zum Feindbild des Sonderfalls Hochschule führen und zur Folge haben, dass die Hochschulleitung zum Gegner der Verwaltung wird. Das sollte vermieden werden.

Eigenlob liegt dem Schweizer nicht besonders. Dennoch war es dringend nötig, immer wieder auf die Erfolge hinzuweisen, die unsere Hochschule in ihrem inneren Wandel errungen hat. Es ist doch ein Leistungsausweis, ohne zusätzliche Personalstellen ein Drittel mehr Studenten zu betreuen! Es müsste doch wahrgenommen werden, dass mitten in einer langen Durststrecke wichtige Neugründungen von Instituten und Abteilungen erfolgt sind, allen voran die junge Abteilung für Informatik mit heute rund 700 Studierenden; 1980 gab es an unserer Hochschule noch keine Hauptfach-Informatiker! Auf- und Ausbau von Biotechnologie, Materialwissenschaften, Energietechnik sind drei weitere Beispiele grösserer innerer Entwicklungen unserer Hochschule in diesem Zeitraum. Im quantitativen Nullwachstum ist der Einstieg in neue Gebiete nur möglich geworden, weil gleichzeitig auf die Weiterführung der einen oder anderen herkömmlichen Tätigkeit verzichtet wurde, freiwerdende Professuren nicht wiederbesetzt, ja ganze Institute aufgehoben wurden. Die Schatten, die solche Abbaumassnahmen auf der politischen Bühne warfen, liessen das Licht der Aufbauerfolge kaum in Erscheinung treten. Dieser Umstand erleichterte den Leitungsorganen ihre Arbeit nicht.

Die viel zu häufig erforderlichen Umdispositionen bei der Mittelzuteilung haben im Innern der Hochschule zu einer verbreiteten Unruhe geführt. Zwar kam es zu Tausenden von Gesprächen zwischen Professoren und andern Hochschulangehörigen mit Mitgliedern der Schulleitung. Aber trotzdem wurde ein Kommunikationsmangel spürbar, der sich als weiteres Hemmnis erwies. Er ist zu einem guten Teil auf die Stückelung der ETH Zürich in viel zu viele Institute zurückzuführen. Gesprächspartner, die ihre grösseren Fachgebiete im Überblick kennen, die im Bild sind über Stärken, Schwächen und Nöte einer Gruppe von Instituten des grösseren Fachgebietes, fehlen für die Behandlung von Fragen der Mittelzuteilung und der Forschung. Die Führung wird damit extrem zentralistisch, was bei der heutigen Grösse der Hochschule nicht gut ist. Für Fragen der Lehre bestehen solche Gesprächspartner: es sind die Vorsteher der Abteilungen. Ich hoffe, dass die Strukturschwächen im Zuge der laufenden Reorganisation behoben werden können.

Der Erwartungsdruck, der auf unserer Hochschule lastet, wird nicht abnehmen. Die verkürzte Lebensdauer vieler Produkte des Marktes – und nicht nur im High-Tech-Bereich – ruft nach neuartigem Zusammenwirken von Hochschule und Praxis. Allein schon die Zahl der benötigten Wissenschafter, insbesondere der Ingenieure, nimmt zu. Die demographische Kurve hat aber eine sinkende Tendenz, und Anstrengungen sind deshalb nötig, den Anteil jener Maturanden zu erhöhen, die sich den technischen Wissenschaften zuwenden. Wir halten es für wichtig, dass diese Einsicht Verbreitung findet.

Der Leser wird bemerken, dass die Zahl meiner Anliegen gar nicht besonders gross ist. Einige Überlegungen wurden noch und noch vorgetragen, in neue Zusammenhänge gestellt und neuen Kreisen von Zuhörern vorgetragen. Der vorliegende Band stellt zwar nur eine Auswahl von Reden und Aufsätzen dar, enthält aber trotzdem Wiederholungen. Ich habe bewusst darauf verzichtet, sie auszumerzen. In der Wissenschaft genügt es, eine Aussage, die gilt, einmal zu machen. In der Politik genügt das nicht. Es darf keine Gelegenheit verpasst werden, die Bedeutung von Lehre und Forschung für die Selbstbehauptung unseres Kleinstaats unter Beweis zu stellen. Die Anstrengungen lohnen sich, ja ich glaube unter dem Eindruck der Lichtblicke der jüngsten Vergangenheit, sie haben sich gelohnt.

Heinrich Ursprung

Inhaltsverzeichnis

Vorwort   V

1   Ausblicke

1.1   Freuen wir uns also!   3
1.2   Zur Gründung der Schweizerischen Akademie der Technischen Wissenschaften (SATW)   10
1.3   Valorization of research at the Swiss Federal Institute of Technology Zurich (ETHZ)   14
1.4   Das Problem der Früherkennung in Bildungs- und Forschungspolitik   19
1.5   Internationaler Austausch wissenschaftlicher Informationen durch Fernmeldemittel   30
1.6   Die Schweizer Hochschulen im internationalen Wettbewerb .   34
1.7   Bildung in Japan: Herausforderung für die ETH?   45
1.8   Perspectives of Progress in Science and Technology   53
1.9   Thesen zur Frage der Studiendauer   62
1.10 Aktuelles zu Bildungs- und Forschungspolitik   65
1.11 Die Förderung der Kreativität an der Schwelle zur Industrie   75
1.12 Zum Ausbildungssystem der Ingenieure in der Schweiz   80
1.13 Technologie als Teil der Allgemeinbildung   86
1.14 Hochschule und Selbstbehauptung des Landes   92
1.15 Denkplatz und Arbeitsplatz Schweiz: Probleme des Zusammenwirkens   98

2	Wachstum in der Zwangsjacke	
2.1	Forschungsförderung an der ETH Zürich.	109
2.2	Aufruf zur Mitarbeit bei der Mehrjahresplanung	117
2.3	ETH Zürich: Aufgaben; Zusammenwirken mit der Universität Zürich; aktuelle Probleme.	122
2.4	ETH-Planung 1980–1984	136
2.5	Die Entwicklung der ETH Zürich seit 1950.	139
2.6	Probleme der Mitsprache an der Hochschule	145
2.7	Zum Stand von Lehre, Forschung und Dienstleistung an der ETH Zürich	148
2.8	Informatik und Werkstoffe: zwei neue Abteilungen an der ETH Zürich	155
2.9	Die Führung der ETH Zürich unter dem Regime der Personal- und Finanzrestriktionen	157
2.10	Der Stadtzürcher Regionalplan aus Sicht der ETH	161
2.11	Zum Fortgang der Reformbemühungen an der ETH Zürich	164
2.12	Dozentenplanung 1984–1987 im Zeichen des Nullwachstums	166
2.13	Neues weiterhin nur unter Verzicht auf Bestehendes?	171
2.14	The struggle to maintain excellence in a period of zero growth	174
2.15	Zum Stand der ETH Zürich	186
2.16	Die Hayek-Studie aus Sicht der ETHZ.	202
3	Gelegenheitliches	
3.1	Studium?	207
3.2	Einstein-Ausstellung	214
3.3	Denkplatz und Arbeitsplatz Schweiz	217
3.4	Politik und Technik	221
3.5	Ziel, Zweck, Zuversicht	226
3.6	Die Verantwortung der Ingenieure und Architekten in der Gesellschaft	230

3.7	Alfred Escher als Hochschulpolitiker	237
3.8	Zwanzig Jahre Forschungsinstitut für Mathematik der ETH Zürich	244
3.9	Hermann Weyl, 1885–1955	249
4	Biologisches	
4.1	Chips and DNA	255
4.2	Bio-Sciences and Technique	257
4.3	Zur Geschichte der Wissenschaft	263
4.4	On Macromolecular Science	265
4.5	Biologie im Vormarsch	268
4.6	Biotechnology: The new Chance for Industry	279
5	Vorworte zu den Jahresberichten der ETH Zürich	
	1973	285
	1974	287
	1975	289
	1976	292
	1977	295
	1978	298
	1979	301
	1980	304
	1981	307
	1982	310
	1983	314
	1984	317
	1985	320

1. Ausblicke

1.1 Freuen wir uns also![1]

Ich habe die grosse Freude und Ehre, danken zu dürfen.
Der Gesellschaft Ehemaliger Polytechniker danke ich für die Schenkung, die uns auf Jahrzehnte hinaus ermöglichen wird, die Frage nach Sinn und Ziel unserer Tätigkeit durch bedeutende Persönlichkeiten in verantwortungsbewusster Weise stets neu abhandeln zu lassen. Liebe Mitglieder der GEP, wir werten Ihr Geschenk als Zeichen der Verbundenheit mit Ihrer Alma mater, deren Schicksal Ihnen am Herzen liegt.

Der Schweizer Wirtschaft, Institutionen der öffentlichen Hand sowie Privaten danke ich für das überaus grosszügige Geschenk, das uns in den nächsten 25 Jahren bei der Bewältigung von Engpässen helfen wird. Einzelfirmen und Verbände, grosse und kleine; Städte, Kantone; aber auch Einzelpersonen, die alle zum grossen Geschenk beigetragen haben oder noch beitragen werden: wir werten Ihr Geschenk als Zeichen des Vertrauens in unsere Hochschule.

Mein ganz besonderer Dank geht an die unermüdlichen Herren Dr. Herbert Wolfer und Dr. Peter Schudel für den grossen Einsatz in den beiden Sammelkomitees.

Gerne ergreife ich die Gelegenheit, auch all jenen Spendern ein herzliches Dankeschön zu sagen, die uns im Jubiläumsjahr ausserhalb der offiziellen Sammlungen mit Zuwendungen bedacht haben. Die Liste wird angeführt von jenem privaten Gönner, der uns ein Schenkungsversprechen von 2,5 Millionen Franken für die Förderung besonders praxisnaher Forschung hat zukommen lassen.

Insgesamt kann ich heute Geburtstagsgeschenke im Wert von 13,5 Millionen Franken verdanken.

Tief empfundener Dank geht an unserem Feiertag besonders an das Schweizervolk, das die ETH Zürich möglich macht. In der Bundeskasse nehmen die für Bau und Betrieb der ETH Zürich nötigen Beträge einen bedeutenden Platz ein. Wir danken den eidgenössischen Räten, dem Bun-

---

[1] Ansprache an der Akademischen Feier zum 125. Geburtstag der ETH Zürich, am 28. November 1980, in der Tonhalle Zürich.

desrat, dem Schweizerischen Schulrat und der Bundesverwaltung für die zuverlässige und wohlwollende Unterstützung, die sie der ETH Zürich immer haben angedeihen lassen. Mein Dank gilt auch Volk und Behörden jener vielen Kantone, in welchen die ETH Zürich angesiedelt oder tätig ist. Niemand wird mir verübeln, dass ich den Kanton Zürich und die Stadt Zürich besonders hervorhebe. Tausende von Angehörigen der ETHZ sind in diesem Kanton und in dieser Stadt tief verwurzelt, und ich weiss umgekehrt, dass viele Zürcher ihr Poly gern haben. Zuletzt, aber nicht minder herzlich, danke ich der Universität Zürich für ihre konstruktive Zusammenarbeit. Nicht ängstliche Abgrenzung von Tätigkeiten, nicht sturer Verzicht auf Doppelspurigkeiten, sondern sinnvolle Abstimmung ermöglichen jene gesunde Konkurrenz, die dazu beiträgt, diese beiden Hochschulen auf ihrem stolzen Stand zu erhalten.

* * *

Die Kreise, die uns am heutigen Geburtstag beschenkt haben, aber auch die Mitbürger, die durch ihre Steuern die Grundlast unseres Tuns tragen, erwarten jetzt zu Recht Auskunft zur Frage, wie die ETH Zürich ihre Mittel in Zukunft einsetzen will. Was ich dazu ausführen möchte, soll gleichzeitig Versuch einer Antwort sein auf die Frage: «Technik wozu und wohin?», die uns im Jubiläumsjahr begleitet hat. Rektor Grob hat unsere Hochschule vor Jahresfrist aufgerufen, im Jubiläumsjahr «mit ihren Ideen vor das Volk zu treten». Das haben wir getan, zuletzt im gestrigen, internationalen Symposium. Vier Redner, aus vier Fachgebieten, äusserten sich zum Thema, jeder in seiner Sprache.

In seinem Referat über «Technik und Gesellschaft auf dem Weg in die Zukunft» sagte Ralf Dahrendorf, Direktor der London School of Economics, Technik und Wissenschaft seien nicht mehr die vorwärtsstrebenden Kräfte, die auch der Gesellschaft neue Horizonte eröffneten. «Zuweilen könnte man sogar meinen, das Gegenteil sei geschehen: Technik und Wissenschaft sind zum Teil jener versteinernden Institutionen geworden, die neuen Kräften den Ausdruck zu verwehren suchen. Technik und Gesellschaft gehen also auf verschiedenen Wegen in die Zukunft.» «Man muss hoffen», fuhr Dahrendorf fort, «dass diese Wege nicht im zerstörerischen Konflikt aufeinanderstossen. *Das geht nur, wenn die Technik, nachdem sie von einer Kraft zu einer Institution geworden ist, nunmehr zu dem wird, was sie in ihrem Kern immer war, nämlich ein Instrument menschlicher Wohlfahrt, deren Inhalt sie nicht selber bestimmt.*» Das Argument von Dahrendorf enthält deutlich einen Wandel der Beurteilung: Kritik, die Technik sei zuweilen zum Selbstzweck geworden, dann Zuversicht, die Technik könne zu einem Instrument menschlicher Wohlfahrt werden, mit dem wichtigen Hinweis, dass ebendiese Wohlfahrt nicht von der Technik bestimmt werde. Sein Appell, dass die Technik sich nicht in Selbstzweck-Erfüllung erschöpfe, kann sich deshalb nicht nur an die Adresse der Techniker richten. Der Appell geht vielmehr an das ganze Volk, das in unserer Demokratie bestimmt, was es für nötig hält. Viele Mitbürger haben aber echte und verständliche Schwierigkeit, mit dem technischen Fortschritt fertigzuwerden. Sie holen sich dann Rat bei Sachverständigen. Es ist wichtig, dass die Sachverständigen ihren Rat auf dem Hintergrund eines Bewusstseins dieser Zusammenhänge abgeben.

Der Mensch will in Wohlfahrt leben. «Pour un homme, ‹vivre› ne signifie pas seulement rester organiquement vivant: vivre, c'est vivre *en homme*», nous a dit hier Mme Hersch dans sa conférence sur «La technique entre déterminisme et finalité». Notre chère collègue philosophe de l'université de Genève a continué sa réflexion remarquable en disant: «Le bonheur, ce serait, grâce à la technique, la disparition du *manque*. Mais la disparition du manque, pour l'homme, c'est aussitôt la destruction de toute visée, et donc le règne du nonsens, c'est-à-dire le pire malheur qui soit.

Non, si la technique ouvre aux êtres humains l'accès aux loisirs, à la culture, au patrimoine, aux manières différentes d'être des hommes, ce n'est pas pour les rendre plus heureux, mais pour leur permettre de vivre davantage ‹en hommes›. Elle multiplie devant eux les possibles – et la complexité – de la pensée et de la liberté.» Mais Mme Hersch continue: «Les ‹options› sont commandées par des nécessités. Un déterminisme nouveau commande souvent automatiquement et tyranniquement les ‹progrès› de la technique. Certaines solutions deviennent inévitables: matériaux de substitution, artificiels, énergie atomique...» Dans ces réflexions aussi, on s'aperçoit de l'immense responsabilité qu'aura la technique de l'avenir: non seulement d'offrir à l'homme des solutions dites techniques, mais de veiller à ce que les conséquences mêmes de ces solutions ne limitent pas la liberté essentielle des hommes.

Il dottor Aurelio Peccei, presidente del Club di Roma, ha considerato il problema con uno sguardo verso orizzonti più lontani. Ha predetto che il decennio degli 80 può influenzare l'intero sistema umano ben oltre il decennio stesso. Ha accentuato che *il futuro è*, oggi più di ieri, un prodotto dell'uomo. «*È la risultante die quanto fanno miliardi di persone giorno per giorno, e di come lo fanno.* Quindi, il futuro, che non può essere predetto, può invece essere, entro certi limiti, ‹inventato›.» Quest'idea, di poter ‹inventare› il futuro, mi pare interessante, ma pericolosa e utopica; pericolosa perchè questa filosofia può aprire porte e finestre ad un dirigismo difficile da digerire per le democrazie, utopica in considerazione del numero immenso di esseri umani e della loro vasta molteplicità. Tuttavia il dottor Peccei ha proseguito così: «Nonostante i grandi successi della ‹Tecnica›, la condizione umana nel suo insieme è attualmente in fase di declino. Per invertire questa tendenza negativa, occorrerà, fra l'altro, perfezionare e impiegare molte ‹Tecniche›.» Dunque, ci vorrà la tecnica nel futuro!

Dr. Philip Handler, President of the US National Academy of Sciences, spoke on «Science in a Democratic Society». He emphasized the importance and merits of research as a necessary basis for human well-being. He acknowledged the need for an effective control of the advancement of technology, and made a clear distinction between the two kinds of evaluation this control has to be based on: a technical evaluation, and a political evaluation. In an interesting analysis of the reasons for a possible discontentment with science and technology, he argued that both scientists and non-scientists often fail to disentangle rigorous scientific evaluation from ethical, moral, social, economical evaluation. *Scientists, he said, should step out of their laboratory coats when they take issue with these political dimensions of their work.*

This wise counsel of Dr. Handler's could mean that scientists should not sit in political decision-making bodies, but only in scientific decision-making bodies and that politicians should only sit in political decision-making bodies. But it need not mean that; in fact in a small country like ours it hardly can mean that. What it must mean is that scientists have to develop the ability to rid themselves of their science-bias when they deal with the political implication of their work.

* * *

Über die mehr als 300 Veranstaltungen, die wir im Jubiläumsjahr zum Thema «Technik wozu und wohin?» im ganzen Land durchgeführt haben, hat der Rektor bereits berichtet. Wir haben eine, nur eine Grundwelle gespürt: eine *Grundwelle der Erkenntnis, dass auch die Zukunft Technik braucht.* Mit ausserordentlicher Deutlichkeit haben wir erfahren, dass alternative Technologien zwar respektiert, in Betracht gezogen und gepflegt werden sollen, dass sie allein aber die Probleme nicht zu lösen vermögen. Es gibt Mitmenschen, welche die Ansicht vertreten, die alternativen Lösungen insbesondere des Energieproblems seien für sich selbst lebensfähig. Die Auseinandersetzungen in unserem Jubiläumsjahr haben gezeigt, dass das eine Illusion ist. Der Gedanke ist deshalb undurchführbar, weil eine leistungsfähige, dezentralisierte Technik eine leistungsfähige Grosstechnik zur Voraussetzung hat. *Die ausserordentlich schwierigen Probleme einer künftigen Energietechnik sind ohne grosstechnische Mittel nicht zu lösen.* Sehr schön lässt sich das illustrieren am Beispiel der vielgeforderten Verstärkung des öffentlichen Verkehrs. Unsere Bahnen zeichnen sich dadurch aus, dass sie im Vergleich mit dem Automobil mit einem Bruchteil des Energieverbrauches auskommen und darüber hinaus eine überaus lange Lebensdauer haben.

Unsere Bahnen sind aber selbst ausgesprochen grosstechnische Anlagen und können weder mit dem wünschbaren Wirkungsgrad aus dezentralen Kleinanlagen mit Energie versorgt werden, noch ist ihre Herstellung ohne Grosstechnik denkbar. Die Auseinandersetzungen im Jubiläumsjahr gerade zum Energieproblem haben unser *Vertrauen in Notwendigkeit und Wirksamkeit der Grosstechnik nicht geschwächt, sondern gestärkt*. Sie haben die Überzeugung gefestigt, dass die Frage nicht «Grosstechnik *oder* Kleintechnik» lauten kann, sondern dass beide sinnvoll zusammenwirken müssen. Die ETHZ wird ihre Anstrengungen in Lehre und Forschung auf dem Gebiet der Energietechnik, insbesondere in Maschinenbau und Elektrotechnik, unter Einbezug der Nukleartechnik, erhalten, ja verstärken.

Wenn ich die Notwendigkeit der Grosstechnik betone, möchte ich dabei nicht missverstanden werden: Die ETHZ verschliesst sich keineswegs der Einsicht, dass im Bereich der rationellen Verwendung von Energie mittels Kleinanlagen, etwa in der Haustechnik, in Forschung und Lehre noch viel zu leisten ist. Sie verschliesst sich auch nicht der Einsicht, dass qualitativ hochstehende Forschungs- und Entwicklungsvorhaben zur Nutzung erneuerbarer Energiequellen grosszügig gefördert werden sollen. Wir warnen aber vor einer brüsken Abwendung von der Grosstechnik vor allem aus der Erkenntnis, dass sie durch ihren hohen Wirkungsgrad und ihre überlegene Betriebssicherheit die beste Nutzung der knappen Ressourcen sichert, und aus der Überzeugung, dass die Energieversorgung in unserem Industrieland ohne sie nicht denkbar ist. Unsere Energiewirtschaft kann auf eine lange Vergangenheit zuverlässiger Energieversorgung zurückblicken und verdient unser Vertrauen auch in Zukunft.

Den Beitrag der ETHZ zur Lösung des Energieproblems, das so schwer auf uns allen lastet, sehe ich vor allem darin, dass sie weiterhin fachmännische und verantwortungsbewusste Kader heranbildet. Die Schulung des Verantwortungsbewusstseins nimmt dabei in Gegenwart und Zukunft einen grösseren Raum ein als in der Vergangenheit. Man sagt uns zu Recht, der Ingenieur und Naturwissenschafter müsse sein Handeln bewusster als früher auf dem Hintergrund sozialwissenschaftlicher und geisteswissenschaftlicher Werte sehen. Die ETH Zürich macht das möglich. Unsere Studenten haben durch das ausgezeichnete Lehrangebot der Abteilung für Geistes- und Sozialwissenschaften, aber auch in den Studienplänen einer ganzen Reihe von Fachabteilungen, die Möglichkeit, ihre Ausbildung in dieser Richtung zu ergänzen; ja sie können sich im Schlussdiplom in einem geistes- oder sozialwissenschaftlichen Fach prüfen lassen. Es wäre wünschbar, dass die Universitäten dasselbe, aber in umgekehrter Richtung, täten. Wenn nämlich die Geistes- und Sozialwissenschaften zuweilen in Aussicht stellen, sie würden es sein, welche die Probleme der Zukunft lösen, dann bleibt das mindestens so lange unglaubwürdig, als sie sich nicht anstrengen, ihren Absolventen eine komplementäre Bildung mit Einblicken in die Welt der Natur- und Ingenieurwissenschaften mit auf den Weg zu geben. Die Probleme der Zukunft treten nicht nach Fakultäten gebündelt auf. Sie können deshalb nicht durch Fakultäten im Alleingang gelöst werden. Nur durch eine Zusammenarbeit von Fachleuten, die auf ihrem Fachgebiet sattelfest sind und Sprache und Anliegen des anderen verstehen, können wir jenen echten Ratschlag der Experten erwarten, der dem Stimmbürger eine rationale Entscheidfindung ermöglicht.

* * *

Nicht nur die Energieforschung, sondern auch andere Gebiete werden in naher Zukunft an der ETHZ besonders gefördert. Ich erwähne die Materialwissenschaft, die Computerwissenschaft und die Technische Biologie. Aus dieser Liste mag der Eindruck entstehen, unsere Hochschule verlagere ihr Gewicht ganz auf die Seite der anwendungsorientierten Forschung. Dieser Eindruck ist falsch. *An jeder Hochschule, auch an einer technischen, muss die Grundlagenforschung – mit der Lehre – den ersten Platz einnehmen.* Grundlagenforscher sind Spezialisten für das Unerwartete. Den Grundlagenforschern ihre Mittel zu entziehen, hiesse nicht nur den wissenschaftlichen, sondern auch den technischen Fortschritt der Zukunft verhindern. Diesen Fehler wird die ETHZ nicht machen. Wir sind entschlossen, nicht nur unsere Ingenieurwissenschaften, sondern auch unsere Mathematik, Physik, Chemie, Erdwissenschaften und Biologie so zu dotieren, dass sie weiterhin grosse Leistungen in Lehre und Forschung erbringen können.

* * *

Unsere Arbeit wird in der Zukunft schwieriger, nicht zuletzt, weil die gesellschaftspolitische Komponente von Bildung und Forschung an Bedeutung gewinnt. Die Erwartung der Öffentlichkeit an Beratung und Dienstleistung der Hochschulen wächst; ich brauche nur die toxikologische Beratung oder die Frage der Beseitigung radioaktiver Abfälle als aktuelle Beispiele zu nennen. Unser *Hauptbeitrag bleibt die Ausbildung verantwortungsbewusster Fachleute,* ist also nicht ein unmittelbarer, sondern ein mittelbarer Beitrag. Wir sind zuversichtlich, dass die Eidgenossenschaft die Grundlast unserer Betriebskosten weiterhin tragen wird. Wenn wir Mittel brauchen, um über diese Grundlast hinaus, und rasch, besonders wichtige Anliegen erfüllen zu können, dann werden wir auf die Jubiläumsspende zurückgreifen. Diese willkommenen zusätzlichen Mittel wollen wir – wie die regulären – einsetzen in einem Geiste nicht des Zweifels, sondern des Optimismus dafür, dass Natur- und Ingenieurwissenschaften brauchbare, handfeste

Lösungen bringen können. Die Schwierigkeiten der Zukunft erfüllen uns nicht mit Sorge. Würde die neue Herausforderung nämlich fehlen, dann könnte an der Hochschule jener *manque* eintreten, von dessen Überwindung Jeanne Hersch den Zustand des *bonheur* abhängig macht.

Die ETHZ freut sich auf die Auseinandersetzung mit der Zukunft. GAUDEAMUS IGITUR!

1.2 Zur Gründung der Schweizerischen Akademie der Technischen Wissenschaften (SATW)[1]

Man nennt unser Zeitalter das technische. Jeder von uns kommt als Individuum, in der Familie, in der Gemeinde, im Staat, als Bürger dieser Welt täglich mit Technik in Berührung. Die Technik hat dabei nicht mehr bloss die direkt dienende Funktion, die sie ganz zu Anfang hatte. Vielmehr ist sie längst selbst zu einer Institution geworden. Das wird sofort einsichtig, wenn man erkennt, dass Technik immer das Vorhandensein von Erzeugnissen oder Produkten menschlicher Tätigkeit bedeutet. Solche Produkte herstellen zu können, ist für den Menschen von heute und morgen wichtig. Ja, für das wirtschaftliche Überleben der Nationen ist die Konkurrenzfähigkeit im Angebot technischer Produkte eine Vorbedingung. Denn Konkurrenzfähigkeit ist eine notwendige Voraussetzung für die Sicherung der Arbeitsplätze. Eine notwendige, wenn auch allein nicht immer hinreichende Bedingung für Konkurrenzfähigkeit ist Innovation. Und Innovation ist wesentlich mitgetragen von der Wissenschaft. Diese Zusammenhänge sind mit ein Grund dafür, dass die zunächst unerwartete Formel der «Technischen Wissenschaften» in unseren Sprachschatz Eingang gefunden hat.

Unser Land hat in Wissenschaft und Technik international ein hohes Ansehen. Dieses Ansehen ist ohne eine Akademie der Technischen Wissenschaften zustandegekommen. Man mag sich deshalb gefragt haben, ob die Gründung der SATW nötig ist. Sie ist nötig, nicht in erster Linie aus Gründen der Vollständigkeit, dass nämlich neben den Geisteswissenschaften, den Naturwissenschaften und der Medizin auch die Technischen Wissenschaften ihre Stimme auf Akademiestufe erheben können, auch nicht etwa bloss, um mit anderen Ländern mitzuhalten, die längst über Akademien der Technischen Wissenschaften verfügen, sondern aus der Überlegung heraus, dass die *Technischen Wissenschaften mitten in einer Phase der Herausforderung* stehen.

Die Herausforderung ist technischer und nicht-technischer Natur. Lassen Sie mich hiefür ein paar Beispiele erwähnen. Die Lagerung radioaktiver

---

[1] Ansprache an der Gründungsversammlung im Nationalratssaal des Parlamentsgebäudes in Bern, am 9. April 1981.

Abfälle ist technisch lösbar, aber jede technisch mögliche Lösung hat politische Hürden zu überwinden. Datenerfassung und Datenverarbeitung sind mit praktisch beliebigen Finessen technisch lösbar, aber da fallen komplexe rechtliche Probleme an. Gewässer lassen sich mit technischen Methoden reinigen oder sogar reinhalten, aber man darf dabei sehr handfeste ökonomische Fragen nicht ausser acht lassen. Die Bewältigung von Transporten durch öffentlichen Verkehr oder Individualverkehr ist nicht nur ein technisches Problem, sondern mindestens auch ein energiewirtschaftliches, rechtliches und psychologisches. Die alles überspannende Problematik der Energieversorgung unseres Landes schliesslich verlangt im höchsten Masse die Mitarbeit der verschiedensten Disziplinen, nicht nur der technischen, aber auch der technischen.

Alles das bedeutet, dass die Technischen Wissenschaften nicht in sich selbst verharren dürfen, weder als Ganzes, noch in ihren Teilbereichen. *Die Technischen Wissenschaften werden mehr als früher Synergien suchen müssen.* Ich meine damit zunächst Formen des Zusammenwirkens der verschiedenen technischen Disziplinen unter sich, mit der Wirtschaft und mit den exakten Wissenschaften. Schlüsseltechnologien – etwa die Informatik oder die Verfahrenstechnik – müssen mehr als früher für andere Technologien erschlossen werden. Es muss bewusster versucht werden, Erkenntnisse der exakten Wissenschaften für die Technischen Wissenschaften und die Praxis zu erschliessen. Mit Synergie meine ich aber darüber hinaus Zusammenwirken mit Disziplinen der Geistes- und Sozialwissenschaften. Die SATW soll den Weg ebnen zu derartiger Zusammenarbeit, zum Beispiel dadurch, dass sie an Jahrestagungen ihre Fachgesellschaften zusammenführt, dass sie mit der Praxis spricht, dass sie Zusammenarbeit pflegt mit den anderen Akademien unseres Landes.

Neben dieser fächerverbindenden Funktion wird die SATW Politik und Behörden ihre guten Dienste anbieten, wenn es darum geht, aus der Sicht der Technischen Wissenschaften eine unvoreingenommene Beurteilung der Lage zu formulieren mit Bezug auf Probleme der Gegenwart und der Zukunft. Eine Akademie ist dazu nicht nur besonders gut in der Lage, weil sie den Sachverstand ihrer Mitglieder mobilisieren kann, sondern weil sie über die Landesgrenzen hinaus Zugang hat zum Sachverstand ausländischer Akademien. Unser Land ist ja nicht in jeder Beziehung ein Sonderfall. Viele Probleme, die wir lösen müssen, bedrücken auch andere Länder. Da aber die Wissenschaft keine Landesgrenzen kennt, ist es besonders leicht, über den Weg der Wissenschaft Zugang zu erhalten zu Lösungsansätzen in anderen Ländern. Die SATW wird deshalb mit verwandten Akademien anderer Länder in Verbindung treten. Solche Beziehungen werden die Akademie auch in die Lage versetzen, sich sachkundig über geplante internationale Zusammenarbeit zu äussern.

Wissenschaft ist dienende Kraft. Sie will und soll dem Menschen dienen. Die Gemeinschaft will und soll sich mit der Wissenschaft auseinandersetzen, und die Wissenschaft will und soll sich mit den Vorstellungen und Bedürfnissen der Gemeinschaft der Menschen auseinandersetzen. *Für die SATW bedeutet diese Einsicht, Volk und Behörden mit Rat und Tat beizustehen, wenn wissenschaftlich-technisch anspruchsvolle Aufgaben zur Diskussion stehen.* Das setzt gründliche Fachkenntnisse, ernsthafte Auseinandersetzung und offene Information voraus. Die SATW versteht sich nicht als exklusiven Zirkel von Weisen; sie ist ja auch nicht aus Einzelpersonen zusammengesetzt, sondern aus Fachgesellschaften. Die Fachgesellschaften ihrerseits sind aus natürlichen Personen zusammengesetzt – und ich meine das nicht nur im juristischen Sinne. Schon heute, am Gründungstag, umfasst die SATW mehrere zehntausend Personen, die in eine mannigfaltige soziale Umwelt eingebettet sind: in Schulen, im öffentlichen Dienst, in der Wirtschaft als Arbeitgeber und Arbeitnehmer, als Bürger in Familie und Staat. Diese vielseitige Verknüpfung an der Basis betrachte ich auch als Garantie dafür, dass die SATW nicht einseitige Lehrmeinungen vertreten wird, sondern Meinungen, die das übergeordnete Wohl der Gemeinschaft anstreben. Die SATW kann schon in ihrer heutigen Zusammensetzung versichern, dass die Voraussetzungen hiefür gut sind.

Ich möchte an dieser Stelle allen jenen Fachgesellschaften aufrichtig danken, die während der Vorbereitungsphase mit Enthusiasmus ihre Mitgliedschaft in der SATW angekündigt haben. Unsere Mitgliederliste ist keineswegs abgeschlossen. Vielmehr freuen wir uns, schon im ersten Jahr unseres Bestehens weitere Fachgesellschaften in die SATW aufnehmen zu können im Bestreben, Sachverstand in der ganzen Breite und Tiefe der Technischen Wissenschaften vertreten zu können; jene Fachgesellschaften, die man Gründerinnen der SATW nennen mag, machen keinerlei Exklusivrechte geltend, und wir sind für die Offenheit dankbar.

Die Liste der Einzelpersonen, denen ich heute für ihren Einsatz bei den Vorbereitungen zur Gründung der SATW danken möchte, wäre lang. Da war eine Gruppe in Basel, die schon 1977 mit Vorarbeiten begann. Sie wurde bald unterstützt durch Personen aus dem Kreis des Schweizerischen Ingenieur- und Architekten-Vereins und des Schweizerischen Elektrotechnischen Vereins. Die Initianten erfreuten sich schon früh der Beratung seitens des Generalsekretariats der Schweizerischen Naturforschenden Gesellschaft und der Schweizerischen Geisteswissenschaftlichen Gesellschaft, der Eidgenössischen Technischen Hochschule Zürich sowie der Bundesämter für Konjunkturfragen und für Bildung und Wissenschaft. Treibende Kraft war unser heutiger Tagespräsident, Herr Direktor Albert Nussbaumer, den ich hier stellvertretend für alle Initianten und ihre Helfer namentlich erwähnen möchte.

Der SATW wartet ein gerütteltes Mass an Arbeit. Unsere Mitglieder, der Wissenschaftliche Beirat und der Vorstand sind bereit, diese Arbeit zu leisten. Im ersten Jahr wollen wir, überlegt, ein Arbeitsprogramm formulieren, das wir der Abgeordnetenversammlung innert Jahresfrist unterbreiten werden. *Das Ziel haben wir klar vor Augen: zu einer gestalterischen Kraft zu werden zum Wohle unseres Landes.* Wir zählen dabei auf die fachliche Unterstützung vor allem der anderen Akademien und der Praxis. Wenn man bei derartigen Absichtserklärungen bisweilen das Bild des «am gleichen Strick Ziehens» verwendet, so möchte ich die Hoffnung aussprechen, dass alle Beteiligten nicht nur am gleichen Strick ziehen, sondern in der gleichen Richtung. Einen Wunsch möchte ich im Hinblick auf die bevorstehende Arbeit anmelden, und dieser Wunsch richtet sich vor allem an unsere Bevölkerung und ihre Behörden: geben Sie uns einen Vorschuss an Vertrauen! Die Technischen Wissenschaften brauchen Vertrauen, und sie verdienen es. Der Zeitgeist ist von einer Skepsis gegenüber Wissenschaft und Technik geprägt, die hin und wieder versäumt haben, ihr Bewusstsein für grosse Zusammenhänge unter Beweis zu stellen. Wenn eine neue Institution sich anschickt, dieses Bewusstsein unter Beweis zu stellen, verdient sie Vertrauen.

1.3 Valorization of research at the Swiss Federal Institute of Technology Zurich (ETHZ)[1]

Introduction

Various terms are in use for describing the interactions of university research and its practical applications: diffusion, or transfer of knowledge, or its valorization. For simplicity, I shall use the latter term for the entire process. As cost-benefit thinking is increasingly becoming applied to university research, it is natural that one seek to evaluate the extent to which findings of university research are or could be valorized, and to examine the mechanisms that are required.

It must be borne in mind that results of basic research – i.e., research whose sole motive is the advancement of knowledge – are rarely applicable directly; rather, additional, often very costly work is required in order even to find out whether a particular discovery in basic research can be valorized. Valorization is obviously easier in applied research. But even there, as spelled out in a recent report of the Swiss Science Council (1981), improvements are necessary. Quite generally speaking, it appears that in Switzerland, the efforts made for the promotion of university research, and for its valorization, are not ideally balanced. In the following, we describe the present situation at ETHZ.

Organization of ETHZ

ETHZ is an Institute of Technology, supported almost entirely by public funds, namely, the Swiss Confederation. It has no legal right in standing sue. Work done includes research in all areas of instruction, i.e., architecture, civil, mechanical, electrical, materials, and chemical engineering, computer science, chemistry, pharmacy, forestry, and food engineering, agriculture, rural engineering, surveying, geodesy, mathematics, physics, earth sciences, and biology including biotechnology and toxicology.

---

[1] Referat am Symposium «From Genetic Engineering to Biotechnology», Rom, 20.–23. September 1981. Erschienen bei John Wiley and Sons, 1982.

Currently, some 1'500 research projects can be identified. Our total staff numbers over 4'000, including 265 professors. Our annual budget amounts to about SFr. 250 Millions or US $ 125 Millions, not counting the costs of construction and maintenance of buildings. The total student number is over 7'000, including 1'300 candidates for the degree of doctor of science, doctor of mathematics, or doctor of engineering.

Valorization of Research

Non-Mandated Research. The vast majority of research findings in this category are published in scientific journals, laboratory reports, or books and are therefore generally accessible. In general, no rights are claimed by authors, nor by ETHZ, nor by the Swiss Confederation. Factually, if not legally, anyone is therefore free to valorize the findings that are published.

If the author is employed by the Swiss Confederation and intends to valorize his findings, he must obtain permission from the Swiss Confederation who, legally, is the owner of all inventions made by its employees (including professors). The Confederation can compensate the employee to a reasonable extent if his invention has been commercially successful. The Confederation may also decide not to valorize the findings; in fact, this is the rule, since the Confederation is not itself an enterprise. In this case, the employee is not compensated, but free to exploit his invention as a citizen.

Most probably, the author will negotiate with a private enterprise in order to work out a contract for a joint valorization project. The Confederation can in such cases claim a flat fee and/or royalties on future revenues. The same procedure holds when the employee and/or the enterprise seek to patent the invention. It should be stressed that the employee as a citizen, the enterprise or the Confederation with their legal rights in standing sue, but not the ETHZ, nor one of its departments, can hold patent rights or have a claim.

A case from our Laboratory of Physical Chemistry may serve as an example. One of our professors in Physical Chemistry, in the course of his basic research on nuclear magnetic resonance technology, developed novel methods of pulsed Fourier spectroscopy, broadband decoupling, two-dimensional spectroscopy, etc. Whenever this professor submitted the respective findings for publication, he simultaneously took (as the inventor) the necessary steps with a company (as the assignee) for eventually patenting the invention. Over a dozen patents have resulted from this activity thus far.

Mandated Research. If an enterprise in going through our biannual research catalog spots an area of interest for its own R&D activity, it may establish contact with the author and work out a research mandate or research contract. The inverse may also happen: that an author knows the manufacturing program of an enterprise and offers his services to it. In the typical situation at ETHZ, the resulting contract specifies, as a research mandate, what the author is expected to do for the enterprise. (Evidently, the author is free to accept or reject the proposal). Also, the contract specifies which partner will own the rights of a discovery; as a rule, it will be the enterprise that placed, and paid for, the mandate. If the author is an employee of the Confederation (e.g., a professor), he must respect the conditions of his own employment contract with the Confederation. If he is not an employee of the Confederation, but, rather, becomes employed through the funds made available by the enterprise in the contract, this contract can, and does, rule about the rights on discoveries. At least this holds true as long as no facilities of ETHZ are used for conducting the research. As soon as facilities of ETHZ are being used, the Confederation is entitled to claiming rights on the invention. This is also true in all those cases when the Confederation spends matching funds on such research mandates from industry.

This is particularly often the case in mandates supported by matching funds of a standing committee of the Swiss Department of Economy. (This system of supporting oriented research mandated by industry, through matching funds provided by the Department of Economy operates not only at ETHZ, but at other institutions of higher learning also; in my view, it is an excellent way of assuring valorization of university research.)

The volume of research contracts under this regime at ETHZ currently runs at about SFr. 10 Millions per year, with an upward trend.

A case from the field of textile research may serve as an example. Enterprises of the Swiss textile industry play an important role in the economy of Switzerland. Most of them are small or medium size companies with rather restricted R&D possibilities of their own. The Association of Swiss Textile and Clothing Manufacturers therefore mandated ETHZ's Laboratory of Technical Chemistry and our Laboratory of Textile Machines to optimize the properties of fine fabrics. The project led to considerable improvements by systematic variation of mercerization conditions.

Institutionalized Valorization. In various research areas, namely, economy, machine-tools, management, and applied physics including electronics, industrial associations exist that have contractual arrangements with ETHZ. The aim of such a contractual arrangement in the area of applied physics and electronics is «to enable the Association to carry out research in laboratories of ETHZ; to enable ETHZ to exploit research projects carried out by the Association for training its students; to ensure the exchange of information that is required for this collaboration». ETHZ puts at the disposal of the Association equipped laboratories (free of charge). The Association in principle owns the rights of inventions made in its research. The Association helps ETHZ in its problems regarding patent-rights.

This arrangement has the advantage, for both ETHZ and these associations, of a smooth routine collaboration. Since all members of each association are private enterprises, it assures a particularly high chance of valorization to occur. The arrangement has the potential disadvantage of a reduced flexibility: anything institutionalized runs the risk of turning into a routine operation that loses sight of novel developments in remote fields that demand quick action. In this sense, the system of ad-hoc research mandates as described in the previous chapter is more flexible and probably more promising.

The volume of research contracts under this regime currently runs at about SFr. 2 Millions/year, with an upward trend.

A case from the area of electronics research may illustrate this system. Some 40 years ago, one of our professors of Applied Physics developed ideas that laid the ground for a novel system of large screen television projection, system that became known under the trade name EIDOPHOR. The R&D work related to this system was carried out at the Association's laboratories at ETHZ. Many of the problems to be solved were new and therefore of direct interest also for university research, e.g., light- and electron optics, vacuum technology, materials research on the EIDOPHOR liquid. The system was patented by the Association, and subsequently adopted by industry in 1951. Royalties were paid to the Association until a few years ago.

An innovative approach for enhancing the chances of valorizing university research, recently established at ETHZ, should also be mentioned here. We are fortunate to receive a generous gift, earmarked for the support of research projects that have a high potential for application and development in industry. These funds, SFr. 0,5 Million per year at the moment, are made available to researchers without much red-tape, based on requests that specify not only the scientific content of the projects, but also their potential applicability in industry. Matching funds from industry may be used in this system also; in fact, this is encouraged.

Difficulties

In our experience during the last eight years, we have encountered three major difficulties that impede a better valorization of research done at ETHZ.

First: There is no effective interface between «university research» and «enterprise». This difficulty stems from the large diversity of university research on the one hand, but more importantly, the vast number of potential industrial partners, each with different interests and/or attitudes. It has proven difficult in several instances to «place» an idea that had been generated at ETHZ in industry. In my view, industries should make increased efforts to help establish such interfaces. Perhaps, Academies could intervene.

Second: Even if an enterprise is found that would «accept» an idea generated by university research, the necessary venture capital for valorizing the idea is often not available to the enterprise. The question raises itself whether public funds should be used more frequently in such situations.

Third: There is often a mismatch between centers of excellence at ETHZ and corresponding R & D programs in industry, mismatch that leaves ideas stranded in the ivory tower that does not understand itself as an ivory tower, but is faced with the hard fact that its effort was done in vain. An all too frequent variant of this mismatch is the inability, of small enterprises, to articulate a research need, or to translate an idea into an R & D action.

A fourth difficulty, i.e., student protest about «the university serving industry», has been steadily vanishing, as this ideology, so strange to the realities of industrialized nations, has been losing ground.

Conclusions

In order to improve the frequency and rate of valorization, I believe it is imperative that effective interfaces be built between university research and industry. Spending venture capital from public funds may accelerate this process. The problem of the mismatch is the most difficult to solve. It would require long-range, concerted planning and would probably encounter severe difficulties both on the side of the university and industry.

Reference

Schweizerischer Wissenschaftsrat: Forschungspolitische Zielvorstellungen 1980. 109 p. Berne, Switzerland, 1981.

1.4 Das Problem der Früherkennung in Bildungs- und Forschungspolitik[1]

Einleitung

Das Problem der Früherkennung in Bildungs- und Forschungspolitik beschäftigt mich als Präsident der ETH Zürich immer dann, wenn eine Abteilung unserer Hochschule den Entwurf eines neuen Studienplanes vorlegt. Ich muss mich dann fragen, ob der Studienplan voraussichtlich dazu führen werde, dass jene akademischen Kader ausgebildet werden, die den Bedürfnissen unseres Landes gerecht werden. Das Gründungsgesetz unserer Hochschule von 1854, aber auch der Bundesbeschluss über die Technischen Hochschulen von 1970 halten nämlich beide fest, dass in unserer Tägigkeit den schweizerischen Bedürfnissen besonders Rechnung zu tragen sei. Ganz ausgeprägt beschäftigt mich das Problem der Früherkennung sodann bei der Vorbereitung von Professorenwahlen. In welcher Richtung werden sich unsere Fachgebiete entwickeln? Entstehen neue Fachgebiete, für die Professuren neu zu schaffen wären? Dieses Problem verlangt besonders eingehende Studien in einer Zeit wie der heutigen, in der wir Neues immer nur schaffen können, wenn wir gleichzeitig auf Altes verzichten. In der durch den Personalstopp erzwungenen Auswahl muss das Kriterium der Zukunftsträchtigkeit von Vorhaben besonderes Gewicht erlangen. Die Auswahl richtig zu treffen, wird noch dadurch erschwert, dass nicht selten Gebiete, die zwischen den etablierten Disziplinen entstehen möchten, noch gar nicht gemeldet werden, weil sie nicht über Wortführer verfügen. Dieser Umstand darf aber die für die Gesamtleitung der Hochschule zuständigen Instanzen nicht daran hindern, innovativ Früherkennung zu betreiben. Hochschulplanung reduziert sich nämlich in erster Annäherung auf die Planung der Wiederbesetzung, Schaffung oder des Verzichts auf Professuren. Hochschulpolitik ist Berufungspolitik. Sie muss zukunftsweisend gepflegt werden. Sind dann die Professoren im Amt, muss

---

[1] Referat vor der Basler Chemischen Gesellschaft, am 21. Januar 1982. Erschienen in Chimia 36: 149–153 (1982).

ihnen die grösstmögliche Freiheit für die Gestaltung ihrer Tätigkeit geschaffen werden.
Hochschulen sind aber nicht Elfenbeintürme, die nur ein Eigenleben führen. Technische Hochschulen im besonderen sind eingebettet in ein Erwartungsfeld der Beschäftigungswelt. Und so wäre es nicht sinnvoll, wenn die Hochschulplanung losgelöst von Plänen der Beschäftigungswelt vor sich ginge. Vielmehr ist es wichtig, dass beide Teile ihre Absichten kennen und kundtun. Das geschieht gelegentlich, in einzelnen Gebieten sogar regelmässig, nach meiner Erfahrung aber zuwenig systematisch.

Fall-Skizzen

Man hört oft die Aussage, die Gegenwartsprobleme der Schweizer Uhrenindustrie hätten nicht entstehen dürfen; «die Schweiz» hätte rechtzeitig erkennen müssen, dass die Halbleitertechnologie in die Herstellung von Uhren Einzug hält, und «die Schweiz» hätte sich auf diese neuen Entwicklungen einrichten sollen. In der Tat wusste unsere Regierung in den späten fünfziger Jahren um die Bedeutung der Halbleitertechnologie für die Uhrenindustrie; die Signale dafür, vor allem aus USA, wurden durch unsere Ämter gehört und an unsere Uhrenindustrie weitergegeben. An mindestens einer Hochschule und in mindestens einem Forschungslaboratorium der Uhrenindustrie wurde Forschung auf dem Gebiet begonnen, und zwar vor mehr als zwanzig Jahren. Ja es wurde Entwicklungsarbeit geleistet, bis zu einzelnen Prototypen. Auch in Lehrplänen erschien das Gebiet der Halbleitertechnologie. Früherkennung einer wichtigen Entwicklung hatte also stattgefunden, aber die Reaktion auf die Erkenntnis entwickelte nicht die nötige Wucht – ich glaube, weil die betroffene Industrie das entsprechende Produkt nicht rechtzeitig entwickelte und herstellte. Ob das auf eine Fehlbeurteilung des Marktes zurückgeht, oder auf das Fehlen von Risikokapital, oder auf einen Mangel an Risikofreude oder Unternehmungsgeist, ist für unsere Betrachtung zunächst unerheblich. Wesentlich ist für dieses Beispiel, dass die Früherkennung einer zukunftsträchtigen Forschungsrichtung zwar erfolgte, dass entsprechende Forschungsergebnisse in unserem Land auch erzielt wurden, dass ihre Bedeutung (im sogenannten Evaluationsprozess) aber nicht erkannt wurde und vor allem ihre Verwirklichung (im sogenannten Valorisationsprozess) nicht, oder ungenügend, sicher aber mit Verspätung erfolgte. Die eben skizzierte Abfolge forschungspolitischen Geschehens lässt sich an vielen Beispielen in vier Phasen gliedern; die Phase der Früherkennung notwendiger Forschung, die Phase der Durchführung entsprechender Forschungsarbeit, die Phase der Evaluation der Ergebnisse, im Hinblick auf die Phase der möglichen Valorisation, d.h. der nutzbringenden Anwendung. Häufig hat man aber den Eindruck, der Weg von der Früherkennung zur Valorisation werde dem Zufall überlassen.

Aus der Sicht der Hochschule steht die Frage nach dem forschungspolitischen Geschehen nicht einmal im Vordergrund. Die Erwartung der Praxis an die Hochschulen betrifft zunächst gar nicht die Forschung, sondern die Ausbildung. Die Praxis ist deshalb an der Bildungspolitik der Hochschulen mehr interessiert als an ihrer Forschungspolitik. Die Forschung aber ist unabdingbare Voraussetzung für eine zeitgerechte Ausbildung und wird deshalb an den besten Hochschulen zu Recht mit der Ausbildung ranggleich behandelt. Sie ist aber eher Mittel zum Zweck als Selbstzweck. Im Innern der Hochschulen ist diese Erkenntnis nicht besonders verbreitet. Mehr als ein bedeutender Industrieführer hat mir aber schon unmissverständlich erklärt, die Grossindustrie sei an Forschungsergebnissen der Hochschulen an sich kaum interessiert. Hingegen sei sie daran interessiert, von der Hochschule Kader zu erhalten, welche die Kunst der Forschung beherrschen; deshalb sei es so wichtig, dass an der Hochschule hochkarätige Forschung betrieben werde. Dabei stellt sich sofort die Frage, ob man die Tätigkeit «Forschen» abstrakt erlernen könne. Selbstverständlich lässt sich die Methodik des Ablaufs einer guten Forschungsarbeit grundsätzlich an irgendeinem Gegenstand nutzbringend instruieren: die Folge von Problemstellung, Methodenwahl, Erzielen von Ergebnissen und Diskussion im Lichte anderer Erkenntnisse. Der Forschungsgegenstand darf aber nicht wirklichkeitsfremd sein. Wenn ich selbst meine Forschungssporen am damals moribunden Feld der vergleichenden Anatomie abverdient hätte, wäre ich nicht mit der gleichen Erfolgschance in die entwicklungsbiologische Forschung eingestiegen wie nach einer Schulung in embryologischer und genetischer Forschung. Für die Praxis bedeutet diese Erkenntnis, dass die Bildungspolitik sich nach der Forschungspolitik zu richten hat, und nicht umgekehrt. Diese Forderung erhebt sich vor allem an Hochschulen, deren Tätigkeit auf Innovationen angelegt ist. Sie darf nicht zum Missverständnis führen, Forschung habe erste Priorität und Ausbildung zweite. Im Gegenteil: gerade indem wir unsere Studienpläne auf zukunftsweisende Forschungsgebiete stützen, stellen wir die hohe Qualität unserer Lehrtätigkeit sicher. Eine Reihenfolge der Prioritäten aufzustellen, ist müssig.

Solchen an sich einfachen Richtlinien nachzuleben, ist an der Hochschule nicht immer einfach. Das sei am Beispiel der Informatik illustriert. Vor Jahr und Tag konnte ich bei einer Werkbesichtigung einer grossen Schweizer Unternehmung der Maschinenbranche feststellen, dass die Mehrzahl von Software-Ingenieuren dieser Unternehmung in der Bundesrepublik Deutschland ausgebildet worden waren. Eine kurze Umschau bei anderen Unternehmungen zeigte, dass auf diesem Gebiet tatsächlich eine sehr grosse

Auslandabhängigkeit bestand. Warum war ein entsprechender Studiengang an der ETH Zürich nicht vorhanden? Hatte die Industrie es unterlassen, uns auf den kommenden Bedarf solchermassen ausgebildeter Kader aufmerksam zu machen? Oder war die Meldung erfolgt, hatte die Hochschule aber nicht reagiert? Die Erkenntnis, dass da ein neues Berufsbild, des Informatik-Ingenieurs, sich abzuzeichnen und dann zu konkretisieren begann, war entweder nicht rechtzeitig erfolgt oder dann nicht mit der nötigen Beharrlichkeit vertreten worden. Dabei war die nötige Forschungsinfrastruktur längst etabliert! Es dürfte Professor *Eduard Stiefel* (1909–1978) gewesen sein, der die Wichtigkeit der Informatik für die Ausbildung an der ETH Zürich erkannte. Ihm wurde 1944 die Leitung des neugegründeten Instituts für Angewandte Mathematik anvertraut. Professor *Rutishauser* (1918–1970) stand Stiefel ab 1955 zur Seite, und er führte die Studenten nach 1960 in die Programmiersprachen ein. Nutzniesser der ausgezeichneten Lehrveranstaltungen waren aber nicht etwa Absolventen, denen ein Berufsbild «Informatiker» vorschwebte. Vielmehr waren es zur Hauptsache Mathematiker, Physiker und Elektroingenieure, Absolventen also zweier wohletablierter ETH-Abteilungen. Während eines guten Jahrzehnts, noch zwischen 1970 und 1980, wurde dann diese Art von Lehrveranstaltungen nacheinander auch für künftige Bauingenieure, Betriebsingenieure, Vermessungsingenieure, Maschineningenieure und schliesslich (1980) für Chemiker angeboten. Mittlerweile war es aber eine längst bekannte Tatsache geworden, dass Informatiker ein eigenständiges Berufsbild und Betätigungsfeld haben, und die Zeit schien überreif, für deren Ausbildung eine eigene ETH-Abteilung zu errichten. Eine Hochschule ist aber eine Republik von Königen[1], und diese Professoren verteidigen ihre respektiven Reiche zu Recht und von Amtes wegen verbissen, vor allem, wenn Neues in Zeiten finanzieller Restriktionen nur zu Lasten von Bestehendem geschaffen werden kann. So erlebten wir denn an unserer Hochschule engagierte Auseinandersetzungen hauptsächlich zwischen den Mathematikern und den Elektroingenieuren über die Frage, ob eine neue Abteilung geschaffen werden sollte, oder ob es nicht besser wäre, den unbestrittenen neuen Lehrplan einer bestehenden Abteilung einzuverleiben. Stark vereinfacht lauteten die Argumente etwa so: «Wir Mathematiker sind durchaus bereit, unser Lehrangebot in Richtung Informatik zu erweitern.» Oder: «Wir Elektroingenieure sind durchaus bereit, unser Lehrangebot in Richtung Informatik zu erweitern.» Aber, so lautet das Argument weiter: «Unsere Absolventen werden weiterhin Mathematiker resp. Elektroingenieure sein.» Und eben diese Einstellung genügt in einem solchen Fall nicht: denn der Informatik-Ingenieur hat ein eigenes Berufsbild und ist nicht eine

---

[1] Ausdruck des verstorbenen *Karl Schmid*

Variante eines Mathematikers oder eines Elektroingenieurs. 1981 schliesslich wurde eine eigene Abteilung für Informatik errichtet. Ihre Entstehung hatte zu lange gedauert. Ihre dringende Notwendigkeit ist dokumentiert im Umstand, dass am ersten Tag des ersten Semesters im Oktober 1981 über hundert Studierende dieser neuen Abteilung eingeschrieben waren. Es wird vier Jahre dauern, bis ein namhafter Anteil dieser hundert Erstsemestrigen als diplomierte Informatik-Ingenieure der Praxis zur Verfügung stehen werden. Damit dieser abermalige und normale Verzug nicht allzu gravierende Folgen habe, wurde der Studienplan so angelegt, dass auch Studierende anderer Abteilungen nach ihrem vierten Semester schon im Herbst 1981 in ein fünftes Semester des Informatik-Studiums überwechseln könnten; erfreulicherweise haben bereits 25 Studierende von dieser Möglichkeit Gebrauch gemacht. Das Beispiel zeigt, dass bildungspolitische Mühlen langsam mahlen; selbstkritisch sei es gesagt. Es bleibe aber nicht verschwiegen, dass der Verzug zu einem guten Teil mit den 1970 durch den Gesetzgeber eingeführten Mitspracheverfahren zusammenhängt.

Ich möchte diese Seite des zeitlichen Aufwands nicht mit weiteren Fallstudien belegen, etwa jener der Werkstoff-Ingenieure oder der Biotechnologen. Durch die beiden Stichworte möchte ich nur belegen, dass die Informatik nicht allein dasteht als Beispiel bildungspolitischer Geschehen der jüngsten Vergangenheit und der Gegenwart. Gleichzeitig wage ich die Prognose, dass im Zeichen des beschleunigten Wandels aller Dinge die Hochschulen in ihrer Anpassung eine raschere Gangart werden einschlagen müssen.

Am Beispiel der Informatik möchte ich jetzt die Brücke zurück zur Forschungspolitik schlagen. Es sei in Erinnerung gerufen, dass eine Forschungsinfrastruktur bestand und der Studiengang aus dieser Sicht problemlos aufgebaut werden konnte. Darüber hinaus ist zur Zeit eine neue Professur für Computertechnik in Besetzung. Es ist zu erwarten, dass der neue Professor für Computertechnik sich vermehrt mit dem Entwurf integrierter Schaltungen beschäftigen wird. Wenn man die Entwicklungen der letzten Jahre, vor allem an der Westküste der Vereinigten Staaten verfolgt, so zeichnet sich deutlich ein Bild ab, wonach in den sogenannten «very large scale integrated systems» die Möglichkeit der integrierten Schaltungen sich der theoretischen Grenze nähern. Die Auswirkungen für den Computer-Entwurf, den Computer-Bau, aber auch zahllose Anwendungen in elektrotechnischen Produkten aller Art, sind enorm. Wir an der Hochschule hoffen natürlich, dass unser neuer Mann in der Computertechnik zusammen mit den Kollegen der Elektrotechnik und der Informatik in Zürich ein «center of excellence» erhalten oder schaffen werde. Aus der entsprechenden Forschungsarbeit werden mit hoher Wahrscheinlichkeit Ergebnisse hervorgehen, deren Evaluation zeigen wird, dass sie verhältnismässig rasch valorisiert werden können. Ich wünsche mir, dass dies in unserem Lande geschehen könnte. Ich wünschte mir, dass es Unternehmungen gäbe, die eine solche Valorisation an die Hand nähmen. Aber wie finden wir sie? Ich kenne den Weg dazu noch nicht. Der Leiter des Forschungslabors einer bedeutenden Grossunternehmung hat sich vor kurzem dahin geäussert, dass wir in der Schweiz gar nicht unter einem Mangel an «centers of excellence» an den Hochschulen leiden, auch nicht unter einem Mangel an «centers of excellence» in der Industrie. Was fehle, sei ihre Deckungsgleichheit. Diese Erkenntnis betrachte ich als Beispiel von Früherkennung erster Ordnung, weist sie doch auf einen grundsätzlichen, strukturellen Mangel hin.

Prognose-Skizzen

Die folgenden Prognose-Skizzen umfassen nicht alle Gebiete, die an Technischen Hochschulen vertreten sind. Vielmehr beschränke ich mich auf drei Beispiele, welche meine heutigen Zuhörer besonders interessieren dürften: Chemie, Agronomie und Pharmazie.

Prognose 1:

Die Chemie wird zunehmend von der Biologie beeinflusst werden. Ich bin vollkommen überzeugt, dass dieser Einfluss für die Chemie als Wissenschaft und die Chemische Industrie gewaltige Folgen haben wird. Halten wir uns die Geschichte kurz vor Augen. Die Biologie wurde noch zu meiner Studentenzeit, vor dreissig Jahren, von der Chemie aus vielerorts als eine Präwissenschaft taxiert. Sie ordnete ja, und beschrieb, statt zu erklären. Aber dann kamen Mitte der fünfziger Jahre die Arbeiten von Watson and Crick, welche das Konzept der Information in der Biologie einführten, anfangs der sechziger Jahre jene von Jacob und Monod, welche das Regulationskonzept hinzufügten. Die Möglichkeiten, die das «gene splicing» heute eröffnet, brauche ich in Basel nicht extra hervorzuheben; sie dürften für die Chemie ähnliche Folgewirkungen haben wie die Erfindung des Transistors für die Elektrotechnik. Die Resultate der Erforschung der Biokatalyse brachten neue Dimensionen in das Verständnis chemischer Reaktionen. Die Erkenntnisse der immunologischen Forschung eröffneten neue Wege nicht nur in der Biologie selbst, sondern auch in der Chemie. Die Biologie selbst ist durch diese Entwicklungen in kurzer Zeit eine harte Wissenschaft geworden, die Physik und Chemie ins Auge schauen kann, ohne zu erröten. Darüber hinaus sind diese gewaltigen Fortschritte in der sogenannten biologischen Grundlagenforschung samt und sonders anwendbar geworden, weil sich parallel dazu eine neue Ingenieurwissenschaft entfaltete: die Biotechnologie. Ihr Hauptanliegen ist die Möglichkeit des «scaling up»: Reaktionen vom Ansatz in der Grössenordnung des Milliliters im Reagenzglas auf die Grössenordnung des Kiloliters im Bioreaktor zu übertragen, unter Überwindung zahlreicher verfahrenstechnischer Hindernisse. Mit dieser Parallelentwicklung ist die Biologie zu einer Wissenschaft geworden, die industriell genutzt werden kann, etwa für die Herstellung von Energieträgern oder anderen Grosschemikalien, von Nahrungsmitteln, bei der Reinigung von Gewässern, aber auch für die Herstellung von Feinchemikalien und Pharmaka aller Arten.

Das Aufkommen der Neuen Biologie, wie ich sie zuweilen genannt habe, wurde nicht überall gleich früh erkannt, die Bedeutung der Biotechnologie schon gar nicht. Erstaunlich ist, wie früh das in Japan der Fall war. Es bleibt zu hoffen, dass sich hierzulande das Phänomen der Quarzuhr am Beispiel biotechnologischer Produktion nicht wiederhole. Unser Land hat nämlich in 25 Jahren wohlüberlegt, mit Schwerpunkten an den Hochschulen in Basel, Genf und Zürich, «centers of excellence» der Grundlagenbiologie errichtet. Der Schweizerische Schulrat hat vor wenigen Jahren beschlossen, an der ETH Zürich das Gebiet der Biotechnologie zu fördern, und hat auf den 1. Januar 1982 hiefür ein eigenes Institut errichtet, dessen Tätigkeit schon bald durch drei Professuren getragen sein wird. Solche Anstrengungen müssen valorisiert werden. An Produkten kann es nicht fehlen.

Prognose 2:

Auch die Agronomie wird vermehrt unter den Einfluss der Biologie kommen. Man ist daran, Erkenntnisse der Pflanzenphysiologie mit jenen der Genetik zu vereinen mit der Zielsetzung, auch Gramineen, statt nur Leguminosen, stickstoffautonom zu machen. Und man denkt an die Möglichkeit, die Salzpumpen der Wurzelzellen von Kulturpflanzen über die Genetik so zu verändern, dass die Flut Plantagen in Küstengegenden gratis bewässert. «Science fiction»? Ist das interessant für die Saatgutbranchen?

Prognose 3:

Die Biologie wird zunehmend Einzug halten in die Pharmazie. Ich glaube, wir seien der Zeit wesentlich näher gerückt, in der wir Pharmaka in kleinsten Dosen, in künstlichen Liposomen eingeschlossen, mit zellspezifischen Antikörpern etikettiert werden applizieren können. Ein kürzlich erfolgreich abgeschlossenes Experiment belegt diese Möglichkeit. Inkubiert man Schafserythrozyten mit künstlichen, unilamellaren Liposomen, so bleiben kaum Liposomen an den Oberflächen der Erythrozyten haften. Verwendet man aber Liposomen, in welche Anti-Erythrozyten-Antikörper eingebaut sind, so setzten sich die Liposomen in dichter Folge auf den Schafserythrozyten fest[1]. Persönlich halte ich dafür, dass gerade die Schweizer Pharma-Industrie, die ja eine vornehme Tradition in der Herstellung massgeschneiderter Substanzen hat, für diese neuen Wege ein grosses Interesse haben dürfte.

Das waren drei qualitative Beispiele einer Früherkennung auf dem Gebiet der Biologie und ihrer Wechselwirkung mit Chemie, Agronomie und Pharmazie. Ganz kurz möchte ich einen Fall quantitativer Art streifen, wiederum auf den gleichen Gebieten. Ich behaupte, unser Land werde in sehr naher Zukunft zuwenig Chemiker und zuwenig Biotechnologen haben. Im Laufe der letzten Jahre ist die Zahl unserer Chemiestudenten, vor allem der Organiker, so tief geblieben, dass der Bedarf der Industrie an Forschungs-Chemikern nicht mehr wird gedeckt werden können[2]. Ähnliches gilt für Biotechnologen, dann jedenfalls, wenn wir darunter Wissenschafter verstehen, die profunde Kenntnisse nicht nur in der Biologie haben, sondern auch in Verfahrenstechnik: das biotechnologische Curriculum, das wir vor zwei Jahren an der ETH Zürich eröffnet haben, vermag noch kaum Studenten anzuziehen.

Früherkennungsprobleme bestehen natürlich nicht nur in den genannten Gebieten. Sie ergeben sich auf der ganzen Front. Im Bauwesen entstehen aus dem neuen Energiebewusstsein völlig neue Anforderungsprofile an die entsprechenden Fachleute. In der Energietechnik, im Maschinen- und Elektroingenieurwesen verlagert sich das Schwergewicht von der energieumwandelnden Maschine zu Entwurf und Konstruktion ganzer Energiesysteme. Es werden Kader in Nukleartechnik fehlen, was im Hinblick auf die sicher wachsende Bedeutung der Kernenergie zu Problemen führen dürfte. In einer ganzen Reihe von Ingenieurgebieten wird «computer-aided design» zu einer Schlüsselmethode. In der Elektrotechnik ganz allgemein herrscht weltweit ein Mangel an Kadern; das kann zu Rekrutierungsschwierigkeiten der entsprechenden Branchen führen, gleich gravierend wie im Falle der Chemie. Die Arbeit der Forstingenieure ist inhaltlich, aber auch methodisch in einem deutlichen Wandel begriffen. Für die Vermessungsingenieure haben die Satelliten neue Möglichkeiten eröffnet. In der Physik bereiten sich grosse Akzentverschiebungen vor, vor allem auf dem Gebiet der Kern- und Teilchenphysik.

---

[1] *H.G. Weder,* persönliche Mitteilung.
[2] *A. Hartmann:* Courage pour le Progrès. Vortrag vor der Schweiz. Gesellschaft für Chemie-Industrie. 18. Juni 1981.

Auch diese Liste ist keineswegs vollständig. Auf allen Gebieten müssen die Anstrengungen verstärkt werden, Hochschulen und Wirtschaft möglichst frühzeitig auf wichtige Entwicklungstendenzen aufmerksam zu machen.

Wie weiter?

Lehre und Forschung in der Schweiz lassen sich sehen. Es gibt da und dort Schwächen, aber es gibt auch Stärken und sogar einige ausgesprochene Spitzen. Das gleiche lässt sich im grossen und ganzen von unserer Industrie sagen. Dieses Ergebnis ist, was Forschungs- und Bildungspolitik betrifft, weitgehend pragmatisch entstanden. Die Frage stellt sich, ob die Grundhaltung des Pragmatismus auch für die Anforderungen der Zukunft genüge. Ich glaube es nicht.

Was wird getan, was ist zu tun? Ich möchte aus der Sicht der Hochschule sprechen und hoffen, damit ein Echo der Industrie zu erzeugen. An der ETH Zürich werden seit eh und je bei jedem Wahlverfahren für die Besetzung einer Professur Vertreter der Praxis beigezogen. Ich halte dieses Vorgehen für richtig und glaube, es wäre nützlich, wenn es sich an allen Hochschulen einbürgern würde. Ähnliches gilt für Studienpläne. Schon mehrmals haben wir Entwürfe von Studienplänen Vertretern der Praxis zur Stellungnahme unterbreitet und sehr wertvolle Anregungen erhalten, die zu Änderungen solcher Studienpläne geführt haben. Auch dieses Verfahren möchte ich als nachahmenswert empfehlen. Die Hochschule bringt sich damit keineswegs in ein Abhängigkeitsverhältnis von der Industrie. Es ist ja nicht die Industrie, die am Schluss entscheidet; die Entscheidungsfreiheit bleibt in der Hochschule. Aber die Stimme der Industrie wird gehört und in der Industrie wird gleichzeitig die Stimme der Hochschulen bei wichtigen Fragen gehört. Beides ist wichtig, wenn Hochschule und Industrie nicht nur am gleichen Strick ziehen wollen, sondern auch in der gleichen Richtung.

Unsere Schwesterhochschule, die EPFL, ist noch einen Schritt weiter gegangen. Sie hält auf Stufe Hochschulleitung regelmässige Kontakte mit einem permanenten «comité industriel». Die ETH Zürich bewegt sich jetzt in ähnlicher Richtung, und wir erhoffen davon eine weitere Intensivierung der Industriekontakte.

Alle diese Massnahmen sind aber insofern punktuell, als sie in der Regel eine einzige Hochschule betreffen, die das Gespräch mit einer Auswahl von Unternehmungen der Industrie führt. Potentiell viel wirkungsvoller wäre nach meiner Ansicht ein Instrument, das Früherkennungsignale einer sehr grossen Zahl von Experten aus Hochschule und Industrie sammelt, verdichtet und weitergibt. An ein solches Instrument denkt der Schweizerische Wissenschaftsrat in seinem jüngsten Bericht «Forschungspolitische Zielvorstellungen 1980»[1]. Die Idee ist, den grossen Sachverstand etwa des Forschungsrates des Nationalfonds, der Schweizerischen Naturforschenden Gesellschaft, der Schweizerischen Geisteswissenschaftlichen Gesellschaft, der Schweizerischen Akademie der Medizinischen Wissenschaften, der Schweizerischen Akademie der Technischen Wissenschaften zu mobilisieren und daraus heraus umfassende Meldungen zu übermitteln an die Entscheidungsträger in Lehre, Forschung und Wirtschaft. Diese Arbeit wird vor allem forschungsinhaltlicher, also qualitativer Art sein.

Daneben dürfen wir quantitative Probleme nicht unterschätzen; sie betreffen die Frage des Nachwuchses. So nützt es z.B. nichts, wenn ein Instrument der geschilderten Art erkennt, dass Biotechnologie für die Arbeit der Chemischen Industrie in der Zukunft grosse Bedeutung erlangen wird, wenn hiefür Curricula entwickelt, Institute errichtet und Professuren geschaffen werden, darüber hinaus die Industrie Forschungs- und Entwicklungsprogramme aufbaut, Infrastrukturen schafft, wenn dann keine gut ausgebildeten Kader vorhanden sind. Wir müssen also Sorge tragen, dass die Studentenzahlen in der Chemie im weitesten Sinne wieder steigen. Das Problem des zu erwartenden Unterbestandes an Absolventen verdient meiner Meinung nach dieselbe Aufmerksamkeit wie jenes der Überbestände, wo bekanntlich alles Denkbare unternommen wird, den Numerus clausus zu verhindern. Das Problem der Unterbestände wurde vor einigen Jahren, also rechtzeitig erkannt. Jetzt muss es noch gelöst werden, und zwar vordringlich in der Chemie. Hochschulinstitute, vor allem im Bereich der Organischen Chemie, müssen sich überlegen, ob sie zusehen sollen, wie potentielle Chemiestudenten sich in benachbarten Instituten und Ausbildungsgängen, etwa der Biochemie, der Molekularbiologie und der Mikrobiologie ansiedeln, oder ob sie ihr eigenes Lehr- und Forschungsprogramm vermehrt jenen für Studenten ganz offensichtlich attraktiveren Gebieten zuwenden sollen, unter Anpassung der Studienpläne. Ein einfacher Weg würde darin bestehen, dass organisch-chemische Institute Lehre und Forschung vermehrt Fragen der Funktion grosser Moleküle widmen würden, nicht nur ihrer Struktur und ihrer Synthese. Hochschulleitungen fragen sich, ob die traditionelle «ordre de bataille» im Bereich der Chemie, der Biologie und der Pharmazie noch richtig sei, ob also z.B. die herkömmlichen Abschnittsgrenzen der organischen, anorganischen, physikalischen und technischen Chemie einerseits, der Biochemie, Molekularbiologie, Biophysik, Mikrobiologie, ja Zellbiologie anderseits noch zeitgemäss seien, und zwar im Hinblick auf die Absolventenzahlen. Hochschulleitungen sind

---

[1] Bern, 1981.

hier dankbar, wenn von seiten der Industrie nüchterne Ratschläge eintreffen. Ich möchte betonen, dass ich diese Überlegungen nicht wegen möglicher Rationalisierungen anstelle; sie sind wissenschaftsimmanent.

1.5 Internationaler Austausch wissenschaftlicher Informationen durch Fernmeldemittel[1]

Ein Ohr an der Weite der Wissenschaft

Die Schweiz ist eine forschungsaktive Nation. Etwa 2,3% unseres Brutto-Sozialprodukts gehen in F + E, und wir haben eine stolze Tradition grosser Leistungen in Wissenschaft und Technik. Es wird nicht leicht sein, diese Tradition hochzuhalten. Unser Land ist klein an Bevölkerung und klein an Fläche, und es verfügt über praktisch keine Rohstoffe. Unsere Kleinheit schränkt die Möglichkeiten unserer Wirtschaft im Binnenmarkt, aber auch im Aussenhandel ein. Sie schränkt auch unsere Möglichkeiten in der Forschung ein. Vor allem in einer Epoche des raschen Wandels wissenschaftlicher Stossrichtungen ist es für unseren Kleinstaat unmöglich, auch nur annähernd jedes zukunftsträchtige Forschungsgebiet hierzulande aufzugreifen. Diese Erkenntnis ist oft schmerzlich, vor allem dann, wenn sie von der Erkenntnis begleitet wird, dass eine neue Forschungsrichtung langfristig für die Konkurrenzfähigkeit unserer Wirtschaft von Interesse wäre. Schon heute ist deshalb die Forschungstätigkeit in unserem Land durch einen Verzicht auf Vollständigkeit geprägt, und diese Politik dürfte in Zukunft noch ausgesprochener in Erscheinung treten: unsere Forschungstätigkeit wird auf vielen Gebieten Stichprobencharakter erhalten. Wollte man dieser Entwicklung wirkungsvoll entgegentreten, dann müsste sich auf der politischen Bühne zuerst die Erkenntnis durchsetzen, dass grössere Aufwendungen für die Forschung nötig sind.

Verzicht auf eigene Forschungstätigkeit in Teilgebieten der Wissenschaft darf aber nicht bedeuten, dass damit der Zugang zu wissenschaftlicher Erkenntnis nicht auf der ganzen Breite gewahrt bleibt. Im Gegenteil: der Zugang muss bewusst gesucht werden. Dazu ist eine Politik der Öffnung unseres Landes hin zur weiten Welt der Wissenschaft erforderlich. Dieser Gedanke ist nicht neu; es wird ihm mit Erfolg nachgelebt. Er äussert sich

---

[1] Referat an der Gründungsversammlung von FISCIT (Foundation for the International Exchange of Scientific and Cultural Information by Telecommunications), am 2. April 1982 in Zürich.

z.B. in der Berufungspolitik bei Wahlen von Hochschulprofessoren an unsere Universitäten. Lassen Sie mich das mit einem Beispiel dokumentieren. An die Eidgenössische Technische Hochschule Zürich (ETHZ) sind in den vergangenen sieben Jahren 68 Professoren gewählt worden, davon 36 Ausländer, nämlich 17 Deutsche, 5 Engländer, 5 Österreicher, 4 Amerikaner, 2 Schweden, je 1 Kanadier, Belgier und Italiener. Die Gewählten helfen mit, den Anschluss an die Welt der Wissenschaft zu behalten. Sie tragen dazu bei, dass der Name Schweiz und der Name Zürich in die Welt hinausgetragen werden. Das liegt im Interesse unseres Landes, unseres Kantons und unserer Stadt.

Ganz in diesem Geist sehe ich auch das Interesse unseres Landes an einer aktiven Partnerschaft am Vorhaben des internationalen Austausches wissenschaftlicher Informationen durch Fernmeldemittel. Indem die Basis dieses Vorhabens ihren Sitz in der Schweiz haben wird, ist unserem Land die Möglichkeit eröffnet, den Zugang zur Weite der Wissenschaft besonders aktiv mitzugestalten. Das ermöglicht uns, umfassend und frühzeitig über die grossen Entwicklungen informiert zu werden, die sich anderswo abzeichnen, auch auf Gebieten, in denen bei uns hauseigene Forschungskapazitäten nicht oder nur ungenügend geschaffen werden können. Dieser Zugang ist nicht nur für die Wissenschaft selbst von grosser Wichtigkeit, sondern für alle Bereiche, in denen Aussenbeziehungen für unser Land von besonderer Bedeutung sind. Ich denke nicht zuletzt an Wirtschaft, an Handel, aber auch an das Fernmeldewesen im Sinne einer eigenständigen technischen Errungenschaft.

Der Einbezug der Dritten Welt

Die Universitäten aus USA und Europa, die dieser Tage in Zürich zum ersten Meinungsaustausch tagen, liegen auf einer West-Ost-Linie der Vereinigten Staaten von Kalifornien über Indiana nach Maryland, West-Ost-Linie, die sich über Grossbritannien, Deutschland, Frankreich bis in die Schweiz fortsetzt. Wir Schweizer möchten diese Dimension nicht als Einschränkung verstanden wissen, weder in ihrem Ausmass, noch in ihrer Richtung. Wir nähren insbesondere die Hoffnung, dass die Stiftung sich über kurz oder lang eine Nord-Süd-Dimension geben werde. Wir sind überzeugt, dass die Problematik der Dritten Welt nicht nur unsere Generation, sondern auch und vor allem spätere Generationen begleiten wird, in stets sich wandelnder Form. Die Schweiz nimmt die Problematik der Entwicklungsländer sehr ernst. Wir an der ETH Zürich bilden seit Jahr und Tag Fachleute aus, die sich auf eine Berufstätigkeit in Entwicklungsländern vorbereiten wollen. Auf lange Sicht wird es wichtig, die Dritte Welt teilhaben zu lassen an der grossen Wissenschaft der Industrienationen mit ihrem enormen Erkenntnisvorsprung. Für unser Land dürfte es dannzumal wichtig sein, auch beim Aufbau dieser Dimension wegbereitend mitgearbeitet zu haben, und zwar nicht nur aus ideellen Überlegungen, sondern durchaus auch aus wirtschaftlichen.

Zusammenarbeit zwischen staatlichen und privaten Hochschulen

In der Schweiz sind die Hochschulen ausnahmslos von der Öffentlichkeit getragen. Das hat den Vorteil einer stabilen Einbettung als Grundfunktion, die auf den Willen des Volkes zurückgeht. Das bringt auch den Vorteil einer vergleichsweise stabilen Finanzierung. Die Einbettung bringt anderseits Nachteile mit sich, in der Handlungsfreiheit, in Fragen des Wettbewerbs mit der Wirtschaft, nicht zuletzt in Fragen von Schutzrechten. Unter den heutigen Gesprächspartnern gibt es Hochschulen mit privater Trägerschaft, vor allem aus den USA. Bei ihnen liegen Vorteile und Nachteile, vereinfacht dargestellt, symmetrisch zu unserer Situation. Wir betrachten ein Zusammenwirken solcher Träger als eine lehrreiche und aufschlussreiche Erfahrung, die für beide Partnertypen interessante Erkenntnisse verspricht.

Damit will ich noch nicht sagen, dass die ETH Zürich in der Vollzugsphase des Vorhabens auch der Schweizer Partner der ausländischen Kontrahenden sein wird. Sollte die grosse Idee z. B. zu einem kommerziellen Unterfangen werden, dann wäre die ETHZ als vom Staat getragene Hochschule nicht der geeignete Partner. Die ETHZ ist keine Unternehmung. Sie hat insbesondere keine Rechtspersönlichkeit. Ich glaube nicht, dass sie es wäre, die allenfalls die Eidgenossenschaft in das Vorhaben binden könnte. Ob ein Engagement des Bundes allenfalls über die PTT erfolgen könnte, oder ob es nicht klüger wäre, wenn die Privatwirtschaft sich hier engagierte, wird abzuklären sein. Meine Einschränkung gilt übrigens *mutatis mutandis* auch für andere Hochschulen, die heute versammelt sind.

* * *

Nur das Experiment kann zeigen, wie gross das Bedürfnis für die neue Art der Kommunikation unter Wissenschaftern sein wird und mit welcher Begeisterung unsere Kollegen davon Gebrauch machen. Eigentlich erstaunt es, dass diese neue Form des Austausches wissenschaftlicher Information nicht schon längst in die Wissenschaft Einzug gehalten hat, dass demgegenüber die Form des wissenschaftlichen Kongresses sich so lange und so erfolgreich erhalten hat. Der Hauptgrund dürfte darin liegen, dass auch beim Austausch wissenschaftlicher Information der zwischenmenschliche Kontakt der Forscher ein ganz zentrales Anliegen ist. In dieser

Hinsicht wird die Telekommunikation das Kongressleben nicht ersetzen können. Sie wird es aber in bedeutendem Umfang ergänzen können. Vor allem die Wissenschafter des ersten Gliedes, die sich menschlich längst kennen, beklagen nämlich den grossen Zeitaufwand des Kongresswesens. Sie stehen permanent vor dem Konflikt, ob sie der Versuchung erliegen wollen, an ungezählten Kongressen als Redner anzutreten, statt die alles begrenzende Zeit für vermehrte wissenschaftliche Forschung einzusetzen. Für diese Wissenschafter des ersten Gliedes wird das neue System willkommene Gelegenheit bieten, ohne viel Zeitaufwand für Reisen zu kommunizieren. Entscheidend wird die Möglichkeit sein, dass diese Kommunikation nicht nur bilateral über Briefwechsel und Telephon geschehen kann, sondern vor allem in der Gruppe, d.h. multilateral interaktiv. Ich denke hier an Diskussionen in kleinen Gruppen von vielleicht 10, 20, 30 oder 40 Teilnehmern. Für die Technik wird es aber leicht sein, solche Kommunikation unter Wissenschaftern des ersten Gliedes Tausenden und Abertausenden von Zuhörern zu erschliessen. Potentielle Zuhörer umfassen Wissenschafter aller Ränge und Entwicklungsstadien, bis zu den Studierenden, deren Auditorien beigeschaltet werden können. Über den kommunikativen und ideellen Wert dieser Möglichkeit hinaus wird das System für die Verwaltungen interessant sein, weil davon auszugehen ist, dass die Relation von Kosten und Nutzen weitaus günstiger ausfallen dürfte. Eine Scheu gegenüber dieser neuartigen Form von Wissens-Übermittlung dürfte bei jenen Zuhörern nicht aufkommen, sind wir doch gewohnt, in der eigenen Stube wenn nicht wissenschaftliche Gespräche, so doch Sportereignisse oder die Rückkehr eines Raumschiffs auf den Boden eines anderen Kontinents mitzuerleben. Überwindung von Scheu wird eher bei den schon erwähnten Wissenschaftern des ersten Gliedes vonnöten sein, die den Umgang mit dem neuen Medium werden erlernen müssen. Es versteht sich von selbst, dass das System auch einen Betrieb erlaubt, bei dem das Gespräch unter Wissenschaftern im herkömmlichen Stil des ‹round table› erfolgt, zahllose Zuhörer weltweit aber beigeschaltet werden.

Ich glaube heute an den Erfolg des Vorhabens. Als Schweizer bin ich zwar an bedächtige Gangart gewohnt, Gangart, die nicht als Haltung des Zauderns gewertet werden soll, Gangart vielmehr, welche die lange Phase der ersten Schritte nutzen will, die Erfolgschancen des Unternehmens möglichst hoch zu gestalten. Anderseits habe ich fast neun Jahre meines Lebens in den USA verbracht, und ich war oft beeindruckt von der Risikofreude, mit der unsere Kollegen in der Neuen Welt neue Vorhaben anpacken. Einen guten Kompromiss sehe ich in der Haltung, ein neues Vorhaben zielstrebig *im Sinne eines Experiments* an die Hand zu nehmen, Versuche mit Wagemut und Zuversicht zu unternehmen. Das kann ich auf englisch besser ausdrücken: ‹*Let us give it a try!*›

1.6 Die Schweizer Hochschulen im internationalen Wettbewerb[1]

«Die Schweizer Industrie im internationalen Wettbewerb» und «Die Schweizer Hochschulen im internationalen Wettbewerb» sind die Titel der beiden Referate der heutigen Jubiläumsveranstaltung. Die Nebeneinanderstellung dieser beiden Themen kann den Unvoreingenommenen erschrekken, oder sie kann Hoffnung erwecken. Erschreckt ist er, wenn er aus der Nebeneinanderstellung ableitet, dass es sich bei Industrie und Hochschule um zwei Welten handle. Hoffnung haben kann er, wenn er vermutet, dass die Nebeneinanderstellung dazu führt, die zwei Welten einander näher zu bringen. Der Veranstalter hätte den Problemkuchen ja auch anders auf die beiden Referenten aufteilen können. Die Titel hätten dann z.B. geheissen: «Zusammenwirkung von Industrie und Hochschule aus Sicht des Industriellen» und «Zusammenwirken von Hochschule und Industrie aus Sicht der Hochschule». Nach aussen wäre so beim Unvoreingenommenen der Eindruck entstanden, es handle sich bei Industrie und Hochschule um nur eine Welt. Der internationale Vergleich hätte auch dann gezogen werden können.

Ich habe meine Aufgabe so verstanden, schwergewichtig über Ähnlichkeiten und Verschiedenheiten unserer Hochschulen mit jenen anderer Länder zu sprechen, dabei aber durchaus Ähnlichkeiten und Verschiedenheiten eben dieser Hochschulen in ihrem Verhältnis zur Industrie zu diskutieren.

Eine Hochschule sei eine Republik von Königen, hat Karl Schmid geschrieben; die Professoren sind die Könige; sie machen die Hochschule aus. Mit, statistisch gesprochen, hohen geistigen Fähigkeiten ausgestattet, bilden sie eine Schar von Menschen, die gehäuft zu Individualismus neigen und sich in der Regel nur ungern in die Niederungen des Alltags, vor allem des wirtschaftlichen Alltags begeben. Diese notwendigen Eigenschaften haben nach aussen zum Bild des Elfenbeinturms geführt, im Falle der Hochschulen allgemein also einem Bild tausender von Elfenbeintürmen. Niemand kennt alle Hochschulen. Es gibt aber *Typen von Hochschulen,* und wenn ich im Folgenden über Vergleiche von Schweizer Hochschulen mit

---

[1] Ansprache an der Jubiläumsfeier 40 Jahre GRETAG, 2. Juni 1983, Regensdorf.

Hochschulen anderer Länder spreche, dann möchte ich meine Aussagen auf solche Typen verstanden wissen.

* * *

Unterschiede in der Trägerschaft

Die Schweizer Hochschulen sind *staatliche Institutionen*. Sie werden primär vom Staat finanziert und subsidiär von Dritten oder dann auch wieder vom Staat subventioniert. Im Ausland, vor allem in den Vereinigten Staaten, sind zahlreiche Hochschulen *private Institutionen*. Sie werden privat finanziert und subsidiär von Dritten oder vom Staat subventioniert. Diese grundlegenden Unterschiede in der Trägerschaft bedingen radikale Verschiedenheiten im Verhalten der beiden Hochschultypen. Die Privathochschule muss, die staatliche Hochschule muss nicht rentieren. Die Privathochschule tritt im Zusammenwirken mit der Industrie als Unternehmung auf; sie wird unternehmerisch geführt. Der vom Staat getragenen Hochschule kommt es kaum in den Sinn, im Zusammenwirken mit der Industrie als Unternehmung aufzutreten. Ja, wenn sie es täte, könnte das von der Praxis zu Recht als Wettbewerbsverzerrung aufgefasst werden, operiert sie doch aus einer vom Steuerzahler getragenen Infrastruktur heraus. Die typische staatliche Hochschule, hierzulande und anderswo, ist deshalb als Hochschule nicht unternehmerisch geführt, sondern verwaltet.

Der beiläufig eingeworfene Term der Rendite muss jetzt etwas besprochen werden. Eine Hochschule rentiert dann, wenn die in sie gelegten Mittel dazu führen, dass hochqualifizierte Absolventen die Hochschule verlassen und der Wirtschaft verfügbar werden. Die Privathochschule muss akademisch-inhaltlich attraktiv bleiben, damit sie im Konkurrenzkampf um die Rekrutierung von Talent auf dem Niveau der Studenten wie der Professoren überlebt, auch wirtschaftlich überlebt. Die vom Staate getragene Hochschule spürt diese Konkurrenzsituation vor allem bei der Berufung von Professoren ebenfalls, aber nur aus intellektuellen Gründen, kaum auch aus wirtschaftlichen. Die Schweizer Hochschulen spüren den Konkurrenzdruck mit Bezug auf Rekrutierung der Studierenden überhaupt nicht, stehen sie doch grundsätzlich allen Studierenden offen, die im Besitze eines schweizerischen Maturitätszeugnisses sind. Die Schweizer Hochschulen können ihre Studierenden nicht auswählen. Viele ausländische Hochschulen, vor allem die privaten, müssen sie auswählen aus Kapazitätsgründen, aber auch aus Qualitätsgründen. Hier zeigt sich ein zweiter Unterschied zwischen den beiden Typen: Privathochschulen können Elitehochschulen sein wollen, unsere Hochschulen dürfen das nicht.

Hier lässt sich lückenlos eine weitere Unterscheidung dieser Hochschultypen anschliessen: in ihrem Demokratieverständnis und ihrem Autonomiegrad. An einer Hochschule privater Trägerschaft legt ein Verwaltungsrat die Ziele der Unternehmung fest, und eine Leitung führt die Unternehmung, nach den Gesetzen des Landes selbstverständlich, aber mit einem hohen Autonomiegrad, weitgehend im Windschatten von öffentlicher Meinung und Politik. Staatliche Hochschulen hat der Gesetzgeber viel direkter im Griff. Auch die Steuerzahler und damit die Politiker schauen den staatlichen Hochschulen viel genauer auf die Finger.

Nehmen wir als Beispiel das Problem der studentischen Mitbestimmung in Forschungsfragen. Wenn eine private Hochschule erkennt, dass eine Arbeitsteilung zwischen Professoren, die das Forschen gelernt haben, und Studenten, die es lernen wollen, besteht und daraus den Schluss zieht, meiner Meinung nach zu Recht, dass die Studenten in Forschungsfragen nicht mitzubestimmen haben, dann kann die private Hochschule diese Erkenntnis in Form einer internen Norm durchsetzen. Im Falle einer staatlichen Hochschule kommt in der gleichen Frage ein gesetzgeberischer Prozess in Gang, der zwar materiell durchaus im Innern der Hochschule vorbereitet werden kann, aber normativ schlussendlich ausserhalb der Hochschule entschieden wird, nämlich in den Parlamenten oder sogar direkt durch den Stimmbürger. Das Innenleben der Privathochschule wird also von ihr selbst respektive ihren eigenen Entscheidungsträgern bestimmt, jenes der öffentlichen Hochschule von dem sie tragenden staatlichen Gebilde. In diesem Sinne ist die private Hochschule autonomer als die öffentliche. Private Hochschulen, die ich selbst kenne, haben sich in der angetönten Frage gesagt, die Qualität eines Forschungsvorhabens sei nicht durch einen demokratischen Prozess ermittelbar, sondern bestenfalls durch wissenschaftlichen Sachverstand. Auch bei der staatlichen Hochschule stellt sich die Frage nach dem demokratischen Prozess. Weil aber der zur Norm führende Teil der Entscheidfindung notwendig in die Politik des Landes führt, fliessen in den Entscheidungsprozess ebenso notwendig wissenschaftsfremde Beurteilungskriterien ein: eben zum Beispiel das Demokratieverständnis als solches.

Meine Gegenüberstellung der privaten und der staatlichen Hochschule ist mit Bezug auf Demokratieverständnis und Autonomie schwarz-weiss und deshalb nicht ganz zutreffend gewesen. Das Leben in einer Institution wird ja nicht in erster Linie durch den Grad ihrer Abhängigkeit ausgestaltet, sondern durch das Verhalten der ihr angehörenden Personen. Diese Personen bringen mit ihrem Verhalten ein Bild des jeweils herrschenden Zeitgeistes in die Hochschule. Das freiheitliche Denken, das die westlichen Länder beseelt, bringt es mit sich, dass Entscheide von den Entscheidungsträgern besonders dann gerne gefällt werden, wenn sie von einem breiten

Konsens getragen sind. Starke Einzelmeinungen sind heute weniger gefragt als Konsensäusserungen von Gremien, häufig in Form von Kompromissen. Selbst wenn ein zu treffender Entscheid materiell kristallklar auf der Hand liegt, wird er oft erst nach Durchlaufen einer Mitspracheschlaufe oder mindestens einer Kommission gefällt. Dieses Verfahren entlastet das Gewissen des Entscheidungsträgers und tarnt seine Verantwortung. Anderseits trägt das Verfahren dazu bei, dass Entscheide inhaltlich besser ausfallen können. Hierin besteht kaum ein Unterschied zwischen staatlichen und privaten Hochschulen; der Zeitgeist beherrscht beide gleichermassen. Er ist auch in der Industrie spürbar.

Eine andere Facette des Zeitgeists der Gegenwart beeinflusst staatliche Hochschulen demgegenüber viel stärker als private. Ich meine den Individualismus. Der Wohlstand bringt es mit sich, dass das Zugehörigkeitsgefühl zu einer Institution, heisse sie Nation, Kanton oder Gemeinde, oder Hochschule, im Abnehmen ist zugunsten des Individualismus. Korpsgeist ist nicht «in». Erstaunlicherweise ist dieser Trend bei privaten Hochschulen viel weniger deutlich zu verspüren als bei staatlichen. Bei einem kürzlichen Gespräch in Deutschland fragte ich einen amerikanischen Kollegen, wo er arbeite. «I am working for Princeton University», war die Antwort. Auf seine Gegenfrage antwortete ein Schweizer Kollege: «I am working at ETH Zürich». Die unterschiedlichen Präpositionen halte ich für symptomatisch. Ich hoffe, mich zu täuschen. Professoren wie Studenten dürfen doch ihre Hochschule nicht als blossen Arbeitsplatz betrachten! Aber der Unterschied tritt auch in anderer Form zutage. Treue und Spendefreudigkeit der Ehemaligen, auch der ganz jungen Ehemaligen gegenüber ihrer Alma mater sind noch heute bei den privaten Hochschulen, die ich kenne, stärker ausgebildet als bei den staatlichen. Vielleicht hängt dieses unterschiedliche Zusammengehörigkeitsgefühl wiederum mit dem Begriff der Unternehmung zusammen, der den privaten Hochschulen mehr zugrunde liegt als den staatlichen.

* * *

Unterschiede in der Struktur

Ich gehe über zur Gegenüberstellung zweier anderer Unterscheidungsmerkmale in- und ausländischer Hochschulen. Sie betreffen die *Hochschulstruktur*. Es gibt ausländische Hochschulen, die beinahe *militärisch-hierarchisch* aufgebaut sind. An der Spitze die Leitung, dieser unterstellt Dekane, z.B. für Medizin, für Naturwissenschaften, für Ingenieurwissenschaften. Diesen unterstellt Departementschefs, z.B. für Chemie, für Physik, für

Biologie. Diesen unterstellt die Professoren mit ihren Arbeitsgruppen. Die Mittel-Allokation in einem solchen System geschieht stufenweise. Die Leitung teilt den Dekanen Mittel zu, und diese den Departementschefs, die ihrerseits Mittel an die Professoren zuteilen. Unsere eigenen Hochschulen sind in dieser Hinsicht anders strukturiert, nämlich *zentralistisch*. Die Leitung hat *eine grosse Zahl Direktunterstellte,* mindestens sämtliche Institute, in vielen Fällen sogar sämtliche Professoren. Dementsprechend erfolgt die Zuteilung der Mittel von der Leitung direkt an die Front. Vorteil dieses Systems: der kurze Kommandoweg erlaubt sehr rasche Entscheide, die dementsprechend rasch wirksam werden. Nachteil: die Entscheide werden mit weniger Sachverstand gefällt als im durchstrukturierten System, wie es ausländische Hochschulen kennen; dort sind Dekane und Departementschefs Fachleute mit einem Sachverstand, der den Kenntnissen an der Front sehr viel näher kommt als der Sachverstand einer zentralen Leitung.

Betriebswirtschaftlich gesehen ist unser System effizienter, weil es nur eine zentrale Verwaltung braucht, die sehr straff geführt werden kann. Besucher aus dem Ausland, die den Typus der militärisch-hierarchisch strukturierten Hochschule vertreten, beneiden uns ausnahmslos über den vergleichsweise geringen Verwaltungsaufwand unseres Systems.

Man darf aber eine Hochschule keineswegs nur nach betriebswirtschaftlichen Kriterien beurteilen. Wichtiger für die Beurteilung sind akademische Qualitätsüberlegungen. Hierin unterscheiden sich die beiden Typen merklich. Lassen Sie mich das mit einem Beispiel illustrieren. Der Departementschef an einer ausländischen Hochschule stellte fest, dass in einem Zeitraum von wenigen Jahren alle drei prominenten Vertreter des Gebietes der Enzymologie an andere Hochschulen berufen wurden. Seine fachliche Lagebeurteilung führte ihn zur Einsicht, dass die drei Vakanzen nicht wieder im Sinne von Nachfolgen durch Enzymologen besetzt werden sollten, sondern dass dem Qualitätsstreben seines Departementes und damit seiner Hochschule besser gedient wäre, wenn die Möglichkeit dreier Vakanzen dazu benützt würde, ein ganz neues, zukunftsträchtiges Gebiet in Angriff zu nehmen. Er beantragte in der Folge dem Dekan, und dieser dem Präsidenten, die Vakanzen durch Strukturbiologen zu besetzen. Das geschah dann auch und hat sich rückblickend als richtig erwiesen. In unserem eigenen System ist es weniger wahrscheinlich, dass ein derart mutiger Entscheid gefällt worden wäre. Der zentralen Hochschulleitung gebricht es ganz einfach am hiefür nötigen Sachverstand, und die Front, d.h. die direkt betroffenen Professoren, beantragen nur ungern Richtungsänderungen, weil sie sich dadurch dem Vorwurf aussetzen könnten, das bisher gepflegte Arbeitsgebiet sei längst nicht mehr originell gewesen. Nur die allergrössten Kälber wählen ihre Metzger selber! Der Strukturunterschied bedeutet anderseits, dass die zentrale Lenkbarkeit an sich in unserem System besser, im anderen System weniger gegeben ist.

* * *

Unterschiede im akademischen Angebot

Unter diesem Titel möchte ich wiederum zwei Typen von Hochschulen ganz kurz schildern. An vielen Hochschulen der Vereinigten Staaten werden sogenannte ‹*graduate schools*› geführt. Das bedeutet, dass Inhaber von Hochschulabschlüssen auf der Stufe ‹bachelor› nochmals eine Hochschulstufe durchlaufen, die dann zum Grad des ‹master› oder des ‹doctor› führen. Im Unterschied zu den meisten europäischen Hochschulen beinhalten diese höheren Stufen nicht bloss die Ausarbeitung einer Dissertation, sondern den erfolgreichen Besuch einer zusätzlichen Kategorie von Lehrveranstaltungen gehobenen Niveaus. Der Doktorand, der bei uns an seiner Dissertation arbeitet und daneben nach freiem Ermessen zusätzliche Lehrveranstaltungen besucht oder auch nicht, wird in der ‹graduate school› gezwungen, einen zusätzlichen Studienplan samt Zwischen- und Schlussexamina zu absolvieren. Das führt dazu, dass ‹graduate students› solcher Hochschulen gegenüber ihren Kommilitonen z.B. an unseren Hochschulen von einem weitaus grösseren Lehrangebot profitieren können. Auch hierzulande wird hier und dort in Ansätzen versucht, strukturierte Nachdiplomausbildungsgänge während der Zeit des Erarbeitens einer Dissertation anzubieten. Viele fortgeschrittene Studierende europäischer Universitäten machen geltend, sie würden sich durch den Zwang des Absolvierens einer zusätzlichen Hochschulstufe bedrängt fühlen. Aus meiner Sicht ist das gar nicht die Fragestellung. Die Fragestellung ist vielmehr, ob es nicht Hochschulen geben sollte, die solche fortgeschrittenen Lehrveranstaltungen wenigstens anbieten.

Dieses Problem lässt meine früher gemachte Feststellung über Elitehochschulen anklingen. Es hat anderseits mit der Trägerschaft – staatlich oder privat – insofern nichts zu tun, als es ‹graduate schools› sowohl an staatlichen wie auch an privaten Hochschulen des Auslandes gibt. Das Führen sehr guter ‹graduate schools› hebt aber selbstverständlich das Niveau des Lehrkörpers wie der Studenten und kann sich somit positiv auswirken auf die Qualität der Hochschule.

Unter dem gleichen Titel möchte ich noch eine Bemerkung machen zur Vorbereitung der Absolventen dieser Hochschultypen auf ihre spätere Tätigkeit im Berufsleben. Diese Vorbereitung ist natürlich im höchsten Masse abhängig vom angestrebten Berufsbild. Das Medizinstudium z.B.

bereitet den zukünftigen Arzt auf eine Tätigkeit als Arzt vor, und die Ermächtigung zur Ausübung dieses Berufes wird ja sogar allenthalben durch staatliche Instanzen erteilt. Ähnliches gilt für Apotheker oder Forstbeamte. Demgegenüber ist die Ausbildung von Juristen z. B. viel weniger auf ein konkretes Berufsbild, etwa des Richters oder des Rechtsanwaltes, ausgerichtet. Ingenieur-Ausbildungsgänge nehmen in dieser Hinsicht eine Zwischenstellung ein, eher in Richtung Vorbereitung auf ein bestimmtes Berufsbild, in der Konkretisierung aber weniger weitgehend als das Medizinstudium. Es fällt mir schwer, in diesem Problemfeld Unterschiede zwischen den Hochschulen verschiedener Nationen auszumachen. Ein Eindruck, die Ingenieurausbildung betreffend, sei aber doch wiedergegeben: ich glaube, dass unsere Ingenieurstudenten eine praxisnähere Ausbildung erfahren als viele Kommilitonen etwa in den Vereinigten Staaten, deren Ausbildung eher in theoretischer Richtung erfolgt.

* * *

Unterschiede im Zusammenwirken von Hochschule und Industrie

Wenn man die Tagungskalender wissenschaftspolitischer Gremien der letzten Jahre anschaut, stellt man fest, dass das Problem des Zusammenwirkens von Hochschule und Industrie vor allem in westlichen Ländern gehäuft diskutiert wird. Es wird gesprochen über *Valorisation von Hochschulforschung,* über *Technologietransfer* von Hochschule zu Industrie und umgekehrt, über *Wissenstransfer* von einem Partner zum andern ganz allgemein. Unbestritten ist meistens die Ansicht, dass der Wissenstransfer von der Hochschule in die Industrie am wirkungsvollsten durch die Hochschulabsolventen selbst erfolgt, die ihr Hochschulwissen und -können in die Unternehmung einbringen. Schon zu Beginn des nächsten Jahrzehnts wird die Absolventenzahl wegen des Geburtenrückgangs der mittleren sechziger und siebziger Jahre eher abnehmen, es sei denn, ein grösserer Anteil der Maturanden entschliesse sich für ein Hochschulstudium. Weite Kreise erwarten ganz unabhängig von solchen demographischen Überlegungen, dass vor allem im technischen Bereich vermehrt Ergebnisse auch der Hochschulforschungstätigkeit, nicht nur ihrer Ausbildungstätigkeit, für die Industrie direkt erschlossen werden. Die Vorstellungen über solche Transfer- und Valorisationsleistungen sind uneinheitlich. Dabei ist zunächst festzustellen, dass es Bereiche gibt, in welchen Hochschulen gegenüber der Industrie über gar keinen Kenntnisvorsprung verfügen und deshalb der Wissenstransfer in der umgekehrten Richtung erfolgen müsste. In anderen Bereichen verfügen die Hochschulen zwar gegenüber der Industrie über

Wissensvorsprung, der aber oft aus verschiedenen Gründen nicht übertragen wird. Zu den Gründen gehören die fehlende Fähigkeit vor allem kleinerer und mittlerer Unternehmungen, ihre Wissensbedürfnisse forschungsgerecht zu artikulieren; es gehört dazu die fehlende Bereitschaft von Hochschulinstituten, sich mitzuteilen; es herrschen Ängste um Urheberrechte; es wird auf fehlende Deckungsgleichheit der Problemlage in der Industrie mit der Kenntnislage an den Hochschulen hingewiesen.

Zu diesen objektiven Gründen mangelnden Transfers gesellen sich subjektive oder politische. Es gibt Stimmen, die kein Hehl daraus machen, dass Forschungsergebnisse der Hochschulen die Industrie nicht interessieren, sondern dass sie ausschliesslich an hervorragend ausgebildeten Hochschulabsolventen interessiert sei; diese Stimmen vernimmt man vor allem aus Kreisen grosser Unternehmungen, die über eigene hochentwickelte Forschungsinstitute verfügen. Es gibt Stimmen, die in einer vermehrten Teilnahme von Hochschulen am Forschungsgeschehen von Unternehmungen eine Einmischung des Staates in die Unternehmung sehen; diese Befürchtungen treten dann zutage, wenn es sich bei den angesprochenen Hochschulen um staatliche Institutionen handelt. Dazu gibt es Stimmen, welche eine Wettbewerbsverzerrung dann befürchten, wenn Hochschulforschungstätigkeit in Gebiete industrieller Forschung vorstösst. Auch diese Befürchtungen werden besonders dann laut, wenn es sich bei den angesprochenen Hochschulen um Institutionen handelt, die vom Staate getragen oder massgebend subventioniert werden.

Ich möchte betonen, dass diese Auseinandersetzungen im In- und Ausland gleichermassen im Gange sind. In der Fragestellung über Gewinnbeteiligung an Urheberrechten etwa bestehen zwar naturgemäss wieder Unterschiede der Haltung staatlicher oder privater Hochschulen, aber das Problem stellt sich in zahlreichen westlichen Ländern gleichermassen. Wenn sich das Problem in unserem Lande trotzdem etwas anders präsentiert als etwa in der Bundesrepublik Deutschland oder den Vereinigten Staaten, dann hat das mit der Kleinheit unseres Landes zu tun. Die fast unendliche Vielfalt der Einstellungen zum Zusammenwirken von Hochschule und Industrie in grossen Ländern führt dazu, dass ein genügend intensiver Suchprozess interessierte Partner aus Hochschule und Industrie fast ausnahmslos zum Zusammenwirken führen kann. Unser Land ist hiefür zu klein. Oder anders ausgedrückt, die Vielfalt der Meinungen über das Zusammenwirken ist in der Schweiz zu gross, wenn man sie in Relation setzt zu den Möglichkeiten des Zusammenwirkens. Zum Strauss grundsätzlicher Meinungsverschiedenheiten, die ich schon aufgelistet habe, gesellen sich hierzulande noch weitere, zum Teil branchenspezifische. Die Chemische Industrie pflegt den Wissenstransfer von der Hochschule zur Industrie in nahezu idealer Weise dadurch, dass sie mithilft, einer grossen Zahl zukünftiger Kaderleute an den Hochschulen die Ausarbeitung einer Dissertation zu ermöglichen. Das hat zur Folge, dass stetig ein Harst hervorragend ausgebildeter Jungforscher in Chemie und auch Pharmazie heranwächst. Von 217 Doktorpromotionen an der ETH Zürich im vorletzten Jahr waren 50 Chemiker. Das Aggregat der Doktorpromotionen von Bauingenieuren, Maschineningenieuren und Elektroingenieuren betrug demgegenüber nur 37. Der Unterschied wird noch deutlicher, wenn man diese Zahlen in Relation versetzt zu den Diplomabschlüssen. Im gleichen Jahr schlossen 54 Chemiestudenten mit dem Diplom ab, aber 292 Bauingenieure, Maschineningenieure und Elektroingenieure. Wenn man davon ausgeht, dass der Wissenstransfer auch in der Bau-, Maschinen- und Elektrobranche verstärkt erfolgen sollte, dann wäre ein Weg dazu die Erhöhung der Zahl von Doktoranden, d.h. Jungforschern, in diesen Gebieten.

Ich bin indessen nicht überzeugt, dass im Falle dieser Branchen diese Lösung den gewünschten Erfolg hätte. Die Branche zeichnet sich nämlich aus durch einen aussergewöhnlich hohen Anteil an sogenannten Klein- und Mittelbetrieben, die über wenig firmeneigene Forschungskapazitäten verfügen und in der Regel eine solche auch gar nicht aufbauen wollen. Gerade diese Unternehmungen sind interessiert nicht nur an den Ergebnissen der Ausbildungstätigkeit der Hochschule, sondern auch an den Forschungsresultaten. Dabei zeigt sich aber, dass eine Deckungsgleichheit der Bedürfnisse an Forschungsergebnissen solcher Unternehmungen mit tatsächlich erzielten Resultaten in Hochschulinstituten kaum besteht. Wollte man diese Situation verbessern, so wäre es unumgänglich, dass eine zwischen Industrie und Hochschule konzertierte Planung gepflegt würde. Das setzt voraus, dass frühzeitig Probleme erkannt, aber auch Absichten bekanntgegeben werden. Der Ton müsste hiebei wohl von der Industrie angegeben werden, nicht von der Hochschule. Ich möchte für diese Haltung zwei Gründe anführen. Erstens ist der Zeitaufwand und auch der finanzielle Aufwand für eine wissenschaftliche Entdeckung in der Regel wesentlich kleiner als Zeitaufwand und finanzieller Aufwand für die Entwicklung eines entsprechenden Produkts. Die wirklich grossen Kosten im zeitlichen Ablauf zwischen Grundlagenforschung und Markt fallen also nicht auf der Hochschulseite, sondern auf der Industrieseite an. Damit verknüpft ist mein zweiter Grund: Die Industrie ist besser vorbereitet, zukünftige Märkte abzuschätzen und den Erfolg neuer Produkte zu prognostizieren als die Hochschule. Es wäre deshalb für die Planung der Hochschulen ausserordentlich wichtig, früh über Geschäftsziele unserer Unternehmungen informiert zu sein. Ich bin mit meinem Vorredner in der Forderung einig, dass beim Mitteleinsatz in F + E Prioritäten gesetzt werden müssen im Hinblick auf eine erfolgreiche Zukunft unserer Wirtschaft. Ich möchte die Forderung aber ergänzen durch die Meinung, dass diese Prioritäten von der

Wirtschaft vorgegeben werden sollten, *nicht* von den Hochschulen. Diese meine Meinung ist solide abgestützt auf ein Bundesgesetz, das ETH-Gesetz. Es hält unmissverständlich fest, dass die Tätigkeit mindestens der Technischen Hochschulen *auf die Bedürfnisse des Landes* auszurichten sei. In unserem Fall heisst das, auf die Bedürfnisse der Industrie. Die Industrie muss uns diese Bedürfnisse melden, am griffigsten wohl durch die Angabe der angestrebten *Produkte*. Das setzt voraus, dass Industrielle wie Professoren ihre gegenseitigen Sprachen und Probleme verstehen. Das ist häufig nicht der Fall, und zwar aus dem einfachen Grund, weil in der Karriere des einzelnen früh die Weiche «Industrielaufbahn» oder «Hochschullaufbahn» gestellt wird. Mir ist schwer verständlich, warum die Weichen nicht hin und wieder umgestellt werden. Gelegenheit dazu böte sich zum Beispiel im Instrument des ‹sabbatical leave› der Professoren. Statt ein ‹sabbatical› an einer Hochschule zu nehmen, könnte diese Zeit in einer Unternehmung verbracht werden mit dem Ziel, die Problemlage der Praxis aus nächster Nähe zu erleben. Das Reziproke wäre nicht minder wichtig: dass ein Mann der Praxis hin und wieder ans Hochschulinstitut zurückkehrt.

Solchen Formen des Zusammenwirkens steht häufig ein fundamentaler Unterschied zwischen Hochschule und Industrie im Wege. Die Hochschule darf und kann die Ergebnisse ihrer Forschungstätigkeit nicht geheim halten. Vor allem als öffentliche Institution ist sie geschaffen worden, Ergebnisse zu verbreiten nicht nur in der Lehre, sondern auch in der Forschung. Und als auf Qualität bedachte Hochschule braucht sie nationale und internationale Resonanz und muss deshalb ihre Ergebnisse publizieren. Die Industrie anderseits möchte aus Konkurrenzgründen Entwicklungen möglichst lange im eigenen Haus behalten und zeigt sogar eine Scheu, langfristige Absichten freizulegen. Ich glaube, hier wird es nötig sein, gegenseitig einen gewissen Entkrampfungsprozess durchzustehen mit dem Ziel, von den bisher eher harten Linien etwas abzuweichen.

* * *

Zusammenfassung und Versuch einer Wertung

Ich habe versucht, das gestellte Thema durch eine Typisierung von Hochschulen in Angriff zu nehmen. Die erste Unterscheidung machte Verschiedenheiten privater versus staatlicher Hochschulen sichtbar. Die Vorteile der privaten Hochschulen bestehen darin, dass sie unternehmerisch geführt werden können und damit rascher auf neue Problemstellungen reagieren können. In diesem Sinne sind staatliche Hochschulen träger. Der Nachteil der privaten Hochschule besteht darin, dass ihre finanzielle Basis zeitlich viel grösseren und heftigeren Schwankungen ausgesetzt ist als jene staatlicher Institutionen. Das hat damit zu tun, dass auch private Hochschulen massgebend vom Staate subventioniert sind, und dass Politik-Änderungen des Staates seine Subventionierungstätigkeit eher beeinflussen als seine Eigenfinanzierungstätigkeit. Als Folge davon können private Hochschulen, die zu einem grossen Teil durch staatliche Subventionen mitgetragen werden, ihre finanzielle Basis nicht von Jahr zu Jahr mit der gleichen Zuverlässigkeit erwarten wie staatliche, die von ihrem Träger finanziert werden. Eine Diskussion über solche Vor- und Nachteile betrachte ich als müssig. Man hat die Unterschiede als gegeben anzunehmen.

Ein zweites Typenpaar betraf die Strukturen, die ich als militärisch-hierarchisch respektive zentralistisch skizzierte. Aus akademischer Sicht hat die militärisch-hierarchische Struktur mit ihren dezentralen Entscheidungskompetenzen den eminenten Vorteil, dass Entscheide auf jener Stufe getroffen werden, wo auch der Sachverstand am grössten ist. Betriebswirtschaftlich ist dieser Vorteil aber mit dem Nachteil gekoppelt, dass die dezentrale Verwaltungseinrichtung eher teurer ist. Über Vor- und Nachteile der beiden Strukturformen kann man in guten Treuen diskutieren.

Was das akademische Angebot betrifft, habe ich auf die Institution der ‹graduate school› an ausländischen Hochschulen hingewiesen und auch vermerkt, dass an unseren Hochschulen die Idee der ‹graduate school› erst in Ansätzen anzutreffen ist. Ich halte dafür, dass es für das Ansehen unserer Hochschulen aber auch unserer Industrie wichtig wäre, Anstrengungen für die vertiefte, formalisierte Ausbildung unserer Kader im Sinne von ‹graduate schools› zu verstärken.

Zum Thema der Zusammenarbeit zwischen Hochschule und Industrie habe ich als Hauptunterschied zwischen der Situation in unserem Lande und jener in grossen Ländern auf die Poolgrösse hingewiesen. Die Vielfalt der Meinungen ist einer wirklich fruchtbaren Zusammenarbeit zwischen Hochschulen und Industrie im Kleinstaat eher hinderlich. Eine Klärung wäre für das Zusammenwirken förderlich. Dabei sollten wir den eminenten Vorteil des Kleinstaates vielleicht noch mehr als in der Vergangenheit nützen: Wir kennen uns doch fast alle! Aus Sicht der Hochschule bin ich der Überzeugung, dass im Bereich des Zusammenwirkens die Ziele der «Gesamten Unternehmung» von der Industrie angegeben werden sollten. Hochschule und Industrie seien in unserem Kleinstaat *eine* Welt, nicht zwei Welten. Sie betrachten sich als *eine* Volkswirtschaft. Sie gesund zu erhalten sei unser aller gemeinsames Ziel.

1.7 Bildung in Japan: Herausforderung für die ETH?[1]

> «*Hier soll die Feststellung genügen, dass eine Erhöhung der Zahl der Ingenieure für die westliche Industrie zu einer Überlebensfrage werden könnte.*»

Das Zitat stammt aus dem Bericht unseres Tagungsleiters «Das japanische Ausbildungssystem auf Hochschulstufe aus schweizerischer Sicht», das dieser als Mitglied der Studiengruppe der SATW, gestützt auf umfangreiches Zahlenmaterial und persönliche Kontaktnahme in Japan im letzten Jahr verfasst hat. Es soll als Ausgangspunkt für einige Überlegungen dienen, aus denen sich, so hoffe ich, Lehren für unsere eigenen Technischen Hochschulen ziehen lassen. Bei meinen Überlegungen halte ich mich an die Struktur des erwähnten Berichts.

1. Die Akademisierungsquote der japanischen Bevölkerung ist wesentlich höher als jene der Bevölkerung unseres Landes

Ist daraus die Folgerung abzuleiten, die Akademisierungsquote in unserem Land sei zu erhöhen? Kurzfristig sicher nicht. Der Bildungspolitik unseres Landes ist es in jüngster Vergangenheit nur mit grosser Anstrengung gelungen, die Einführung eines *Numerus clausus* zu verhindern. Dabei sind Stimmen laut geworden, die sich allen Ernstes fragten, ob die getroffenen Anstrengungen richtig waren, wenn man sie von der Beschäftigungslage her beurteilt. In dieser Situation darf nicht die gleiche Bildungspolitik eine generelle, massive Erhöhung der Akademisierungsquote fordern. Es ist jedoch denkbar, dass die Maturandenanteile, die sich für ein Studium entschliessen, tendenziell von sich aus in Zukunft eher zunehmen. Solche Zunahmen dürften aber langsam verlaufen und somit den Hochschulen, auch den Technischen, Zeit einräumen für ihre Bewältigung. Dazu kommt, dass die Zahl der Studienanfänger infolge des Pillenknicks deutlich abnehmen und damit eine mögliche Erhöhung der Akademisierungsquote mehr oder weniger ausgleichen wird. *Generelle Erhöhung der Akademisierungsquote würde somit weder ein Bewältigungsproblem schaffen, noch die gewünschte Erhöhung der Zahl von Hochschulingenieuren bewirken.*

---

[1] Referat am Kolloquium der Schweizerischen Akademie der Technischen Wissenschaften (SATW) «Die Schweiz in Konkurrenz mit Japan», 27. Januar 1984 in Bern.

2. Der Anteil der Ingenieurstudenten in Japan ist wesentlich höher als in unserem Land

Zwanzig Prozent aller Studierenden Japans finden sich in den Technischen Wissenschaften, nur drei Prozent in den Exakten und Naturwissenschaften. Das entsprechende Zahlenpaar für die Schweiz lautet neun Prozent Ingenieurstudenten zu sechzehn Prozent in den Naturwissenschaften. Fachleute wenden ein, dass, vom Studieninhalt her betrachtet, Absolventen bestimmter Ingenieurrichtungen Japans in unserer Nomenklatur als Exakte Wissenschafter betrachtet würden, was die eklatanten Unterschiede der Studentenanteile etwas verschieben könnte. Aber selbst mit solchen Korrekturen ist der *Ingenieuranteil unter den Studenten Japans immer noch ganz wesentlich höher, als wir ihn hierzulande kennen. Hier gilt es also anzugreifen,* nicht bei der generellen Erhöhung der Akademisierungsquote. Es ist wichtig, dass in Zukunft grössere Anteile unserer Maturandenjahrgänge das Studium der Technischen Wissenschaften ergreifen als früher. Erfolgt dies nicht, dann wird wegen des bereits erwähnten Verlaufs der demographischen Kurve die absolute Zahl an Ingenieurkadern spätestens Mitte des nächsten Jahrzehnts merklich zurückgehen. Ich halte es für ausserordentlich wichtig, dafür zu sorgen, dass ein Rückgang des Ingenieurnachwuchses nicht erfolgt.

Es lohnt sich deshalb, sich kurz die Gründe vor Augen zu führen, die mit verantwortlich sind, dass so kleine Anteile unserer Gymnasialklassen sich für das Studium der Technischen Wissenschaften entschliessen. Dabei möchte ich den Ergebnissen der kurz vor dem Abschluss stehenden SATW-Maturandenumfrage nicht vorgreifen, sondern nur wiederholen, was viele vor mir zu diesem Thema schon gesagt haben. Einmal ist es leider so, dass die Ingenieurwissenschaften an unseren Mittelschulen als Lehrgegenstände kaum vertreten sind. Der Maturand weiss zwar einigermassen, was Mathematik, Physik, Chemie, Biologie, Geschichte, Geographie, Sprachen, Philosophie und Religion sind. Er erhält aber kaum einen Einblick in das Wesen der Technischen Wissenschaften. Man wird einwenden, dieses Argument sei nicht überzeugend; der Maturand, wird man sagen, erhalte auch keine Einblicke in das Wesen der Jurisprudenz, der Soziologie, der Psychologie und der Architektur, und trotzdem ergriffen so grosse Anteile von Maturandenjahrgängen eben diese Studienrichtungen. Dieser Einwand trifft weitgehend zu und macht es nötig, für das Nichtergreifen technischer Studien noch weitere Gründe zu suchen. Einer besteht zweifellos in der hierzulande noch immer weit verbreiteten Skepsis gegenüber der Technik. Der Maturand weiss zwar wenig oder nichts über Technische Wissenschaften, empfindet aber aus seiner Umgebung dauernd die Skepsis gegenüber solcher Tätigkeit. Solche negative Beeinflussung fehlt in anderen Studiengebieten wie etwa der erwähnten Fächer Jurisprudenz, Soziologie, Psychologie und Architektur und wirkt sich dort deshalb nicht motivationsbremsend aus. (In Klammer sei dazu wiederholt, was der Japan-Bericht der SATW feststellte: dass in Japan für lange Zeit eine ausgesprochene Technikfreundlichkeit geherrscht hat und noch herrscht.)

Seit etwa zwei Jahren hat das Pendel auch in unserem Lande glücklicherweise umgeschlagen. Die Zahlen der neueintretenden Studierenden an beiden Technischen Hochschulen nehmen zu. Ja, *das Wachstum der Studentenzahlen der Technischen Hochschulen übertrifft jetzt jenes der Universitäten deutlich. Es ist zu hoffen, dass dieser Trend anhält und damit die nötige Langzeitwirkung entfalten kann,* damit der Rückgang, der aus demographischen Gründen gegen Ende des Jahrzehnts eintreten dürfte, die gegenwärtige, positive Entwicklung nicht wieder zunichte macht. Man wird auch sorgfältig beobachten müssen, ob der Zuwachs sich wirklich in jenen Gebieten der Technik manifestiert, die für die Wettbewerbsfähigkeit unserer Ingenieur-Unternehmungen entscheidend sind: bei den Maschineningenieuren, Elektroingenieuren, Informatikern, Werkstoffingenieuren, Chemieingenieuren, Bauingenieuren und Biotechnologen. Ich will damit sagen, dass die Probleme unserer Wirtschaft nicht gelöst werden, indem zunehmende Anteile der Maturandenjahrgänge sich dem Studium der Architektur oder der Land- und Forstwirtschaft zuwenden, auch wenn diese Richtungen an den Technischen Hochschulen angesiedelt sind.

Es ist zu hoffen, dass dieses Wachstum der Studentenzahlen an den Technischen Hochschulen anhalten wird. *Allerdings werden dann Bewältigungsprobleme auftreten.* Es besteht ja leider wenig Aussicht, dass es dem Bundeshaushalt möglich sein wird, das Lehrpersonal zu erhöhen. Die beiden Technischen Hochschulen werden also nicht darum herumkommen, wie schon seit Jahren, hochschulinterne Verschiebungen von Personal vorzunehmen zugunsten der Betreuung von Studienrichtungen, die erfreulicherweise wieder populärer werden. Solche Verlagerungen müssen mit äusserster Sorgfalt vorgenommen werden, gehen sie doch immer zu Lasten anderer, an der gleichen Hochschule gepflegter Gebiete. Sollte die eingetretene Trendwende zu massiven Änderungen der Zuströme an die Technischen Hochschulen im Vergleich zu den kantonalen Universitäten führen, dann bestünde natürlich die Möglichkeit, die Dosierung der Finanzflüsse über das Hochschulförderungsgesetz resp. das ETH-Gesetz den neuen Verhältnissen anzupassen. Auch hier ist jedoch zu bemerken, dass die Verschiebungen kaum sprunghaft erfolgen werden. Die Bildungspolitik wird also Zeit haben, die nötigen Anpassungen vorzunehmen.

3. Die Studiendauer an japanischen Hochschulen ist kürzer als jene in unserem Lande

An den ETHs ist das Studium bis zum Diplom auf acht bis neun Semester beschränkt. Viele Fachkollegen, gerade an den Ingenieurabteilungen, betrachten diese Dauer als zu kurz. Ich halte es deshalb für unmöglich, das Studium zu verkürzen. Hingegen darf das japanische Beispiel uns in der entschlossenen Grundhaltung bestärken, dem Druck auf Verlängerung des Studiums nicht nachzugeben. Dieser Druck auf Verlängerung des Studiums entspricht der Zielsetzung vieler europäischer Lehrer, ihre Schüler möglichst umfassend auszubilden. Wollte man dieses längst in die Ferne gerückte Ziel der umfassenden Ausbildung annähernd erreichen, ohne die Limite von acht bis neun Semestern zu überschreiten, so müsste mit der Ingenieurausbildung tief auf Stufe Mittelschule begonnen werden. Damit begeben wir uns in die Gefilde kantonaler Schulhoheit. Das Fach Informatik, das man als Ingenieurwissenschaft betrachten kann, beginnt sich an Mittelschulen vor allem der Westschweiz anzusiedeln, aber andere Ingenieurdisziplinen fehlen an allen unseren Gymnasien völlig. Lehrplanreformen auf Mittelschulstufe verlaufen erfahrungsgemäss sehr harzig, und es wäre unrealistisch, hier rasche, tiefgreifende Veränderungen zu erwarten. Man wird also nicht darum herumkommen, vermehrt als früher in den Hochschulstudienplänen nach Ballast Umschau zu halten, der ohne Schaden abgeworfen werden könnte. Auf diese Weise muss es gelingen, auf der Studiendauer von acht bis neun Semestern zu bleiben. Eine weiterreichende Lehre lässt sich in dieser Hinsicht m. E. aus dem japanischen Beispiel nicht ziehen.

4. Japanische Studenten tragen einen grossen Teil der Studienkosten selbst

Ich habe die Bewältigungsprobleme erwähnt, die sich stellen werden, wenn unsere Studentenzahlen weiter wachsen, ohne dass der Bund die Möglichkeit hat, mehr Lehrpersonal zur Verfügung zu stellen. Man kann sich fragen, ob nach japanischem Muster eine massive Kostenbeteiligung durch die Studierenden angestrebt werden sollte. *Ich glaube nicht daran, dass eine massive Kostenbeteiligung der Studierenden in unserem Land politisch realisierbar wäre.* Zu tief verwurzelt ist hierzulande die Auffassung, Schulung, inklusive Hochschulbildung, sei eine Aufgabe der Gemeinschaft. Zu klein ist unser Land, als dass privatwirtschaftlich geführte und staatlich verwaltete Hochschulen nebeneinander Platz hätten, wie das im viel bevölkerungsreicheren Japan oder in den USA der Fall ist. Ich halte es deshalb für müssig, diesen eklatanten Unterschied zwischen dem japanischen und dem schweizerischen Hochschulsystem weiter zu diskutieren. Wenn das substantielle Mittragen der Kosten durch den Studenten auch in der Schweiz verwirklicht würde, dann gingen die Studentenzahlen mit Sicherheit zunächst zurück. Die Massnahme würde sich eher kontraproduktiv auswirken, indem die Zahl auch der Ingenieurstudenten abnähme, statt zuzunehmen.

5. In Japan gibt es Elitehochschulen

In Japan unterziehen Hochschulen von Rang und Namen die Studienwilligen einer ausserordentlich harten Aufnahmeprüfung. Sie erzielen damit eine Auslese von höchstbegabten und höchstmotivierten Studierenden, die sie sehr rasch in höhere Sphären von Wissenschaft und Technik führen können. In der Schweiz vermittelt das Maturitätszeugnis faktisch das Recht, das Studium der Wahl an der Hochschule der Wahl zu beginnen. *Führten wir auf breiter Basis das System der harten Aufnahmeprüfungen ein,* so kämen wir in Konflikt mit der Maturitätsanerkennungsverordnung. Anderseits *wäre der mögliche Effekt eher eine Abnahme der Studentenzahl* und wäre deshalb ebenfalls kontraproduktiv.

Ich werde aber auf die Frage der Elitehochschule unter meinem nächsten und letzten Punkt ausführlich zu sprechen kommen.

6. Welches ist die Herausforderung an die ETHs

Um es gerade vorwegzunehmen: Ich halte die *Herausforderung* mehr für *eine qualitative* als für *eine quantitative*. Quantitativ ist sie in dem Sinne, als es gilt, unsere Anstrengungen weiterzuführen, grosse Maturandenanteile für das Studium an den Technischen Hochschulen, vor allem in den zentralen Ingenieurgebieten zu begeistern. Haben wir in diesem Bestreben weiterhin Erfolg, so wird sich ein Bewältigungsproblem einstellen, das aber mit bildungspolitischen Massnahmen lösbar sein muss.

Schwieriger zu lösen, aber nach meiner Überzeugung wichtiger, ist die qualitative Herausforderung. Ich halte dafür, dass unsere Technischen Hochschulen zu wenig Ingenieure entlassen, die im Umgang mit Forschung geschult sind. Ich gehöre zwar nicht zu denen, die behaupten, die Anschlussschwierigkeiten weiter Bereiche unserer Maschinen- und Elektroindustrie an ausländisches Innovationstempo sei Hauptursache der gegenwärtigen Krise. Ich glaube vielmehr, dass viele Produkte in den genannten Industriezweigen technologisch durchaus auf der Höhe sind, dass aber ganz einfach Absatzschwierigkeiten bestehen. Die Geschichte zeigt, dass Märkte verschwinden können, dass aber Märkte durchaus wieder entstehen können. Man wird nicht fehlgehen anzunehmen, dass gegen Ende des Jahrzehnts eine deutliche Absatzsteigerung für Produkte der genannten Industriezweige eintreten wird. Erfolg haben dürften diese Produkte aber in Zukunft nur dann, wenn sie immer wieder auf dem Höchststand der technischen Entwicklung stehen. Schweizer Produkte müssen die besten Produkte sein. Das heisst, dass Forschung und Entwicklung sowohl in den Unternehmungen als auch an den Hochschulen im jetzigen Zeitraum der Talsohle nicht stillstehen dürfen. In diesem Sinne schiene mir ein Verhalten vernünftig, das ich als ‹Überbrückung des Wellentals› bezeichnen möchte. Es würde darin bestehen, *in den kommenden Jahren an unseren Hochschulen die Zahl von Doktoranden in Ingenieur-Kernfächern massiv zu erhöhen.* Unsere Unternehmungen hätten damit die Gelegenheit, im Hinblick auf bessere Zeiten solche Kader anzustellen, die im Umgang mit Forschung und damit Innovation besonders gründlich geschult sind. Dieses Verhalten schiene mir auch deshalb vernünftig, weil ja nicht zu erwarten ist, dass diplomierte Hochschulabsolventen durch diese Unternehmungen im Inland in den nächsten Jahren in grosser Zahl werden angestellt werden können. Das heisst, wir müssten einen Weg finden, die besten Diplomingenieure noch während vier bis fünf Jahren an den Technischen Hochschulen zu behalten und eine Dissertation ausarbeiten zu lassen.

Das Modell ist nicht originell. Die Chemische Industrie, auch ohne sich in einem solchen Wellental befunden zu haben, hat ihrem Nachwuchs an Forschungskader immer Sorge getragen. Sie unterstützt Jahr für Jahr eine grosse Zahl von Diplomchemikern während ihrer Doktorandenzeit und stellt auf diese Art einen steten Nachwuchs von Industriekadern sicher, der hautnah erlebt hat, was Forschung bedeutet.

Es stellt sich natürlich sofort die Frage der Finanzierung. Die Chemische Industrie, um bei ihrem Beispiel zu bleiben, löst das Problem elegant, indem sie selbst weitgehend für die Finanzierung aufkommt. Man kann sich anderseits auf den Standpunkt stellen, dass Ausbildung sogar bis und mit Doktorat hierzulande Sache der öffentlichen Hand sei, und dass die erforderlichen Mittel deshalb im Falle der Technischen Hochschulen vom Bund kommen müssten. Allerdings dürften die heutigen Budgets der ETHs für ein solches Zusatzprogramm nicht ausreichen; sie müssten selektiv erhöht werden.

Ich möchte nicht missverstanden werden. Ich behaupte nicht, dass die Herausforderung an die ETHs *einzig* darin bestehe, vermehrt Ingenieure mit Doktorat auszubilden. Sie besteht auch und vordringlich darin, mit dafür besorgt zu sein, dass die Zahl der Diplomingenieure weiter steigt; wir brauchen mehr Ingenieure. Aber ich halte es für eine Illusion zu glauben, dass allein eine höhere Quantität von Ingenieuren langfristig unsere Wettbewerbsfähigkeit garantieren werden. Unsere Ingenieurtätigkeit muss verwissenschaftlicht werden, und das wird nur geschehen, wenn unsere Unternehmungen über Kader verfügen, die im Umgang mit Wissenschaft geschult sind.

Bleibt die Frage, mit welchen Mitteln der Zustrom an Maturanden zu den Technischen Wissenschaften hochgehalten oder erhöht werden kann. Das Mittel der besseren Information der Mittelschüler über das Wesen der Ingenieurwissenschaft habe ich bereits erwähnt. Ein weiteres, wichtiges Mittel besteht zweifellos darin, stets dafür besorgt zu sein, das Ingenieurstudium inhaltlich attraktiv zu erhalten. Ganz in diesem Sinne werden die Studienpläne unserer Technischen Hochschulen laufend neuen Bedürfnissen angepasst. Diese Bemühungen müssen weitergehen und dürfen dabei nicht übersehen, dass vermehrt fachübergreifende Ausbildungsbedürfnisse entstehen. Es dauerte z.B. lange (zu lange), bis wirksam erkannt wurde, dass Informatik nicht eine Schattierung der Mathematik und nicht eine Schattierung der Elektrotechnik ist, sondern eine eigenständige, neuartige Disziplin. Ein Gebiet, das an der Nahtstelle von Maschinenbau und Elektrotechnik erscheint, ist die Mechatronik, die am Produkt Roboter ihren Ausdruck findet. Ein Gebiet zwischen Elektronik und Biologie ist das Feld der Biosensoren, wo chemische resp. biochemische Kenntnisse zum Vorteil der Verbesserung elektronischer Geräte eingesetzt werden. Die Gefahr ist gross – besonders in der Phase des Nullwachstums der Hochschule –, dass solche Gebiete nicht oder zu spät erkannt werden, ganz einfach deshalb, weil sie formell noch keine Träger und deshalb keine Advokaten haben. Instrumente von Früherkennung und Planung müssen hier vermehrt eingesetzt werden. Die Probleme der Wirklichkeit treten nicht nach ETH-Abteilungen gebündelt auf! Wird aber ein Gebiet von den Studienwilligen als attraktiv erkannt, dann zieht es Studenten in grosser Zahl an; der Erfolg der Informatik-Abteilungen der ETHs zeigt das mit aller wünschbaren Deutlichkeit.

Zum Schluss, immer noch unter dem Titel der qualitativen Herausforderung, ein Wort zum Thema Weiterbildung. *Die Bedeutung der Weiterbildung wird in naher Zukunft gewaltig zunehmen,* mit einer Geschwindigkeit, die durch die Geschwindigkeit des Veraltens angelernten Wissens diktiert wird. Diese Geschwindigkeit nimmt zu. Nach meiner Meinung gibt man sich zuwenig Rechenschaft über das Ausmass des Weiterbildungsproblems und auch nicht über die Frage der Trägerschaft der Weiterbildung. Soll wiederum die öffentliche Hand einspringen? Oder soll jede Unternehmung von jedem Ingenieur verlangen, dass er sich Tag für Tag unter Zuhilfenahme seines Arbeitsplatzcomputers durch computergestützten Unterricht weiterbildet? Wer soll die erforderlichen Programme schreiben? Aus Gründen der Zeit kann ich hier auf dieses Problem nicht vertieft eingehen; im Interesse der Vollständigkeit wollte ich es aber wenigstens andeuten.

7. Zusammenfassung

Spätestens im Zeitraum der Erholung von der gegenwärtigen Krise sollte die Maschinen-, Elektro- und Metallindustrie unseres Landes ihre Ingenieurbestände massiv erhöhen. Gleichzeitig sollte sie vermehrt Ingenieure anstellen, die im Umgang mit Wissenschaft und Forschung besonders geschult sind. Damit diese Massnahmen möglich werden, müssen die ETHs ihre Anstrengungen fortsetzen, grössere Anteile der Maturandenjahrgänge als bisher für Studien in den Kern-Ingenieurfächern zu begeistern. Das setzt auch voraus, dass die Studieninhalte attraktiv bleiben. Es setzt weiter voraus, dass die zusätzlichen Mittel gefunden werden, die es möglich machen, in den kommenden Jahren eine deutlich höhere Zahl von Diplomingenieuren zum Doktorat zu führen als dies bisher geschehen ist.

1.8 Perspectives of Progress in Science and Technology[1]

The most spectacular scientific discoveries in the future, I believe, will occur in *particle physics* and in *astronomy* – i.e., in dimensions infinitely small and infinitely large, respectively. Let me say a few words on either.

In mentioning particle physics, I am particularly referring to the so-called LEP-project of CERN. LEP stands for Large Electron Positron Collider, a gigantic machine now under construction in the Geneva area. An underground, ring-shaped tunnel with a circumference of 27 kilometers is being bored at a depth of between 50 and 170 meters on both French and Swiss territory. I has a diameter of 3.8 meters and will accommodate a giant accelerator in which electrons and positrons will be travelling, in opposite directions, reaching speeds close to the speed of light. Four underground halls for experimentation will be equipped with detectors designed to observe what happens when these beams of electrons and positrons, accelerated in so-called high frequency cavities and kept on their tracks by magnets, collide. The expectation is that the collision process will set free novel particles that have never before been observed. You will remember that the atom consists of electrons and a nucleus. Yet smaller particles are, depending on which nomenclature one uses, protons and neutrons, nucleons, mesons, and leptons and quarks. How many of these are there, and which are their properties? These are the questions asked by hundreds of physicists from Universities and industries all over the world in preparation of the experiments to be carried out at LEP. They will provide answers to the most basic problem of physics: the fundamental constituents of matter. When the atom has a diameter of 10^{-8} cm, the nucleus is a thousand times smaller, and leptons and quarks have diameters smaller than 10^{-16} cm. How do these particles interact with one another? Which are the forces that hold them together? Answers to these questions are of paramount importance for understanding matter and energy.

Let us shift to astronomy. How do clouds of stuff, in the heavens, thicken, condense, heat up, and form stars? What precisely are pulsars and

[1] Referat am Symposium New Vistas, Basel, am 10. Mai 1984.

quasars, black holes and white dwarfs? All of us know that stars twinkle in the sky. They twinkle, because Earth's atmosphere diffracts their light before it reaches our eyes or our instruments on Earth. Astronomers have been longing to observe stars – i.e., the light they emit – without that bothersome interference of the atmosphere. Much has been learnt about stars by the use of optical telescopes or radiotelescopes placed on Earth. In the desert of New Mexico, a giant array of radiotelescopes, called Ears to the Universe, has collected impressive data, to mention but one of the large astronomical installations in America. In Europe, a Large European Solar Telescope (LEST) is in its planning phase. Novel in design, it will minimize atmospheric interference for solar observations. But with the onset of the Space Age, it has become feasible to place telescopes above our atmosphere. A few years hence, NASA will charge the Space Shuttle to carry Space Telescope to a position over 500 km above the Earth. As the first permanent observatory in space, Space Telescope is expected to spend some 10–20 years up there, sending information collected from the light of stars back to astronomers on Earth. Already now a dozen Universities are tooling up to interpret what Space Telescope will see from its favorite position on the other side of the atmosphere. The calculations predict that it will see (i.e., collect light from) stars fifty times fainter than are seen by Earth-based telescopes, and with a detail one hundred times greater. Space Telescope will not only report data about stars and galaxies, but also about planets, their moons' volcanoes, their atmospheres. Are there planets outside our solar system? No one has seen one thus far; Space Telescope will aim its cameras in such a search. The results obtained may well answer a question that has been intriguing man for a long time: Are we alone in the Universe?

Every educated person will agree that these endeavours – both particle physics with its infinitely small dimensions and astronomy with its gigantic dimensions – are truly giant vistas. But one need not even be educated to sense the enthusiasm such questions must contain and generate. However, the citizen will ask what good all this will do for him other than satisfy his curiosity. He has the right to ask this question, because it is he who through his daily work in enterprise, or privately, or in an administration generates the money that is spent on science. Let me try three answers to this question. For one thing, satisfying man's curiosity, or equally important, nurturing man's curiosity is already a lot. For it was man's curiosity that kept increasing the quality of life. It is man's curiosity that led to all those uncounted scientific discoveries that made advances in technology possible. For another, the giant scientific and technological enterprises like CERN, NASA and others, including landing on the moon and space technology, have generated or helped generate working opportunities for large numbers of men and women at all levels, not necessarily for constructing the present, like turnpikes, dams, power plants, computers, engines, television sets, pharmaceuticals, fertilizers, but for constructing the future, perhaps unknown yet. For a third, and this answer is connected to the second one, big discoveries have spin-offs for mankind. Turnpikes, dams, power plants, computers, engines, television sets, pharmaceuticals, fertilizers prerequire discoveries in mathematics, physics, mechanics, thermodynamics, electricity, chemistry. There can be no doubt that scientific discoveries made by LEP, Space Telescope and by science in general, will also have spin-offs for the increase of the quality of life.

* * *

This will become immediately apparent as I am now shifting towards more down-to-earth perspectives of science and, particularly, technology. I'll address three:

– *telecommunication and computers*
– *mechatronics*
– *biology*

1. Telecommunication and computers. A year and a half ago I had the privilege in Washington, D.C., to take part in a satellite teleconference between Washington and Los Angeles. A dozen of us were meeting in a so-called robot studio, i.e., a conference room equipped wich voice-activated television cameras. In front of us, we saw, on television screens, the participants of our teleconference in Los Angeles. A lively debate between those two panels was quickly developing. When one of our colleagues at the Los Angeles studio went to a blackboard to draw a diagram illustrating what he wanted to make clear, we saw him do so, because one of the cameras followed his action. One of the drawings that was produced on the blackboard at Los Angeles interested me so much that I wanted a copy. Our chairman pushed a button, and out of a printer in our studio in Washington came a paper copy of the drawing that was just being drawn on the blackboard at Los Angeles. After two hours of discussion, the meeting was adjourned. Advantage for all of us: we were able to communicate, full motion, full color video, and of course audio, in real time, including the exchange of hard copy graphics, without going there; i.e., the economy of time was considerable. Disadvantage: our communication remained «tele»; i.e., we had no chance truly socially to interact before and after the debate. This, let me hasten to say it now, may turn out to be a severe limitation of the applicability of teleconferencing. Let me add nevertheless that comparable teleconferences via satellite have been held across the Atlantic, and more recently in fact, around the globe.

I did not mention these examples in an attempt to advertise teleconferencing. What I meant to show is that telecommunication has reached a level of technical perfection and user-friendliness that will, soon, affect our way of life greatly. The reason is very simple. Since we can transmit visual signals over large distances – and that this is possible we know since the early days of television –, we can transmit any other kind of graphic illustrations, texts, signals. Thus far, the applications of these novel technologies have been rather limited to, say, extravagant uses: to start the heating system in your vacation home by dialing a telephone number, if you are a homeowner; to have instant access to stock exchange values or banking tactics of your partner in San Francisco, if you are a banker in Zürich; to discuss a problem in computer science with an expert in the US, if you are working in a British branch of the same company.

But it may well be that telecommunication changes much of our everyday life in a not too distant future. Just look at some of the traffic problems we are living with. Look at the hectic automobile traffic in congested streets in our big cities. Look at the congestions at major railway and subway stations during rush hours. Look at the uncountable numbers of people being moved around by all sorts of physical transportation means. And then ask, how many of these physical transportation movements are really necessary, as seen from the functions those that are being moved perform. Take bookkeepers as an example. Is the physical presence of bookkeepers, five days a week, on the premises of the company really necessary? Already for some time, computers have become the instruments of choice to help the bookkeepers do their work with more ease and greater precision. Couldn't they have all the relevant figures displayed on their TV-screens at home, and interact with their office and its computers by telephone or teletext? If so, the bookkeepers could be saved the trouble of traffic congestion. Take, next, workers in chemical industry or electromechanical industry handling equipment. I'll talk about mechatronics, or industrial robots, in a minute. Much industrial work is done by remote control that guides valves and switches and speeds and all sorts of processes including welding and honing, or cutting and drilling, positioning equipment or tightening bolts and nuts. Many of these functions require the physical presence of the worker, but all do not! You may want to use your own imagination on the impact of the introduction of telecommunication and the computer in other professions that commute in large numbers.

Start with secretaries. One key term in addition to telecommunication will then turn up: office automation. Great strides are being made towards the intelligent notepad, a gadget on which you may write in longhand and out of a nearby printer comes a typescript. The next generation of intelligent notepads will offer translation into other languages. Another goal manufacturers have in mind is the listening typewriter. You dictate, the machine produces clean copy. (Next model with translation.) Sophisticated research and development in the areas of computer science including artificial intelligence, pattern recognition, speech analysis, speech synthesis and transforming electronic signals into mechanical or thermal action is yet needed in order to perfect such instrumentation, but the vista is there.

Add the term of data banks containing telephone directories, listings of theatre performances, flight schedules, travel planning including hotel rates (free for all), your own bank account (retrievable on code only), the newspaper (on subscription), and many other kinds of information: add the term of data banks, and you get the vista of the Total Information Society (TIS), provided that the necessary telecommunication networks are there, the necessary computer capacities are there and that every participant has access to the necessary hardware, such as a television set and accessories. Mind you, we are not very far away from all this. The project Light-Net envisages to link all the major cities of much of the Eastern US by glass-fiber cables. Japan has an impressive grand scheme of telecommunication networks. In Europe, many Universities and computing centers have established channels for fast communication. Great libraries (many of them large) of the world are already linked for efficient exchange of texts. Scientists are beginning to edit manuscripts by linking their computers across the Atlantic. And satellites become available that will up-link and down-link data from one side of an ocean to the other, or if the distance is too large, to another satellite that will then down-link (this technology is called satellite hopping in the jargon). These are breathtaking vistas.

2. Mechatronics. Let me once again briefly describe an experience I recently shared in a factory in Japan. It is a factory that produces electric motors. From a balcony, we looked down into a large assembly hall, dimly lit, in which robots were at work, in working cells, in teams of three. One member of such a team would grab a particular part of a motor-to-be and present it to the second robot. That robot placed wiring on the piece. A third robot attached flanges. As the team kept working, the supply of parts on the stacks in their cell became lower and lower. At a given moment, a driverless vehicle appeared and deposited a new supply of parts. A sensor had noticed the shortage, signaled it to a warehouse, and it had automatically sent new stock. Sporadically, one would notice an engineer checking the signal lamps on a control panel, or looking one of the robot teams over. But by and large, these teams of robots, filling an entire assembly hall, worked on their own.

It has become common knowledge that the robot age has begun. The driving forces for its growing success are several. For one thing, workers find many kinds of labor dull and boring; take assembly of electric motors, tightening bolts, or repeated drilling as examples. Many kinds of labor are hazardous or at least uncomfortable to health; take paint-spraying or arc-welding or handling radioactive materials as examples. For another, manufacturers discovered that in many instances accuracy and reproducibility of a work process is greater if performed by a never tiring robot than by a human worker who towards the end of the week gets tired and at the beginning of the next week isn't quite in the mood for precision work yet. Take positioning rivets or spot-welding as an example. For a third, many companies have discovered that robots can work more economically than human labor, and this discovery is often linked to the two reasons I gave first. A robot uses 20 to 30% less paint in spraying an automobile than a human worker and therefore, less energy and less money. A robot in certain applications works faster than a human worker and therefore again at reduced cost. This latter aspect is particularly relevant in countries where the cost of labor is high or on the rise. Another reason for using robots instead of conventional machinery (not instead of human labor in this case) is the fact that robots can more easily be adapted to novel tasks than conventional machines. This may be crucial for the survival of manufacturers that have to keep producing new models of whatever they manufacture, say automobiles. There are automobile manufacturers that have about a thousand robots in use now, but expect to employ – if this word is permitted – ten times as many in the nineties of our century, for a combination of the reasons I indicated. Other industries, including the electronic industry, are moving in the same direction. Factory automation is a vista.

What constitutes a robot? Robots may be manual manipulators, operated manually by a worker. Remote control handling of radioactive of red-hot materials are well known examples. If the objective is repeatedly to perform the exact same sequence of movements or manipulations, the robot is called a fixed sequence machine; it works on its own, to specifications given by a human worker once only. The variable sequence robot can do more than that; but a human must tell it each time a new sequence is demanded. Playback robots are better yet: you manually guide them through the kind of sequence you expect, and they memorize the sequence and then keep repeating it. Numerical control robots are programmed for their jobs by numerical data. So-called intelligent robots, finally, are equipped with sensors or other recognition devices that enable them to decide their behavior and action more or less on their own.

To develop the last kind of robots is the most fascinating vista in robotics. For achieving this goal, skills of mechanical engineers are not sufficient, nor are the skills of the electronics engineers. The combined skills have received the name mechatronics. In it the major components of robots, e.g., the manipulator or mechanical unit, the computers controlling its action, the power supply, and perhaps most importantly the sensors with their feed-backs are perfected in an attempt to convey visual, tactile, force and range sensing abilities to robots or make them mobile (such as for firefighting or mining or underwater exploration) or to equip them with arms much more elaborate than we know them today, a sort of tentacles. If I link back briefly to what I said about office automation and the listening typewriter, it becomes apparent that one of the developments in robotics may well be in the direction of the robot that has the ability of spoken dialogue: the worker may in the future speak to his robots, by computer speech communication.

Let us remember that robots should take over work that the human worker for a number of reasons does no longer want to carry out himself. In this sense, steel collar workers, as robots are called in the jargon, will not replace but complement blue and white collar workers.

3. Biology. A presentation of new vistas in science and technology would be incomplete if the life sciences were omitted. While most of today's technologies were derived from physics and many from chemistry, biology will in the future increasingly be one of the bases of technology. Some of the sensors mentioned in the previous chapter on mechatronics, e.g., may well be biosensors. This is just one example, not to be dealt with in depth, where biological specificity of large molecules or reactions can be coupled with an electronic device, thereby enhancing its selectivity of action. It would be tempting to develop vistas of the life sciences. Neurobiology would stand out as an intellectual challenge of the first order: understanding our mind, intelligence, memory, not to mention emotions. Just a brief excursion into the future of molecular genetics would trace ways to the understanding of the switches that turn genes on or off for peaceful use as in the case of normal development from the embryo to the adult, or in those brutal wars of cells against health called cancer. The time is not here to elaborate on either.

So I decided to discuss perspectives in biotechnology instead. Biotechnology is an engineering science, not a natural science. What is the difference? The difference lies in the respective finality. The goal of biotechnology is to produce large quantities of substances by the use of living matter. The goal of biology is to understand a given biological phenomenon. A biotechnologist is a doer, a biologist is an explainer. A key factor in the distinction between biology and biotechnology is their scale. Large scale waste-water treatment is an example. A biologist may be interested in discovering how microorganisms thrive in water. The biotechnologist wants to use them for treating waste-water, or sludge. Another reason for the success of biotechnology is the precision and reproducibility with which biological macromolecules can guide chemical synthesis. Genes coding for human insulin can be implanted into bacteria, and then these bacteria will produce human insulin with high fidelity. Yet another advantage is constituted by the ease with which already now biological information can be custom-tailored by what is called genetic engineering. If a product synthesized by genetic engineering in the mode just described proves defective or has an unwanted side-effect, the respective gene may be modified until it produces just the product one needs. Applications already include the synthesis of pharmaceuticals like insulin, growth hormones or those molecules called interferons, which hold much promise in the treatment of a variety of cancers. In the area of human and animal health care, not only will new drugs become available by biotechnology, but the strategy for drug delivery in the patient body to the target organ or cell will be perfected. Further applications will concern human food and animal feed, and there exists the vista to alter the genes of crop plants so that they may be irrigated automatically by the tide in coastal areas without dying from the salt. Another vista shows that fertilizing crop plants with nitrogen may no longer be necessary, when genetic engineering will have enabled crop plants of the future to fix nitrogen from the air through their root system. Organic waste of our cities, the pulp in paper mills, the products of vast grass lands will be convertible by biotechnology into precious oxychemicals for fuels. Automobiles of the future will probably not look very differently from our cars today, but will certainly be driven by fuels that do not emit harmful exhausts. Hydrogen cars are in operation already, and all they emit from their exhausts is water vapor. In the production of hydrogen but also of other fuels biotechnology will play an important role.

* * *

If I stopped here, some of you would criticize me for at least one reason. I had, they would argue, presented the typical speech of a technocrat who believed in the virtues of technology without thinking of its social implications.

It is true that I have not commented on the social consequences of moving signals instead of people in a situation where much work is carried out at home instead of at the factory. But let me point out that the main result of this kind of innovation will be a *gain of time*. The question then comes up, immediately, what to do with one's time. And my answer is simple: use it for continued education. We must keep in mind that knowledge has been turning over faster and faster; the half-life of new knowledge has become shorter and shorter. As a consequence, those who want to stay abreast of new developments will want to keep training themselves. For this, they will need time (which, I claim, they will have), and teachers. The volume of new subjects to be taught will be so large that conventional ways of teaching will not be able to cope with it. Computer-aided earning (CAL) will become a common-place activity. Our children, but certainly our grandchildren will practice continued education in a natural dialogue with their personal computer that will understandingly teach them about new materials that replace many of the materials of our days (because there will be shortage of these), about new ways of networking circuits, perhaps not through conventional semiconductor technology, but through biological macromolecules in a vista referred to as the organic computer or the biochip. Artificial intelligence, vague notion for the moment, will develop contours.

1.9 Thesen zur Frage der Studiendauer[1]

Vorbemerkungen

1.

Ich fasse das Ziel der heutigen Séance de réflexion folgendermassen auf: Es ist zu fragen, ob durch Veränderung der Studiendauer (Verlängerung oder Verkürzung) die Qualität unserer Absolventen in bezug auf ihre Berufstätigkeit verbessert werden könne. Das Gesetz auferlegt uns ja schliesslich die Aufgabe, unsere Absolventen auf ihre spätere Berufstätigkeit vorzubereiten.

2.

Meine Thesen beziehen sich auf die ETHs und sind nicht ohne weiteres übertragbar auf kantonale Hochschulen.

These 1

Es besteht kein einfacher Zusammenhang zwischen Studiendauer an der Hochschule und Performanz der Absolventen in der Praxis. Andere Parameter können auch wichtig oder wichtiger sein: etwa die Auslese der Studenten, insbesondere die Auslese der Professoren, die zahlenmässige Betreuung der Studenten durch Lehrpersonal, die relative Intensität, mit welcher verschiedene Lehrmethoden wie Vorlesung, Praktikum, Laboratorium, Selbststudium im Lehrbuch, horizontales Studium zwischen den Studenten, Einsatz von ‹computer-aided learning›, Häufigkeit der Zwischenprüfung, Praxisaufenthalte zur Anwendung kommen; ein Blick auf das amerikanische Hochschulsystem lohnt sich in einem Versuch, die Einflüsse dieser verschiedenen Parameter zu untersuchen. Wichtiger als die absolute Dauer des Studiums

---

[1] Vorgetragen an der Séance de réflexion des Schweizerischen Schulrats, 2. November 1984, Schloss Lenzburg.

an der Hochschule ist sodann seine Anordnung im zeitlichen Ablauf des Bildungsvorgangs überhaupt, insbesondere in bezug auf das Eintrittsalter der Studenten in den Hochschulsektor; ein Blick auf das japanische Hochschulsystem ist hier lohnend.

These 2

Jeder Studienplan enthält immer einigen Ballast. Der Ballast steht im Zusammenhang mit der Alterung des Lehrpersonals. Es ist nicht leicht, Ballast abzuwerfen. Auch wenn er als solcher erkannt ist im Lehrkörper, verhindern oft Kollegialität und ein falsches Verständnis der Lehrfreiheit nötige Massnahmen. Es sei erinnert etwa an das Beharrungsvermögen altertümlicher Analytik im Chemieunterricht, der Überbetonung von Bestimmungsübungen im Biologieunterricht, dem Insistieren auf Tuschzeichnungen von Zahnrädern im Konstruktionsunterricht der Maschineningenieure.

These 3

Unsere Unterrichtsformen sind überdenkenswert. Ich glaube, die relative Dosierung von Frontalunterricht, Selbststudium mit Lehrbuch und ‹personal computer›, Laboratorium, Praktikum, Praxisaufenthalt sollte zuungunsten des Frontalunterrichtes verschoben werden und insbesondere das Selbststudium weit stärker als bisher betonen. Man kann wohl davon ausgehen, dass für den computer-gestützten Individualunterricht die Buchverlage innert nützlicher Frist die nötige Software zur Verfügung haben werden.

These 4

Unser Prüfungssystem ist überdenkenswert. Ein Blick auf amerikanische Prüfungssysteme zeigt, dass das System der fast permanenten Prüfungssituation (mindestens zwei Examina pro Semester für jede Lehrveranstaltung; credit system) wesentlich bessere Lehrerfolge herbeiführt.

These 5

Kombinierter Einsatz von Ballastabwerfen, Erneuerungen der Unterrichtsformen und Änderungen im Prüfungssystem kann eventuell zu einer Verkürzung der Diplomstudien führen, erlaubt aber mit Sicherheit, an einer Studiendauer von acht bis neun Semestern festzuhalten.

These 6

Performanz-Steigerung unserer Absolventen ist weniger in disziplin-bezogenem Sinne anzustreben, als vielmehr in disziplin-übergreifendem Sinne. Zur Erreichung dieses Ziels haben sich Nachdiplomstudien bewährt, etwa für die interdisziplinäre Ausbildung von Raumplanern, Entwicklungshelfern oder Betriebswirten. Es ist periodisch zu überdenken, ob nicht neue Problemfelder sich für die Ausbildung auf Stufe Nachdiplom besonders eignen. Zur Zeit scheint mir das zuzutreffen für das Gebiet der Mechatronik.

These 7

Im europäischen Raum fehlt insgesamt das Instrument des ‹graduate› Studiums, weil seine Einführung auf derart breit abgestützten Widerstand stösst, sowohl vom Mittelbau, als auch von seiten vieler Professoren. Es wäre ernsthaft zu prüfen, ob nicht durch ein grosszügiges Stipendienprogramm den motiviertesten unserer Doktoranden Zugang zu ‹graduate schools› in den Vereinigten Staaten verschafft werden könnte.

Zusammenfassung

1. Ich plädiere dafür, dass man das Diplomstudium nicht verlängert, sondern durch eine Kombination von Massnahmen am Studienplan (Ballastabwurf), an den Studienformen und am Prüfungssystem effizienter gestaltet.
2. Ich plädiere dafür, dass neu erkannte Problemfelder nicht durch Verlängerung disziplin-bezogener Diplomstudien, sondern durch die Einführung neuer, disziplin-übergreifender Nachdiplomstudien abgedeckt werden.
3. Ich plädiere dafür, Wege zu studieren, um unseren besten und motiviertesten Doktoranden Zugang zu höchstqualifizierten ausländischen ‹graduate schools› zu ermöglichen.

1.10 Aktuelles zu Bildungs- und Forschungspolitik[1]

1. Die Neue Biologie der fünfziger Jahre

Im Sommer 1959 habe ich an der Universität Zürich in Biologie doktoriert. Während meines Studiums, vor allem aber während der Erarbeitung der Dissertation hatte ich gelernt, was eine wissenschaftliche Fragestellung ist, wie man die Methodenwahl trifft, was man als Ergebnis einer experimentellen Arbeit bezeichnen darf, wie man solche Ergebnisse dann vor dem Hintergrund publizierter Information diskutiert und darauf schlussendlich eine Antwort auf die gestellte Frage formuliert. Ich wusste und hatte erfahren, was Arbeitshypothesen sind und hatte auch eine Vorstellung, was Theorien sind. Anderthalb Jahre später erhielt ich eine Anstellung als Forschungsassistent an einer amerikanischen Hochschule. Zu meiner Überraschung erlebte ich zunächst einen Schock. Ich stellte fest, dass an jener amerikanischen Hochschule Doktoranden, ja sogar Diplomanden mit modernen Laboratoriumsausrüstungen mit Leichtigkeit umgingen, zu denen ich zu Hause in der Schweiz kaum je Zugang gehabt hatte. Da gab es automatische Spektralphotometer für das Verfolgen enzymatischer Reaktionen, Geräte für die Messung radioaktiver Proben, Zentrifugen bis hin zu Ultra-Zentrifugen, Aminosäurenanalysatoren, Elektronenmikroskope, in deren Bedeutung und Handhabung der Student im Praktikum ganz selbstverständlich eingeführt wurde, im gleichen Praktikum, in dem er auch Frösche zu sezieren lernte. Uns Studenten in der Schweiz war diese Schulung vorenthalten worden. Zwar gab es an unseren Instituten schon fast alle der genannten Geräte, ihr Einsatz blieb aber den fortgeschrittenen Forschern oder gar den Professoren vorbehalten. Ich empfand diese Situation als unbefriedigend und auch als unfair. Ich fand es nicht richtig, dass zu Hause eine Generation junger Hochschulabsolventen heranwuchs, deren Schulung – in diesem Fall wenigstens im technischen-methodischen Bereich

---

[1] Referat am Kurs «Denkplatz Schweiz» der Schweizerischen Fortbildungskurse für den Staatsbürgerlichen Unterricht, Weiterbildungszentrale Luzern, gehalten in Interlaken, am 8. Januar 1985.

– ganz klar hinter jener der Kommilitonen in den Vereinigten Staaten nachhinkte.

Allerdings merkte ich damals noch nicht richtig, dass die Schwierigkeit der Situation viel tiefer lag. Es wurde mir erst später bewusst, dass weite Kreise von Wissenschaftern in unserem kleinen Land nicht erkannt hatten, dass sich in der Biologie eine gewaltige Wandlung anbahnte, eine Wandlung, die aus der beschreibenden Tätigkeit der Biologen eine erklärende machte. Jahrhundertelang waren biologische Formen gesammelt und beschrieben worden, waren Organismen auf ihre Anatomie und Physiologie hin beschrieben worden, jahrzehntelang waren Erbgänge phänomenologisch verfolgt worden. Zwar hatten die Entwicklungsbiologen mit intellektuell mutigen, technisch zaghaften Versuchen erste experimentelle Ergebnisse zu eigentlichen wissenschaftlichen Fragestellungen erzielt, zwar bestand eine Chromosomentheorie der Vererbung. Aber es brauchte Mut, reduktionistisch die Frage nach der molekularen Basis biologischer Phänomene wie der Vererbung und der Zelldiffererenzierung zu stellen. Der Mut lohnte sich. Die Nukleinsäurenatur der Gene wurde erkannt. Es kam zur Entdeckung der Doppelhelix, zur Entzifferung des genetischen Code, zum Bild von Transkription, Translation und Regulation genetischer Information. Die molekulare Biologie stand da wie eine Festung, ein intellektueller Triumph, der in seinem Ausmass vergleichbar ist dem technischen Triumph der ersten Mondlandung.

Die grosse Mehrheit der Biologen unseres kleinen Landes war vom Schwung der Neuen Biologie nicht erfasst worden und hatte deren epochale Bedeutung zunächst nicht erkannt. Zum Glück gab es aber ein paar besonders helle Köpfe, man sollte sie Seher oder Visionäre nennen, welche im kleinen Kreis dafür sorgten, dass die Saat dieser neuartigen intellektuellen Erkenntnisse auch in der Schweiz aufgehen konnte. Diese kleine Schar von Kollegen führte Fortbildungskurse durch, begann sich in den wissenschaftspolitischen Gremien zu regen und wurde bald auch an einzelnen Universitäten gehört. Die Argumente waren von ihrer Natur her derart überzeugend, dass dann vergleichsweise rasch ein bemerkenswerter Aufbau molekularbiologischer Lehre und Forschung einsetzte. Heute ist unser Land mit im Spitzenfeld molekularbiologischer Forschung auf der Welt. Der Denkplatz Schweiz ist auf dem Gebiet der modernen Biologie zur Zeit fest im Sattel. Der zeitliche Abstand zu den USA oder auch Grossbritannien ist geschwunden im Erkenntnisstand; die Schweiz hat aufgeholt. Es besteht aller Grund, auf diese Leistung stolz zu sein. Viele haben vergessen, dass wir vor erst 25 Jahren auf dem gleichen Gebiet noch arg im Rückstand lagen.

2. Der Neue Zeitgeist der siebziger Jahre; Wachstum und Nullwachstum

Das Aufholen wurde begünstigt durch den Umstand, dass das schweizerische Bildungs- und Forschungswesen in den sechziger- und siebziger Jahren durch eine ausgesprochene Wachstumsphase gekennzeichnet war. Die Macht einer guten Idee konnte dank kräftig wachsender Kredite und kräftiger Vermehrung von Personalstellen für Wissenschafter überaus grosszügig honoriert werden. Wenn wir uns heute nicht schwergewichtig über den Zustand des Denkplatzes Schweiz unterhalten, sondern die Frage nach seiner mutmasslichen Entwicklung stellen wollen, dann müssen wir auch gerade mitberücksichtigen, dass diese damals günstigen Rahmenbedingungen heute nicht mehr gegeben sind. Sie sind in verschiedener Hinsicht nicht mehr gegeben. Einmal bringt es die wirtschaftliche Lage unseres Landes mit sich, dass das materielle Wachstum der Aufwendungen für Bildung und Forschung an den Hochschulen seit gut einem Jahrzehnt praktisch zum Stillstand gekommen ist. Will man also heute ein neues Gebiet aufgreifen, so geht das nur, wenn man gleichzeitig auf die Weiterführung eines hergebrachten Gebietes verzichtet oder dessen Förderung wenigstens einschränkt. Sodann leben wir in einem anderen Zeitgeist. In vielen Industrieländern, auch der Schweiz, wird häufiger als früher und mit wesentlich grösserer Insistenz die Frage gestellt, wohin denn wissenschaftliche Forschung und damit wissenschaftliche Erkenntnis führe, wozu sie nötig sei, ob der Aufwand sich lohne, ob Fortschritt nicht gar schädlich sei. Sogar ein neues Verb ist hiefür erfunden worden: man begann zu hinterfragen. Zwei Denkkategorien von Fragen haben sich dabei herauskristallisiert, deren Antworten sich mehr oder weniger entgegenstehen, sich deshalb praktisch neutralisieren und als Resultante nicht viel weiter führen. Die erste Fragengruppe ist eine ethische. Es wird gefragt, ob z.B. die jetzt technisch mögliche Rekombination genetischen Materials verschiedener Organismen nicht zu Monstrositäten oder Gefahren führen könnte. Es wird z.B. gefragt, ob es gut sei, dass man Retorten-Babies erzeugen könne. Solche Fragen erzeugen naturgemäss Unbehagen, Skepsis und wirken im Effekt eher bremsend auf den Fortgang der Forschung und damit der Erkenntnis. Die zweite Kategorie von Fragen ist griffiger und im ökonomischen Bereich anzusiedeln. Es wird gefragt, ob sich die massiven finanziellen Aufwendungen für molekularbiologische Grundlagenforschung gelohnt haben, ob sie sich noch weiter lohnen. Es wird erkannt, dass Aufwendungen für Forschung zu Unrecht als Betriebsausgaben rubriziert sind in den Haushalten und viel eher als Investitionsausgaben verbucht werden sollten. Dann müssten sie aber früher oder später Zinsen abwerfen oder zur Ausschüttung von Dividenden führen. Die Forderung heisst, molekularbiologische Erkenntnisse seien industriell zu valorisieren.

3. Valorisation der Neuen Biologie: Biotechnologie

Ich möchte angesichts des gestellten Themas dieser Tagung dieser zweiten Kategorie von Fragen wieder am Beispiel der Molekularbiologie nachgehen, weil damit gleichzeitig der Konnex zwischen dem Denkplatz und dem Arbeitsplatz hergestellt wird, Konnex von wachsender gesellschaftlicher Bedeutung. Das Stichwort heisst Biotechnologie.

Was ist Biotechnologie? Ich halte Biologie für eine Naturwissenschaft, Biotechnologie für eine Ingenieurwissenschaft. Nach meiner Meinung lag und liegt der Zweck der Biologie als Naturwissenschaft in der Erarbeitung einer Theorie der lebenden Materie. Der Zweck der Biotechnologie als Ingenieurwissenschaft anderseits liegt darin, lebende Materie zu nutzen, um grosse Mengen von Substanzen entweder zu produzieren oder abzubauen. Beide, sowohl Biologen als auch Biotechnologen, verwenden natürlich Techniken. Während aber der Biologe Technik dazu nutzt, ein biologisches Phänomen zu verstehen, bedient sich der Biotechnologe der Technik für einen industriellen oder wirtschaftlichen Prozess. Ein Schlüsselfaktor in der Unterscheidung zwischen Biologie und Biotechnologie ist deren Massstab. Auf seinem Weg, das Leben zu verstehen, arbeitet der Biologe in den Bereichen von Nanogramm und Milligramm. Der mit der Produktion von Impfstoff befasste Biotechnologe mag wohl schon mit einem Milligramm als Ergebnis zufrieden sein; in den meisten Projekten hingegen erwartet er nach Kilogramm oder Tonnen messbare Resultate. Eine seiner Haupttätigkeiten besteht also in der Übertragung biologischer Prozesse in grosse Massstäbe. Die Kultivation von Zellen oder Organismen im grossen Massstab ist für die Biotechnologie ein typischer Vorgang. Für solche Kulturen müssen Wege gefunden werden, das enorme Potential der Biokatalyse zu nutzen. In den meisten Ihrer und meiner Zellen verwandeln Enzyme Substrate in Produkte von so winzigen Mengen, dass sie nur mit empfindlichsten fluorimetrischen Instrumenten festgestellt werden können. Wenn sich der Biotechnologe dafür entscheidet, den Vorteil von Biokatalysatoren zu nutzen, isoliert er die Enzyme aus den Zellen und bearbeitet sie in der Absicht, Substrate in Produkte umzuwandeln, die mit grober Waage gewogen werden können. Der Biologe, der bei seiner Arbeit an der Wechselwirkung zwischen regulierenden Proteinen und DNS die Regulierung der Proteinsynthese auf molekularem Niveau studiert, beobachtet Wirkungen so winzig, dass er empfindliche Radioisotop-Techniken braucht, um sie zu verfolgen. Dem Biotechnologen dagegen, der mit besonders gut dazu geeigneten Bakterien Protein erzeugen möchte, wären am liebsten Produktmengen, die Lastwagen oder Überseeschiffe füllen. Der Biologe, der das Wunder der Zellpumpen verstehen möchte, die die Aufnahme von Ionen aus der Umgebung einer Pflanzenwurzel in ihr Inneres steuern, ist auf mikrochemische oder elektrophysikalische Techniken angewiesen. Der Biotechnologe, der der Idee verfallen ist, Weizen oder Sojabohnen für die Produktion von Futter oder Nahrung in Küstenregionen zu ziehen, möchte diese Pflanzen so züchten, dass sie sich mit Meerwasser bewässern lassen, ohne daran zugrunde zu gehen. Ja, Pflanzenfachleute unter der Biotechnologen möchten den Genotypus von Pflanzen so ändern, dass sie Stickstoff aus der Luft atmen, ihn binden und zu Protein verwandeln. Nur noch ein Beispiel für die Unterscheidung zwischen Biologen und Biotechnologen: der Hydrobiologe erforscht die Bedingungen, unter denen alle Arten von Organismen unter Wasser gedeihen. Die Ergebnisse will der Biotechnologe auf die Lösung sanitärer Ingenieurprobleme grössten Massstabs anwenden. Eine entscheidende Strategie bei der biotechnologischen Arbeit ist stets die Anpassung bekannter Methoden des Messens und Steuerns biologischer Prozesse an deren technische Anwendung im grossen Massstab. Das kann sehr teuer werden. Jeder Prozess, jedes System muss deshalb auf das Ziel hin analysiert werden, selektiv jene Parameter zu optimieren, die für die Reaktion von Bedeutung sind. Denn die Verantwortung der Biotechnologen endet nicht mit den Untersuchungen zur Durchführbarkeit; sie muss vielmehr ökonomische Überlegungen mit einschliessen.

Sie ersehen aus dieser kurzen Schilderung, dass Biotechnologie als Tätigkeit an sich *per definitionem* Valorisation biologischer Grundlagenforschung darstellt. Von echter Valorisation sollte man aber erst dann sprechen, wenn Produkte-Paletten bestehen, die einen erheblichen Marktanteil erobern. Das heisst, es braucht bestehende oder neue Unternehmen, die Einsicht und Mut haben, ihre Tätigkeit zu diversifizieren oder biotechnologische Produktionsstätten neu aufzubauen. Auch das kann teuer werden. Es kann massive Neuinvestitionen in apparative Einrichtungen verlangen. Ebenso wichtig, oder noch wichtiger ist es aber, rechtzeitig sicherzustellen, dass entsprechend ausgebildete Kader zur Verfügung stehen. An der ETH Zürich haben wir aus der Überzeugung, dass Biotechnologie für die Schweizer Industrie Wichtigkeit erlangt, schon 1978 einen Normalstudienplan für Biotechnologen eingeführt und darüber hinaus Jahr für Jahr Fortbildungskurse für Fachleute aus der Praxis angeboten, die sich auf biotechnologische Kenntnisse umschulen wollten. Eine ganze Anzahl von Firmen ist damit in die Lage versetzt worden, entsprechende industrielle Arbeiten aufzunehmen. Die Zukunft wird zeigen, ob sich die Investition – in Form der jahrzehntelang gepflegten Grundlagenforschung der molekularen Biologie – «gelohnt» haben wird.

4. Die neue Herausforderung: Umgang mit dem Computer

Sie spüren, dass ich die Fallstudie Molekularbiologie und Biotechnologie als Beispiel eines Erfolgs von Wissenschafts- und Bildungspolitik betrachte. Ich halte es für wenig interessant, sich über diese Frage des Erfolgs vertieft zu unterhalten. Vielmehr möchte ich das Beispiel daher angeführt haben, um verständlich zu machen, dass man stets und immer die Augen offen haben muss nach möglichen Valorisierungspotentialen. Es ist wichtig, früh zu erkennen, ob sich wissenschaftliche Fortschritte eruieren lassen, die applikationsträchtig sind. Ebenso wichtig ist es, früh zu erkennen, ob unsere herkömmlichen Bildungsvorstellungen den mutmasslichen Erfordernissen der Zukunft genügen. Ob es also, um auf mein allererstes Beispiel zurückzukommen, nicht richtig gewesen wäre, auch meine Generation im Umgang mit modernem Forschungsgerät zu schulen.

Und da zeichnet sich heute in aller nur wünschbaren Deutlichkeit eine Entwicklung ab, die wir in den Ausgestaltungen unserer Lehrgänge auf allen Schulstufen so oder anders berücksichtigen müssen: der Umgang mit dem Computer. Im englischen Sprachgebrauch ist ‹literacy› das Gegenteil von Analphabetismus. Im heutigen Wortschatz ist der Begriff der Computer-Literacy entstanden, den man schlecht übersetzen kann, aber mit dem Begriff Computer-Gewandtheit in erster Annäherung trifft. Computer-Illiteracy würde Computer-Analphabetismus bedeuten und hätte zur Folge, dass ganze Generationen junger Leute nicht in der Lage wären, mit gleichaltrigen in anderen Ländern zu kommunizieren, ganz einfach, weil Computersprachen in fast alle Bereiche des menschlichen Geistes und der menschlichen Handlungen Eingang finden.

Hierzulande sind vor einigen Jahren an den Technischen Hochschulen Zürich und Lausanne eigenständige Abteilungen für die Ausbildung von Informatikern errichtet worden, die sich eines aussergewöhnlich starken Zustroms von Studenten erfreuen. Die Universität Zürich, um ein anderes Beispiel zu erwähnen, hat sich der Ausbildung von Wirtschaftsinformatikern angenommen. An einzelnen Mittelschulen, vor allem in der Westschweiz, wird interessierten Schülern der Zugang zum Computer erleichtert, oder ist Informatik praktisch bereits zu einem Mittelschulfach geworden. In anderen Ländern dringt dieses neue Gebiet der Computerwissenschaft sehr viel rascher in die Bildungsgänge ein, und zwar in alle Bildungsgänge, nicht etwa nur die technischen. Über ganz USA verteilt bemühen sich Universitäten und Colleges um die Beschaffung von Mikrocomputern, die wesentlicher Bestandteil des Bildungsvorgangs werden. Diesen Herbst rüsten einige Dutzend Universitäten von USA studentische Arbeitsplätze mit Computern aus, und hunderte sind im Begriffe, verschiedene Möglichkeiten der Computerausrüstung aller Studenten gegeneinander abzuwägen.

An verschiedenen Hochschulen der Vereinigten Staaten wird diesen Herbst der Besitz eines persönlichen Computers als Eintrittsbedingung gestellt. (Zu meiner Zeit wurde erwartet, dass der Student einen Rechenschieber besitzt.) Interessanterweise besteht ein Druck seitens der Jugend für die Einführung des Computers im Alltag des Studenten. Nicht etwa nur Ingenieurstudenten oder angehende Wissenschafter, vielmehr auch Linguisten sehen die Vorteile des Computers, wenn er als word-processor eingesetzt ist für die Perfektionierung von Texten. Am Massachusetts Institute of Technology besteht ein 70-Millionen-Dollar-Projekt mit dem Ziel, die Mehrzahl von studentischen Arbeitsplätzen dieser Hochschule mit workstations auszurüsten. Das bedeutet intensive Vorarbeit für die Erstellung von Netzwerken und noch mehr für die Bereitstellung von Software für den Betrieb eines solchen Systems. Am Stevens Institute of Technology in Hoboken, New Jersey, hatten schon 1983 alle neueintretenden Studenten einen Personal-Computer zu kaufen. Und heute werden die Schlafräume der Studenten der Hochschule so nachgerüstet, dass Computerstationen der Studenten auch dort angeschlossen werden können. Diese Entwicklung erfolgt in einer derartigen Breite, dass sie keineswegs auf Informatikstudenten, Ingenieurstudenten oder Naturwissenschafter beschränkt bleiben wird. Vielmehr wird der Computer als Vielzweckgerät Eingang finden in den Alltag der gebildeten Bevölkerung schlechthin und in einfacherer Anwendung in den Alltag überhaupt.

Ich glaube nicht, dass wir hierzulande dieses Problem mit genügend Schwung anpacken. Wir dürfen es aber nach meiner Meinung den nachrückenden Generationen von Studenten, ja von Mittelschülern nicht antun, im Umgang mit einer neuen Schlüsseltechnologie, die alle Sparten erreichen wird, ungenügend versiert zu sein. Ich möchte deshalb jedermann ermutigen, der in wichtiger Stellung im Bildungswesen steht, an seinem Platz mitzuhelfen, dass diese dringend notwendigen Einsichten verbreitet und akzeptiert werden. Der Denkplatz Schweiz ist darauf angewiesen.

5. Technologie als Maturitätsfach

Es lohnt sich, zum Schluss meines Beitrages kurz auf die Frage einzugehen, aus welchen Gründen wohl in unserem Lande die Einführung neuartiger Bildungsinhalte oder Bildungsmethoden und -techniken im allgemeinen gegenüber anderen führenden Industrienationen nur mit Verzögerung gelingt. Begrenzender Faktor für solche Innovationen ist natürlich die rechtzeitige Einsicht und Kenntnis sich abzeichnender Entwicklungen. Eine Verbesserung auf diesem Sektor ist zu erwarten aus der Früherkennungsarbeit, die der Schweizerische Wissenschaftsrat zuhanden des Bundesrats, vorläufig während einer zweijährigen Versuchsphase, an die Hand genommen hat. Zweites Hindernis für die zeitgerechte Einführung neuer Inhalte und Methoden der Bildung war der Zeitgeist. Ich habe es schon erwähnt, dass es modisch geworden ist, die Frage nach dem Wozu und Wohin der Technik in den Vordergrund zu schieben und die Frage nach der Einführung einer Neuerung zu koppeln mit der mutmasslichen Akzeptanz der Erneuerung. Interessanterweise scheint dieser Zeitgeist der Technikfeindlichkeit oder Skepsis gegenüber der Technik die junge Generation von Mittelschülern viel weniger zu plagen als ihre um ein knappes Jahrzehnt älteren Mitbürger. Die Schweizerische Akademie der Technischen Wissenschaften hat im letzten Jahr 1700 Maturanden der Kantone Aargau, Luzern und Zürich auf die Gründe hin befragt, warum sie ein Technik-Studium ergreifen wollen oder warum sie kein Technik-Studium ergreifen wollen. Die Autoren der Studie hatten als wichtigste Antwort erwartet, die Technikabwähler wären durch eben jene Skepsis der Technik gegenüber zu ihrem Entschluss gekommen. Das Ergebnis bestätigte diese Erwartung nicht. Vielmehr zeigte die Studie mit überraschender Klarheit, dass ein Informationsmanko über das Wesen der Technik besteht. Sehr viele der Befragten, die zu den Abwählern gehörten, machten geltend, nie etwas Profundes gelernt zu haben über das Wesen der Technik. Jene Maturanden, die sich für ein Ingenieurstudium entschlossen, machten anderseits geltend, Berufsleute aus der Praxis hätten ihnen geschildert, was einen Ingenieurberuf ausmacht, und solche Schilderungen hätten erheblich zu ihrer positiven Studienwahl beigetragen.

Die Frage stellt sich für mich zugespitzt so, ob unser Bildungsideal noch stimme. Wir betrachten heute einen Maturanden als allgemein gebildet, wenn er Fächer im Bereich der Sprachen, insbesondere Deutsch, Französisch, vielleicht Englisch oder Italienisch, vielleicht Latein und Griechisch absolviert hat, wenn er darüber hinaus Einblick in die entsprechenden Literaturen erhalten hat, wenn er Bescheid weiss in Mathematik, Physik, Biologie, Geologie, Geographie, wenn er auch Religionsgeschichte, Geschichte, vielleicht Philosophie, neu in einzelnen Schulen vielleicht Informatik gehört hat. Das Fach Technologie fehlt im Fächerkanon. Und dabei leben wir im technischen Zeitalter. Ich halte es für dringend nötig, dass das Fach Technologie Maturitätsfach wird, und zwar ja nicht etwa nur im Typus C, sondern vor allem auch im Typus A und B. *Mutatis mutandis* sollten die humanistischen und sozialwissenschaftlichen Fakultäten dringend von allen ihren Studenten verlangen, dass sie jedes Jahr oder jedes Semester mindestens eine Lehrveranstaltung aus einem natur- oder ingenieurwissenschaftlichen Fach belegen. Studenten der ETH Zürich haben seit eh und je jedes Semester ein Fach aus dem Bereich der Geistes- und Sozialwissenschaften belegen müssen, damit sie ihre Wissenschaft nicht isoliert von der Denkweise der Geistes- und Sozialwissenschaften pflegen. Es ist höchste Zeit, dass die Universitäten Gegenrecht halten.

Man wird einwenden, ich träume den Traum eines ‹studium generale› weiter. Das ist nicht die Meinung meiner Vorschläge. Vielmehr halte ich dafür, dass ein allgemein gebildeter Mensch heutzutage Einblicke nicht nur in die Fächerkataloge herkömmlicher Art haben muss, sondern darüber hinaus einen Einblick in das Wesen der Technik erhalten muss. Die Betonung liegt in beiden Fällen auf Einblick. Niemand kann im Ernst behaupten, ein Maturand sei ein fertig ausgebildeter Mathematiker, Biologe oder Germanist; auch in diesen herkömmlichen und wichtigen Fächern hat er nur Einblicke erhalten, und auch das Wissen dieser herkömmlichen Gebiete kann nur als Stichprobe vermittelt werden. Was nottut, ist, dass eine Stichprobe des Wesens der Technik neu in den Fächerkanon aufgenommen wird. Wüchsen Generationen junger Mittelschüler und dann Studenten heran, die über eine derart verbreiterte Bildungsbasis verfügten, dann sähe es nach meiner Überzeugung für die Zukunft des Denkplatzes Schweiz viel rosiger aus als in einer Situation, in der Bildungszüge parallel und ohne viel Kontakte geführt werden. Probleme der Gegenwart und der Zukunft erscheinen nicht nach Fakultäten gebündelt, ihre Lösungen sind mehr und mehr nicht mehr sektoriell, sondern nur integral möglich. Sollten die Probleme erfolgreich gelöst werden, ist es nötig, über Kader zu verfügen, welche die gegenseitigen Anliegen und Sprachen wenigstens in Ansätzen kennen. Wer weiss, vielleicht wird die jüngste Sprache, die Computersprache schon bald zum Brückenschlag zwischen den Disziplinen. Wie die menschliche Sprache, kann sie ein echtes Mittel der Kommunikation darstellen.

6. Schlussbetrachtung

Wir erfreuen uns in der Schweiz eines ausserordentlich hohen Lebensstandards. Wenig Arbeitslosigkeit, hohes durchschnittliches Einkommen, soziale Ruhe, ausgebaute Sozialwerke, politische Stabilität kennzeichnen unser Land. Dieser Zustand ist herbeigeführt worden durch den anhaltenden Fleiss unserer Bevölkerung, durch ein hervorragendes Schul- und Bildungssystem auf allen Stufen, vor allem auf der Stufe der Mittelschule, herbeigeführt worden auch durch eine kluge Politik unserer Behörden, herbeigeführt worden auch durch ein sinnvolles Zusammenwirken von Denkplatz und Arbeitsplatz.

Es ist nicht selbstverständlich, dass dieser erfreuliche Zustand anhält. Soll er anhalten, dann müssen Denkplatz und Arbeitsplatz Schritt halten mit der Fortentwicklung anderswo. Sie, die Sie als Lehrkräfte unseren stolzen Mittelschulen ihren geistigen Inhalt geben, sind aufgerufen und berufen, mit dafür zu sorgen, dass der Denkplatz von morgen zu genügen vermag. Stolze Tradition unverändert weiterzugeben ist hiefür ein untaugliches Rezept in einer Zeit, in der die nützliche Halbwertszeit erworbenen Wissens deutlich kürzer ist als früher, und ein untaugliches Rezept in einer Zeit, in der neuartige Anforderungen an das Bildungswesen herangetragen werden. Unser heutiges Bildungsideal stammt von gestern. Wir müssen es auf morgen ausrichten. Ich glaube, wir wären gut beraten, schon in naher Zukunft auch Ingenieure als Lehrer in der Mittelschule einzusetzen, damit die grossen Erfolge unserer humanistisch und naturwissenschaftlich ausgerichteten Gymnasien, zeitgerecht durch Technologie als Fach ergänzt, auch in Zukunft zu verzeichnen sind. Ich halte es für imperativ, diese Kurskorrektur vorzunehmen, wenn unser Denkplatz seine Tragfähigkeit für den Arbeitsplatz behalten soll.

1.11 Die Förderung der Kreativität an der Schwelle zur Industrie[1]

Zusammenfassung

Zwei Postulate werden vorgetragen: ein bildungspolitisches und ein beschäftigungspolitisches. Das *bildungspolitische:* die Schweiz braucht in Zukunft viel mehr Ingenieure; Mittel und Wege müssen demnach gefunden werden, grössere Anteile der Schülerjahrgänge für Ingenieurstudien an Hochschulen und HTL zu motivieren. Umgang mit Forschung ist eine gute Voraussetzung für innovative Stärke; demnach müssten Mittel und Wege gefunden werden, grössere Anteile der Diplomandenjahrgänge für Dissertationen zu motivieren. Es ist denkbar, dass neue Lehrmethoden, die vor allem durch vermehrten Einsatz von Informatikwerkzeugen möglich werden, beide Anliegen fördern. Das *beschäftigungspolitische:* die Industrie muss für grössere Zahlen von Ingenieuren aus Hochschulen und HTL Arbeitsplätze bereitstellen. Insbesondere muss sie mehr Beschäftigungsmöglichkeiten schaffen für doktorierte Ingenieure. Sie wird in diesem Zusammenhang fordern, dass solche Kader nicht nur im Umgang mit der wissenschaftlichen Forschung auf technischen Gebieten geschult sind, sondern darüber hinaus Verständnis und Kenntnisse unternehmerischer Art mitbringen. Diese Forderung werden die Schulen berücksichtigen müssen. Ein wirkungsvoller Weg bestünde vielleicht darin, Dissertationen (und Diplomarbeiten?) vermehrt in Unternehmungen ausführen zu lassen statt an Hochschulinstituten.

1. Zur Sündenbock-Rolle der Ausbildungsstätten

Wenn die Ertragslage eines Wirtschaftszweigs sich verschlechtert, wird die Frage nach den Ursachen gestellt; wir haben das vor nicht langer Zeit am Beispiel der Schweizer Uhrenindustrie erlebt. In Anbetracht des mir gestellten Themas will ich zu nur einer der vielen möglichen Ursachen solcher Verschlechterung der Ertragslage sprechen: zur Kreativitätsarmut, in unse-

---
[1] Referat am STR-Symposium, 19. Juni 1985, Zürich.

rem Zusammenhang wohl gleichbedeutend mit Innovationsarmut. «Unser Produkt ist nicht mehr auf der Höhe», lautet in diesem Fall die Diagnose einer Unternehmensleitung, und gemeint ist in erster Annäherung die technische Höhe – bei der Uhr etwa die Präzision der Zeitmessung, wie stossfest oder wasserdicht die Uhr ist, wie störanfällig, wie leise, leicht, gefällig, selbst-reparierbar, billig. Wird das Produkt als nicht mehr auf der Höhe betrachtet, so werden die Schuldigen in der Forschungs- und Entwicklungsabteilung gesucht (falls die Unternehmung über eine solche verfügt), oder beim Management (falls sie über keine F+E-Abteilung verfügt). Personell trifft der Vorwurf dann unweigerlich Techniker oder Ingenieure, vielleicht Ökonomen oder Betriebswirte, meist aber Personen mit höherer Ausbildung, die sie an einer Ingenieurschule oder einer Hochschule erworben haben. Institutionell trifft der Vorwurf dann die entsprechenden Bildungsanstalten, also Ingenieurschulen und Hochschulen, insbesondere Technische Hochschulen. Nicht «unsere Techniker und Ingenieure haben versagt», lautet dann der Befund, sondern «unsere Ingenieurschulen und Hochschulen haben versagt».

Natürlich lauten die Formulierungen oft etwas gewählter. Der Vorwurf bleibt aber bestehen und ruft nach einer Antwort auf die Frage, wie weit Innovationskraft und Kreativität überhaupt schulbar seien.

Ich behaupte, gute Ingenieurschulen und gute Technische Hochschulen vermitteln in ihren Ausbildungsgängen ganz von selbst Kreativität, und ich gehe davon aus, dass unser Land über gute Ingenieurschulen und gute Technische Hochschulen verfüge. Unsere Studenten werden geschult in den Grundsätzen von Problemerkennen, Problemformulieren und Problemlösen, die Absolventen der Technischen Hochschulen nicht zuletzt wegen ihrer schulischen Vorbildung und intellektuell anspruchsvollen Studienpläne besonders gründlich. Vor allem im Übungsbetrieb, bei praktischen Arbeiten im Laboratorium, bei Semesterarbeiten und schliesslich an Diplomarbeiten werden diese Fähigkeiten geschult und gefördert. Ein Diplomingenieur ist demnach grundsätzlich vorbereitet, in der Praxis innovative und kreative Arbeit zu verrichten. Die Einarbeitungszeit in der Unternehmung, die ihn anstellt, soll dazu dienen, die grundsätzliche Befähigung auf die tatsächlichen Aufgabenstellungen zu übertragen. Diese Einarbeitungszeit gehört mit zur Ausbildung; Hochschulabsolventen sind nicht pfannenfertig.

2. Die Schweiz hat zu wenig Ingenieure

So betrachtet, bleibt zunächst nur die Frage nach der Quantität offen: Stehen unseren Unternehmungen Techniker und Ingenieure in genügender

Zahl zur Verfügung? Ich glaube, nein. Ein Blick auf Japan soll diese Beurteilung unterstützen[1]. In Japan wenden sich 20% eines Schülerjahrganges dem Studium Technischer Wissenschaften zu, in der Schweiz 9%. (Ein Vergleich: In Japan wenden sich 3% eines Schülerjahrgangs dem Studium Exakte und Naturwissenschaften zu, in der Schweiz 16%.) Japan verfügt somit gegenüber der Schweiz über das doppelte Ingenieurpotential. Das gibt um so mehr zu denken, als ja natürlich die absolute Grösse Japans (120 Mio. Einwohner gegenüber 6 Mio. Einwohner der Schweiz) Japan einen positiven Massstabeffekt verleiht. Das sind die Verhältnisse auf der Bildungsseite. Auf der Beschäftigungsseite ergibt sich nach der gleichen SATW-Studie ein ähnliches Bild. In der schweizerischen Industrie betrug der Ingenieuranteil der Belegschaften 1980 ca. 6% (in Maschinen- und Elektroindustrie war er etwas höher, in der Uhrenindustrie deutlich tiefer). In vergleichbaren Unternehmungen Japans war dieser Anteil 1982 zwischen 15 und 33%[1]. (Die neueste Untersuchung des Vororts zeigt, dass sich in der Schweiz eine erfreuliche Korrektur nach oben anbahnt und z.T. schon vollzogen hat[2].) Wenn man davon ausgeht, dass der Ingenieuranteil der Beschäftigten einer Unternehmung positiv mit ihrer Innovationskraft korreliert – und der japanische Erfolg stützt diese These –, dann besteht für Schweizer Unternehmungen ein gewaltiger Aufholbedarf.

Für die Bildungspolitik bedeutet das, dass Mittel und Wege gefunden werden müssen, grössere Anteile unserer Schülerbestände für Ingenieurstudien zu motivieren, als das bisher der Fall war. Das ist nicht nur wegen des erwähnten Aufholbedarfs nötig, sondern auch wegen des geburtenbedingten Rückgangs der Jahrgangsgrössen. Ich halte es indessen für eine Illusion, sowohl auf der bildungspolitischen wie auch auf der beschäftigungspolitischen Seite, dass in unserem Land Ingenieurbestände entstehen werden, welche die Verhältnisse in Japan erreichen. Die Grundhaltung der Japaner der Technik gegenüber ist grundsätzlich positiv, jene der Schweizer grundsätzlich weniger positiv, vielerorts neutral oder passiv, im Nachgang der 68er Bewegung sogar oft noch feindlich oder zumindest skeptisch.

3. Die Schweiz braucht mehr Ingenieure mit Doktorat

Als Ausweg bleibt die Steigerung der Qualität. Es gilt, die Ingenieurausbildung qualitativ zu heben, und zwar spezifisch im Hinblick auf innovative

---

[1] Japan 1982. Schweizerische Akademie der Technischen Wissenschaften (SATW); Zürich, 1983.

[2] Forschung und Entwicklung in der schweizerischen Privatwirtschaft. Bericht zur 5. Erhebung des Vororts über das Jahr 1983. Schweizerischer Handels- und Industrieverein, Zürich, 1985.

Kraft und Kreativität. Der Weg dazu ist einfach: ein wesentlich höherer Anteil der Diplomingenieure unserer Technischen Hochschulen müsste doktorieren. Bei der Ausarbeitung einer Dissertation kann Schulung von Kreativität und Innovation in konzentrierter Form erfolgen. Der Doktorand lernt, in eigener wissenschaftlicher Verantwortung mit Fragestellungen, Methodenwahl, dem Erzielen von erheblichen Ergebnissen und der Interpretation seiner Resultate vor dem Hintergrund wissenschaftlicher Publikationen umzugehen. Der Handwerker legt am Schluss seiner formellen Ausbildung ein Meisterstück vor, das seine eigene Schöpfung darstellt, seine Kreation. Die Dissertation ist das Meisterstück des Doktoranden. (Er soll sie deshalb auch in eigener Verantwortung veröffentlichen und damit der Kritik der Peers aussetzen.)

In Japan ist die Zahl von Doktores in den Ingenieurwissenschaften verschwindend klein. Diese Beobachtung spricht gegen mein Postulat. Ich halte es trotzdem aufrecht, aus zwei Gründen. Einmal geht es bei uns darum, das beschriebene quantitative Defizit wettzumachen durch einen qualitativen Vorsprung. Und zum zweiten haben wir in der Schweizer Industrie ein Beispiel, wo hohe Innovationskraft der Unternehmungen mit grosser Zahl doktorierter Kader positiv korreliert: die Chemische Industrie. Dieser Beschäftigungszweig geht so weit, durch institutionelle Beiträge an die Hochschulen die Ausbildung grosser Zahlen doktorierter Chemiker und Chemieingenieure aktiv und bewusst zu fördern. Das Ergebnis ist zahlenmässig eindrücklich. An der ETH Zürich haben 1984 im Bereich des Maschinen-, Elektro-, Informatik- und Werkstoffingenieurwesens 331 Absolventen diplomiert, 51 doktoriert. Im Bereich der Chemie und des Chemieingenieurwesens waren es 47 Diplomierte und 59 Doktorierte!

Bildungspolitik kommt nicht zum Tragen, wenn sie entkoppelt von Beschäftigungspolitik vor sich geht. Es bleiben in unserem Zusammenhang zwei Fragen zu beantworten. Werden die Unternehmungen unseres Landes in der Lage und willens sein, in Zukunft mehr Ingenieure zu beschäftigen? Ich glaube, ja. Jedenfalls weist der neueste Bericht des Vororts[1] einen deutlichen Mehrbedarf an Ingenieuren aus. Und die zweite Frage: Werden unsere Unternehmungen in der Lage und willens sein, in der Zukunft mehr doktorierte Ingenieure zu beschäftigen? Ich hoffe, ja. Wenn meine Antwort auf die zweite Frage etwas weniger deutlich ausfällt als die Antwort auf die erste, so hat das mit der Stückelung grosser Teile unserer Maschinen- und Elektroindustrie in sehr viele, sehr kleine Unternehmungen zu tun, die zudem kaum Forschungs- und Entwicklungsabteilungen haben und es

---

[1] Forschung und Entwicklung in der schweizerischen Privatwirtschaft. Bericht zur 5. Erhebung des Vororts über das Jahr 1983. Schweizerischer Handels- und Industrieverein, Zürich, 1985.

schwer finden, solche aufzubauen. Aber gerade diese Klein- und Mittelbetriebe würden aus meiner Sicht gut daran tun, Kader anzustellen, die im Umgang mit Forschung und Innovation besonders geschult sind. Solche Kader könnten sich vielleicht nicht mit der gleichen Wirkung entfalten, wie sie das als Mitarbeiter in stolzen, grossen Forschungslaboratorien von Grossunternehmen können. Aber sie könnten ihren Unternehmungen wenigstens den Zugang zur Welt der Forschung ermöglichen, und wäre es nur über intelligente Recherchen internationaler wissenschaftlicher Datenbanken, Zugang, der solchen Unternehmungen bisher oft kaum möglich war, nicht weil er technisch nicht möglich gewesen wäre, sondern weil der Kleinbetrieb personell nicht gerüstet war, den Zugang aus eigener Kraft zu nutzen.

Wenn ich diese These im Gespräch mit Kennern der Wirtschaft vertrete, begegne ich oft der Kritik, Forscher seien betriebsblind. Innovationskraft nütze so lange nichts, als nicht auch Fähigkeiten in ökonomischen und betriebswirtschaftlichen Fragen mit vermittelt würden; insbesondere fehle eine Grundausbildung in moderner Unternehmensführung. Es müssten Unternehmens-, Marketing- und Produktestrategie gelehrt werden. Ich teile diese Kritik. Ein Weg zur Ausmerzung solcher Schwächen besteht darin, die Studienpläne der Ingenieure anzureichern mit Lehrveranstaltungen mit ökonomischem und betriebswirtschaftlichem Inhalt. Ein anderer Weg besteht darin, Diplom- und Doktorarbeiten vermehrt nicht im milden Klima der Hochschule, sondern im rauheren Klima der Industrie durchführen zu lassen. Dort bestünde die Möglichkeit zum konstruktiven und kritischen Gespräch zwischen Studierenden und Unternehmern. Auch das ist möglich, auch das muss vermehrt gefördert werden. Nichts spricht dagegen, dass die Schwelle zur Industrie schon während der Ausbildung überschritten wird, vor allem in jener Phase der Ausbildung, welche für die besondere Schulung der Kreativität bestimmt ist.

1.12 Zum Ausbildungssystem der Ingenieure in der Schweiz[1]

Zusammenfassung

Die beiden Haupttypen der Ingenieurausbildung der Schweiz werden kurz skizziert: die Hochschulstufe (ETHs) und die Stufe Höhere Technische Lehranstalt (HTL). Es wird gezeigt, dass zwischen HTL und ETHs unter bestimmten Voraussetzungen Durchlässigkeit besteht. Das Ausbildungssystem hat sich bewährt. Es wird indessen auf einen qualitativen und quantitativen Mangel hingewiesen: ein zu geringer Anteil der Hochschuldiplomjahrgänge doktoriert, und insgesamt ergreifen zu wenig junge Schweizer Ingenieurstudien. Hauptgrund für den ersten Mangel dürfte die Beschäftigungspolitik der Unternehmen sein, Hauptgrund für den zweiten Mangel ungenügende Kenntnis des Wesens der Technik bei der Jugend. Zum Schluss wird die These vertreten, unser Bildungsideal bedürfe einer Korrektur insofern, als Technologie schon in der Mittelschule als Fach angeboten werden sollte.

Summary

The two main types of education of engineers in Switzerland are described briefly: the university level (Federal Institutes of Technology) and Schools of Engineering. Under certain circumstances graduates of the Schools of Engineering may join curricula at the university level. By and large, the system is successful, although two improvements would be desirable: too few graduates continue their education to the doctorate level, and in general, too few students decide to engage in engineering education. It is felt that the introduction of Technology as a subject already at the high school level would correct this situation.

---

[1] Plenarvortrag am Internationalen Symposium ‹Ingenieurpädagogik 85› in Budapest, am 27. August 1985. Erschienen in Melezinek, A., Kiss, I., Szüss, P. (Hrsg.): Ingenieurpädagogik. Leuchtturm-Verlag Alsbach, p. 83–88 (1985).

* * *

1. Die Ingenieurausbildung in der Schweiz

1.1 *Die Ausbildung an den Höheren Technischen Lehranstalten (HTL)*

In der deutschen, französischen und italienischen Schweiz bestehen Ingenieurschulen oder Höhere Technische Lehranstalten (HTL) in regional recht dichter Verteilung. Sie werden besucht von Schülern, die bereits über neun Jahre Primar- und Volksschulbildung verfügen und darüber hinaus eine 3–4jährige Berufslehre mit dazugehörigen Berufsschulen oder Berufsmittelschulen absolviert haben. Normalerweise erfolgt der Eintritt in die HTL nach Absolvierung der militärischen Rekrutenschule. Die Schüler sind beim Eintritt in die HTL somit in der Regel 20 bis 21 Jahre alt. Auch Maturanden können in die HTL eintreten, allerdings mit einer zusätzlichen, praktischen Ausbildung von 1–2 Jahren Dauer. Die HTL operieren entweder als Tagesschulen mit einem festgelegten Mindestpensum von 4200 Lektionen, oder als Abendschulen mit einem Mindestpensum von 3800 Lektionen. Einige Tagesschulen erreichen 4600 Lektionen. Die Aufnahmebedingungen werden durch jede HTL selbst festgelegt und sind deshalb nicht einheitlich. Tagesschulen auferlegen den Kandidaten eine Aufnahmeprüfung, die von knapp der Hälfte der Kandidaten bestanden wird. Das Studium an den HTL selbst dauert dann 3 oder 4 Jahre, so dass die Absolventen im Alter zwischen 23 und 25 Jahren die Schule verlassen. In den letzten Jahren haben regelmässig pro Jahr etwa 1600 Diplomanden an Tages-HTL abgeschlossen und etwa 350 Diplomanden an Abend-Ingenieurschulen. (Einwohnerzahl der Schweiz: 6 Millionen.) Typische Abteilungen einer HTL sind Maschinenbau, Elektrotechnik, Hochbau, Tiefbau, Chemie und neuerdings Informatik.

1.2 *Die Ausbildung an den Eidgenössischen Technischen Hochschulen (ETHs)*

Es bestehen in der Schweiz zwei Eidgenössische Technische Hochschulen: die ETH Zürich (ca. 9000 Studenten) und die ETH Lausanne (ca. 3000 Studenten). Maturanden mit dem Ausweis einer eidgenössisch anerkannten Mittelschule oder einem andern, als gleichwertig anerkannten Ausweis werden ohne Aufnahmeprüfung in das erste Semester aufgenommen. Bewerber, welche diese Bedingungen nicht erfüllen, haben eine umfassende oder gegebenenfalls reduzierte Aufnahmeprüfung abzulegen. Die eintretenden Studierenden sind also in der Regel 19 oder 20 Jahre alt. Das Diplomstudium dauert in der Regel 8 Semester und schliesst mit einer Schlussdiplomprüfung ab, die sich aus einem theoretischen und in Form einer Diplomarbeit einem praktischen Teil zusammensetzt. In einer ganzen Reihe von Ausbildungsrichtungen umfassen die Studienpläne ein Praxisobligatorium, das in der Regel in einer Unternehmung zu absolvieren ist. An das Diplom schliessen sich verschiedene Formen der Weiterbildung an, z.B. Nachdiplomstudien im angestammten Fachgebiet oder fachübergreifend. Schliesslich besteht die Möglichkeit für diplomierte Hochschulabsolventen, eine Dissertation auszuarbeiten. Die Absolventen der ETHs verlassen die Hochschule mit dem Diplom in der Regel im Alter von etwa 24 Jahren, mit dem Doktortitel als 28- oder 29jährige. Fasst man alle Ausbildungsrichtungen zusammen, neben den Ingenieurwissenschaften also die Exakten und Naturwissenschaften und die Architektur, so diplomieren pro Jahr an den beiden ETHs etwa 1100 Studierende; etwa 300 Studierende erwerben den Doktortitel.

1.3 Die Regelung des Übertritts von HTL zu ETHs

Vor gut 10 Jahren ist ein wichtiges bildungspolitisches Postulat in der Schweiz verwirklicht worden: das Postulat der Durchlässigkeit zwischen den verschiedenen Ingenieur-Ausbildungssystemen. Hervorragende Absolventen der HTL können in das 5. Semester einer ETH eintreten, nachdem sie ein einjähriges Spezialstudium zwischengeschaltet haben. Die Regelung ist bewusst selektiv, elitär gehalten und hat sich wohl deshalb bewährt. Die Erfahrung zeigt, dass unter den ehemaligen HTL-Schülern hochgradig befähigte Ingenieure sind, die sich während und nach dem Studium an den ETHs besonders auszeichnen. Zahlenmässig fallen diese Absolventen allerdings nicht ins Gewicht, ergreifen doch nur wenige Prozent der HTL-Absolventen diese Möglichkeit des Übertritts an die ETHs. Um so wichtiger ist die Feststellung der qualitativen Auswirkung.

2. Der sogenannte Akademikerüberfluss und der Akademikermangel

2.1 Adademikerüberfluss

Der Verlauf der demographischen Kurve im Verbund mit einer steigenden Akademisierungsquote hat in der Schweiz zu einem starken Anstieg der Studentenzahlen insbesondere der Hochschulen geführt. Nicht alle Fakultäten wurden gleichermassen betroffen. Während vieler Jahre nahmen die Studentenzahlen an den ETHs nur unmerklich zu, während die klassischen Universitäten einem veritablen Ansturm von Studierenden ausgesetzt waren. Es ist erklärter Grundsatz der schweizerischen Bildungspolitik, dass Studierende die Freiheit haben, das Studium ihrer Wahl an der Hochschule ihrer Wahl zu ergreifen. Besonders gefragt waren Studienplätze der Medizin und verschiedener Geistes- und Sozialwissenschaften. Die Universitäten sahen sich mit Problemen der Bewältigung solcher Studentenberge konfrontiert, und die Beschäftigungswelt befürchtete einen entsprechenden Akademikerüberfluss. Trotz solcher Befürchtungen ist die Verhinderung der Einführung von Zulassungsbeschränkungen (Numerus clausus) das vorherrschende Credo geblieben, und mit bemerkenswertem Erfolg sind die Kapazitätsprobleme vor allem im Bereich der Medizin durch Koordinationsmassnahmen zwischen den Universitäten gemeistert worden. Wichtiges Instrument war dabei die Umleitung Studienwilliger von Hochschulen mit Unterkapazitäten an Hochschulen mit Überkapazitäten. Ich halte es für ein überaus grosses Verdienst der schweizerischen Bildungspolitik, dass Zulassungsbeschränkungen vermieden werden konnten und wohl auch in Zukunft vermieden werden können. Ich bin der Meinung, dass der in- und ausländische Arbeitsmarkt die grosse Zahl junger Kader aufnehmen wird und nötigenfalls durch Rückkopplung auf die nachrückenden Jahrgänge von sich aus regulierend wirken wird. Das Problem des sogenannten Überflusses dürfte sich somit von selbst lösen.

2.2 Der Akademikermangel

Erstaunlich viel weniger Denkarbeit ist demgegenüber in unserem Land für die Bewältigung des Problems aufgewendet worden, das symmetrisch zum Numerus-clausus-Problem liegt: dem Problem des Ingenieurmangels. In jüngster Zeit hat sich die Schweizerische Akademie der Technischen Wissenschaften (SATW) dieses Problems angenommen, in zwei bemerkenswerten Studien über die Verhältnisse in Japan und die Meinungen schweizerischer Mittelschüler. Bei einer Akademisierungsquote, die in Japan deutlich höher liegt als in der Schweiz, finden sich 20% aller Studierenden Japans in den Technischen Wissenschaften, nur 3% in den Exakten und Naturwissenschaften. Das entsprechende Zahlenpaar für die Schweiz lautet 9% Ingenieurstudenten zu 16% in den Naturwissenschaften. Es ist nicht von der Hand zu weisen, dass dieser hohe Ingenieurbestand Japans entscheidend zum Erfolg dieser Nation in der Technik beiträgt. Ich halte dafür, dass der Ingenieurbestand in der Schweiz deutlich erhöht werden sollte, und zwar sowohl auf Hochschulniveau wie auch auf Niveau HTL. Eine Befragung von 1700 Maturanden verschiedener Mittelschulen der Schweiz hat den Grund zum Vorschein gebracht, aus welchem vergleichsweise wenig Maturanden Ingenieurfächer wählen. Der Grund liegt nicht, wie man zunächst erwartet hätte, in einer Skepsis unserer Jugend der

Technik gegenüber. Der Grund liegt vielmehr in der Unkenntnis des Wesens der Technik. Es gilt also, Wege zu finden, diese Unkenntnis zu beheben (siehe 3.). Nicht nur verfügt unser Land über zahlenmässig zuwenig Ingenieurkader. Vielmehr werden zuwenig unserer Ingenieure im direkten Umgang mit Forschung geschult. Um es deutlicher zu sagen: Ich glaube, ein grösserer Anteil unserer Hochschulabsolventen der Ingenieurabteilungen sollte doktorieren. Es lohnt sich, einen Vergleich anzustellen zwischen der Häufigkeit des Doktorierens bei Chemikern einerseits und Bau-, Elektro-, Maschinen- und Informatikingenieuren anderseits. Bei Chemikern ist das Doktorieren die Regel, bei den Ingenieuren die Ausnahme. Es ist nicht von der Hand zu weisen, dass diese Unterschiede mit ursächlich sind für die unterschiedliche Innovationskraft der entsprechenden Industriebranchen.

3. Stimmt unser Bildungsideal?

In der Schweiz betrachten wir einen Maturanden als allgemein gebildet, wenn er Fächer im Bereich der Sprachen, insbesondere Deutsch, Französisch, vielleicht Englisch oder Italienisch, vielleicht Latein und Griechisch absolviert hat, wenn er darüber hinaus Einblick in die entsprechenden Literaturen erhalten hat, wenn er Bescheid weiss in Mathematik, Physik, Biologie, Geologie, Geographie, wenn er auch Geschichte, vielleicht Philosophie und Religionsgeschichte, neu in einzelnen Schulen Informatik gehört hat. Das Fach Technologie fehlt im Fächerkanon. Und dabei leben wir im technischen Zeitalter, haben täglich mit Technik umzugehen und sollten doch eigentlich das Wesen, die Kunde von der Technik, d.h. Technologie mindestens der Spur nach kennenlernen. Ich halte es für dringend nötig, dass Technologie als Fach in den Mittelschulen offeriert wird. Nur so kann nach meiner Meinung das Manko im Wissen unserer Maturanden, das zum Nichtwählen des Ingenieurstudiums führt, auf lange Sicht und wirkungsvoll behoben werden. Man wird einwenden, Technik sei so vielgestaltig, dass sie sich als Stoff für die Mittelschule nur schlecht eigne. Technik ist vielgestaltig, aber auch Literatur, Mathematik, Biologie und die übrigen Mittelschulfächer sind vielgestaltig. Es soll auch nicht darum gehen, Technik zu vermitteln, sondern eben Technologie: das Verstehen des Wesens der Technik und ihrer Eigenarten.

Auch auf Stufe Universität würde es nicht schaden, wenn philosophische und geistes- und sozialwissenschaftliche Fakultäten ihren Studierenden die Möglichkeit eröffnen, ja von ihnen fordern würden, technologische Lehrveranstaltungen zu besuchen. Es mag in diesem Zusammenhang interessieren, dass die symmetrische Situation an der ETH Zürich seit jeher besteht:

unsere Absolventen der Ingenieurfächer konnten und können Fächer aus dem ganzen Spektrum der Geistes- und Sozialwissenschaften belegen, ja sie können sich in der Schlussdiplomprüfung in einem solchen Fach prüfen lassen. Ich träume nicht den Traum eines ‹studium generale› weiter. Vielmehr halte ich dafür, dass ein allgemein gebildeter Mensch heutzutage Einblicke nicht nur in die Fächerkataloge herkömmlicher Art haben muss, sondern darüber hinaus einen Einblick in das Wesen der Technik erhalten soll. Das Postulat ist mehr als bloss eine bildungspolitische Zielvorstellung. Es wird meiner Meinung nach eminente wirtschaftspolitische Bedeutung haben. Unsere Unternehmungen werden auch in Zukunft fähige Ingenieurkader brauchen. Der Verlauf der demographischen Kurve lässt befürchten, dass zahlenmässig nicht genügend Nachwuchsingenieure vorhanden sein werden. Es gilt also, dafür zu sorgen, dass ein höherer Maturandenanteil Ingenieurstudien wählt. Ich betrachte die Einführung von Technologie als Fach eine notwendige Voraussetzung hiefür. Das Fach wäre durch Dozenten zu vermitteln, die von Hause aus Ingenieure sind und eine Zusatzausbildung in Didaktik erworben haben.

1.13 Technologie als Teil der Allgemeinbildung[1]

Der moderne Mensch ist überall und stets von Technik umgeben, bei Arbeit und Freizeit, zu Hause und unterwegs, ob jung oder alt, gesund oder krank. Die wenigsten unter uns verstehen viel vom Funktionieren einer technischen Einrichtung. Für die meisten unter uns ist es auch gar nicht nötig zu verstehen, wie die Strassenbahn fährt, der Kühlschrank kühlt, das Satellitenmeteobild entsteht oder die Kamera richtig fokussiert und belichtet. Eine Vielzahl von technischen Erzeugnissen ist heute so benützerfreundlich, dass erfolgreiche Bedienung keinerlei Sonderverständnis für Technik erheischt.

Das dispensiert aber den gebildeten Menschen nicht davon, sich Gedanken über den Fortgang der Technik zu machen. Um das zu können, muss er zwar nicht Technik(en) kennen und im einzelnen verstehen, aber doch das *Wesen der Technik begreifen*. *Wissen um die Technik* (auch *Technologie* genannt) zu besitzen, versetzt den gebildeten Menschen in die Lage, Bedeutung und Fortgang der Technik zu beurteilen. *Wissen um die Technik (Technologie) gehört somit* – das ist meine These – *zur allgemeinen Bildung*.

Technologie als Bestandteil allgemeiner Bildung

Allgemeine Bildung wird heute einem Maturanden attestiert, der auf der Mittelschule Kenntnisse in Sprachen und Literatur, Mathematik, Physik, Chemie, Biologie, Erdwissenschaften, Geschichte, Philosophie erworben hat. Diese Kenntnisse machen ihn nicht zum Sprachwissenschafter, auch nicht zum Naturwissenschafter, Historiker oder Philosophen. Aber er gilt als allgemein gebildet.

Ist er es, im technischen Zeitalter, ohne Kenntnisse in Technologie? Ich glaube, nein. Denn es fehlt ihm an Wissen um die Technik. Er weiss nicht, welches die Anliegen der Technik sind. Er hat nicht gelernt, welch zentrale Bedeutung z.B. der Begriff der *Sicherheit* in der Technik hat, seien nun

---

[1] Aufsatz, erschienen in der NZZ vom 5. September 1985.

Staudämme, Seil- und andere Bahnen, Kraftwerke oder Haushaltgeräte gemeint. Ihm ist der Begriff der *Zuverlässigkeit* nicht geläufig, noch weniger jener der *Redundanz*, am Beispiel etwa von Stromverteilnetzen oder Steuerungen. Er hat zwar vom grossen black-out in New York gelesen. Er hat gespürt und nachempfunden, welche Folgen ein derartiger Stromausfall haben kann. Doch es fehlt ihm die Einsicht in die Art technischer Vorkehrungen, die nötig sind, black-outs zu verhindern. Es fehlt ihm an Verständnis dafür, welch grosse Rolle die *Materialwahl* in der Technik spielt, welche die *Konstruktion*. Er ahnt zwar, was *Schlüsseltechniken* (etwa Informatik oder Verfahrenstechnik) sind, und versteht, dass sie gleichermassen im Maschinenbau, bei elektrischen Anlagen, aber auch in Chemiewerken zum Einsatz kommen. Aber es fällt ihm schon schwerer, Unterscheidungen etwa zwischen *Analogtechnik* und *Digitaltechnik* zu machen oder Begriffe wie *Toleranz, Sollwert, Istwert, Hardware* oder *Software* zu deuten.

Der gebildete Mensch kann sich auf Grund seiner Kenntnisse vorstellen, was einen Mathematiker oder Naturwissenschafter ausmacht, was einen Linguisten, Historiker oder Philosophen. Er hat auch Vorstellungen über die entsprechenden Berufsbilder. Seine Kenntnisse helfen ihm aber nicht weit, wenn er sich fragt, was denn eigentlich den Ingenieur ausmache. Er erkennt spät, wenn überhaupt, dass Ingenieure in erster Linie Macher, Realisatoren sind, nur in zweiter Linie Grübler, dass sie oft *optimale* Lösungen *idealen* Lösungen vorziehen müssen.

Einblicke in die Welt der Ingenieurwissenschaften zu vermitteln, halte ich für eine dringende und notwendige Aufgabe unserer Mittelschulen, die damit ihre stolze und bewährte Tradition der Vermittlung von Allgemeinbildung fortführen könnten.

Ingenieurdidaktik und Technologie an Universitäten

Wer müssten die Lehrer sein? Nicht Mathematiker, nicht Naturwissenschafter, nicht Geistes- und Sozialwissenschafter, sondern Ingenieure. Nichts spricht dagegen, an unseren Hochschulen pädagogische Zusatzausbildung nicht nur für die herkömmlichen Kategorien von Mittelschullehrern anzubieten, also in den Naturwissenschaften und den Geisteswissenschaften, sondern neu auch in den Ingenieurwissenschaften. Ansätze hiezu bestehen z. B. an der ETH Zürich, wo Elektroingenieure Ingenieurdidaktik belegen können, Kurse, die den Studenten in die Lage versetzen sollen, seine Erfahrungen Mitarbeitern, Untergebenen und Vorgesetzten mit grösserer Leichtigkeit mitzuteilen. Als ich mich als diplomierter Naturwissenschafter auf das Mittelschullehrerdiplom vorbereitete, hatte ich Probelektionen in Biologie und Geographie zu geben. Ein diplomierter Elektroingenieur oder Maschineningenieur, der sich auf sein Mittelschullehrerdiplom vorbereitet, hätte Probelektionen in Technologie zu geben. (Es sei hier wiederholt: Probelektionen *in Technologie, nicht in Technik.*)

So ausgebildete Technologielehrer müssten als Bona-fide-Kollegen der Mathematik-, Physik-, Chemie-, Biologie-, Sprach-, Geschichts- und Philosophielehrer in die Lehrkörper unserer Mittelschulen aufgenommen werden. In ihren Lektionen würden sie wohl schwergewichtig auf den naturwissenschaftlichen Kenntnissen der Schüler aufbauen, etwa wenn es darum ginge, in einer Lektion über Sicherheit die Festigkeit eines Materials zu berechnen. Ein Aufbau auf historischen und philosophischen Vorkenntnissen wäre ebenfalls am Platz, etwa wenn die Rolle der Technik im Lebensbild des Menschen diskutiert wird. Ja, die Geschichte der Technik – auch sie gehört zur Technologie – bietet historisch faszinierende Ansätze für das Verständnis ganz grosser Entwicklungen der menschlichen Existenz. Man denke, als Beispiel, an die Industrialisierung.

Oder wäre es denkbar, dass der Historiker oder Philosoph auf Vorkenntnissen auch in Technologie aufbaute? Mit dieser Frage möchte ich ein weiteres Anliegen andeuten. Ich halte dafür, dass Absolventen der Philosophischen Fakultäten unserer Universitäten die Möglichkeiten erhalten sollen, Technologie zu hören. Der Gedanke mag zunächst merkwürdig berühren. Dabei ist er, symmetrisch, an Technischen Hochschulen längstens verwirklicht. Das Bundesgesetz betreffend die Errichtung einer eidgenössischen polytechnischen Schule (heute ETH), vom 7. Februar 1854 sagt in Artikel 2, Absatz 2 dazu folgendes: «Es sollen mit der polytechnischen Schule philosophische und staatswirtschaftliche Lehrfächer verbunden werden, soweit sie als Hilfswissenschaften für höhere technische Ausbildung Anwendung finden, wie namentlich die neueren Sprachen, Mathematik, Naturwissenschaften, politische- und Kunstgeschichte, schweizerisches Staatsrecht und Nationalökonomie». Noch zwingender ist diese Vorschrift im Bundesbeschluss über die Eidgenössischen Technischen Hochschulen (Übergangsregelung) vom 24. Juni 1970 formuliert, wo der Artikel 2, Absatz 2 sagt: «In diese Ausbildungsbereiche (gemeint sind die natur- und ingenieurwissenschaftlichen) werden, gegebenenfalls in Verbindung mit den kantonalen Hochschulen, Disziplinen der Geistes- und Sozialwissenschaften einbezogen.» Im Vollzug dieser Bestimmungen haben Studierende der ETH jedes Semester ein Fach der mittlerweile gross ausgebauten Abteilung für Geistes- und Sozialwissenschaften zu belegen, ja sie können sich im Schlussdiplom in einem solchen Fach prüfen lassen. Eine erfreuliche, wachsende Zahl unserer Absolventen machen von diesem Angebot auch wirklich Gebrauch. Der Gesetzgeber hatte wohl mit dieser Bestimmung verhindern wollen, dass Scheuklappen-Ingenieure ausgebildet würden, deren Fähigkeit zum Erkennen grösserer Zusammenhänge bloss von ihrer Mittelschul-Allgemeinbildung zu zehren hätte. Die gesetzliche Bestimmung verpflichtet die Hochschule, ihren Studierenden die Möglichkeit zur Erweiterung des Bildungshorizontes stets zu geben, und sie verpflichtet die Studierenden, von dieser Möglichkeit Gebrauch zu machen.

Erstaunlicherweise besteht die (symmetrische) Möglichkeit oder Verpflichtung an unseren Universitäten (universitas) nicht. Ihre Absolventen, z.B. Juristen, Linguisten, Philosophen, Historiker, Soziologen und Psychologen haben keine Verpflichtung, Technologie zu hören. Viele Geistes- und Sozialwissenschafter müssten dies als Mangel empfinden, werden sie in ihrer Arbeit doch auf mannigfache Weise mit Problemen der Technik und ihren Folgen konfrontiert. Wieviel leichter müsste ihnen diese Arbeit fallen, wenn sie wenigstens in den Grundlagen der Technologie geschult wären und immer wieder profunde Einblicke in Technologie erhalten könnten.

Technologie als Bestandteil der Kultur. Konsequenzen

Was für Konsequenzen hätten Änderungen im Bildungssystem in der angedeuteten Richtung? Die zentrale und wichtigste Konsequenz wäre die solide *Verankerung von Technologie als Bestandteil unserer Kultur*. Das ständige Sichauseinandersetzen nicht nur mit Exakten und Naturwissenschaften, Geistes- und Sozialwissenschaften und den Künsten, sodann auch mit Ingenieurwissenschaften würde zur Selbstverständlichkeit heranwachsen. Das Verständnis technischen Vorhaben und Einrichtungen gegenüber, das Vertrauen in die Technik und die Techniken würde gehoben. Schon Mittelschüler, nicht erst Hochschüler und Schüler der HTL würden neu auch durch Ingenieurpersönlichkeiten geprägt werden können. In der Politik würden vermehrt auch Stimmen vernehmbar, die ein gewisses Verständnis für Technik haben. Ja, vielleicht würden Ingenieure in grösserer Zahl als bisher in politischen Gremien anzutreffen sein. Grössere Teile der Bevölkerung würden spüren, wieviel Geist, Kraft, Wärme, Liebe, Begeisterung, Verantwortungsbewusstsein in einem technischen Werk stecken.

Eine weitere Konsequenz der vorgeschlagenen Änderungen wäre für die Berufswahl junger Leute zu erwarten. Unser Land hat bekanntlich zuwenig Ingenieure. Der Anteil eines Jahrgangs, der hierzulande die Studiengänge einer HTL oder ETH durchläuft, ist nur etwa halb so gross wie jener in Japan. Die Grösse Japans ergibt zusätzlich einen Massstabeffekt mit der Folge, dass die Schweiz als rohstoffarmes Industrieland mit Ingenieurkadern im Vergleich zu Japan grotesk unterdotiert ist. Zieht man in Betracht, dass geburtenschwache Jahrgänge die Rekrutierung von Kadern in Zukunft noch erschweren werden, erkennt man leicht die Gefahr eines gravierenden Mangels an Ingenieurkadern, und das ausgerechnet in einer Zeit, in der die Erwartungen in die Technik und die Industrie im Steigen begriffen sind. Wohl zu Recht besteht weit herum die Auffassung, dass die Erhaltung der Innovationskraft und damit der Wettbewerbsfähigkeit unserer Industrie zu einem guten Teil von quantitativ und qualitativ ausreichendem Nachwuchs abhängt. Eine kürzlich durchgeführte Befragung von 1700 Maturanden der Kantone Zürich, Luzern und Aargau hat aber gezeigt, dass Mittelschüler kaum wissen, was ein Ingenieur ist, wie sein Berufsbild aussieht. Berufsberatern fällt es nicht immer leicht, korrigierend einzuspringen und für die Verbesserung dieser Situation zu sorgen; denn es hat wenig Ingenieure unter den Berufsberatern. Praktizierende Ingenieure könnten dieses Informationsmanko decken helfen; sie sind indessen in der Regel nicht auf diese Tätigkeit vorbereitet. Wohl wirksamer wäre die Vermittlung von Technologie als Lehrfach an der Mittelschule, mit Ingenieuren als Lehrern. Lehrerpersönlichkeiten können Schüler bekanntlich besonders wirkungsvoll und nachhaltig prägen. Es wäre somit zu erwarten, dass die *Ingenieuranteile kommender Jahrgänge erhöht* würden, was erstrebenswert und nötig ist. Dass es unserem Zeitgeist gut täte, wenn mehr Mitmenschen das Wesen der Technik verstünden und damit die nagende Skepsis gegenüber der Technik und ihren Institutionen etwas abgebaut werden könnte, sei nur am Rande vermerkt.

Chancen für die Realisierung

Wäre die Einsicht wirklich vorhanden und genügend weit verbreitet, dass Erhöhung (in der Schweiz annähernd Verdoppelung) der Ingenieurbestände für die westlichen Industrien eine Überlebensfrage darstellt, dann müsste diese Erkenntnis allein schon genügen, Anstrengungen in der beschriebenen Richtung zu unterstützen. Die Einsicht ist aber noch nicht weit verbreitet. Zu hoffen ist, dass unsere Industrie entsprechend kürzlich verbreiteter Prognosen auch im Laufe der nächsten Jahre ihre Ingenieurbestände markant weiter aufstocken wird. Bildungspolitische Massnahmen stossen ins Leere, wenn sie nicht beschäftigungspolitische Echos erfahren. Ich bin aber zuversichtlich, dass die Konzertierung in diesem Falle gelingt.

Aber es wird ganz andere Widerstände geben. Werden die Studenten Technischer Hochschulen in genügender Zahl sich zum Mittelschullehrer ausbilden lassen, ausgerechnet in einer Zeit, da sie von der Industrie besonders gefragt sind? Oder sollten wir erfahrene Ingenieure aus der Praxis für den Lehrerberuf gewinnen und entsprechend ausbilden? Werden Mittelschullehrer ohne weiteres einige Stunden aus dem Fächerkanon opfern, damit Technologie Platz findet in den Stundentafeln? Den Historiker wird es schmerzen, die Französische Revolution etwas verkürzt darstellen zu müssen, weil ein Kollege über Technologie vortragen will, und den Geographen stören, auf Ghana verzichten zu müssen. Der Biologe wird ungern auf besonders würzige DNS-Stunden verzichten, und der Chemiker unwillig weniger sagen über Disulfidbrücken. Hier werden Erziehungsdirektoren und Rektoren ein mutiges Wort sprechen müssen. Ich halte trotz allem die Realisierungschance für gut. Das Fach Informatik ist bei vielen Mittelschulen in rascher Einführung begriffen und kann vielleicht als Eisbrecher dienen, im Sinne einer Mittlerrolle zwischen Mathematik und Ingenieurwissenschaften. Es ist erfreulich, die Begeisterung wahrzunehmen, mit der unsere Jugend die Einführung dieses Fachs unterstützt. Soviel grösser wäre der Schritt zur Einführung von Technologie als Fach nicht. Bildung muss der Jugend den Weg ebnen. Kenntnisse des Wesens der Technik gehören zur Bildung.

1.14 Hochschule und Selbstbehauptung des Landes[1]

Der gesetzliche Auftrag der ETH Zürich ist klar. Schon das Gründungsgesetz von 1854 hält fest, dass die Ausbildung unserer Absolventen «unter steter Berücksichtigung der besondern Bedürfnisse der Schweiz» zu erfolgen habe. Der Bundesbeschluss über die Eidgenössischen Technischen Hochschulen von 1970 (die sogenannte Übergangsregelung) erweitert im Zweckartikel den Aufgabenbereich auf die Forschung und hält fest, dass «in Lehre und Forschung den schweizerischen Bedürfnissen besonders Rechnung getragen» wird.

Das also ist die Ausgangslage: die Bedürfnisse der Schweiz haben berücksichtigt zu werden. Anders ausgedrückt: Bildungs- und Forschungspolitik der ETH haben sich an den Bedürfnissen des Landes zu orientieren. Es erhebt sich sogleich die Frage, wer diese Bedürfnisse zu ermitteln und zu artikulieren habe. In erster Annäherung wird man nicht fehlgehen, diese Artikulation von der Wirtschaft zu erwarten, vom Arbeitsplatz Schweiz, von der Beschäftigungswelt. Der Zweckartikel im Bundesbeschluss von 1970 hält nämlich fest, die Hochschule habe die Absolventen *auf ihre Berufstätigkeit* vorzubereiten, doch wohl in der Erwartung, dass die Wirkung der Hochschule in unserer Gemeinschaft sich vornehmlich mittelbar entfalte, eben durch die berufsausübenden Ingenieure, Naturwissenschafter, Mathematiker und Architekten. Arbeitgeber, Unternehmer, Industrie, die Wirtschaft insgesamt, auch die öffentliche Verwaltung sind besonders gut in der Lage, die Frage der Arbeitsplätze im Hinblick auf die Märkte zu beurteilen, und sie sind es somit, die jene Bedürfnisse formulieren müssen.

Bisweilen bahnt sich das durch diese Ausgangslage geforderte Zusammenwirken von Beschäftigungswelt und Hochschule problemlos an. Ein Beispiel soll den Vorgang illustrieren: Ein Grossunternehmen der elektromechanischen Industrie meldet Mitte der siebziger Jahre einen sprunghaft gestiegenen Bedarf an Informatikingenieuren einer Ordonnanz, die an den Technischen Hochschulen noch nicht ausgebildet wurde. Eine kurze Um-

---

[1] Referat an der Schlussfeier der Militärschule II/85, am 6. Dezember 1985 in Zürich.

frage bei anderen Unternehmungen der gleichen Branche lässt erkennen, dass das Bedürfnis weit verbreitet ist und die Branche in eine potentiell gefährliche Auslandabhängigkeit geriete, wenn die Technischen Hochschulen nicht zügig die entsprechenden Ausbildungsgänge einführten. Die Leitungsorgane der Hochschule lassen Studienpläne erarbeiten, durch bereits anwesende Fachprofessoren oder Fachleute, die erst noch rekrutiert werden müssen, sie errichten wenn nötig eine entsprechende Organisationseinheit (im vorliegenden Fall eine Abteilung), und die Ausbildung von Informatikingenieuren kann beginnen. Der Ablauf erscheint folgerichtig. Zieht man aber in Betracht, dass zwischen Artikulation der Bedürfnisse und Beginn des neuen Studiums im vorliegenden Fall mehr als ein halbes Jahrzehnt verging, und dass Absolventen darüber hinaus erst zwei oder sogar vier Jahre später verfügbar werden, erkennt man die *Trägheit des Vorgangs*.

Das ist die *erste Schwierigkeit* in der Aufgabenerfüllung. Woher rührt sie? Aus unserer Sicht lässt sie sich in erster Annäherung auf die Art. 11 und 12 der Übergangsregelung zurückführen: «Beschlüsse von allgemeinem Interesse für die Hochschulen fasst der Schulrat nach Konsultierung der Dozenten, der Assistenten und der wissenschaftlichen Mitarbeiter, der Studierenden sowie der Bediensteten beider Hochschulen. Über Lehr- und Forschungsbereiche, Studienpläne, Prüfungsordnungen und Ausbildungsmethoden fasst der Schulrat seine Beschlüsse nach Einholung der Meinungsäusserung der interessierten Abteilungen und Institute.» Als in unserem Beispiel die Vernehmlassungen zur Errichtung einer Informatik-Abteilung liefen, erhoben sich Widerstände aus vielen Lagern und unterschiedlichen Motiven. Dozenten der Mathematik und der Elektrotechnik machten geltend, eine eigene Abteilung für Informatik sei nicht nötig, die Ausbildung von Informatik-Ingenieuren könne mit wenigen Anpassungen der Studiengänge von Mathematikern und Elektroingenieuren erfolgen; dieser Ansicht widersetzten sich die Informatikprofessoren. Vertreter des Mittelbaues befürchteten, mit der Errichtung einer neuen Abteilung werde eine allgemeine Pulverisierung der Hochschule in immer mehr, immer kleinere Organisationseinheiten eingeleitet. Von anderer Seite wurde kritisiert, die Ausbildung von Informatikingenieuren sei gar nicht Sache der Hochschule, sondern gehöre auf die Stufe HTL. Man bezeichnet derartige Vernehmlassungsergebnisse gerne als Scherbenhaufen, und der Entscheidungsträger läuft dann Gefahr, in eine Ratlosigkeit zu verfallen, das Geschäft an die Vorinstanz für weitere Abklärungen zurückzugeben in der Hoffnung, der Konsensgrad wachse mit zunehmenden Iterationen. Hier schimmert ein Stück Zeitgeist durch, die Annahme nämlich, eine Lösung sei dann gut, wenn sie von einem möglichst grossen Konsens getragen werde, und schlecht, wenn der Konsensgrad klein sei; oder anders ausgedrückt, die

Annahme, Entscheide über die Einführung neuer Studiengänge hätten in einem demokratischen Verfahren zustandezukommen. Dieses Demokratieverständnis kann ich nicht teilen, und ich glaube auch nicht, dass der Gesetzgeber sich die Hochschule als Staat im Staat vorstellte, als er die zitierten Mitspracheartikel formulierte. Die Hochschule gehört in den Bereich der Exekutiven unseres Systems von Gewaltentrennung. Entscheide in ihrem Innern haben zwar nach dem Willen des Gesetzgebers die Meinungen der Betroffenen zu bedenken. Das heisst aber nicht, dass Entscheide auf Minoritäts-, Majoritäts-, oder gar Proporzüberlegungen abzustützen sind. Die Ermittlung der Qualität eines Bildungs- oder Forschungsvorhabens ist primär ein elitärer, selektiver, nicht ein demokratischer Vorgang. Zurück zum Beispiel Informatik: der Vorgang dauerte ein halbes Jahrzehnt, das einem Teil der akademischen Jugend und einem Teil unserer Wirtschaft verlorenging.

Zwei weitere Beispiele sollen anders geartete Schwierigkeiten skizzieren, die sich naturgemäss jedesmal mit den bereits erwähnten Schwierigkeiten kumulieren oder potenzieren können. Erstes Beispiel: Biotechnologie. Soll die ETH Zürich, lautete die in ihrem Innern formulierte Frage, einen Studiengang für Biotechnologen errichten? Entspräche ein solcher Studiengang einem Bedürfnis unseres Landes, war die gesetzlich verlangte Anschlussfrage. Die daraufhin befragte Chemische Industrie antwortete eher vage. Es sei unsicher, ob, wann und in welchem Ausmass die herkömmlichen Verfahren unserer Chemischen Industrie durch biotechnologische Verfahren ergänzt oder abgelöst würden. Es sei schwierig, Prognosen über den Bedarf an Biotechnologen aufzustellen. Wir haben uns trotz dieser wenig ermutigenden Haltung entschlossen, den Studiengang und ein ihn stützendes Institut zu errichten. Massgebend war unsere Überzeugung, dass über kurz oder lang die Vorteile biotechnologischer Verfahren auch hierzulande erkannt und ausgenützt würden. Wir überlegten sodann, dass es besser sei, Biotechnologen zu früh ausgebildet zu haben als zu spät. (Tatsächlich hat es sich seither gezeigt, dass unsere Absolventen rechtzeitig zur Verfügung standen und stehen.) Die *Schwierigkeit,* die ich mit diesem Beispiel illustrieren wollte, besteht in der *abwartenden Haltung der potentiellen Arbeitgeber.* Unser Vorhaben wurde von ihm zwar als interessant taxiert, aber der Erwartungsdruck seitens der Industrie war im Gegensatz zum Informatik-Beispiel kaum vorhanden.

Noch schwieriger ist die Situation, wenn Rückmeldungen aus der Industrie auf Anfrage der Hochschule völlig ausbleiben, oder wenn mehrere Rückmeldungen sich gegenseitig annullieren. Dazu mein drittes, aktuelles Beispiel, das unsere Planung für die Jahre 1988–91 betrifft. Sollen Lehre und Forschung auf neue Materialien ausgedehnt werden? Auf nicht-metallische anorganische Werkstoffe, elektronische Werkstoffe, Keramik für elektronische und kraftübertragende Anwendung? Es erweist sich als ausserordentlich schwierig, zu diesen Fragen überhaupt Antworten zu erhalten. Diese *Schwierigkeit* liegt in der *Stückelung der Branche,* die sich hier zu äussern hätte. Es gibt auf diesen Gebieten Hunderte, wenn nicht Tausende von kleinen und mittleren Unternehmungen, die kaum über gemeinsame Sprecher verfügen, ja, die oft jede für sich gar nicht über Kader verfügen, die mit unserer Fragestellung viel anfangen könnten. In dieser Situation ist eine Antwort nötig seitens der Industrie, aber kaum erhältlich. Die Situation entbindet die Hochschule keineswegs von der Verpflichtung, die Bedürfnisse des Landes zu berücksichtigen. Weil aber die Industrie nicht sagen kann, was sie will, muss die Hochschule für sie vorbereiten, was sie braucht. Das heisst, wir müssen in eigener Verantwortung und auf unser unternehmerisches Risiko entscheiden, welche Werkstofflehre und -forschung wir neu aufnehmen und intensivieren.

Ich möchte das letzte Beispiel gerade verwenden, um eine anders gelagerte Schwierigkeit kurz zu skizzieren. Nehmen wir an, wir entschliessen uns, das Gebiet moderner elektronischer Werkstoffe zu fördern, z. B. auf diesem Gebiet eine neue Professur oder gar ein Institut zu errichten. Die Lehrtätigkeit auf diesem Gebiet laufe an, Forschungsergebnisse werden erzielt und veröffentlicht, ein mittelgrosses Unternehmen unseres Landes werde bei der Lektüre unseres Forschungskataloges auf die Ergebnisse aufmerksam und versuche, vom Institut im Sinne einer wissenschaftlichen Dienstleistung ein Forschungsprojekt bearbeitet zu erhalten. Aus Sicht der Hochschule und insbesondere der Übergangsregelung scheint der Vorgang problemlos, ja richtig. Aber der Vorgang lässt periodisch die Gemüter sich erregen. Wie soll das Institut die anfallenden Kosten verrechnen? Als Vollkosten oder Grenzkosten? Fliessen die Einnahmen aus dem Forschungsauftrag in die Bundeskasse oder in die Institutskasse? Findet hier eine Wettbewerbsverzerrung insofern statt, als das erwähnte Unternehmen bevorzugt wird gegenüber einem andern Unternehmen, das die entsprechende Forschung selbst aufbaut und durchführt oder sie, vielleicht mit höheren Kosten, durch andere privatwirtschaftliche Stellen durchführen lässt? Das Problem ist kürzlich an die Oberfläche getreten, als ein Vorentwurf zu einem neuen ETH-Gesetz zur Diskussion stand, in welchem die wissenschaftliche Dienstleistung als dritte Säule – neben Lehre und Forschung – in den Zweckartikeln erschien. Eine Regierungspartei plädierte für ersatzlose Streichung des entsprechenden Artikels mit dem Argument, eine Technische Hochschule habe grundsätzlich nur das zu tun, was die Privatwirtschaft selbst nicht tun könne. Hier wird eine *Schwierigkeit* sichtbar, die man gerne als *ordnungspolitisch* bezeichnet.

Die drei Beispiele haben gemeinsam, dass beide Partner, Hochschule und Wirtschaft, in hochschulplanerischen Fragen zusammenwirken, wenn auch aktive oder reaktive Haltung zuweilen vom einen Partner zum andern überwechseln oder die Überzeugungskraft des einen Partners jene des andern übertreffen mag.

* * *

Der Rahmen für die Hochschultätigkeit wird vom Staat vorgegeben, d.h. von der Politik. Ich habe ETH-Gesetz und Übergangsregelung schon erwähnt und dabei die Mitspracheartikel kritisiert, weil sie die Führbarkeit erschweren, Entscheide verzögern und den Verantwortungsträger dazu verführen können, seine Entscheidungsunlust hinter mangelndem Konsensvermögen der sogenannt Betroffenen zu verstecken. Der Gesetzgeber wird sich bei der Behandlung eines neuen ETH-Gesetzes mit dieser Frage zu befassen haben, aber auch mit andern, ebenso wichtigen oder wichtigeren: der Frage z.B., ob die Technischen Hochschulen ein Statut erhalten sollten, das ihnen unternehmerische Freiheit gibt, eine eigene Gehaltspolitik zu betreiben erlaubt, Auftragsforschung in grossem Umfang ermöglicht, Bauherrschaftsfunktion einräumt – kurz, mehr Autonomie gibt, als das ihre heutige Stellung als Teil der Allgemeinen Bundesverwaltung erlaubt. Besonders griffig wird der Rahmen für die Hochschultätigkeit durch Regierung und Parlament in Form des Budgets gesetzt. Am geläufigsten in diesem Zusammenhang ist das Stichwort *Personalstopp*. Er stärkte in den ersten Jahren seines Bestehens entschlussfreudigen Koordinations- und Leitungsorganen den Rücken, als diese sich anschickten, dürres Holz aus dem Geäst der Hochschulen herauszuschneiden und unnötige Doppelspurigkeiten auszumerzen, zugunsten neuer Schwerpunkte. Jetzt zwingt der Personalstopp uns seit Jahren, in lebendiges Holz zu schneiden. Wir werden Chemie und Physik, zwei stolzen Bereichen mit alter, international und national anerkannter und für unsere Industrie lebenswichtiger Forschungstradition Mittel entziehen müssen, um neue Technologien in Lehre und Forschung zu fördern. Die Hayek-Studie weist, wie unsere eigene Planung, mittelfristig weitere sogenannte Rationalisierungspotentiale nach, und zwar z.B. im Bauwesen, auch dort im lebenden Holz. Zur gleichen Zeit bekennt sich der Schweizerische Wissenschaftsrat in seinen «Zielen für eine Schweizerische Forschungspolitik», und mit ihm der Bundesrat, zu einer vermehrten Förderung der Ingenieurwissenschaften, d.h. doch wohl der Technischen Hochschulen. Die Verwaltung ist nun eingeklemmt zwischen dem nach meiner Meinung zuwenig differenzierten Sparwillen des Parlaments einerseits und dem wohlbegründeten Ruf nach zusätzlichen Mitteln seitens der Bildungs- und Forschungspolitik andererseits. Die Verwaltung muss sich dem Willen des Parlaments beugen und wir an den Technischen Hochschulen ebenfalls. Im Verkehr mit parlamentarischen Kommissionen, ja, manchmal auch mit der Verwaltung, komme ich mir bei Budgetdebatten sehr oft vor wie der Kommandant von Rot in einem grossen Manöver. Die Hochschulen sind aber nicht der Gegner! Wir empfinden uns als zu Blau gehörig! Und um Manöver geht es ohnehin nicht, sondern um den Ernstfall. Aufwendungen für Bildung und Forschung sind zu Unrecht als Betriebsausgaben rubriziert; es sind Investitionsausgaben. An diesen Investitionen sparen heisst, der wirtschaftlichen und kulturellen Selbstbehauptung den nötigen langen Atem nehmen. Hier tut gründliche Besinnung not, gefolgt von politischem Handeln. Dieser Appell richtet sich an alle Mitbürger, die auf verantwortungsvollen Posten stehen – also auch an alle heute hier Anwesenden. Ich danke Ihnen für Ihre Unterstützung einer guten Sache. Die Mittel, welche wir vom Parlament Jahr für Jahr für die Erfüllung erhalten, sind grosszügig bemessen. Noch grosszügiger wäre das Parlament, wenn es uns im Einsatz dieser Mittel etwas mehr unternehmerische Freiheit gewährte.

1.15 Denkplatz und Arbeitsplatz Schweiz: Probleme des Zusammenwirkens[1]

1. Beiträge von Bildung und Wissenschaft an die Industrie in den letzten 50 Jahren

Der wichtigste Beitrag des Denkplatzes an den Arbeitsplatz bleibt oft unausgesprochen oder wird übersehen: der Übertritt der Absolventen der Ausbildungsstätten in die Beschäftigungswelt. Die Absolventen von Hochschulen und Höheren Technischen Lehranstalten tragen ihr ganzes Wissen und Können vom Denkplatz zum Arbeitsplatz. Sie bilden dort den geistigen Kern der Unternehmung, seien sie nun als Ökonomen oder Betriebswirte, Juristen, Phil.-Ier oder -IIer, Mediziner oder Ingenieure, Agronomen oder Forstwirte tätig. Die ETH Zürich – von ihrem Beitrag zu dieser Wechselwirkung werde ich in den nächsten 20 Minuten sprechen – hat seit der Gründung von Contraves fast 30 000 diplomierte Ingenieure, Mathematiker, Naturwissenschafter und Architekten in die Praxis entlassen, und fast 7000 Doktores, in Erfüllung des Bildungsauftrags, der ihr durch das ETH-Gesetz von 1854 gegeben ist. Bei Contraves arbeiten heute 220 diplomierte ETH-Absolventen (nämlich 39 Maschineningenieure, 127 Elektroingenieure, 22 Physiker, 6 Chemiker, 12 Mathematiker, 7 Informatiker und 7 Absolventen verschiedener anderer Abteilungen): 220 diplomierte ETH-Absolventen, darunter 36 mit Doktortitel, das sind fast 10% der Belegschaft. Was diese Kader zum blendenden Erfolg Ihrer Unternehmung, sehr geehrte Herren des Verwaltungsrates und der Geschäftsleitung, beigetragen haben, ist an Ihnen zu beurteilen. So schlecht kann es aber kaum gewesen sein!

Sensu stricto erwartet man indessen heute aus dem Zusammenwirken von Denkplatz und Arbeitsplatz nicht nur diesen natürlichen Transfer von Geschulten, sondern darüber hinaus Transfer von Forschungsergebnissen. Mit dem Forschungsgesetz von 1983 will der Bund die wissenschaftliche Forschung fördern und die Auswertung ihrer Ergebnisse unterstützen. Im forschungspolitischen Fachjargon spricht man von Valorisierung der Forschung. Dieser neue gesetzli-

---

[1] Referat an der Feier zum 50. Geburtstag der Firma Contraves, am 22. Mai 1986 in Zürich.

che Auftrag kam nicht von ungefähr. Er dürfte zu einem schönen Teil auf die Erkenntnis zurückgehen, dass die marktgängige Lebensdauer vieler Produkte, vor allem im High-Tech-Bereich deutlich kürzer wird, oft nicht mehr wesentlich länger ist als die Ausbildung von Fachleuten, und viele Unternehmungen deshalb auf raschen Ideenfluss auch seitens der Hochschulen angewiesen sind. (Auf die Folge dieser Entwicklung auf Weiter- und Fortbildung werde ich noch zu sprechen kommen.)

Im Falle des Zusammenwirkens von ETH Zürich und der Jubilarin hat ein solcher Valorisationsvorgang an der Wiege dieser Firma gestanden. Herr Dr. Bührle hat den Namen Professor Fischers in seinem Referat erwähnt.

Auch heute bestehen eine ganze Anzahl von Kontakten, von denen ich einige erwähnen will: zum Institut für Elektronik Kontakte im Bereich digitaler Rechentechnik, und zwar Hardware und Software-Entwicklung wie auch Technologie; zum Institut für Quantenelektronik Kontakte auf dem Gebiet der Hybridschaltungen; zum Institut für Leichtbau und zum Institut für Fertigungstechnik Zusammenarbeiten im Bereich der Raumfahrttechnik. Mit Blick auf die nahe Zukunft seien erwähnt Kontakte zum Laboratorium für Festkörperphysik, wo sich eine gemeinsame Entwicklung einer Apparatur zur Züchtung von Kristallen unter Schwerelosigkeit anbahnt, zum neuen ETH-Bereich Mechatronik, wo Zusammenarbeit in moderner Robotik geplant ist, und zum Institut für Signal- und Informationsverarbeitung für Arbeiten in Filtertechnik. Die Liste stellt als Momentaufnahme eine Stichprobe von Valorisationsbestrebungen zwischen den Partnern ETH Zürich und Contraves dar. Das Forschungsvolumen der ETH Zürich ist natürlich viel grösser, als das aus dieser Stichprobe erscheint. Die jüngste Ausgabe unseres Forschungskatalogs, der als eigentlicher Informationsträger möglicher Valorisationsvorgänge gedacht ist und in der Industrie gute Aufnahme findet, enthält Kurzbeschriebe von über 2500 laufenden Forschungsprojekten.

Was kann aus solchem Zusammenwirken resultieren? Lassen sie mich auch diese Frage an Hand einiger Beispiele illustrieren.

1. Stichwort: Laser. Die Grundlage für den Laser wurde bereits 1916 von Einstein in einer quantentheoretischen Arbeit gelegt, in der er erstmals den Begriff der stimulierten Emission verwendete. Die experimentelle Verifikation seiner Voraussagen wurde erst 12 Jahre später aufgenommen, und es dauerte weitere 25 Jahre, bis 1953 der erste Maser (ein Laser für Mikrowellen) funktionierte (an der Columbia University). Der erste Laser (also für Licht) war erst weitere 7 Jahre später in Betrieb, und zwar in einem Industrielaboratorium (Hughes). Seither hat der Laser seinen Siegeszug in fast alle Gebiete von der Materialbearbeitung über die Medizin, Messtechnik, Nachrichtentechnik, Unterhaltungselektronik, Informatik bis hin zur darstellenden Kunst angetreten und umfasst heute bereits einen Markt von jährlich 14 Milliarden Franken. Im Gebiet der Weltraumtechnik, insbesondere SDI, sind eventuell auch bei Contraves weitere Anwendungen abzusehen.

2. Stichwort: NMR (Kernresonanzspektroskopie). Basierend auf denselben quantentheoretischen Grundlagen gelang es 1946 dem Schweizer Felix Bloch und anderen, aus der Wechselwirkung zwischen geeigneten Atomkernen in einem Magnetfeld und Radiostrahlung eine neue Spektroskopie zur mikroskopischen Untersuchung der Materie zu entwickeln. Gut 25 Jahre später gelang an der ETHZ, durch die Professoren Richard Ernst und Kurt Wüthrich eine bahnbrechende Weiterentwicklung, die es erlaubt, in zweidimensionaler Darstellung der Resonanzspektren nicht nur eine wesentlich verbesserte Auflösung zu erreichen, sondern auch direkte Informationen über die lokalen Beziehungen zwischen den einzelnen Kernspins zu erhalten. Dies eröffnete der Kernresonanzspektroskopie enorm erweiterte Anwendungsgebiete. Beispielsweise wurde es erst damit möglich, die dreidimensionale Struktur nicht-kristalliner Proteine aufzuzeigen und damit die medizinisch so wichtige Beziehung zwischen Struktur und biologischer Aktivität zu erforschen. Bereits ganz in der praktischen Anwendung befindet sich die heute aktuelle Methode der medizinischen Kernresonanztomographie als Alternative zur Röntgentomographie.

3. Stichwort: Chemie. Nicht vergessen werden darf die chemische Grundlagenforschung, aus der heute industriell weitverbreitete Synthesemethoden, Verbindungen, Prozessverfahren, Abbaumethoden hervorgegangen sind. Besonders interessant an diesem Beispiel ist, dass die Chemische Industrie früh die Bedeutung der Grundlagenforschung erkannt hat. Dies zeigt sich sowohl daran, dass sie sich selber stark darin engagiert, als auch daran, dass sie als einzige Branche von der Hochschule praktisch nur promovierte und damit in Forschung ausgebildete und erfahrene Absolventen anstellt. Dementsprechend unterstützt sie auch die Hochschulforschung besonders nachhaltig.

Der historischen Wahrheit zuliebe sei nicht verschwiegen, dass es auch *Fälle grossen Versagens des Zusammenwirkens* gegeben hat. Ein Beispiel ist die elektronische Rechenmaschine der ETH, ERMETH, die schon in den fünfziger Jahren an der ETH Zürich entwickelt worden ist. Im Vorfeld und Nachgang dieser epochalen Entwicklung hat an der ETH Zürich ein Potential an Computerwissen bestanden, das von der Schweizer Industrie nicht aufgegriffen worden ist. Der Sender war da, aber entweder fehlte der Empfänger auf Industrieseite, oder war zumindest nicht auf Empfang eingestellt. Wer weiss: vielleicht hätte die Schweizer Industrie damals durch zeitgerechtes und zielstrebiges Handeln einen führenden Platz im Computersektor erkämpfen können. Immerhin hat später eine andere schweizerische Entwicklung in der Informatik, nämlich die Schaffung der Computersprache PASCAL durch Professor Niklaus Wirth an der ETHZ, zu einem weltweiten Einsatz in Wissenschaft und Industrie geführt.

Und nochmals der historischen Wahrheit zuliebe sei festgehalten, dass die *Fliessrichtung im Transferprozess häufig von der Industrie zur Hochschule verläuft, nicht umgekehrt.* Ein Beispiel aus der Gegenwart, die Entwicklung des Tunnelmikroskops durch das Forschungslabor von IBM in Rüschlikon dürfte, angewendet in Hochschullaboratorien, für die Hochschule wesentliche Anwendungen finden. Das neuartige Mikroskop basiert auf dem Tunnelstrom zwischen einer sehr feinen Mess-Spitze und der Probenoberfläche und erlaubt eine störungsfrei gemessene, bis zur Dimension von Atomen aufgelöste Darstellung der Oberfläche ohne Verwendung von Strahlen.

Wie immer das Zusammenwirken ausgestaltet wird, ist Qualität der Kader die wichtigste Voraussetzung für den Erfolg. Die ETH Zürich gibt sich die allergrösste Mühe, Mediokrität nicht aufkommen zu lassen, Qualität zu fördern, vor allem bei der Vorbereitung von Professorenwahlen. Auch für die Bemessung der Mittelzuteilung für die Forschung ist Qualität das wichtigste Kriterium, und zwar Qualität wenn immer möglich gemessen an internationalem Standard. Das ist die Basis unserer internationalen Anziehungskraft. Für eine gerade jetzt ausgeschriebene Professur in Festkörperphysik haben wir 104 Kandidaturen erhalten, darunter viele ausländische. Seit 1974 sind über 100 Professoren an die ETH Zürich gewählt worden, davon fast die Hälfte aus dem Ausland. (In Klammern sei präzisiert: unsere Berufungspolitik ist nicht darauf ausgerichtet, Ausländer präferentiell zu berufen; sie ist darauf ausgerichtet, nur die besten Kandidaten zu wählen. Der erwähnte Ausländeranteil ist das Ergebnis dieser Politik, nicht die Ursache.) Unser Lehrkörper hat denn auch zum grossen Teil internationale Ausstrahlung, und das findet seinen Niederschlag in zahlreichen internationalen Auszeichnungen, die unseren Professoren zuteil werden. Ich halte dafür, dass dieses Qualitätsdenken der ETH Zürich richtig ist, nicht zuletzt im Hinblick auf die stark exportorientierte Schweizer Industrie.

2. Stärken und Schwächen des Zusammenwirkens zwischen ETH Zürich und High-Tech-Industrie heute

Beginnen wir, dem Zeitgeist und helvetischer Usanz zum Trotz, an diesem Jubelfest einmal mit den *Stärken! Die eben geschilderte, aus unserer Sicht erfolgreiche Berufungspolitik führt die ETH Zürich nicht im Alleingang durch, sondern in Tuchfühlung mit der Industrie.* Fachleute der chemischen und der elektromechanischen Industrie beraten uns tatkräftig und erfolgreich bei unseren Dozentenplanungen und der Auswahl von geeigneten Kandidaten. Aus meiner über zwölfjährigen Erfahrung kann ich berichten, dass diese wichtige Hilfestellung seitens der Industrie auch im High-Tech-Bereich zum Tragen kommt. Nur zwei Beispiele hiezu: Hochschule und Industrie haben gemeinsam die Erkenntnis entwickelt, dass eine freiwerdende Professur in Organischer Chemie durch einen Bio-Organiker zu besetzen sei, der das für unsere Spezialitätenchemie immer noch wichtige Gebiet der organischen Synthese in Substanzen mit grossen Molekulargewichten führt. Die Suche nach dem besten Kandidaten wurde gemeinsam unternommen. Das hat nichts mit firmenspezifischer Kaderschmiede zu tun, wie böse Zungen es manchmal wahrhaben wollen. Weder steht eine industrielle Anwendung solcher neuer Erkenntnisse aus der Bio-organischen Chemie unmittelbar bevor, noch sind hier firmenspezifische Interessen im Spiel. Zweites Beispiel: Computergestützte Konstruktion im Maschinenbau. Hochschule und VSM-Forschungskommission haben sich gegenseitig unterstützt, als es galt, diesem wichtigen Gebiet in Lehre und Forschung an der Hochschule zum Durchbruch zu verhelfen, und die Berufungskommission ist bei der Vorbereitung der entsprechenden Wahl in der Industrie fündig geworden, nicht an einer Hochschule. In beiden Beispielen, und in vielen anderen, die ich aufführen könnte, hat sich das Miteinander von Hochschule und Industrie vor allem in den Wahlvorbereitungskommissionen als Stärke erwiesen, als Beitrag für ein ganz natürliches Zusammenwachsen der Interessen, oder doch mindestens für ein besseres gegenseitiges Verständnis.

Aber jetzt zu den Schwächen. *Aus meiner Sicht besteht die unmittelbare Schwäche für ein noch erfolgreicheres Zusammenwirken von Hochschule und High-Tech-Industrie in der Organisationsstruktur vor allem der Elektronikindustrie.* Diese ist zwar in der schon erwähnten Forschungskommission des VSM vertreten, aber nach meiner Meinung zuwenig wirkungsvoll, und das geht wesentlich auf die Stückelung dieser Branche zurück. Die Stimme der High-Tech-Elektronikindustrie kommt im Chor der Etablierten kaum zum Ausdruck, und wenn wir sie als Einzelstimme vernehmen möchten, stehen wir vor dem Rätsel, an wen wir uns wenden sollen. «Was ist das, die Elektronikindustrie?» heisst die Frage oft für uns. Lassen Sie mich das Problem wiederum mit einem Beispiel illustrieren. Anlässlich einer Tagung von japanischen, amerikanischen und deutschen Experten in Korea war ich auf die Bedeutung, welche die Fachleute der Entwicklung der High-Tech-Keramik beimessen, aufmerksam geworden. Die Frage stellt sich für mich heute, ob wir High-Tech-Keramik als Anliegen von Lehre und Forschung in das Sortiment der ETH Zürich aufnehmen sollen oder nicht. Braucht die Schweizer Industrie in Zukunft High-Tech-Keramiker? Müssen wir deshalb einen entsprechenden Studienplan anbieten, um solche Kader auszubilden? Müssen wir deshalb Forschungsequipen einrichten? Was kostet das? Können wir es uns leisten, auch in dieses Gebiet einzusteigen, nachdem wir während eines Jahrzwölfts des Nullwachstums ächzend schon ein paar neue Gebiete aufgebaut haben wie Informatik, Toxikologie, Biotechnologie, Werkstoffwissenschaft, und dafür ein paar andere Gebiete opfern mussten – was uns politisch fast nur Hader und kaum Anerkennung eingetragen hat? Lohnt es sich, schon wieder ein ETH-Gebiet zu opfern, um dafür in High-Tech-Keramik einsteigen zu können? Die Antwort auf diese Fragen ist zu einem guten Teil abhängig davon, ob unsere High-Tech-Industrie sich in Richtung High-Tech-Keramik bewege oder nicht. Weiss die Elektronikindustrie die Antwort? Und wenn wir schon beim Beispiel Keramik sind: sie wird zunehmend auch in kraftübertragenden Maschinen angewendet. Sind die Etablierten entschlossen, in Richtung kraftübertragender Keramik zu gehen? Wir hören zwar einzelne Stimmen, die schliessen lassen, dass dem so ist. Aber im Hinblick auf die grossen Schwierigkeiten, die wir für die Realisierung solcher Pläne überwinden müssen, wären Paukenschläge seitens der Industrie nützlicher als Einzelstimmen! Ich wollte mit diesem Beispiel gleich zwei Schwierigkeiten antönen: das Finden der Gesprächspartner einerseits, und eine gewisse Unsicherheit der Gesprächspartner anderseits. *Bildungspolitik und Forschungspolitik stossen ins Leere, wenn die Beschäftigungspolitik nicht mitmacht!* Damit möchte ich keineswegs sagen, das Azimut für die Richtung des Zusammenwirkens *müsse* von der Bildungs- und nicht von der Beschäftigungswelt gegeben werden. Wichtig ist, dass das Azimut gegeben wird! Die Industrie gibt dieses Azimut im Bereich der elektronischen High-Technology und der elektromechanischen Industrie ganz allgemein zuwenig deutlich, und das ist eine grosse Schwäche. Es gibt in unserem Land an Hochschulen und in der Industrie ‹centers of excellence› in Lehre und Forschung einerseits, auf der Produkteseite anderseits. Volkswirtschaftlich günstiger als heute wäre ein Zustand, in welchem solche ‹centers of excellence› inhaltlich möglichst deckungsgleich wären.

3. Ausblick auf die Zukunft

Das Ziel unserer Bemühungen dürfte unbestritten darin bestehen, die Wettbewerbsfähigkeit unseres Industriestaats zu erhalten und immer wieder zu stärken. Wollen wir dieses Ziel erreichen, sind auf der *bildungspolitischen Seite verschiedene Massnahmen* zu ergreifen und zu verstärken. Als wichtigste Massnahme erscheint mir die *Erhöhung der Zahl unserer Ingenieure*. Die Schweizerische Akademie der Technischen Wissenschaften kommt in ihrer viel beachteten Studie über Japan zum Schluss, die Zahl der Ingenieure in der Schweiz sei zu verdoppeln. Wir stellen mit Freude fest, dass die Zahl der neueintretenden Studierenden an der ETH Zürich deutlich zunimmt. Die Begeisterung für technische Fächer scheint in den Maturandenjahrgängen noch zu wachsen. Wollte man aber nachhaltig eine stetige Erhöhung der Ingenieuranteile erreichen – und das ist meines Erachtens nötig –, so müsste das Technologieverständnis viel früher gefördert werden, als das heute der Fall ist. Allgemeine Bildung wird heute einem Maturanden attestiert, der auf der Mittelschule Kenntnisse in Sprachen und Literatur, Mathematik, Physik, Chemie, Biologie, Erdwissenschaften, Geschichte und Philosophie erworben hat. Wissen um die Technik (Technologie) fehlt dem Maturanden weitgehend, und das ist im Zeitalter der Technik nicht länger zu verantworten. Ich halte es für dringend nötig, dass Technologie Teil der Allgemeinbildung wird. Wäre das der Fall, dürfte sich das Problem des quantitativ ausreichenden Ingenieurnachwuchses nicht mehr stellen.

Bis dahin ist es nötig, sozusagen flankierend auch die *Qualität unserer Ingenieurausbildung* zu *steigern*. Insbesondere ist es nötig, mehr Ingenieure als bisher im Umgang mit Forschung zu schulen. Ein bewährter Weg hiezu besteht im Doktorieren. 1985 haben an der ETH Zürich im Bereich Elektrotechnik, Informatik, Maschinenbau und Werkstoffwissenschaften 299 Absolventen diplomiert, 47 doktoriert (16%). Im gleichen Jahr haben 52 Chemiker und Chemieingenieure diplomiert, 44 doktoriert (85%)! Ich versteige mich ungern in die Behauptung, ein Absolvent mit Doktorat sei zum vornherein kreativer und innovativer als sein diplomierter Kollege. Aber ich stelle fest, dass Doktoranden im Umgang mit Forschung und Innovation besonders geschult werden, wissenschaftliche Fragestellungen verstehen und mit wissenschaftlicher Literatur umzugehen wissen. Ein doktorierter Absolvent weiss vielleicht gar nicht so viel mehr als sein diplomierter Kollege, aber er weiss sich besser zu helfen. Würde die High-Tech-Elektronikindustrie, würden vor allem die vielen kleinen und mittelgrossen Betriebe vermehrt doktorierte Kader beschäftigen, müsste ihre Innovationskraft steigen. Die Chemische Industrie diene hier als Referenzgrösse ausserhalb der Elektronikbranche. Sie beschäftigt schwergewichtig doktorierte Chemiker. Sie lässt sich das übrigens auch etwas kosten, richtet sie doch aus dem Basler Firmenpool Jahr für Jahr Stipendien für zahlreiche Chemie-Doktoranden an der ETH Zürich aus. Das Vorbild sei der Elektronikindustrie zur Nachahmung empfohlen.

Weil die Halbwertszeit gültigen Wissens gerade im High-Tech-Bereich immer kürzer wird, gewinnt die *Weiter- und Fortbildung* an Bedeutung. Die Hochschulen rüsten sich auf diese neue Herausforderung, indem sie massive Erweiterung des schon heute respektablen Angebots an Fort- und Weiterbildung vorbereiten. Seit Jahren bietet die ETH Zürich für bestandene Chemie-Ingenieure Fortbildungskurse in Biotechnologie an, welche diese Kader in die Lage versetzen, in ihren Unternehmungen neue Verfahren rasch und gekonnt zur Anwendung zu bringen. Trotz Knappheit der Mittel wird die ETH Zürich auch in diesem Jahr wieder das Angebot der Weiterbildung vergrössern, z.B. auf dem Gebiet der Mechatronik, wo ein neuer Ausbildungsgang beginnen wird. Das Beispiel soll gleichzeitig illustrieren, dass Weiterbildung vor allem in interdisziplinären Bereichen notwendig wird; diese Tendenz dürfte sich noch verstärken. In der Planungsperiode 1988-91 ist nochmals eine massive Verstärkung des Angebots an Weiterbildungsveranstaltungen vorgesehen.

Auf der forschungspolitischen Seite zeichnet sich eine Entwicklung ab, den Transfer von Forschungsergebnissen zwischen Hochschule und Industrie zu institutionalisieren und damit zu verbessern. Die Stichworte heissen: Forschungspark, Wissenschaftspark, Technologiepark, Gründerzentren. Im Grundsatz ist das für die ETH Zürich nicht neu. Die Abteilung für industrielle Forschung (AfiF) hat seit ihrem Bestehen diese Transferbestrebungen zu realisieren versucht und zum Teil auch realisiert. Die Bedeutung der ETHZ in der Entstehung der Firma Contraves hat Herr Dr. Bührle bereits erwähnt. In der Neuzeit sind vor allem in den USA in unmittelbarer Nähe bedeutender Hochschulen ganze Regionen mit jungen Industrien besiedelt worden. Ich erinnere an das viel erwähnte Silicon Valley im Umfeld von Stanford University, oder an die Route 128 in der Nähe von MIT und Harvard. Wie langatmig der Erfolg der Hundertschaften solcher Neugründungen im High-Tech-Bereich sein wird, muss sich zeigen. Unbestritten scheint, dass Neugründungen kleiner und kleinster Unternehmungen *per definitionem* Wendigkeit und Innovation ermöglichen, die bei den grossen, schweren, und damit eher schwerfälligen schwieriger zu verwirklichen ist.

Viel zuwenig bekannt ist, dass auch in unserem kleinen Land zahlreiche *Firmengründungen* erfolgen, und zwar zum Teil von ganz jungen Hochschulabsolventen. Aus dem Institut für Biomedizinische Technik, einem ausgesprochenen High-Tech-Institut der beiden Zürcher Hochschulen, sind in den letzten zehn Jahren im Raum Zürich durch neun Absolventen acht neue Firmen gegründet worden. Hut ab vor solchem Unternehmergeist!

Im Blick auf die nahe Zukunft steht die *Frage* im Raum, *ob die öffentliche Hand die Gründung von Firmen und damit das Eingehen von Risiken und das Entstehen von Innovation bewusst stützen solle,* z.B. dadurch, dass Hochschulen in ihrem direkten Umfeld Gründerzentren oder Innovationsparks errichten. Im Nachgang zur Grobanalyse der Firma Hayek über den Schulratsbereich ist die Frage einer Arbeitsgruppe anvertraut worden, deren Ergebnis ich nicht vorgreifen möchte. Ich kenne solche Einrichtungen in Grossbritannien, Deutschland und Israel aus eigener Anschauung, und ähnliche in den USA, Schweden und Japan aus der Literatur. Grundsätzlich halte ich solche Instrumente für nützlich, allerdings unter zwei unverzichtbaren

Voraussetzungen: Die Privatwirtschaft muss die Instrumente wollen, und sie muss sie auch tragen! Zwei oft erwähnte Beispiele erfüllen diese Voraussetzungen. Das ‹industrial liaison program› des MIT war von der Industrie gewollt und wird von ihr getragen, und der ‹science park› in Lund wurde grossenteils von zwei privaten Unternehmungen gewollt und dann getragen. Missverstehen Sie mich nicht: ich bin nicht gegen eine Beteiligung von Hochschulen an Forschungs- und Innovationsparks oder Gründerzentren. Aber ich betrachte Errichtung und Betrieb solcher Einrichtungen primär als eine Aufgabe der Wirtschaft, nicht der Hochschulen; das bedeutet, dass die Initiative für die Errichtung solcher Interfaces zwischen Denkplatz und Arbeitsplatz von der Wirtschaft ergriffen werden sollte. Ich hoffe, dass das Gespräch über diese wichtige neue Frage des Zusammenwirkens von Hochschule (und damit Staat) und Wirtschaft entspannter vor sich gehen werde, als wir dies am Beispiel der Diskussion um die Innovationsrisikogarantie erlebt haben. Ordnungspolitische Bedenken und Fragen sind erlaubt und nötig, dürfen aber nicht zu einer Verkrampfung der Argumentation führen.

Wenn die *Hochschulen* wirkungsvoll am Betrieb derartiger Interfaces teilnehmen sollen, müssten sie *mehr unternehmerische Freiheit* und Eigenverantwortung erhalten, als das heute der Fall ist. Zum Beispiel müssten sie eine marktabhängige Lohnpolitik betreiben können, und Gewinne aus ihrer Tätigkeit für die eigene Entfaltung verwenden dürfen, d.h. vom Bruttoprinzip des Bundesfinanzhaushalts ausgeschlossen werden. Gerade das Gebiet der Weiterbildung könnte für die Hochschulen einen recht lukrativen Markt bedeuten. Solange aber der Anreiz für die Erzielung von Gewinnen wegen des erwähnten Bruttoprinzips fehlt, dürfte es schwerfallen, die Einnahmenseite der Hochschulrechnung massiv zu verbessern.

Die Selbstbehauptung unseres Landes setzt wirtschaftliche Prosperität voraus. Diese ist vom Wirken und Zusammenwirken von Wirtschaft, Hochschule und Staat abhängig. Motto des Contraves-Festes ist «Das Innovative Team». In unserem kleinen Land braucht es drei Partner im innovativen Selbstbehauptungsteam: Wirtschaft, Hochschule *et rem publicam – et qui illam regit*.

2. Wachstum in der Zwangsjacke

2.1 Forschungsförderung an der ETH Zürich[1]

Wer mit Forschungsförderung an der ETH Zürich beschäftigt ist, hat immer wieder die Zielsetzung solcher Forschung vor Augen, wie sie sich aus dem Zweckartikel des ETH-Gesetzes ergibt: Ausbildung von Fachleuten zu ermöglichen und dabei den Bedürfnissen («Lehre durch Forschung») der Schweiz Rechnung zu tragen. Dass Lehre auf Hochschulstufe auf die Dauer nur dann hochstehend bleiben kann, wenn die Lehrer auch forschen, brauche ich hier wohl weder zu begründen noch weiter auszuführen. Aber welches sind die «Bedürfnisse der Schweiz», denen in Forschung und Lehre Rechnung zu tragen ist? Wer bestimmt sie? Man könnte sich hier als Wissenschafter auf den Standpunkt stellen, Bildung an sich stelle ein nationales Anliegen dar, und was immer der Bildung zuträglich sei, verdiene Förderung. Ich glaube allerdings, die *ratio legis* betreffe viel handgreiflichere Bedürfnisse des Landes als die Bildung an sich. Ich denke an Bedürfnisse wie Reinhaltung der Gewässer, Sicherstellung der Ernährung in Krisenzeiten, Versorgung mit Energie – um jetzt nur drei grosse Bereiche zu nennen. Solche grundlegenden Bedürfnisse haben ihren Niederschlag in den entsprechenden Gesetzgebungen gefunden. Es gehört deshalb zur Pflicht der Technischen Hochschulen, Forschung in diesen Bereichen zu pflegen, in Projekten etwa der Mikrobiologie der Abwasserreinigung, der Düngelehre und Bodenphysik sowie dem Bau thermischer Turbomaschinen. Ausbleiben brauchbarer Ergebnisse auf diesen Gebieten könnte für unser Land irreversible Schädigung bedeuten, und schon deshalb gehört solche Forschung in die Kategorie von Pflichtforschung. Nun wäre es natürlich völlig verfehlt zu glauben, wir könnten durch eine grosse Schar besonders begabter Gewässerschützer, Ernährungsphysiologen oder Energietechniker alle drei erwähnten Problemkreise für unser Land lösen. Wir brauchen selbstverständlich eine solide Basis in Mathematik, Physik, Mechanik, Chemie, Biologie, Erdwissenschaften, auf der aufbauend unsere Ingenieurwissen-

---

[1] Referat am Treffen des Wissenschaftsrats der Bundesrepublik Deutschland mit dem Schweizerischen Wissenschaftsrat in Bern, 30./31. März 1978.

schaften ihre Exzellenz entwickeln können. Vor allem in diesen Basisbereichen müssen wir Raum freihalten für Forschung, die weniger unmittelbar nur der Lösung grosser Gegenwartsfragen zudient und deren Vernachlässigung aller Voraussicht nach dem Menschen nicht irreversible Nachteile verschaffen würde – ich habe dafür einmal den Begriff der Kürforschung geprägt.

Wird eine solche Forschungspolitik nun tatsächlich an der ETHZ praktiziert, wenn ja, wie und durch wen? Bevor ich diesen Fragen nachgehe, möchte ich Ihnen zunächst auf dem Organigramm in Erinnerung rufen, dass die ETHZ mit ihrer Schwesterhochschule Lausanne dem Schweizerischen Schulrat untersteht und dieser dem Gesamtbundesrat. Der Bundesrat, als Exekutive, vollzieht Parlamentsbeschlüsse. In meiner Amtszeit als Präsident der ETH Zürich ist es einmal vorgekommen, dass das Parlament selbst mit Bezug auf die ETH Zürich forschungspolitisch aktiv geworden ist. Es hat nämlich verlangt, dass an unserer Hochschule ein Toxikologisches Institut geschaffen werde. Es hat also einem Bedürfnis des Landes dadurch Rechnung zu tragen versucht, dass es eine Struktur schuf, die in Lehre und Forschung auf einem vom Parlament bestimmten Gebiet tätig zu sein hat. Ich kann mitteilen, dass dieses Institut ausgezeichnet funktioniert. Ebenfalls von aussen an uns herangetragen worden sind in den letzten Jahren verschiedene Zielvorgaben des Bundesrates in Form der Nationalen Forschungsprogramme. Diese Programme haben für uns nicht Befehlscharakter; sie eröffnen lediglich jenen Forschern unserer Hochschulen, die ihre Forschung auf ein derart deklariertes Ziel hin ausrichten wollen, die Möglichkeit, hierfür reservierte Mittel zur Durchführung solcher Forschung anzufordern. Von dieser Möglichkeit wird Gebrauch gemacht. Auch der Wissenschaftsrat, beratendes Organ des Bundesrates, hat in seinem Forschungsbericht in Empfehlungsform gewisse Zielvorstellungen für die ETHZ entwickelt – etwa die Förderung der Biotechnologie. Dieses Anliegen steht kurz vor der Realisierung.

Bevor ich jetzt übergehe zur hochschulinternen Forschungspolitik, möchte ich Ihnen auf dem Organigramm unsere Hochschule noch etwas näher vorstellen.

Diese Hochschule ist gegliedert in Abteilungen, die für die Lehre zuständig sind, und Institute resp. Professuren (früher Lehrstühle genannt), die für die Forschung zuständig sind. In den Abteilungen werden die Studienpläne konzipiert, wogegen die zur Erfüllung der Studienpläne erforderlichen Lehrleistungen von den Instituten und Professuren erbracht werden. Viele Professoren gehören mehreren Abteilungen an, all jenen nämlich, in deren Studienplänen sie lehren. Die meisten Professoren gehören nur je einem Institut an, jenem nämlich, in welchem sich ihre Forschungsarbeit abspielt. Institute gehören nicht zu Abteilungen, aber sie werden zugunsten von Abteilungen tätig. Das Gros unserer Betriebskredite und Personalstellen ist demnach den Instituten zugeordnet; Abteilungen verfügen in der Regel nur über bescheidene Mittel.

Die Leitung der Hochschule obliegt von Gesetzes wegen dem Präsidenten; er ist nicht bloss die juristische oder politische Spitze. Ihm zur Seite steht der Rektor, der die Konferenz der Abteilungsvorstände präsidiert und die akademische Spitze des Lehrkörpers der Hochschule darstellt. Das ihm unterstellte Rektorat umfasst eine ganze Anzahl vollamtlich angestellten Personals sowie drei Milizmitarbeiter, die Delegierten für Forschung, für Diplomstudien und für Nachdiplomstudien. Dem Präsidenten zur Seite steht ferner der Betriebsdirektor, der in betrieblicher Hinsicht die Institute führt. Ihm sind die eigentlichen Verwaltungsabteilungen sowie die Dienstleistungsbetriebe Hauptbibliothek, Rechenzentrum und Energiezentralen unterstellt. Das Triumvirat bezeichnet sich als Schulleitung und verfügt für die Vorbereitung seiner Geschäfte über eine Stabsorganisation. Ausserdem bestehen an der Hochschule eine Anzahl Kommissionen (Milizorgane, die bei der Entscheidfindung der Schulleitung in den Sparten Forschung, Planung, Computer- und Bibliothekswesen eine grosse Rolle spielen).

Zurück zur Frage der hochschulinternen Forschungspolitik. Dabei möchte ich den Schweizerischen Schulrat, unsere Oberbehörde, als zu den Hochschulen selbst gehörendes Organ bezeichnen. Dieses Organ ist verschiedentlich forschungspolitisch aktiv geworden. So hat es z.B. Professuren auf dem Gebiete der Elektrischen Energietechnik geschaffen und besetzt, obwohl die betreffende Elektrotechnische Abteilung an sich hiefür keine Anträge gestellt hatte. Oder der Schulrat hat angeordnet, es sei eine Professur für Bauphysik zu schaffen, obwohl die Abteilung für Architektur einer Professur für Entwurf den Vorzug gegeben hatte. Hier hat sich der Schulrat ganz klar von der Überlegung leiten lassen, dass Forschung in Energiefragen (Elektrische Energietechnik) im Falle der Elektroingenieurprofessur und Energiehaushalt von Gebäuden im Falle der Bauphysikprofessur für unser Land von besonders grosser Bedeutung sei. Ich muss aber gerade anschliessend sagen, dass unsere Oberbehörde, wie auch wir selbst, in der überwiegenden Zahl der Fälle, was die Schaffung von Professuren betrifft, die Anträge der entsprechenden Abteilungen übernehmen. In diesem Sinne ist der Schulrat also in der Mehrzahl der Fälle forschungspolitisch reaktiv, nicht aktiv, tätig. Das trifft auch für den Bundesrat zu, wenn er auf Antrag des Schulrates Professoren ernennt und in ihre Wahlurkunden den Satz schreibt, sie hätten ihr Gebiet nach Möglichkeit forschend zu fördern.

Dasselbe gilt im hohen Masse nicht nur bei der Schaffung von Strukturen, sondern auch bei der Durchführung konkreter Forschungsvorhaben, was ich in den nun folgenden Ausführungen etwas vertiefter besprechen möchte.

Wissenschafter sind Spezialisten für das Unerwartete. Besonders die besten Wissenschafter tragen einen fast grenzenlosen Ideenschatz mit sich herum. Spätestens beim Anlass einer Budgetierung werden diese Ideenschätze auch für die Leitung und Verwaltung der Hochschule sichtbar und, auf die Dimension des Frankens reduziert, in ihren kurzfristigen Auswirkungen messbar.

Man kann versuchen, den – echten, ehrlichen – Überfluss an Ideen in gewisse Rahmen zu lenken. Wir haben z.B. 1975 allen Instituten und Abteilungen der ETH Zürich geschrieben, sie möchten uns ihre Entwicklungspläne für die Periode 1975–1979 melden und zwar in zwei Varianten: Abbau um 5% resp. Wachstum +5%. Damit Sie eine Vorstellung vom Spielraum haben, den diese ±5%-Gabel darstellt: es handelt sich um ±125 Mannjahre und ±10 Millionen Franken disponibler Mittel für die ganze Hochschule und die Planungsperiode.

Die Ergebnisse dieser Planungsübung waren interessant. Etwa 100 Institute wurden befragt. Aus den Antworten insgesamt ergaben sich begründete Bedürfnisse von +375 Mannjahren und +25 Millionen Franken. Die Plus-Variante war also im Durchschnitt mit einem Faktor 3 multipliziert worden! Die Minus-Variante war im allgemeinen als undurchführbar gemeldet worden.

Hatten wir die Frage falsch gestellt? Sie hatte gelautet, welche neuen Vorhaben in Angriff genommen würden im Falle eines Wachstums (+5%), auf welche bestehenden Vorhaben verzichtet würde im Falle eines Abbaus (−5%). Die Antworten auf die Fragen der Plus-Variante waren detailliert, zum Teil sehr sorgfältig redigiert und überzeugend, jene nach der Minus-Variante lauteten sehr oft, das sei undenkbar. Die Situation ist demnach folgende: Die für die Zuteilung von Mitteln verantwortliche Instanz unserer Hochschule – im Falle der ETH Zürich ihr Präsident – kann nicht damit rechnen, von den Kreditempfängern Vorschläge für Abbau zu erhalten; sie kann nur damit rechnen, Vorschläge für Ausbau zu erhalten.

Wie trifft die Hochschulleitung in einer Zeit des Quasi-Stillstands des Mittelzuwachses, in der wir uns mindestens in bezug auf Personalzuwachs befinden, die Auswahl aus dem Überfluss der Gesuche? Eine zentrale Rolle in der Lösung dieses Problems spielt an der ETHZ die Forschungskommission. Sie berät die Schulleitung in Fragen der Forschung, und sie begutachtet Forschungsprojekte von Angehörigen der ETH Zürich zuhanden der Schulleitung, aber auch zuhanden anderer Instanzen der Forschungsförderung, insbesondere des Schweizerischen Nationalfonds. Die Kommission besteht aus 15–18 Mitgliedern, die von der Schulleitung ernannt werden. Wählbar sind fachlich kompetente Wissenschafter, die sich über eine erfolgreiche Forschungstätigkeit ausweisen können und deren wissenschaftliches Interesse über ihr eigenes Lehr- und Forschungsgebiet hinausreicht. Die Kommission wird von Amtes wegen vom Delegierten des Rektors für Forschung präsidiert.

Wir gingen zunächst von der Annahme aus, dass die Institute und Professuren der ETH bis zum Jahre 1974 mit Bezug auf Personaldotation und disponible Mittel (sogenannte ordentliche Kredite) in der Regel gut dotiert waren. Wir gingen weiter von der Tatsache aus, dass die der Hochschule in Aussicht gestellte Wachstumsrate der finanziellen Mittel nicht ausreichen werde, auch nur annähernd alle Zusatzbegehren (sogenannte ausserordentliche Kredite) der Institute zu befriedigen; ganz ausgeprägt traf diese Annahme mit Bezug auf Personalstellen zu, hatte doch das Parlament 1974 einen rigorosen Personalstopp verfügt. Wir sahen zudem mit Besorgnis, dass die damalige effektive Teuerungsrate die Kaufkraft der Institutskredite von Jahr zu Jahr erheblich verkleinerte.

Den Ausweg sahen wir im Konzept der befristeten Projektfinanzierung. Wir verlangen jetzt seit etwas mehr als drei Jahren, dass jedes Institut Begehren nach Zuteilung ausserordentlicher Mittel mit einem ausformulierten, begründeten, auf höchstens drei Jahre lautenden Projektbeschrieb anfordert. Diese Gesuche – meistens handelt es sich um Forschungsgesuche – werden durch die Forschungskommission auf ihre wissenschaftliche Qualität hin geprüft und mit entsprechendem Mitbericht der Schulleitung zum Entscheid vorgelegt.

Die Hauptaufgabe der Forschungskommission besteht darin, die absolute wissenschaftliche Qualität eines Vorhabens zu beurteilen. Die Forschungskommission berät die Schulleitung also nicht primär in der Frage, ob eher chemische, agronomische oder kernphysikalische Forschung gefördert werden solle; sie berät uns also nicht eigentlich in Fragen der Forschungspolitik. Hingegen äussert sie sich gründlich zur Frage, ob ein gegebenes chemisches, agronomisches oder kernphysikalisches Forschungsvorhaben wissenschaftlich gut sei. Die Kommission zieht in der Regel für die Begutachtung der Gesuche auswärtige und ausländische Gutachter bei. Das ist nicht nur deshalb nötig, weil ja die 15–18 Mitglieder der Forschungskommission nicht profunden Sachverstand auf der ganzen Breite der zu beurteilenden Gesuche haben, sondern auch weil das Arbeitsvolumen sehr gross ist. Seit der Einführung der Projektfinanzierung im Herbst 1974 hat die Forschungskommission zu insgesamt etwa 375 Einzelgesuchen Stellung genommen. Die Gesuche umfassten Summen von etwa 70 Millionen Franken. Die Schulleitung ist den Anträgen der Forschungskommission auf Bewilligung, Kürzung oder Ablehnung mit wenigen Ausnahmen gefolgt; sie hat in diesem Zeitraum Gesuche im Gesamtbetrag von etwa 35 Millionen Franken bewilligt.

Ich sehe in diesem Verfahren der Projektfinanzierung (statt jenem einer Nullzeitverteilung ausserordentlicher Mittel an alle Institute) verschiedene Vorteile:

- Die Projektfinanzierung verschafft die Möglichkeit, die knappen Mittel selektiv jenen Instituten zuzuteilen, die in einem Ausmass gute Projekte ausführen können, die den Rahmen der ordentlichen Kredite sprengen würde. Dadurch wird die Qualität der Forschung, insgesamt gesehen, trotz knapper Mittel nicht niedriger, sondern eher höher.
- Die Projektfinanzierung vermeidet, da befristet, langfristiges Engagement von Mitteln in einer Zeit, in der selbst mittelfristige Finanzplanung problematisch ist.
- Das System der «peer review», das wir bei der Beurteilung der Qualität der Forschungsgesuche befolgen, wird von den Betroffenen im allgemeinen anerkannt und ist einer Beurteilung durch Verwaltungsstellen vorzuziehen.

Das System hat den Nachteil, dass 15–18 in der Forschung besonders gut ausgewiesene Lehrkräfte unter erheblichem Zeitaufwand an sich administrative Arbeit leisten müssen.

Ich erlaube mir, rückblickend auf drei Jahre Erfahrung, die Schlussfolgerung, dass die Vorteile die Nachteile bei weitem übersteigen. Ich möchte behaupten, dass das System die in der Forschung besonders Starken fördert, ohne die in der Forschung weniger Starken über Gebühr zu bremsen.

Das geschilderte System ist nur durchführbar, wenn die Zuteilungsinstanz zentral über finanzielle Mittel verfügt. Wie haben wir im Laufe der Jahre diese Mittel freigespielt? Einmal dadurch, dass wir die jährliche, geringe Wachstumsrate der disponiblen Mittel vollumfänglich der Projektfinanzierung zugeteilt haben, statt die ordentlichen Kredite zu erhöhen. Ja, wir haben die ordentlichen Kredite der meisten Institute im besprochenen Zeitraum sogar etwas gekürzt. Zusammen mit der im Zeitraum eingetretenen Teuerung bedeutet das, dass die Institute faktisch mit weniger ordentlichen Mitteln auskommen mussten. Mit ganz wenigen Ausnahmen sind die Institute auch mit weniger Mitteln ausgekommen; die Probleme der wenigen Ausnahme-Institute konnten wir punktuell durch Erhöhung der ordentlichen Kredite beheben.

Das beschriebene System der Forschungsfinanzierung hat folgende forschungspolitischen Komponenten:

- Förderung nach Massgabe der Qualität (nicht der Opportunität).
- Das System arbeitet reaktiv; es geht also aus von Vorschlägen, die Forscher spontan einreichen; es wird also keine Forschung «erzwungen».

- Beantwortung der Qualitätsfrage nach dem «peer review»-System (nicht durch die Verwaltung).
- Vorbehalt des Entscheids über die Frage Bewilligung oder Ablehnung durch die hiefür bezeichnete gesetzliche Instanz (statt Delegation an das Beurteilungsorgan).

Andere forschungspolitische Komponenten hat das System bis jetzt nicht enthalten. Insbesondere haben wir in keinem Fall etwa die Frage ins Spiel geworfen, ob an einer technischen Hochschule besonders Ingenieurwissenschaften gefördert werden sollen, mehr als Natur- und Geisteswissenschaften; eine solche Entscheidung ist uns bis jetzt erspart geblieben, weil der finanzielle Rahmen es uns erlaubte, ohne sie auszukommen.

Die bisher einzige Ausnahme dieser Regel stellt die sogenannte Umweltmillion dar. Vor einigen Jahren war aus Kreisen der Hochschule angeregt worden, man möchte interdisziplinäre Forschungsarbeit auf dem Gebiete des Schutzes unseres Lebensraumes selektiv fördern. Wir sind dieser Anregung dadurch nachgekommen, dass wir jedes Jahr eine Million Franken für Förderung solcher interdisziplinärer, umweltbezogener Forschungsvorhaben etikettierten. Institute oder Institutsgruppen der Hochschule hatten also Gelegenheit, Forschungsvorhaben als umweltbezogen zu kennzeichnen und damit einen Anteil an der Umweltmillion anzufordern. Die Gesuche werden selbstverständlich, was ihre Qualität betrifft, mit den gleichen Massstäben gemessen, die auch für die Prüfung der übrigen Forschungsgesuche angelegt werden. Es ist interessant festzustellen, dass die Umweltmillion in den drei Jahren ihres Bestehens noch nie voll ausgeschöpft wurde, indem noch nie eine genügend hohe Anzahl qualitativ gut ausgewiesener Gesuche vorlag.

Mit Ausnahme des Falles der Umweltmillion hat die Leitung der ETH Zürich nie aktiv Forschungsziele bekanntgegeben, sondern systematisch reaktiv, spontan eingegangene Forschungsprojekte auf ihre Qualität überprüfen lassen und dann bewilligt oder nicht bewilligt.

Der Vollständigkeit halber sei hier erwähnt, dass unsere Institute selbstverständlich Forschungsmittel auch von dritter Seite anfordern können, etwa vom Schweizerischen Nationalfonds oder von anderen forschungsfördernden Instanzen des In- und Auslandes. Die Forschungskommission legt bei der Beurteilung solcher Gesuche den gleichen Massstab an wie bei den ETH-intern zu finanzierenden Vorhaben. Sodann wird ein beträchtlicher Teil der Forschungsarbeit unserer Institute auf dem Wege über Auftragsforschung finanziert, durch Bundesämter oder andere Institutionen der öffentlichen Hand oder auch durch Industrieunternehmungen. Die Rolle der Hochschulleitung beschränkt sich in diesen Fällen zur Hauptsache darauf, darüber zu wachen, dass die Urheberrechte etwa an Forschung beteiligter Doktoranden gewahrt bleiben und dass die Infrastruktur der Hochschule nicht über Gebühr belastet wird.

Ich habe zu Beginn des Referates das Begriffspaar der Pflicht- und Kürforschung verwendet und durchblicken lassen, dass der Zweckartikel des ETH-Gesetzes nach meiner Auffassung ganz besonders die Pflichtforschung anspricht. Ich habe dann ausgeführt, dass in verschiedenen Fällen die Oberbehörden in diesem Sinne forschungspolitisch aktiv geworden sind. Ich erinnere an die Fälle Toxikologie, Biotechnologie, Energietechnik, Bauphysik. Sie haben aber ebenfalls bemerkt, dass bei der Förderung konkreter Forschungsvorhaben von Organisationseinheiten, die an der Hochschule nicht erst zu schaffen sind, sondern schon bestehen, solche forschungspolitische Überlegungen keinen Eingang fanden. Die einzige Ausnahme bildet hier die Umweltmillion. Ich weiss nicht, ob und wie lange wir an der ETH Zürich hochschulintern diese Grundhaltung aufrecht erhalten können. Je nach der Entwicklung der Finanzlage des Bundes und der Kosten muss damit gerechnet werden, dass sich eine aktive Forschungspolitik auch hochschulintern aufdrängen wird. Die Leitunge der ETH Zürich hat dementsprechend in einem Entwurf für die Planungsperiode 1980–84 kürzlich in Aussicht genommen, einzelne Arbeitsgebiete, deren Qualität zur Zeit dem internationalen Vergleich nur schwer standhalten kann und die wir für wichtig halten, selektiv zu fördern. Dabei werden wir uns an die Grundsätze des ETH-Gesetzes halten und unsere Tätigkeit darüber hinaus nach den Grundsätzen und Vorschriften des neuen Hochschulförderungs- und Forschungsgesetzes mit jenen der anderen Hochschulen und Forschungsinstanzen unseres Landes konzertieren.

2.2 Aufruf zur Mitarbeit bei der Mehrjahresplanung[1]

Ich schätze die Gelegenheit, die Herr Rektor Grob mir gibt, über das Vorhaben «Planung 1980–84» vorzutragen.

Darf ich zunächst die «idée de manœuvre» etwas breiter darstellen, als das im Rundschreiben an die Abteilungen und Institute vom 10. April 1978 möglich war. Obwohl die Volksabstimmung vom 28. Mai über das neue Hochschulförderungs- und Forschungsgesetz negativ ausgegangen ist, wird der Begriff der *Koordination* im Hochschulwesen unseres Landes in den kommenden Jahren an Bedeutung zunehmen. Koordination setzt *Planung* voraus – besonders in unserer Zeit, die geprägt ist durch rasante Entwicklung vieler Fachbereiche, hohe Kosten der Forschung und Verknappung der Mittel. Aus meiner jetzt mehrjährigen Tätigkeit auf Ebenen, die der Einzelhochschule übergeordnet sind, habe ich den bestimmten Eindruck erhalten, dass in verschiedenen nationalen und interkantonalen Gremien die Meinung herrscht, die Technischen Hochschulen seien genug gefördert worden; jetzt seien die Universitäten an der Reihe. Ja, im Wissenschaftsrat sind Stimmen laut geworden, die wahrhaben wollten, dass die Ingenierbereiche (gemeint waren die Technischen Hochschulen) an Mitteln weit überdotiert seien, und es war unverkennbar, dass diese Stimmen darauf abzielten, unsere «überflüssigen» Mittel zugunsten anderer Vorhaben abfliessen zu lassen. Ich habe vor fünf Jahren in einer kurzen Ansprache vor Ihrer Konferenz festgehalten, ich würde mir Mühe geben, die Interessen der ETH Zürich im Schulratsbereich so zu vertreten, dass unsere Schule im Vergleich mit den Annexanstalten und der ETH Lausanne den ihrer Bedeutung entsprechenden Anteil an Mitteln erhalte. Ich stehe auch heute noch zu dieser Grundhaltung und möchte sie ausweiten in dem Sinne, dass ich entschlossen bin, die Interessen der ETH Zürich auch im Zeichen der nationalen Koordinationsbestrebungen hochzuhalten und zu wahren. *Allein kann ich das nicht.* Die Munition dazu muss zum grossen Teil vom Lehrkörper unserer Hochschule kommen. So haben wir denn auch im Planungsreglement festgehalten, dass die Planung in der Regel von unten

---

[1] Referat an der Gesamtkonferenz der Dozenten der ETH Zürich, 22. Juni 1978.

nach oben zu erfolgen hat, weil der Sachverstand über einzuschlagende Richtungen in erster Linie bei den Instituten und Abteilungen vorhanden ist.

In der jetzigen Phase der Planung 80–84, in der Sie zur aktiven Mitarbeit aufgerufen sind, geht es darum, *Ihre Zielvorstellungen* in Erfahrung zu bringen. Betrachten Sie diese Phase der Planung nicht als kleinkarierte Übung, die auf eine Vergrösserung der Schläuche abzielt, sondern als grosskarierten, kreativen Prozess, der auf die Güte des Weines in den Schläuchen ausgerichtet ist. Ich glaube an die Macht einer guten Idee.

Wenn ich jetzt ein Beispiel einer Antwort auf unsere Umfrage kurz wiedergebe, dann impliziere ich damit nicht, das sei die einzig richtige *Form* einer solchen Antwort; ich möchte nur illustrieren, welche *Elemente* eine Antwort enthalten sollte, und ihren ungefähren Umfang andeuten. Die Antwort stammt von einem Institut, das es vorgezogen hat, auch die Fragen, die an sich die Abteilungen betreffen, zu beantworten und mir zuzustellen.

Zur Frage betreffend Studienplanänderung, steht hier: «Es sollte eine Studienrichtung Energietechnik an der Abt. IIIA, evtl. in Kombination mit IIIB in Betracht gezogen werden; diese könnte z.B. aus den bisherigen Kernfächern wie Thermische Turbomaschinen, Verbrennungsmotoren, Regeltechnik, Nukleartechnik entstehen, doch hätten im Unterrichtsangebot auch Anwendungsbereiche der dezentralisierten Energietechnik wie Sonnenenergie, Biogastechnologie einen Platz. Dabei wäre dafür zu sorgen, dass die theoretischen Grundlagen auf der propädeutischen Stufe vermittelt werden, damit in höheren Semestern genügend Zeit zur Behandlung der technischen Anwendungen vorhanden ist. Es wäre zu prüfen, ob neben einem Dozenten, der die Theorie nuklearer Kernenergieanlagen vermittelt, ein zweiter Dozent, der Konstruktions- und Materialprobleme behandelt, notwendig wäre. Die künftigen Ingenieure müssen auf allen Gebieten eine gegenüber heute vertiefte theoretisch-mathematische Ausbildung erhalten. Daher sind den Problemen der numerischen Mathematik, der digitalen Simulation von Prozessen und Abläufen aller Art sowie der Implementation von Prozessrechnern in technische Produkte besondere Aufmerksamkeit zu schenken. Eine Ausbildung auf diesen Sektoren geschähe am besten zentral für alle Richtungen (Chemie-, Elektro-, Maschinen-, Verfahrensingenieure) und muss sowohl mathematische, Software- und Hardware-Aspekte umfassen. Das Curriculum eines ‹Energieingenieurs› müsste diese Ausbildung miteinschliessen.» Das ist eine konzise Zielbeschreibung, die überdies bereits die Wegmarken für einen Studienplan enthält; genau das brauchen unsere Abteilungen, wenn sie sich an die Revision von Studienplänen machen. Zur Frage betreffend Berufsaussichten der Absolventen steht: «Sicher ist, dass Energieingenieure, welche wir in den letzten 15

Jahren dieses Jahrhunderts ausbilden, im Verlauf ihrer beruflichen Tätigkeit in irgendeiner Weise mit der *Fusionstechnik* zu tun haben werden.» Das ist eine wichtige Vorausschau, die nicht auf eine *bestehende,* sondern auf eine *entstehende* Lücke hinweist. Wäre, *mutatis mutandis,* die ETH vor 10 Jahren auf die entstehende Lücke von Software-Ingenieuren aufmerksam gemacht worden, und zwar mit der nötigen Wucht, dann wäre wohl der heutige Notstand auf diesem Gebiet nicht eingetreten.

Im Fragenbereich, der die Zielsetzungen des Institutes zum Gegenstand hat, lese ich: «Die Forschungen mit Anwendung der Neutronenstreuung auf den Gebieten Biologie, Chemie, Kristallographie, Materialwissenschaft und Festkörperphysik werden in der Planungsperiode, besonders wenn ab 1982 am SIN eine intensive Neutronenquelle zur Verfügung stehen würde, wesentlich intensiviert. Die dem Institut zugehörige Forschungsgruppe, welche mit allen Benützern dieser Methode zusammenarbeitet, wird demnach weiterbestehen und sollte um 2–3 permanente Mitarbeiter (Etatstellen) erweitert werden. Organisatorisch könnte die Gruppe spätestens ab 1984 vom Institut abgetrennt und einem Institut der Richtung Materialforschung oder Festkörperphysik angegliedert werden. Für neue Experimentieranlagen, insbesondere auf dem Gebiet der Kleinwinkelstreuung zum Studium von biologischen und Materialproblemen wären im Zusammenhang mit der SIN-Neutronenquelle ca. 1.5 Mio Franken in den Jahren 1982–1986 zu investieren.»

Zur Frage betreffend RZ-Dienstleistungen steht: «RZ-Dienstleistungen könnten sich wegen SIN-Neutronenquelle, Fusions-Forschungsprojekten gegenüber heute verdoppeln (heutiger Anteil 2%).» Solche quantitativen Aussagen erleichtern uns die Planung der Dimensionierung unserer Rechenzentren. Die Antwort dieses Institutes auf die beiden Fragebogen umfasst total knapp zwei Doppelseiten, wobei, wie angedeutet, der die Abteilung betreffende Teil an sich nur von der Abteilung zu beantworten ist.

Ich hoffe, dass wir eine grosse Zahl so konzis gehaltener Antworten erhalten. Es geht darum, das Wesentliche und Neue hervorzuheben. Die Planung wird dann weniger als notwendiges Übel empfunden, sondern zum Anlass eines kreativen Vorganges genommen. Das ist übrigens keineswegs neu. Unsere Kollegen aus der Mikrobiologie haben 1974 die grosse Bedeutung der Ingenieurbiologie oder Biotechnologie für die Zukunft erkannt und in zielstrebiger Arbeit ein Konzept entwickelt, das für einen grossen Teil der ETH-Biologie und Verfahrenstechnik zukunftsweisend wird. Ich danke bei dieser Gelegenheit auch den vielen Kollegen, die in ihrer Mitarbeit in Wahlvorbereitungskommissionen halfen, bereits umschriebene Professuren möglichst so zu besetzen, dass die Besetzung wirklich zukunftsweisend erfolgen kann.

Ich möchte nun noch kurz sprechen über die *Zielsetzungen,* wie sie die *Schulleitung* für die Planungsperiode im Anschluss an die vor Jahresfrist durch die Planungskommission erfolgte Umfrage, an der die Abteilungen beteiligt waren, formuliert hat. Ich beschränke diese Kommentare auf jene Stellen, wo einzelne Fachbereiche angesprochen sind. Wir schreiben z.B., dass die Studienpläne der Ingenieurabteilungen zu revidieren seien. Diese Einsicht ergibt sich nicht nur aus dem Wissen um das Bestehen solcher Pläne der Abteilungen selbst, sondern auch aus der Kenntnis von Beurteilungen unserer Ingenieur-Curricula seitens der Praxis. Wir haben Rückmeldungen von Jung-Ingenieuren aus der Praxis und von Geschäftsleitungen, die dokumentierbar mangelnde Ausbildung, hauptsächlich unserer Elektroingenieure, in Software-Fragen rügen. Andere Rückmeldungen betreffen Schwächen und Lücken der materialwissenschaftlichen Ausbildung unserer Werkstoff-Ingenieure. Aus ernstzunehmenden Kreisen der Forstwirtschaft, inklusive von Absolventen unserer Hochschule, kommt der pauschale Vorwurf, unsere Forstingenieur-Studienpläne bereiteten den Absolventen nicht in einer Weise vor, die es ihm ermöglichten, mit den ihn erwartenden Problemen fertig zu werden. Ingenieurbereiche sind auch bei den Teilzielen Forschung der Schulleitung angesprochen, indem wir von Förderung der Forschung in Ingenieurbereichen sprechen. (Ich möchte betonen, dass wir nicht von Förderung der Forschung in *den* Ingenieurbereichen sprechen, sondern von Förderung der Forschung in Ingenieurbereichen.) Diese Forderung ergibt sich aus dem Studium der Jahresberichte durch die Schulleitung und wiederum aus Erfahrung anlässlich von Industriebesuchen, die ganz klar gewisse Schwächen in Ingenieurbereichen aufzeigen, die es zu verbessern gilt.

Wir nennen dann weiter aus ähnlichen Überlegungen einige Bereiche, die aus unserer Sicht ausgebaut werden sollten. Da wir von mehr oder weniger konstanten Mitteln ausgehen, kommen wir nicht darum herum, auch potentielle Donatoren der für den Ausbau der schwächeren Bereiche nötigen Mittel zu nennen. Diese Reduktion braucht nicht überall ein Absinken der Dotation gegenüber dem Ist-Zustand zu bedeuten, muss aber mindestens eine Reduktion des Wachstums bedeuten.

Ich erwarte wenig Widerstand von seiten der Bereiche, die aus unserer Sicht *ausgebaut* werden sollten. Hingegen kann ich mir vorstellen, dass aus Kreisen jener Bereiche, wo wir von einer *leichten Reduktion* sprechen, zumindest Fragen nach dem Warum kommen werden. Solche Fragen werden im einzelnen besprochen werden müssen. Heute möchte ich nur ein paar generelle Überlegungen dazu machen:

– *Kern- und Teilchen-Physik:* Wegen der bemerkenswerten Höhe unserer Aufwendungen für diese Gebiete spielt uns schon ein sehr geringer

prozentualer Abbau hier sehr viel Mittel frei. Dazu kommt, dass von der Sache her eine Straffung der Forschungstätigkeit durch eine gewisse Beschränkung auf weniger Projekte möglich erscheint, ohne dass dadurch die Kapazität für weitere glanzvolle Leistungen gefährdet wird.
- *Chemie:* Auch hier ist zunächst zu beachten, dass die Aufwendungen insgesamt sehr beträchtlich sind und waren. Dazu kommt, dass im Gesamtbereich allerlei Mehrspurigkeiten vorkommen, die wahrscheinlich nicht überall gerechtfertigt sind. Ich denke hier an Teilgebiete der Technischen Chemie, Biochemie und Molekularbiologie.
- *Biologie:* Wir müssen davon ausgehen, dass auch andere Hochschulen der Schweiz starke Biologieprogramme haben, die an unserer Hochschule nicht unbedingt in gleichem Ausmasse dupliziert zu sein brauchen. Als Technische Hochschule haben wir u.a. die Aufgabe, Bereiche zu vertreten, die im Tätigkeitsbereich der Universitäten nicht sinnvoll vertreten werden können, weil diesen das Ingenieur-Hinterland fehlt; im Bereich Biologie ist das die Technische Biologie.
- *Bauwesen:* In diesem Bereich bestehen Institute mit ausgesprochen hohem Anteil an Dienstleistungstätigkeit und vergleichsweise geringem Lehrbezug, die zudem stark dotiert sind. Auch stellen wir teilweise Duplikationen der Anstrengungen in mehreren Instituten fest, deren Notwendigkeit der Überprüfung bedarf; ich denke hier besonders an den Bereich «Wasser».

Ich glaube, die Planung 80-84 werde eine starke Innenwirkung haben. Einmal ist es für die Schulleitung wichtig, die Entwicklungspläne der Abteilungen und Institute zu kennen, damit sie rechtzeitig jene Freiräume vorbereiten kann, die für die Realisierung besonders überzeugender Vorhaben nötig sind. Und dann kann diese Mitarbeit an einem Gesamtplanungswerk der Hochschule beim einen oder anderen Institut dazu führen, dass es sich vielleicht bewusster mit seiner Zukunft befasst, als das sonst der Fall war; ich sehe diese Möglichkeit auch für Abteilungen.

Ich danke Ihnen schon heute für Ihre Mitarbeit.

2.3 ETH Zürich: Aufgaben; Zusammenwirken mit der Universität Zürich; aktuelle Probleme[1]

1. Aufgaben der ETH Zürich

1.1 Der Gesetzgeber hat die Aufgaben, die der ETH Zürich übertragen sind, im Bundesgesetz betreffend die Errichtung einer eidgenössischen polytechnischen Schule (Gründungsgesetz) vom 7. Februar 1854[2] wie folgt umschrieben:

«Die Aufgaben der polytechnischen Schule bestehen darin:
1. Techniker für den Hochbau,
2. Techniker für den Strassen-, Eisenbahn-, Wasser- und Brückenbau,
3. Techniker für die industrielle Mechanik,
4. Techniker für die industrielle Chemie,
5. Fachmänner für die Forstwirtschaft,

unter steter Berücksichtigung der besonderen Bedürfnisse der Schweiz, theoretisch und soweit tunlich praktisch auszubilden».

Durch Bundesbeschlüsse aus den Jahren 1877[3] und 1886[4] wurde der Hochschule zudem die Ausbildung von Fachmännern für die Landwirtschaft übertragen, später auch diejenige von Kulturingenieren[5].
Seit ihrer Gründung hat die ETH, in Übereinstimmung mit dem Gründungsgesetz, auch philosophische und staatswirtschaftliche Lehrfächer zu vermitteln, «soweit sie als Hilfswissenschaften für höhere technische Ausbildung Anwendung finden, wie namentlich die neuern Sprachen, Mathematik, Naturwissenschaften, politische und Kunstgeschichte, schweizeri-

---

[1] Einführungsreferat vor der Finanzkommission des Nationalrats, Sektion I, anlässlich der Inspektion bei der ETHZ am 24.–25. April 1979. Der Autor dankt Dr. Hans Rudolf Denzler, Generalsekretär der ETHZ, für Quellenstudien und Texte.
[2] SR 414.110
[3] SR 414.112
[4] SR 414.112.1
[5] SR 414.112.2

sches Staatsrecht und Nationalökonomie»; ebenso diente und dient sie zur Ausbildung von Lehrern «für technische Lehranstalten», wie es ursprünglich hiess.

1.2 Dieser Aufgabenkatalog aus der zweiten Hälfte des 19. Jahrhunderts enthält Ausdrücke, die heute einen anderen Sinn haben: als «Techniker» oder «Fachmann» dürfte man heute einen Absolventen der ETH Zürich nicht mehr bezeichnen. Im Bundesbeschluss über die Eidgenössischen Technischen Hochschulen (Übergangsregelung) vom 24. Juni 1970[1] findet sich in Artikel 2 eine Aufgabendefinition der Bundeshochschulen (und damit der ETH Zürich), die moderner, aber auch weiter gefasst ist. Dieser Artikel 2 ersetzt den Zweckartikel aus dem Gründungsgesetz; er lautet wie folgt:

«[1] Die Eidgenössischen Technischen Hochschulen dienen in Lehre, Forschung und Studium der Förderung der Wissenschaften und bereiten künftige Ingenieure, Architekten, Mathematiker und Naturwissenschafter auf ihre Berufstätigkeit vor.
[2] In diese Ausbildungsbereiche werden, gegebenenfalls in Verbindung mit den kantonalen Hochschulen, Disziplinen der Geistes- und Sozialwissenschaften einbezogen.
[3] Der Bundesrat kann auf Antrag des Schulrates weitere Lehr-, Forschungs- und Studienbereiche einführen.
[4] In Lehre und Forschung wird den schweizerischen Bedürfnissen besonders Rechnung getragen.»

1.3 Vergleicht man die beiden Zweckartikel, so fällt folgendes auf:

a) 1854 stand die Berufsvorbereitung bestimmter Fachleute als alleinige Aufgabe fest;
b) Die Förderung der Wissenschaften war damals nicht ausdrücklich als Aufgabe der Hochschule festgelegt;
c) Die wissenschaftliche Forschung wurde nicht erwähnt. Wenn sich die ETH dennoch von Anfang an der Forschung widmete, so leitete sie die Legitimation nicht aus dem Gesetzestext, sondern aus ihrem Selbstverständnis als Hochschule ab;
d) Die Übergangsregelung von 1970 ist hinsichtlich der Ausbildungsaufgaben der Hochschule ein doppelt offenes System:
  – einmal, indem die Ausbildungsrichtungen genereller formuliert sind (z.B. Ingenieure, Naturwissenschafter),

---

[1] SR 414.110.2

– sodann aber auch, indem dem Bundesrat die Zuständigkeit eingeräumt wurde, neue Lehrbereiche einzuführen.

1.4 Der generelle Aufgabenkatalog der Übergangsregelung wird durch das vom Bundesrat erlassene Reglement für die ETH Zürich vom 16. April 1924[1] in mehrfacher Hinsicht konkretisiert, was die Ausbildungsaufgabe der Hochschule betrifft.

In diesem Erlass finden sich die Studienrichtungen, für die sich ein Student entscheiden kann und für welche die ETH Zürich den Unterricht offerieren muss, es finden sich aber auch Aussagen über die akademischen Titel, welche die Hochschule dem erfolgreichen Absolventen verleihen darf. Ich möchte hier gleich beifügen, dass es sich um akademische Titel, also nicht um Fähigkeitsausweise oder Bestätigungen über bestandene Staatsexamina handelt.

Die Studienrichtungen, die ich Ihnen jetzt erläutern möchte, bilden zugleich organisatorische Elemente zur Struktur des Unterrichtes, auf die ich später zu sprechen kommen werde.

Die ETH Zürich bietet heute im Diplomstudium die folgenden Ausbildungsrichtungen und verleiht die folgenden Titel:

Studienrichtung:	*Titel:*
Architektur	dipl. Arch. ETH
Bauingenieurwesen	dipl. Bauing. ETH
Maschineningenieurwesen	dipl. Masch.-Ing. ETH
Elektrotechnik	dipl. El.-Ing. ETH
Chemie	dipl. Chem. ETH
	dipl. Chem.-Ing. ETH
	dipl. Werkstoff-Ing. ETH
Pharmazie	dipl. Pharm. ETH[2]
Forstwirtschaft	dipl. Forst-Ing. ETH
Landwirtschaft	dipl. Ing.-Agr. ETH
	dipl. Lm.-Ing. ETH
Kulturtechnik und Vermessung	dipl. Kultur-Ing. ETH
	dipl. Verm.-Ing. ETH
Mathematik und Physik	dipl. Math. ETH
	dipl. Phys. ETH
Naturwissenschaften	dipl. Natw. ETH

---

[1] SR 414.131
[2] Nur für Ausländer; Schweizer sind der eidgenössischen Medizinalgesetzgebung unterworfen, die Titelverleihung ist nicht Sache der ETH Zürich.

Ich sprach vorher vom Diplomstudium; es ist hier sofort beizufügen, dass die Ausbildungsaufgabe der Hochschule nicht mit der Verleihung des Diploms endet. Die Übergangsregelung bestimmt auf Gesetzesstufe, dass beide Bundeshochschulen die Weiterbildung zu pflegen haben (Artikel 6). Sie vollzieht sich in verschiedenen Formen und auf verschiedenen Stufen. Von den verschiedenen Weiterbildungsarten sind die Nachdiplomstudien, die Fortbildungskurse und die Promotion durch besondere Erlasse des Schweiz. Schulrates geregelt; da sie vom Bundesrat genehmigt wurden, sind sie in der Systematischen bzw. der Amtlichen Sammlung publiziert[1] [2].

1.5 Eine weitere Unterrichtsaufgabe ist der ETH Zürich seit Mitte der dreissiger Jahre übertragen worden, und zwar nicht durch das eigentliche Hochschulrecht, sondern durch Vereinbarungen mit dem Militärdepartement: nämlich die Ausbildung von Turn- und Sportlehrern. Die entsprechenden Diplome sind nicht Hochschuldiplome, sondern eidgenössische Fähigkeitsausweise.

1.6 Im Rahmen der Unterrichtsaufgaben, welche die ETH Zürich wahrzunehmen hat, kommt den Militärwissenschaften eine Sonderstellung zu. Die «Studenten» werden nicht auf Grund einer eidgenössischen Maturität oder eines ähnlichen Ausweises aufgenommen, sondern von militärischen Stellen kommandiert; sie erwerben kein Hochschuldiplom, sondern einen für ihre militärische Karriere wichtigen Ausweis; vom Lehrinhalt und Ausbildungsziel her betrachtet, geht es um die berufliche Aus- und Fortbildung von Instruktionsoffizieren; wissenschaftliche Forschung wird kaum betrieben; der Lehrkörper setzt sich überwiegend aus Offizieren zusammen, die nicht Professoren der ETH sind; dem Schweizerischen Schulrat steht hinsichtlich der Militärwissenschaften keinerlei Rechtsetzungsbefugnis zu (diese ist dem Bundesrat vorbehalten, der von ihr in einer besonderen Verordnung Gebrauch gemacht hat[3]); schliesslich werden die Kosten praktisch völlig vom Militärdepartement getragen.

1.7 Die ETH Zürich hat sich hinsichtlich ihres Lehrbetriebes nie als Elfenbeinturm verstanden, sondern ihre Lehrveranstaltungen zuerst selektiv und zögernd, heute aber weitgehend und allgemein der Öffentlichkeit zugänglich gemacht. Bekannt waren und sind die Vorlesungen der Abteilung für Geistes- und Sozialwissenschaften (die früher «Allgemeine Abteilung für

---

[1] Vgl. Weiterbildungsreglement, AS 1979 S. 215 ff.
[2] Promotionsordnung: vgl. SR 414.133.1
[3] SR 414.131.1

Freifächer» hiess), an welcher jedermann gegen Entrichtung eines bescheidenen Entgeltes Lehrveranstaltungen sprachlicher, historischer, philosophischer, psychologischer, rechtswissenschaftlicher, ökonomischer und anderer Art besuchen kann. Weniger bekannt dürfte sein, dass schon seit Jahrzehnten Hochschulabsolventen mit ausreichendem Wissensstand beliebige Vorlesungen als Fachhörer besuchen durften. Und kaum bekannt dürfte die vor etwa zwei Jahren eingeführte Neuerung sein, nach welcher jedermann, ohne Rücksicht auf seine Vorbildung, praktisch jede Vorlesung des gesamten Angebotes als Hörer besuchen kann; ausgenommen hievon sind aus verständlichen Gründen die Übungen, Praktika usw., wo der Teilnehmer auf einen eigenen, oft teuer ausgestatteten Arbeitsplatz angewiesen ist.

1.8 Ausser der Erwähnung der der Hochschule obliegenden Forschung in Artikel 2 Absatz 1 der Übergangsregelung, auf die bereits hingewiesen wurde, finden sich in den das Leben der ETH Zürich bestimmenden Rechtserlassen früherer Jahre wenig Aussagen über die Forschung als zweite Hauptaufgabe. Offenbar ist man stillschweigend davon ausgegangen, dass die Hochschule – oder besser: die in ihr beschäftigten Forscher – *per definitionem* zur Forschung verpflichtet sei. Vornehmlich in der Kombination von Lehre *und* Forschung unterscheidet sie sich einerseits von anderen Ausbildungsstätten wie etwa den Höheren Technischen Lehranstalten, andererseits von reinen Forschungseinrichtungen wie z.B. den Max-Planck-Instituten oder dem privaten Battelle-Institut.

Die Forschung war in früheren Jahren offensichtlich nicht so sehr als Aufgabe der Institution Hochschule, sondern als solche der Professoren und akademischen Mitarbeiter verstanden worden. So findet sich denn auch in der bundesrätlichen Wahlurkunde jedes einzelnen Professors der Satz, er habe das seine Professur umschreibende Gebiet nach Möglichkeit forschend zu fördern. Konkretere Formulierungen des Forschungsauftrages finden sich in den Pflichtenheften der akademischen Mitarbeiter.

Die Übergangsregelung hat nunmehr die Forschung auch verbal als Aufgabe der Hochschule festgelegt. Gestützt darauf hat der Schweiz. Schulrat das Instituts-Reglement[1] erlassen, das neben organisatorischen Vorschriften den Grundsatz festlegt, die Institute seien die Forschungseinheiten par excellence; sie haben sich auf dem aus ihrer Bezeichnung folgenden Gebiet forschend zu betätigen; ausserdem haben sie durch ihre Mitglieder und die ihnen zur Verfügung stehende sonstige Infrastruktur am Unterricht mitzuwirken.

---

[1] SR 414.117

In diesem Zusammenhang ist auf das Prinzip der Forschungsfreiheit zu verweisen, das die Hochschule für sich und für ihre Forscher in Anspruch nimmt. Insofern als es als ein ungeschriebenes Individualrecht der Bundesverfassung verstanden wird, besagt es, dass der Forscher in der Wahl des Themas, des Forschungsziels und der Methoden frei ist, aus dieser Freiheit jedoch keinen Anspruch auf Leistungen des Staates ableiten kann. Der Forscher hängt mit andern Worten gerade an einer Technischen Hochschule bei der Realisierung seiner Forschungsvorhaben von der Zuteilung von Personal, Raum, Ausrüstung und Mitteln ab, die nicht unbegrenzt zur Verfügung stehen; beim Entscheid über die Zuteilung solcher Mittel müssen gerade in Zeiten des Personalstopps und der Mittelverknappung seitens der Zuteilungsorgane Zuteilungskriterien zur Anwendung gebracht werden, die ich jetzt nur kurz mit den Begriffen Qualität, Erfolgschancen, Verhältnismässigkeit und Einordnung in vorgegebene forschungspolitische Zielsetzungen der Hochschule als Ganzes charakterisieren möchte.

1.9 Eine gegenüber den Hauptaufgaben Lehre und Forschung zurücktretende und ihnen unterzuordnende dritte Aufgabe der Hochschule ist das Erbringen von Dienstleistungen, sei es für Behörden und Ämter des Bundes oder anderer öffentlich-rechtlicher Körperschaften, sei es für Private. Auf diese Weise wird der Praxisbezug der Hochschultätigkeit erleichtert, ja in vielen Fällen erst hergestellt. Dieser Praxisbezug ist dabei durchaus zweiseitig zu verstehen: nicht nur können das in der ETH Zürich akkumulierte Wissen, die Fähigkeiten und Erfahrungen auf direktem Wege (also nicht nur über die ausgebildeten Absolventen oder über wissenschaftliche Publikationen) Dritten zur Verfügung gestellt werden, sondern es eröffnen sich für die Lehrer und Forscher Möglichkeiten, aktuelle Problemstellungen der «Aussenwelt» kennenzulernen und an ihrer Bewältigung mitzuwirken bzw. Einsatzmöglichkeiten für den Unterricht zu erschliessen, wie etwa für Semester-, Diplom- und Doktorarbeiten.

Solche Dienstleistungen einzelner Professoren, soweit sie umfangreich oder zeitraubend sind, und der Institute bedürfen nach geltendem Recht der Genehmigung durch den Präsidenten der Hochschule; ihm obliegt es, darauf zu achten, dass keine Dienstleistungsverpflichtungen eingegangen werden, die den Hauptaufgaben von Lehre und Forschung nicht unter- oder besser: eingeordnet sind.

1.10 Zur Abrundung meiner Äusserungen über die Aufgaben der ETH Zürich möchte ich auf eine nirgends kodifizierte, jedoch zunehmend an Bedeutung gewinnende Pflicht zu sprechen kommen: nämlich auf die Öffentlichkeitsarbeit.

Wir nehmen diese Aufgabe sehr ernst: Rechenschaft abzulegen über Aufgaben, Probleme, Erfolge und Misserfolge, über die Mission einer Institution des Bundes, die viel, sehr viel Geld kostet und der es schwerfällt, auf der Haben-Seite ihrer Buchhaltung einen unmittelbar verständlichen Saldo zu ziehen. Es ist unsere Aufgabe, mit den uns anvertrauten Mitteln geistige Investitionen vorzunehmen, deren Erfolg nur langfristig, oft nur in seltenen Sternstunden (Nobelpreise, sensationelle Entdeckungen und Entwicklungen) und häufig nur für wenige Fachleute sichtbar wird. Wir sind Ihnen, dem Parlament, wir sind dem Bundesrat, aber auch einer weiteren Öffentlichkeit Rechenschaft schuldig, auch und gerade in magereren Zeiten, auch und gerade nach dem Nein des Volkes zum Hochschulförderungs- und Forschungsgesetz.

In Erfüllung dieser Aufgabe haben wir verschiedene Mittel eingesetzt: neben den Jahres-, Geschäfts- und Forschungsberichten, neben Hunderten von wissenschaftlichen Publikationen haben wir einen Presse- und Informationsdienst aufgebaut, der versucht, das Vertrauen der Massenmedien zu gewinnen und durch sie eine breite Öffentlichkeit zu erreichen. Wir organisieren Tage der offenen Türen, deren Erfolg, nach dem Publikunsaufmarsch zu schliessen, aussergewöhnlich ist. Und wir werden das kommende Jahr, in welchem unsere Hochschule 125 Jahre alt wird, zu einem weiteren Effort auf diesem Gebiete zu nutzen wissen.

Im Sinne dieser Rechenschaftsablage, dieses Sich-Stellens, weiss ich auch Ihren heutigen Besuch zu würdigen, und ich danke Ihnen dafür, dass Sie als Sektion der Finanzkommission die ETH Zürich unter die Lupe nehmen wollen.

2. Zusammenwirken mit der Universität Zürich

Die Übergangsregelung legt im Artikel 5 den Grundsatz fest, die Eidgenössischen Technischen Hochschulen hätten mit den kantonalen Hochschulen eine enge Zusammenarbeit zu pflegen.

Diese gesetzliche Bestimmung aus dem Jahre 1970 hat im Verhältnis der ETH Zürich zur Universität Zürich eine doppelte Bedeutung: einerseits stellt sie die nachträgliche Sanktionierung von Zusammenarbeitsformen dar, die schon seit Jahrzehnten bestens funktionierten, anderseits bildet sie die Grundlage für eine weitere Zusammenarbeit, die seither intensiviert und institutionalisiert wurde. Über beides möchte ich Ihnen berichten. Wie Sie sehen werden, sind die Zusammenarbeitsgebiete zahlreich. Ich versuche, sie unter einigen Stichwörtern zu gliedern.

2.1 Arbeitsteilung

Seit ungefähr 1910 werden Unterricht und Forschung in den *erdwissenschaftlichen Disziplinen* Geologie, Kristallographie, Petrographie und Geophysik nur an der ETH Zürich, in Paläontologie nur an der Universität Zürich durchgeführt. Die Studierenden der Philosophischen Fakultät II der Universität Zürich besuchen deshalb in den genannten Fächern den Unterricht an der ETH und umgekehrt.

Eine gleiche Arbeitsteilung herrscht bezüglich der *Astronomie*. Hier versorgen Dozenten der ETH mit ihren Einrichtungen die Studierenden der Universität.

Die ETH Zürich hat auf die Weiterführung eines eigenen *Zoologischen Institutes* verzichtet. In der Forschung wird Zoologie nur noch an der Universität gepflegt.

Der Studienplan für *Verhaltenswissenschaften* sieht eine Reihe von Lehrveranstaltungen vor, die zum Unterrichtsangebot der Universität gehören. Statt der Errichtung von ETH-Professuren und dem Aufbau der erforderlichen Infrastruktur in diesen Gebieten (z. B. Ethologie, Neurophysiologie) besuchen die betreffenden Studierenden die Lehrveranstaltungen der Universität Zürich.

2.2 Doppelprofessuren

12 Professoren der ETH Zürich sind gleichzeitig Professoren der Universität Zürich; es betrifft dies 9 Herren aus dem Bereich der Erdwissenschaften, einen Professor für Astronomie, einen Professor für Pharmakologie und einen Professor für Biomedizinische Technik.

2.3 Gemeinsame Institute

Es bestehen zwei Institute der ETH Zürich und der Universität Zürich:

a) das Institut für Biomedizinische Technik,
b) das Toxikologische Institut.

In beiden Fällen gelang es auf diese Weise, die beiden Zürcher Hochschulen in bestimmten Bereichen institutionell miteinander zu verknüpfen und die Verbindungen zwischen Ingenieurwissenschaften und Medizin bzw. Naturwissenschaften und Medizin herzustellen.

2.4 Dozentenaustausch

12 Professoren der Universität Zürich unterrichten im Lehrauftrag an der ETH, 31 Angehörige (Professoren, Privatdozenten) der ETH nehmen am Lehrbetrieb der Universität Zürich teil.

2.5 Gemeinsame Dienststellen

Folgende – vor allem studentenorientierte – Dienststellen sind Einrichtungen beider Zürcher Hochschulen:

a) Krankenkasse der Studierenden
b) Psychologische Studentenberatungsstelle
c) Zimmervermittlungsstelle für Studenten und Dozenten
d) Studentenbetreuung der beiden Hochschulen
e) Beratungsstelle zur Koordination von Studium und Militärdienst

2.6 Gegenseitige Ankündigung von Lehrveranstaltungen

Im Vorlesungsverzeichnis beider Zürcher Hochschulen werden gewisse Lehrveranstaltungen der anderen angekündigt. Das hat die praktische Folge, dass sich der Student nur an seiner Stamm-Hochschule einzuschreiben braucht und die Studiengeld-Pauschale auch für die Lehrveranstaltung an der anderen Hochschule gilt.

2.7 Gemeinsame Lehrveranstaltungen

Seit einigen Jahren führen ETH und Universität Zürich gemeinsame interdisziplinäre Veranstaltungen durch, die abwechslungsweise von der einen oder anderen Hochschule organisiert werden. Einige Themen solcher Kurse:

– Grenzen der Freiheit in Lehre und Forschung
– Lebensqualität
– Information, Kommunikation, Verständigung
– Gesellschaftliche Entscheidungsvorgänge
– Wirtschaftliches Wachstum als gesellschaftliches Problem
– Das Kind in der modernen Gesellschaft
– Die Macht und ihre Begrenzung im Kleinstaat Schweiz

2.8 Zusammenarbeit in der Bau-Entwicklungsplanung

Während in früheren Jahrzehnten jede der beiden Hochschulen ihre Bau-Entwicklungsplanung und namentlich auch den Erwerb von Grundstükken und Gebäuden unabhängig von der anderen betrieb, sorgt die unlängst von den Stimmbürgern der Stadt Zürich angenommene Sonderbauordnung für das Hochschulquartier – abgesehen von den Ausnützungsvorschriften und anderen mehr baurechtlichen Bestimmungen – für eine Abgrenzung und Begrenzung der beidseitigen Expansionszonen sowie für die sukzessive Rückführung von Grundbesitz ausserhalb der eigentlichen Hochschulzone zur ursprünglichen Zweckbestimmung, nämlich zum Wohnen.

2.9 Administrative Bestimmungen und Übertrittserleichterungen

Es wurde bereits im Abschnitt über die gegenseitige Ankündigung von Lehrveranstaltungen auf die administrative Vereinfachung hingewiesen, die sich daraus ergibt, dass der Student sich für eine Reihe von Lehrveranstaltungen der anderen Hochschule an seiner Stamm-Hochschule einschreiben kann und hiefür auch keine besonderen Gebühren entrichten muss.

Sodann sind seit Jahren die Semestertermine (Beginn, Unterbrechungen, Semesterferien) koordiniert.

Es bestehen ferner besondere Regelungen über den Übertritt von Biologiestudenten von einer Hochschule zur anderen.

Diplomierte Absolventen der Universität können ohne besondere Zulassungsprüfungen an der ETH Zürich doktorieren.

2.10 Überlassung von Räumen

Die ETH Zürich überlässt der Universität in grösserem Umfange Hörsäle für Unterrichtskurse und Prüfungen, vor allem nachmittags, wenn die ETH-Studenten in der Regel mit praktischen Arbeiten in den Laboratorien beschäftigt sind.

Sie gewährt ferner Instituten der Universität vorübergehend Gastrecht. Mit dem sukzessiven Ausbau der Universität Irchel dürften diese Raumüberlassungen eher abnehmen.

Umgekehrt werden auch einzelnen Teilen der ETH Räume der Universität zur Nutzung überlassen.

Für alle diese gegenseitigen Raumnutzungen bestehen Vereinbarungen mit der Erziehungsdirektion des Kantons Zürich.

2.11 Personelle und institutionelle Verknüpfungen

Abgesehen von den bereits erwähnten gemeinsamen Instituten und den Doppelprofessuren bestehen solche Verknüpfungen in folgender Hinsicht:

- Das zur Universität Zürich gehörende Paläontologische Institut gehört dem Departement für Erdwissenschaften der ETH Zürich als Mitglied an.
- Der im Rahmen der Planungsorganisation der ETH Zürich geschaffenen Informationskonferenz gehört ein Vertreter der Universität Zürich an.
- In jeder Kommission für die Vorbereitung von Professorenwahlen wirkt immer dann ein Mitglied der entsprechenden Fakultät der Universität Zürich mit, wenn das Lehrgebiet auch an der Universität vertreten ist.
- Der Präsident der Forschungskommission der Universität Zürich ist zu allen Sitzungen der Forschungskommission der ETH eingeladen.
- Der Präsident der ETH Zürich und der Erziehungsdirektor des Kantons Zürich treffen sich mindestens zweimal jährlich zur Erörterung gemeinsamer Probleme sowie von Koordinationsfragen.
- Für die Ausbildung der Mittelschullehrer in Chemie, Mathematik und Physik besteht eine Arbeitsgruppe beider Hochschulen.
- Der Studentensport wird von beiden Hochschulen gemeinsam durchgeführt über den vom Bund und vom Kanton Zürich getragenen Akademischen Sportverein Zürich; die Hochschulsportanlagen Fluntern wurden von Bund und Kanton Zürich gemeinsam finanziert.
- Im ETH-Zentrum stehen die beiden Hauptmensen den Studierenden beider Hochschulen offen; hinsichtlich der Vorzugspreise wird nicht zwischen den Angehörigen beider Hochschulen unterschieden.
- Auf studentischer Ebene sind Einrichtungen wie die Rechtsberatungsstelle, die Arbeitsvermittlungsstelle und die Wohnbaugenossenschaft gemeinsam organisiert und getragen.

3. Aktuelle Probleme der ETHZ

Wir haben *ein* zentrales, akutelles Problem an der ETHZ, das sich mit einem Bild illustrieren lässt: das *Problem, während eines abrupten Bremsmanövers auf dem richtigen Kurs zu bleiben respektive den richtigen Kurs zu finden.*

Bei der Betrachtung der Wachstumsraten der ETHZ erkennen wir, dass unsere Hochschule nach 1950 und dann vor allem im Jahrzehnt zwischen 1960 und 1970 so richtig in Fahrt kam: sie vergrösserte sich personell, finanziell, räumlich jedes Jahr beträchtlich. Die Hochschule gewöhnte sich an dieses Wachstum. Schon kurz nach 1970 konnte das Wachstum dann bekanntlich, als Folge der Finanzlage des Bundes, nicht mehr ungebremst weitergehen. Die Entwicklungspläne unserer über hundert Institute und Abteilungen hatten aber nichts von ihrer Dynamik verloren, und während Jahren trafen die Bedürfnismeldungen unternehmungslustig oder ungestüm ein. Noch letztes Jahr, als wir alle Institute und Abteilungen einluden, uns ihre Entwicklungsabsichten für die Jahre 1980–84 bekanntzugeben, erreichten uns Forderungen auf 250 zusätzliche Personalstellen, obwohl wir als Gesamtrahmen nach den Instruktionen des Schulrates die Zahl 25 (!) vorgegeben hatten. Selbstverständlich hat sich an der Hochschule die Erkenntnis durchgesetzt, dass es gar nicht möglich war, mit den gewohnten Wachstumsraten weiterzufahren. Selbstverständlich wird begriffen, dass die Bremsung kommen und rasch, brüsk, erfolgen musste. Schon viel harziger aber ist es mit der Einsicht bestellt, wen die Bremsung hauptsächlich treffen solle. Unsere Ingenieurabteilungen sagen mit Recht, Ingenieurausbildung gebe es nur an den Technischen Hochschulen, während Naturwissenschafter auch an Universitäten ausgebildet werden; man dürfe also die Dotation der Ingenieurabteilungen nicht schmälern. Die Naturwissenschafter haben durchaus Verständnis für diese Argumentation, weisen aber umgekehrt darauf hin, dass sie ja den Grossteil der propädeutischen Ausbildung der Ingenieure bestreiten, gleichsam als Dienstleistung; diesem Argument können sich die Ingenieure nicht verschliessen. Meine Darstellung der Interessenkonflikte ist über Gebühr vereinfacht, aber sie soll Ihnen illustrieren, was ich meine, wenn ich von der Schwierigkeit spreche, während des Bremsmanövers auf Kurs zu bleiben resp. den richtigen Kurs zu finden. Dazu jetzt noch etwas mehr. Es wäre natürlich verlockend, die Bremsung einfach proportional, gleichförmig, auf alle Hochschulbereiche wirken zu lassen (was dann eine Kursänderung weder bewirkte, noch zuliesse). Die Hochschule wäre in dieser Situation nicht geleitet, sondern verwaltet; das wäre an sich wahrscheinlich nicht schädlich. Aber die Lösung wäre deshalb unsinnig, weil sich *Natur- und Ingenieurwissenschaften von der Sache her eigendynamisch entwickeln und von der Sache her neue Ziele anstreben, die Kurskorrekturen nicht nur verlangen, sondern bewirken.* Der Metallphysiker, der die Grundlagen legt für das Verständnis der mechanischen Festigkeit dieses Werkstoffs, kann heute nicht mit einfachen Zerreissmaschinen arbeiten, sondern braucht leistungsfähige Elektronen-Mikroskope. Der Turbinenbauer steht unter Druck, nicht nur leistungsfähigere Turbinen zu bauen (wegen der Energieknappheit), sondern darüber hinaus mit weniger Material auszukommen (wegen der Ressourcenknappheit) und dafür zu sorgen, dass die Maschine möglichst wenig Lärm macht und möglichst keine Abgase produziert (wegen der Immissionen); das setzt voraus, dass er Optimierungsverfahren viel besser kennt als seine Vorgänger; er muss komplizierte, teure Rechenmaschinen einsetzen können. Beide also, die Physiker und die Maschinenbauer, brauchen neue Mittel. Ich könnte diesen Gedanken nun ausbauen auf weitere Sparten von Mathematik, Natur- und Ingenieurwissenschaften, will das aber aus Zeitgründen nicht tun. Hingegen möchte ich kurz darauf hinweisen, dass die erwähnte Eigendynamik der Wissenschaften die *Planung* erschwert. Wer weiss, wie Lehre und Forschung in Reaktortechnik, Turbinenbau und bei den Verbrennungsmotoren am Ende des Jahrhunderts aussehen? Forschungszukunft vorauszusehen ist gleichermassen wichtig wie schwierig. Niemand bestreitet heute, man hätte halt damals rechtzeitig jene forschungspolitischen Weichen stellen müssen, welche die Entwicklung der neuen Uhr in der Schweiz begünstigt hätten. Aber wer sagt uns heute, welche forschungspolitischen Weichen heute gestellt werden sollten, damit welche wirtschaftliche Schwierigkeit nicht eintritt?

Und nun möchte ich kurz ein *Begleitproblem* besprechen, das nach meiner Beurteilung im engeren Zusammenhang mit dem geschilderten Zentralproblem steht: *das Problem der Zentralisierung.*

Die ETHZ hat Verständnis dafür, dass der Bund als organisatorische Massnahme zur Engpass-Bewältigung eine gewisse Zentralisierung anstrebt und auch durchzieht, aber sie wehrt sich für ihre eigene Haut überall dort, wo eine solche Zentralisierung aus ihrer Sicht nicht sinnvoll ist. Ich finde es z. B. richtig, dass der Vollzug unserer Bauvorhaben einer zentralen Dienststelle des Bundes, nämlich der Direktion der Eidg. Bauten untersteht; es wäre uns völlig unmöglich, diese Arbeit selbst zu bewältigen, ohne den Verwaltungsapparat aufzublähen, und es wäre sinnlos, den Verwaltungsapparat aufzublähen, weil ja das Ausmass an Bautätigkeit sehr unterschiedlich ist von Jahrzehnt zu Jahrzehnt.

Anderseits hat die ETHZ wenig Verständnis dafür, dass Professoren im Rahmen der ihnen zugesprochenen Kredite Auslagen etwa für Dienstreisen ins Ausland nur tätigen dürfen, wenn hiefür die Erlaubnis des Schulpräsidenten vorliegt, wie sich das aus der geltenden Verordnung ergibt. Ich erwähne dieses Beispiel, weil es zeigt, dass wir es mit einem zweistufigen Autonomiebestreben zu tun haben: die Hochschule möchte mehr Autonomie im Bund, und die Professoren möchten mehr Autonomie in der Hochschule! Am Beispiel der Dienstreisenregelung ist festzustellen, dass die Kostensteigerung eingedämmt werden konnte. Der Bund hat also durch seinen zentralistischen Eingriff tatsächlich Erfolg gehabt. Im Vollzug war das nur deshalb möglich, weil auch die Hochschulleitung in einem zentralistischen Anflug die Entscheidungsfreiheit der Professoren eingeschränkt hat, indem sie den Rahmen für die verfügbaren Reisemittel verbindlich bekanntgab.

In einem Idealzustand sollte weder der Eingriff des Bundes noch jener der Hochschulleitung nötig sein – auch nicht, wenn die Finanzen knapp sind. In einem Idealzustand wäre es vielmehr so, dass der Bund den Rahmen der der Hochschule zur Verfügung stehenden Mittel bekanntgibt, ihr aber dann grösstmögliche Freiheit gibt, wie und wozu sie diese Mittel einsetzen möchte. Das ginge von Freiheit in der Salärgestaltung über Durchlässigkeit von Kreditrubriken, Gestaltung von Gebührenordnungen bis zum Nichtverfall von Budgetposten am Jahresende. Die Hochschulleitung ihrerseits möchte – immer im Idealfall – den Einheiten von Lehre und Forschung möglichst pauschal Mittel zuteilen können, die zu akademischer Selbstverwaltung zu verwenden wären. Ich glaube, alle Beteiligten sehen ein – aus den verschiedensten Gründen –, dass diese Idealvorstellung ein Traum ist, der kaum je Wirklichkeit werden wird – aus den verschiedensten Gründen. Aber wenn neue Regelungen getroffen werden, sollten sie *in dieser Richtung* getroffen werden, in Richtung einer verstärkten Autonomie der Hochschule im Bund und der Lehr- und Forschungseinheiten in der Hochschule.

2.4 ETH-Planung 1980–1984[1]

Wenn man landläufig von Planung spricht, hat man meist Wachstumskurven vor Augen, Kurven, die den Verlauf finanzieller Mittel, Personalstellen oder Nutzflächen in Gebäuden darstellen. Im Hochschulwesen werden zu solchen Mittelplanungen auch Prognosen über mutmassliche Studentenzahlen graphisch dargestellt. Das Aufstellen solcher Kurvenscharen an der ETH Zürich ist aus verschiedenen Gründen nicht interessant. Einmal nehmen unsere Studentenzahlen nicht erheblich zu, und zum anderen ist das vielgeforderte Wachstum Null an der ETH längst zur Wirklichkeit geworden. Wir leben seit bald fünf Jahren mit dem Personalstopp, die Bautätigkeit ist weitgehend zum Stillstand gekommen, und unsere finanziellen Mittel nehmen nur sehr unbedeutend zu. Unter der scheinbar ruhigen Oberfläche der konstanten Studentenzahlen brodelt es aber weiterhin, was die Entwicklung der einzelnen Fachabteilungen betrifft. 1950 machten unsere Bauingenieure über 17% der Studierenden der ETH aus, im letzten Jahr waren es unter 5%. Der Anteil der Chemiker ist von 12% auf etwas über 5% gesunken, jener der Landwirte aber von 5% auf 12% angestiegen. Diese zum Teil von Jahr zu Jahr ausserordentlich starken Schwankungen der Studentenzahlen der verschiedenen Studienrichtungen bringen in eine Zeit des Wachstums Null – ganz besonders in eine Zeit des Personalstopps – aussergewöhnlich schwierige Probleme. Es bleibt uns praktisch nichts anderes übrig, als jede freiwerdende Assistenz daraufhin zu prüfen, ob ihre Wiederbesetzung im angestammten Fachgebiet noch vertretbar sei, oder ob nicht eher eine Umgruppierung in ein anderes Fachgebiet vorzunehmen wäre. Dasselbe gilt für freiwerdende Professuren. Solche Umgruppierungen bedingen einen erheblichen administrativen Aufwand und erwecken in den betroffenen Abteilungen und Instituten nicht eitel Freude. Immerhin können wir aus Sicht der Hochschule als Ganzem den Erfolg melden, in allen Bereichen einigermassen vertretbare Betreuungsverhältnisse der Studierenden erreicht zu haben. Insbesondere können wir den Erfolg melden, trotz Wachstum Null vakant werdende Professuren zeitgemäss neu besetzt

---

[1] Einführungsreferat an der Pressekonferenz vom 19. Juni 1979 in Zürich.

zu haben. Hier gebührt besonderer Dank der Planungskommission, die in einer ganzen Reihe von Detailstudien zukunftsträchtige Umschreibungen von Professuren mit erarbeitet hat, die nicht immer deckungsgleich waren mit jenen ihrer Vorgänger. So wurde eine vakante Geophysik-Professur in eine Geodäsie-Professur umgewandelt, aus der Photographie-Professur wurde eine Bildwissenschafts-Professur, der Nachfolger eines unserer Festkörperphysiker ist als Angewandter Metallphysiker umschrieben, aus der Kunstgeschichts-Professur wurde eine Denkmalpflege-Professur usw. usw. In einzelnen Fällen haben wir auch auf die Wiederbesetzung von Professuren verzichtet und damit die Schaffung neuer Professuren in völlig anderen Gebieten ermöglicht. So wurde eine Professur für Organische Chemie nicht wiederbesetzt, dafür aber eine Professur für Pflanzenbau geschaffen.

Solchen Entscheiden lagen sorgfältige Planungen zugrunde, die sowohl die Teilbereiche, als auch die Hochschule als Ganzes betrafen. *Planen im geschlossenen System ist schwieriger als Planen im expandierenden System.* Denn beim Wachstum Null wird etwas Neues nur durch Verzicht auf die Fortführung von etwas Hergebrachtem möglich. Und trotzdem muss auch im geschlossenen System die innere Entwicklung der Hochschule vorbereitet werden. Planen heisst dann aber nicht, Wachstumskurven prognostizieren und immer grösser werdende Jahrestranchen von Mitteln vielleicht neu verteilen. Planen heisst dann vielmehr, sich auf inhaltliche, qualitative Fragestellungen konzentrieren.

Im Berichtsjahr haben praktisch alle unsere Institute und Abteilungen eine solche qualitative Entwicklungsplanung ihrer selbst durchgeführt. Das Verfahren war so, dass jedes Institut selbständig seine Absichten entwickelte und im Anschluss daran Planungskommission und Schulleitung versuchten, die über 120 Einzelmeldungen auf gemeinsame Nenner und auf ihre Überzeugungskraft zu prüfen. Welche Lehrinhalte, welche Forschungsinhalte werden in der Zeit 1980-84 besonders wichtig, lautete die übergeordnete Fragestellung. Vereinfachtes Fazit dieser sorgfältigen Arbeit: Wir wollen unsere wissenschaftlichen Aktivitäten in Elektrotechnik, Materialforschung, Computerwissenschaften und Technischer Biologie gezielt ausbauen, wobei wir eine leichte Reduktion der Aufwendungen im Bereich von Kern- und Teilchenphysik, Chemie, Biologie, dem Bauwesen, den Erdwissenschaften und einigen anderen Gebieten in Kauf nehmen. Es geht dabei nicht darum, die Dotation der «Reduktions»-Gebiete wesentlich unter den Ist-Zustand zu senken; das wäre weder sinnvoll, noch ohne weiteres praktizierbar. Aber es geht darum, unsere bescheidenen Wachstumsraten, mit denen wir rechnen, nicht im Giesskannen-Prinzip allen Bereichen der Hochschule zugute kommen zu lassen, sondern gezielt nur wenigen.

Bei der Wahl der spezifischen Förderungsbereiche haben wir uns nicht nur von der Überzeugungskraft der Argumente der Institute leiten lassen oder etwa nur von den Prognosen der Studentenzahlen allein. Vielmehr haben wir uns selbstverständlich auch an Bedürfnissen unseres Landes orientiert. Weite Kreise unserer Industrie sind angewiesen auf einen Nachwuchs von Computerspezialisten, insbesondere Software-Spezialisten, und das hat mit zur Festlegung des entsprechenden Förderungsschwerpunktes beigetragen. Das profunde Umwelt-Bewusstsein hat mit beigetragen, dass wir unsere Anstrenungen in Technischer Biologie, z.Zt. insbesondere Biologischer Abwassertechnologie verstärken wollen.

Es ist interessant festzustellen, dass eine grosse Anzahl von Instituten die Erarbeitung dieser qualitativen Planung als nützlich empfunden hat. Ich halte dafür, dass auch in Expansionszeiten, auf die wir hoffen und an die wir glauben, inhaltliche Planung eigentlich der quantitativen Planung immer vorgehen sollte. Personalstopp und knappe Mittel bereiten der Hochschule auf allen Stufen chronisch Schwierigkeiten. Wenn wir darauf aus sind, optimistisch auch den schwierigeren Zeiten etwas Gutes abzugewinnen, so ist es diese vertiefte Selbstbesinnung auf den wesentlichen Inhalt unserer Tätigkeit.

2.5 Die Entwicklung der ETH Zürich seit 1950[1]

Im Hinblick auf das Jubiläumsjahr haben wir eine umfassende Geschichtsschreibung der letzten 25 Jahre der ETH Zürich vorbereitet. Diese Arbeit wird in Buchform erscheinen. Heute kann es nicht darum gehen, eine Vorschau auf dieses Werk zu geben. Ich möchte mich vielmehr auf Ausführungen beschränken, die Entwicklungen im *Zusammenhang mit der baulichen Gestaltung* betreffen.

1. Die Grössenentwicklung der ETHZ seit 1950

1.1 *Studenten*

Man ist oft versucht, die Grösse einer Hochschule direkt an ihrer *Studentenzahl* zu messen. Das ist eine Vereinfachung, die in vieler Hinsicht ein falsches Bild einer Hochschule – besonders einer Technischen Hochschule – vermittelt. Die technischen Infrastrukturen, die für eine zeitgerechte Ausbildung nötig sind, können in ihrem Ausmass die Bewegungen der Studentenzahlen nicht direkt mitmachen. Ich werde auf diese Probleme noch zu sprechen kommen.

Mit Bezug auf das *Bauvolumen* besteht natürlich eine recht gute Abhängigkeit von Studentenzahlen, ist doch anzustreben, dass möglichst jeder praktisch tätige Student einen eigenen Arbeitsplatz immer dann vorfindet, wenn er ihn braucht, und sind doch Hörsaalplätze recht direkt korreliert mit den Studentenzahlen.

1950 begannen jährlich etwa 600 Studenten ihr Studium an der ETH Zürich, 1977 waren es über 1400. Diese Entwicklung wurde vorausgesehen und es wurden deshalb laufend Umbauten, Ausbauten und Neubauten erstellt mit dem Ziel, zeitgerecht die notwendigen Unterrichtsräume zur Verfügung zu haben. Wenn Ehemalige heute zu Klassentreffen kommen und sich das alte Poly zeigen lassen, werden sie blass vor Neid; die heutigen

---

[1] Einleitung eines Hearings vor der Bau-Investitionskommission des Nationalrats, am 15. Februar 1980.

Studenten hätten viel bessere und grosszügigere Unterrichtsmöglichkeiten, als sie selbst gehabt hätten. Den gleichen Eindruck erhält man bei der wiederkehrenden Berichterstattung in der Presse, wenn von überaus grosszügigem Ausbau der ETHZ geschrieben wird. Geht man den Zahlenwerten etwas auf den Grund, tritt eine gewisse Ernüchterung ein. 1950 standen pro Student 8 m² Fläche zur Verfügung, 1977 waren es 10 m². Das heisst, die heutigen Studenten sind zwar besser mit Flächen bedacht als ihre Kommilitonen vor dreissig Jahren, aber der Flächenzuwachs war nicht überdimensioniert. Ja, weil wir in den paar vergangenen Jahren unserer Nachbarhochschule, der Universität Zürich, immer wieder mit Unterrichtsräumen beistehen konnten, sind unsere Studenten gegenüber ihren Kollegen von damals gar nicht so privilegiert. Diese nüchternen Zahlenüberlegungen sollen aber nicht darüber hinwegtäuschen, dass die *Qualität* der Einrichtungen sich 1977 ganz anders präsentiert als 1950. Ich habe selbst 1952 an der Universität Zürich als Student in Praktikumsräumen gesessen und stelle fest, dass der studentische Arbeitsplatz von heute sich oft mit dem Forscherarbeitsplatz von damals vergleichen lässt. Diese Entwicklung haben alle bedeutenden Hochschulen mitgemacht. Sie war Voraussetzung dafür, dass Studenten mit zeitgerechten Methoden auf ihren Einsatz in der Praxis vorbereitet werden können. Die Entwicklung erklärt auch die hohen Kosten, die der Ausbau verursacht hat.

1.2 *Personal*

Der Personalbestand hat sich von etwas über 800 im Jahre 1950 auf fast 4000 im Jahre 1977 entwickelt. Was die Flächen angeht, ist es dabei zu einer erheblichen *Verdichtung* gekommen: Standen 1950 pro Personaleinheit etwa 55 m² zur Verfügung, so sind es heute weniger als 40 m². Weil aber die Achsmasse vor allem bei Neubauten wesentlich günstiger liegen als früher, so verfügt unser Personal heute trotz der mittleren Verdichtung über wesentlich bessere Arbeitsbedingungen als die Kollegen um 1950. Die Zahlen belegen aber, dass unsere Hochschule räumlich keineswegs ins Kraut geschossen ist, sondern eine vernünftige Flächenentwicklung durchgemacht hat.

1.3 *Vergleich Personalzuwachs – Studentenzuwachs – Flächenzuwachs*

Welches sind die Gründe, welche die drei Grössen: Flächen, Studenten, Personal in den vergangenen dreissig Jahren so unterschiedlich wachsen liessen? Ich sehe zwei Hauptgründe: Die grosse *Diversifikation des Lehrangebotes* und die komplexe *Entwicklung der experimentellen Forschung*.

In der Nachkriegszeit, vor allem in der Zeit nach dem Sputnik, entwikkelte sich die Wissenschaft mit unglaublicher Geschwindigkeit. Das wirkte sich sehr rasch auf die Lehre aus. Tonangebend oder tempobestimmend waren die Vereinigten Staaten. Die Technik, vor allem die Elektronik, hielt mit Riesenschritten Einzug in Lehre und Forschung und eröffnete sowohl für die Lehre, als auch für die Forschung Jahr für Jahr neue Möglichkeiten. Präzise Messungen fast jeder Art wurden selbst für die Anfängerstufe möglich; wenn der Chemiestudent früher mühsam mit Farbindikatoren den Säuregrad einer Lösung bestimmen musste, konnte er bald mit präzisen pH-Metern umgehen lernen. Elektronenmikroskope, früher für die Spitzenforschung reserviert, wurden für den Unterricht nötig und zugänglich. Die veritable Revolution der Rechenanlagen der letzten Jahre brauche ich nicht in Erinnerung zu rufen.

Unsere Unternehmungen und unsere Mittelschulen brauchten Fachleute und Lehrer, die mit diesen zum Teil rasanten Entwicklungen Schritt halten konnten. An den Hochschulen führte diese Marktlage zu einer deutlichen *Auffächerung des Lehrangebotes:* wurden früher etwa in der Elektrotechnik zwei Spezialisierungen (Schwachstrom- und Starkstrom-Ingenieure) angeboten, so kamen neu Hochfrequenztechnik, Nachrichtentechnik, Elektronik, Akustik usw. usw. dazu. Bei den Bauingenieuren gesellten sich zu Konstruktion und Statik, zum Strassenbau und Grundbau die Verkehrs- und Transporttechnik, die Bauverfahrenstechnik, der Siedlungswasserbau. Ja, mit dem Anliegen eines modernen Gewässerschutzes hält sogar die Mikrobiologie Einzug in die Studienpläne der Bauingenieure. Bei der Festkörperphysik erfolgte eine Entwicklung in Richtung Festkörperchemie, bei den Maschinen-Ingenieuren gewann die Kälte- und Klimatechnik an Bedeutung, die herkömmlichen astronomischen Beobachtungen mittels optischer Teleskope wurden ergänzt durch Radioteleskopie. In der Tierzucht hielt die Chromosomenforschung Einzug, im Pflanzenbau die Ernährungsphysiologie der Kulturpflanzen. In der Pharmazie wurden neue Strategien entwickelt, Medikamente im Körper gezielt nur dort zum Einsatz kommen zu lassen, wo sie wirklich gebraucht werden. In der Architektur gewinnt die Problematik um den Wärmehaushalt von Gebäuden an Bedeutung. Neue Bundesgesetzgebung über den Umgang mit Giften rief nach toxikologischer Forschung und verlangte, dass diese in einem eigens dafür errichteten Institut an der ETH Zürich zu pflegen sei und für die Praxis entsprechende Fachleute auszubilden seien. Diese nur beispielhaft aufgezählte Erweiterung von Forderungen an Lehre und Forschung bedingten erhebliche Investitionsschübe an Gebäuden und apparativer Infrastruktur. *Die meisten dieser neuen Forschungen stehen nicht in einem direkten Zusammenhang mit der Zahl der Studierenden.* Sie stehen vielmehr im Zusammenhang mit der Notwendigkeit für jedes Land, ein paar hochqualifizierte, leistungsfähige, anpassungsfähige Lehr- und Forschungsstätten zu unterhalten. Die Leistungsfähigkeit muss von der Art sein, auch international gehört zu werden. Nur so gelingt es uns, immer wieder auch ausländische Spitzenkräfte für uns zu erhalten. Das ist in der Wissenschaft unumgänglich; denn der wissenschaftliche Fortschritt hält sich nicht an Landesgrenzen.

2. Beurteilung des Erreichten und Ausblick

Sie werden heute Gelegenheit haben, mit eigenen Augen das *baulich Erreichte* – wenigstens im ETH-Zentrum – selbst zu beurteilen. Von der Bauherrschaft aus möchte ich Ihnen im Hinblick auf den Augenschein mitteilen, dass das vom Amt für Bundesbauten für uns Gebaute als zweckmässig beurteilt wird. Unsere Institute sind in den Neu- und Umbauten gut untergebracht und haben darin gute, zum Teil hervorragende Arbeitsmöglichkeiten. Als Präsident der Hochschule wird mir das immer dann besonders bewusst, wenn ich Berufungsgespräche mit neuen Professoren führen kann; die neuen Kollegen sind beeindruckt von unserer Infrastruktur. Diese Bemerkung gilt auch für Besuche von Gästen aus dem Ausland, die wir durch unsere Anlagen führen.

Der Grund für diese im grossen und ganzen sehr positive Bilanz liegt einmal darin, dass vor allem unsere Neubauten *anpassungsfähig* sind, und überdies darin, dass wir durch eine *flexible Raumbewirtschaftung* von dieser Anpassungsfähigkeit auch Gebrauch machen. Nur in Klammer möchte ich beifügen, dass diese Kombination von Anpassungsfähigkeit der Bauten und flexibler Raumbewirtschaftung es uns ermöglicht, Bauten auch dann optimal zu nutzen, wenn eine frühere Planung sich zum Teil als überholt erweist. Das umfangreichste Beispiel hiefür findet sich nicht im ETH-Zentrum, sondern auf dem Hönggerberg, in der Überbauung der Bauingenieure. Die Planer hatten seinerzeit angenommen, die ETHZ würde um 1975 an die 2000 Bauingenieur-Studenten zu betreuen haben. In Wirklichkeit waren es dann weniger als die Hälfte. Wir haben die freien Flächen zugunsten der Architekturabteilung eingesetzt, die dadurch auf ihre eigenen Ausbaupläne verzichten konnte.

Man darf aber das vorhandene Volumen und die Möglichkeiten der Flexibilität nicht überschätzen, und ich will denn auch nicht verschweigen, dass schon in den nächsten Jahren dringende neue Bedürfnisse nach Neubauten auf uns zukommen werden. Da ist einmal unser *Rechenzentrum*. Rechenleistungen sind von Jahr zu Jahr mehr gefragt. Technisch steht eine sogenannte neue Computer-Generation vor der Türe. Der für das neue Rechenzentrum am Zehnderweg geplante Bau wird uns nicht nur ermöglichen, die neuen Grossrechner unterzubringen; vielmehr wird ein Postulat der näheren Zusammenfassung unserer Betriebswissenschaften, Wirtschaftswissenschaften und der Ergonomie erfüllt werden können. Dieses Postulat ist einer der gemeinsamen Nenner der Zukunftsplanung fast aller unserer Abteilungen: den Studenten nicht nur solides Fachwissen, sondern auch wirtschaftliches Denken für die Praxis mitzugeben.

Ein zweiter Erweiterungsbau der nahen Zukunft betrifft nochmals einen unserer grossen Dienstleistungsbetriebe, nämlich die Hauptbibliothek. Unsere Hauptbiliothek erfüllt die Rolle einer technischen Landesbibliothek. Ihre Bestände wachsen derart rasch, dass wir spätestens 1983/84 über Flächen für grosse Bestände an Büchern verfügen müssen, die zwar nicht mehr laufend, aber doch immer wieder verlangt werden. Es geht darum, auf dem Hönggerberg eine *unterirdische Depotbibliothek* zu erstellen.

Wir sind in der Formulierung solcher neuer Forderungen ganz bewusst zurückhaltend, einmal weil wir um die Ausbaupläne unserer Schwesterhochschule in Lausanne wissen, und dann natürlich auch, weil wir die finanzielle Lage des Bundes kennen. Um so sorgfältiger arbeiten wir aber an der *Planung* für die Zukunft. So studieren wir zur Zeit Varianten über weitere Überbauungsmöglichkeiten auf dem Hönggerberg, im alten EMPA-Areal im ETH-Zentrum, und die Zukunft des toxikologischen Institutes in Schwerzenbach.

3. Organisatorisches

Wie sind wir an der ETH Zürich im Bauwesen intern organisiert? Wie gestaltet sich die Zusammenarbeit mit dem Amt für Bundesbauten resp. dessen Baukreis IV?

3.1 *ETHZ-interne Organisation*

Die Institute melden uns jährlich ihre Bedürfnisse. Wenn eine erste Abklärung ergibt, dass Bedürfnisse Botschaftsgrösse erreichen dürften, erfolgt die ETH-interne Sachbearbeitung durch die Stabsstelle Planung der Schulleitung. Das Vorhaben wird dann, falls es durch die Schulleitung als vertretbar betrachtet wird, durch den Präsidenten vor dem Schulrat vertreten und gegebenenfalls dem Bundesrat unterbreitet. Dieses Verfahren wird natürlich nicht von der ETH Zürich allein durchgeführt, sondern in enger Zusammenarbeit mit dem Amt für Bundesbauten.

Bei kurzfristig zu realisierenden Bauten unterhalb Botschaftsgrösse geschieht die Sachbearbeitung durch unsere Abteilung Bauten und Technische Dienste, wiederum in Zusammenarbeit mit dem Baukreis IV. Die Erarbeitung dieser kleineren Bauvorhaben erfolgt zuhanden des Betriebsdirektors, der die Vorhaben der Schulleitung zum Entscheid vorlegt; der Schulrat wird über die getroffenen Dispositionen informiert.

3.2 Gemeinsame Projektorganisation mit dem Amt für Bundesbauten

Am Beispiel des vor kurzem realisierten Erweiterungsbaues für die Biologie auf dem Hönggerberg kann ich die Projektorganisation für ein Bauvorhaben von Botschaftsgrösse erläutern. Wesentlich an diesem Verfahren, das sich an die Projektierungs-Verordnung hält, ist die effiziente Organisation und der Umstand, dass der projektierende Architekt unmissverständlich als Auftragnehmer in Erscheinung tritt und nicht als Bauherr. Die gleiche Organisation gilt auch bei kleineren Bauvorhaben, wenn auch in wesentlich einfacherer Form.

2.6 Probleme der Mitsprache an der Hochschule[1]

Frage 1

«Kann es ein Mitsprachrecht der Studenten im Forschungsbereich geben? Es wird behauptet, das Institutsreglement habe eine völlige Trennung von Forschung und Lehre herbeigeführt und das Mitspracherecht der Studenten ausgeschaltet. Das Institutsreglement spricht den Studenten einfach die Institutszugehörigkeit (und damit das Mitspracherecht) ab, obwohl in Art. 12 der UeR das Mitspracherecht der Studenten im Forschungsbereich eindeutig erwähnt wird.»

Antwort

1. Jeder Studierende bezieht Lehrleistungen aus einer grossen Anzahl von Instituten: der Landwirtschaftsstudent z.B. aus Instituten der Mathematik, der Physik, Chemie, Biologie, des Pflanzenbaus, der Tierproduktion, der Lebensmittelwissenschaften. In welchem Institut sollte er denn mitsprechen können? Wir haben das Problem vor fünf Jahren in der Kommission für Wissenschaft und Forschung Ihres Rates diskutiert, und es lag sogar Ihrerseits ein formeller Antrag vor, in Instituten wenigstens den Diplomanden, also Studierenden des letzten Semesters, Mitspracherechte zu verbriefen. Diplomanden halten sich tatsächlich in Instituten längere Zeit auf, aber auch nur 6-17 Wochen pro Jahr; eine Diplomarbeit dauert nämlich je nach Fachgebiet 6-17 Wochen. Man kann sich fragen, ob es sinnvoll sei, dass die Institutsräte während 6 oder 17 Wochen pro Jahr durch Diplomanden ergänzt werden sollten. Ich glaube nicht, dass das nützlich wäre oder überhaupt funktionierte. Ich habe als akademischer Lehrer zahlreiche Diplomanden erlebt. In jenen 6 oder 17 Wochen wollen sie nicht mitsprechen, sondern mit ganzer Kraft eine Diplomarbeit durchführen.

---

[1] Beantwortung von Fragen anlässlich der Sitzung der Geschäftsprüfungskommission des Nationalrats, am 9. Mai 1980, Bern.

2. Dieser Sachverhalt wurde übrigens nicht erst 1973 beim Erlass des Institutsreglementes erkannt, sondern schon 1924 beim Erlass des ETH-Reglementes, dessen Art. 1, Absatz 3 festhält, dass *Studenten zu Abteilungen gehören,* und dessen Art. 55 festhält, dass *Studenten Institute benützen* können. Das Institutsreglement hat daran nichts geändert.
3. Das Problem der Mitsprache der Studenten im Forschungsbereich ist nach meiner Meinung ideal gelöst. Die Studenten sitzen ja in den Abteilungsräten, und es sind die Abteilungsräte, die die Umschreibungen der Lehrgebiete (und damit natürlich auch der Forschungsgebiete) jeder einzelnen Professur zuhanden des Schulrates (resp. im Planungsstadium zuhanden der Schulleitung) vornehmen. Dort kommt die Mitsprache der Studenten über Lehr- und Forschungs*gebiete* voll zum Tragen. In den Instituten werden schwergewichtig konkrete Forschungs*projekte* besprochen. Für eine wirkungsvolle Mitsprache in diesen Fragen fehlt aber den Studierenden ganz einfach der Sachverstand.

Frage 2

«Das Regulativ für die Computerkommission der ETHZ vom 24.8.77 und das Reglement über die Planungsorganisation der ETHZ vom 18.5.1974 z.B. wurden vom Präsidenten der ETHZ verfügt, ohne dass die Genehmigung des Schulrates eingeholt worden wäre. Auf Einwände der AVETH und der Reformkommission wurde nicht eingegangen.»

Antwort

1. Es trifft zu, dass diese Reglemente ohne Genehmigung des Schulrates erlassen wurden. Nun hält aber der Art. 14 der UeR fest: «Die Leitung und Verwaltung jeder der beiden Hochschulen obliegt je einem der Vizepräsidenten des Schulrates.» Der Schulrat hat sich kein allgemeines Genehmigungsrecht für Reglemente im Zuständigkeitsbereich der Vizepräsidenten vorbehalten, insbesondere nicht im Planungs- und Computerbereich.
2. Im Kompetenzdelegationsbeschluss von 1970 hat der Schulrat den Vizepräsidenten eine so grosse Zahl von Kompetenzen übertragen, dass es nötig war, entweder grosse professionelle Beraterstäbe aufzubauen, oder aber Miliz-Kommissionen zur Beratung einzusetzen; ich habe mich für den zweiten Weg entschieden. Die *Verantwortung* etwa für Planung und Computerfragen kann ich aber nicht auf solche Milizorgane übertragen; sie bleibt bei mir. Und deshalb will ich bestimmen können, wer meine

Berater sind. Hätte ich den ersten Weg beschritten (d.h. professionelle Stäbe aufgebaut), oder würde ich Planungsaufträge einfach nach aussen vergeben, so hätte ich die Wahl der Personen oder Firmen ja auch in der Hand.

3. Es trifft zu, dass in der Vernehmlassung zum Erlass dieser Reglemente Voten vorlagen, die verlangten, dass die Stände ihre Vertreter selbst bestimmen, nicht der Präsident. Wir sind durchaus auf die Beratung dieser Einwände eingetreten, haben sie uns aber aus den dargelegten Gründen nicht zu eigen gemacht. Wenn Sie den Kauf einer neuen Generation von Computern planen, ist das eben kein ständisches Problem, auch kein politisches, sondern eine rein technische und wirtschaftliche Sachfrage. Da will ich beraten sein von technisch/wirtschaftlich hochausgewiesenen Fachkräften, nicht von Ständevertretern. Es gibt keine Professorencomputer oder Studentencomputer, sondern mehr oder minder taugliche und teurere und billigere. In der Computerkommission sitzen übrigens heute drei Assistenten, solche nämlich, die sich in Computerfragen auskennen.

4. Was die Planungsorganisation betrifft, wurde der Schulrat an der Sitzung vom 2. Juli 1976 darüber orientiert, in Anwesenheit aller Ständevertreter. Das Wort wurde damals nicht verlangt (Protokoll 1976, p. 534).

5. Die implizierte Rüge, Studenten und Assistenten hätten in Planungsfragen kein Mitspracherecht, entbehrt der Grundlage aus mindestens zwei Gründen.

    5.1 Die Planung erfolgt an der ETHZ in der Regel von unten nach oben. Die Planungskommission erfindet also kaum etwas von sich aus, sondern sie sichtet die Planungen der Abteilungen resp. Institute, an deren Erarbeitung Stände beteiligt sind.

    5.2 Zur Zeit sitzen in der Planungskommission je ein Assistent und ein Student.

2.7 Zum Stand von Lehre, Forschung und Dienstleistung an der ETH Zürich[1]

Zur Lehre

Nach dem Wortlaut des Gesetzes bereiten die ETHs künftige Ingenieure, Architekten, Mathematiker und Naturwissenschafter auf ihre Berufstätigkeit vor. In unserer Zeit beschleunigten Wandels von Erkenntnis und Technik und damit beschleunigten Wandels des Anforderungsprofils an Absolventen bedeutet dieser Auftrag, Absolventen vor allem in *Grundlagen* auszubilden. Gespräche mit ehemaligen Absolventen zeigen in aller Deutlichkeit, dass auch der Ingenieur in der Praxis immer wieder auf seine Kenntnisse in Mathematik, Physik oder Chemie und auf sein Ingenieur-ABC zurückgreifen muss. Es ist also sicher richtig, wenn wir bei der Überarbeitung der Studienpläne das Fundament erhalten. Dass vor allem in den höheren Etagen der Studienpläne aller Abteilungen praktisch laufend grössere oder kleinere Änderungen vorgenommen werden, ist eine Folge der Eigendynamik jeder Wissenschaft. Gesamthaft gesehen, erfahren damit die Lehrinhalte unserer Studienpläne laufend die nötigen Anpassungen. Dieser Vorgang widerspiegelt ein vernünftiges Reformverständnis.

Bisweilen mag ein neuer Lehrinhalt auch eine neue *Form* der Wissensvermittlung bedingen, und dann ist es Zeit, eine Anpassung der Form vorzunehmen: mehr Seminarstunden einzuführen, z. B. Feldarbeiten einzubauen; verschiedene Abteilungen haben das mit Erfolg praktiziert. Die Abt. X ist versuchsweise sehr viel weitergegangen, indem sie als Alternative zum Normalstudium im Anschluss an die bestandene 2. Vordiplomprüfung sogenannte projektorientierte Studien (POST) als neue Lehrform eingeführt hat. Grundidee des POST war die Durchführung einer Gruppen-Diplomarbeit mit eigener Erarbeitung des Themas, das zudem interdisziplinär sein sollte in einem Masse, dass der Bogen von den Naturwissenschaften bis in die Geistes- und Sozialwissenschaften zu spannen sei. Drei Studentengruppen haben diese Erfahrung jetzt hinter sich gebracht, und es ging darum, das Experiment auszuwerten. Die betroffenen Studenten beurteilen

---

[1] Referat an der Gesamtkonferenz der Dozenten der ETH Zürich, 12. Juni 1980.

ihr Lernerlebnis als positiv. Der Abteilungsrat kommt zum Schluss, der Versuch sei im grossen und ganzen als geglückt zu bewerten. Die Schulleitung kann sich dieser Beurteilung nicht anschliessen. Wir haben die Diplomarbeiten gelesen und uns vor allem die Frage gestellt, ob die Anforderungen der Wissenschaftlichkeit, die unseres Erachtens an eine Diplomarbeit zu stellen ist, erfüllt wurde. Wir kommen zum Schluss, dass die Wissenschaftlichkeit der Arbeiten unter dem POST-Regime gelitten hat; ich möchte das mit zwei Zitaten belegen, einem Passus aus dem Naturwissenschaftlichen und einem Passus aus dem Sozialwissenschaftlichen:

Projekt Kompost:

«Während aller drei Versuche (der Nitrogenasebestimmung) tauchten grosse Schwierigkeiten auf. Der Gaschromatograph zeigte grosse Schwankungen, und da wir keine Standardlösungen herstellten, können wir Messungen, die an verschiedenen Tagen gemacht wurden, nicht miteinander vergleichen. Als Nachteil erwies sich auch, dass der Gaschromatograph zu jener Zeit noch nicht an das automatische Integrierungsgerät angeschlossen war, welches die Resultate direkt in ppm umgerechnet hätte.»

Diese Erklärung zeigt, dass auch ein biochemischer Ansatz in Anfangsschwierigkeiten stecken geblieben ist. Forschen heisst aber nicht spielen, sondern in zäher Arbeit eine Arbeitshypothese überprüfen.

Projekt Schwermetalle in natürlichen Gewässern:

«Die vorliegende Arbeit zeigt in dem hier zu beurteilenden Abschnitt die Problematik eines solchen Experiments. Sie lässt Fachkompetenz und Ausgewogenheit vermissen. Die auf Seiten 129–162 aufgezeigte Problematik wird unsystematisch und im Lichte vorgefasster Meinungen behandelt. Das zeigt sich sowohl an der einseitig ausgewählten Literatur wie auch an Behauptungen, wie z.B. der, dass die Umwelt nur im Wertsystem der ‹Bürgerlichen Ökonomie› gefährdet sei, weil nur diese den Begriff der ‹Freien Güter› kennt (S. 129). Umweltverschmutzung wird von den Autoren nur ‹in Verbindung mit der kapitalistischen Wirtschaftsform› (S. 130) gesehen, obwohl es genügend Evidenz für Umweltzerstörungen in sozialistischen Planwirtschaften gibt.»

(Aus dem Korreferat)

Wir haben sodann ermittelt, ob die Anforderung erfüllt sei, wonach die individuelle Leistung jedes Autors erkennbar bleibe. Ein Zitat zeigt, dass das nicht der Fall war:

Projekt Kompost:

«Die ganze Arbeit, vom Erarbeiten der Fragestellungen über das Auswählen der Methoden und das Durchführen der Experimente bis zum Formulieren und Schreiben, wurde von uns vier Studenten gemeinsam gemacht. Es ist daher nicht erkennbar, wer welchen Beitrag geleistet hat.»
Diese Erklärung zeigt, dass folgende Bestimmung des Spezialstudienplans nicht erfüllbar war: «Die Notenkonferenz entscheidet über die Beurteilung des individuellen Anteils jedes Studierenden an der Diplomarbeit».

Wir haben den Eindruck, dass hier Arbeiten verfasst wurden, deren «Ergebnisse» ideologisch vorbestimmt waren. Das ist unwissenschaftlich. *Es ist uns ein ernstes Anliegen, die Qualität der Lehre hochzuhalten.* Wir haben dieses Anliegen ganz bewusst an den Anfang unserer Planungsziele auch der Periode 1981–84 gestellt. Ich appelliere an Sie, bei aller Reformfreudigkeit Qualitätseinbussen nicht in Kauf zu nehmen. Ideelle oder ideologische Voreingenommenheit können, wollen und dürfen wir nicht verhindern, aber Schaum und intellektuellen Humbug können, wollen und müssen wir verhindern.

Zur Forschung

Im Zusammenhang mit der Frage der Mittelverteilung zwischen der ETHZ und der ETHL hat der Schulrat eine Studie ausarbeiten lassen, die unter anderem Antwort auf die Frage geben sollte, welche Forschungsleistungen an diesen beiden Hochschulen erbracht werden. Wir haben über diese Studie (über Betriebsgrösseneffekte) im ETH-Bulletin berichtet. Unter Zuhilfenahme von Publikationslisten und *Citation Index* sind Daten dargestellt worden, die unsere Hochschule insgesamt in einem ausgezeichneten Licht erscheinen lassen. Dasselbe Bild ergibt sich aus der Lektüre des Forschungsberichtes, aus vielen Gesprächen mit Fachkollegen in aller Welt, aus Gesprächen mit Vertretern der Industrie und der öffentlichen Hand. Das wichtigste Merkmal der Forschung der meisten Institute und Professuren der ETHZ ist ihre Qualität. Diese Eigenschaft geht natürlich in erster Linie auf die Qualität der Forschenden selbst zurück. Ich glaube aber sagen zu können, dass die Auswahl von Projekten durch unsere Forschungskommission sehr wesentlich zur Haltung oder sogar Hebung der Qualität der Forschung an unserer Hochschule beiträgt, und ich ergreife gerne die Gelegenheit, der Forschungskommission hier Dank und Anerkennung für ihre grosse Arbeit auszusprechen.
Bei der Grösse unserer Hochschule ist zu erwarten, dass es auch in der Forschung, nicht nur in der Lehre, einige schwarze Schafe gibt, mit entspre-

chend weniger begeisternden Forschungsleistungen. Zum Teil mögen solche Minderleistungen mit dem Stand des betreffenden Forschungsgebietes zusammenhängen, oder mit dem Alter des betreffenden Institutes, seiner Mitarbeiter und Einrichtungen; in solchen Fällen sind Korrekturen besonders in Nachfolgeverfahren möglich. Zum Teil sind solche Minderleistungen aber auch im Zusammenhang mit ideeller oder ideologischer Voreingenommenheit zu sehen, und das ist dann bedauerlich.

Zur Dienstleistung

Erstmals im Jahresbericht 1979 haben die Institute auf unseren Wunsch jene Erkenntnisse gemeldet, die in den letzten 5–10 Jahren im Institut gemacht wurden und in der Zwischenzeit in der einen oder anderen Form in der Praxis zum Einsatz gekommen sind: in Form von Geräten oder Produkten auf dem Markt, oder in Form von Normen. Die Umfrage hat sich als ausgesprochen fündig erwiesen, und wir werden sie gründlich auswerten lassen. Weite Kreise der Öffentlichkeit erwarten ja, dass ein solcher Transfer aus der Hochschulforschung in die Praxis stattfinde. Wenn man auch die materielle Bedeutung dieses Transfers vor allem in kurzen Fristen nicht überschätzen soll, ist es doch wichtig, der Öffentlichkeit vor Augen zu führen, dass der Transfer stattfindet. Er stellt meines Erachtens eine häufig verkannte, wesentliche Dienstleistung dar.

Wir sind natürlich auch jenen Instituten und Professoren, bei denen von der Sache her ein Praxisbezug besonders deutlich auf der Hand liegt, für ihre Dienstleistungen dankbar. Ich weiss, dass der Anreiz für die Übernahme von Forschungsaufträgen mindestens finanziell nicht gross ist, weil solche Einkünfte wegen des Finanzhaushaltgesetzes als «übrige Einnahmen des Bundes» verbucht werden und dem Institut nicht direkt zugute kommen. Wir nützen jede Gelegenheit, um auf diesen Mangel hinzuweisen.

* * *

Ich möchte diese Orientierung nicht abschliessen, ohne auf vier Probleme hinweisen, die uns zu schaffen machen und die Ihr Interesse finden dürften.

Das erste: Die Altersstruktur der Professoren der ETHZ bringt es mit sich, dass sich die Zahl der jährlichen Rücktritte ab Mitte dieses Jahrzehnts gegenüber heute verdoppeln wird. Ich glaube nicht, dass sich Rekrutierungsschwierigkeiten einstellen werden; die ETHZ hat einen derart guten Namen, dass wir in der Regel bei der Besetzung von Professuren die Qual der Wahl haben. Aber es wird ausserordentlich schwierig sein, die Folgekosten der Neubesetzungen zu bewältigen. Ich denke dabei nicht in erster Linie an die Folgekosten der neuen Ersteinrichtungen mit Apparaten, sondern an die Folgekosten des erforderlichen Personals. Ein immer noch zu hoher Anteil unseres wissenschaftlichen Personals betrachtet ihr Dienstverhältnis mit der ETHZ als auf Dauer angelegt. Es gibt Institute, deren wissenschaftliches Personal fast vollzählig oder beinahe vollzählig den Status von Beamten hat, Institute also, die über fast keine oder gar keine Assistentenstellen verfügen! Für Nachfolger auf Professuren in solchen Instituten ist das Aufbauen von Neuem fast unmöglich. Dieser Umstand kann indirekt zu Berufungsschwierigkeiten führen, die der Hochschule an den Lebensnerv gehen können. Ich erlasse deshalb erneut, mit Nachdruck, den dringenden Appell an Sie, in Ihren Instituten eine verantwortungsbewusste Personalpolitik zu betreiben, verantwortungsbewusst auch im Hinblick auf die Erhaltung von akademischem Freiraum für den Nachfolger. Dieser Freiraum ist in hohem Masse davon abhängig, dass der Nachfolger freie Personalstellen nach seinem Ermessen neu oder neuartig besetzen kann. Unterliegen Sie bitte nicht der Versuchung, daran zu glauben, eine Aufhebung des Personalstopps Mitte der achtziger Jahre werde das Problem von selbst lösen. Eine solche Aufhebung wird aller Voraussicht nach nicht gleich abrupt erfolgen wie die Einführung im November 1974; sie wird eher in kleinen Schritten erfolgen.

Nach wie vor sind wir deshalb darauf angewiesen, über eine sorgfältige *Planung* nötige Umlagerungen von Personalstellen vorzubereiten; wichtigstes Element in diesem Vorgang ist die Dozentenplanung, die uns jeweils für Zeiträume von 3–4 Jahren zeigt, in welchen Gebieten bestehende Professuren mit gleicher oder veränderter Akzentuierung oder neue Professuren besetzt werden. Für die Zeit 1981–84 hatten die Abteilungen insgesamt 62 Professuren beantragt. Aus Budgetüberlegungen hatten wir der Planungskommission für ihre schwierige Auswahlarbeit einen Rahmen von 24 Professuren vorgegeben. Ich möchte der Planungskommission für ihre Arbeit sehr herzlich danken. Ob wir die 24 Professuren wieder werden besetzen können, hängt weitgehend davon ab, ob es gelingt, innerhalb der Institute oder zwischen den Instituten Mitarbeiterstellen freizuspielen resp. zu verschieben.

Das zweite: Die Altersstruktur unserer Apparate. In über fünfzehnjähriger Bauzeit ist die ETHZ im Zentrum, auf dem Hönggerberg und an verschiedenen Aussenstationen ausgebaut worden. Mit jedem grösseren Bauvorhaben wurden Kredite für die apparative Ersteinrichtung verfügbar. Es erfolgten also in relativ kurzer Zeit Apparatebeschaffungen für hohe Beträge. Diese Apparate altern seither zeitlich in einer recht schmalen Bandbreite. Es liegt im Wesen der Budgetierung des Bundes, dass die Rubriken für Sachausgaben weder besonders stark wachsen dürfen, noch vor allem von einem Jahr aufs nächste grosse Sprünge machen können. Wir versuchen deshalb dieses Jahr erstmals, einen Betrag von 3 Millionen Franken für Ersatz von Apparaten auf dem Wege einer Botschaft des Bundesrates an das Parlament zu erhalten. Wir sind zuversichtlich, dass das gelingen wird. Flankierend dazu verstärken wir unsere Anstrenungen, Apparate aus Instituten, in denen sie nicht mehr gebraucht werden, an andere Institute zu verlegen. Wir sind dabei auf Ihre Mithilfe angewiesen, denn GERDA[1] kann nicht alles! Melden Sie uns also bitte Einrichtungen, die Sie entbehren können oder sogar lieber los wären, weil Sie dafür vielleicht Raum gewinnen.

Das dritte: Die Entwicklung des Rechenzentrums. Wir haben uns an verschiedenen grossen Hochschulen der Welt umgesehen und festgestellt, dass vielerorts im Hinblick auf die Entwicklung der Rechenanlagen Unsicherheit herrscht. Der Direktor unseres Rechenzentrums nimmt die Situation gelassen, aber die Gelassenheit täuscht. In Wirklichkeit arbeitet er, arbeiten die Betriebsdirektion und die Computerkommission hart an der Formulierung einer Vorstellung für die achtziger Jahre. Der Schulrat wird sich vielleicht noch dieses Jahr, sicher aber nächstes Jahr entschliessen müssen, ob er den beiden Hochschulen und den Annexanstalten die Lösung dieser Probleme einzeln überlässt, oder ob er in Zukunft vermehrt über Verbundsysteme arbeiten will. Von der Bauseite her haben wir die nötigen Vorkehren für die Erneuerung des Rechenzentrums bereits getroffen, indem hangabwärts vom bestehenden Rechenzentrum ein Institutsgebäude errichtet werden wird, dessen Untergeschoss unsere Rechenanlagen der Zukunft, soweit sie zentral noch nötig sind, aufnehmen kann. Sie merken aus der Feststellung auch bereits, dass selbstverständlich die Frage einer weitergehenden Dezentralisierung solcher Anlagen auf Departements- oder Institutsstufe ebenfalls geprüft wird. Ich danke der Computerkommission für ihre Arbeit.

Das vierte: Die Entwicklung der Hauptbibliothek. Die in den nächsten Jahren bevorstehende Erneuerung der Rechenzentrums-Anlage zwingt unsere Bibliothek zu einer radikalen Umstellung. Rechtzeitig ist von der Bibliothekskommission die dringende Notwendigkeit signalisiert worden, unsere Bibliothek Schritt halten zu lassen mit der modernsten Entwicklung auf dem Gebiet der Ausleihe, der Katalogisierung und der Sachrecherchen. Die Schulleitung hat darauf bereits im letzten Dezember beschlossen, für

---

[1] Die *Geräte*datenbank der ETHZ.

die Belange der Bibliothek ein vom Rechenzentrum unabhängiges Computersystem anzuschaffen. Vorletzte Woche haben wir sodann grünes Licht gegeben für eine Entwicklung in Richtung interaktiver Sachrecherchen. Ziel dieser Entwicklung ist ein einheitlicher Sachkatalog, den die Benützer im Dialog-Verfahren konsultieren können.

Lassen Sie mich zum Schluss einen herzlichen Dank an Sie aussprechen, für Ihren Enthusiasmus und den unermüdlichen Einsatz *für unser Poly*.

2.8 Informatik und Werkstoffe: zwei neue Abteilungen an der ETH Zürich[1]

Nachdem Mitte der dreissiger Jahre die Trennung der Lehrgänge für Maschinen- und Elektroingenieure in zwei selbständige Abteilungen erfolgt war, erwies sich bis heute keine Abteilungsneugründung als nötig. Trotzdem sind die Studienpläne während dieser 45 Jahre ständig neuen Erfordernissen angepasst worden, dynamisch geblieben. Das ist wohl deshalb möglich gewesen, weil die zahlreichen Änderungen der Studienpläne in erster Linie Anpassungen bestehender Berufsbilder bedeuteten: die Anpassung etwa an die Erfordernisse der Elektronik bei den Elektroingenieuren oder der Verfahrenstechnik bei den Maschineningenieuren. Die beiden Oberbegriffe des Elektroingenieurs bzw. Maschineningenieurs blieben aber erhalten.

In den letzten Jahren zeigte sich immer deutlicher, dass sich im Bereich der Ingenieurtätigkeiten *zwei neue Berufsbilder* abzeichnen: jenes des Informatikingenieurs und jenes des Werkstoffingenieurs. Weder das eine, noch das andere Studium sind an der ETH Zürich an sich Neuland. Unsere Elektroingenieure wurden und werden in Informatik ausgebildet. Auch unsere Mathematiker hatten und haben dazu die Möglichkeit. Unsere Chemiker konnten sich in den Werkstoffwissenschaften spezialisieren. Die Absolventen dieser Studiengänge waren aber am Schluss im Herzen doch Elektroingenieure, Mathematiker oder Chemiker.

In jahrelanger Diskussion in den Abteilungen der ETH Zürich und mit Vertretern der Industrie zeigte sich deutlich, dass auf die Dauer nicht ein Mathematiker mit Informatikvertiefung, nicht ein Elektroingenieur mit Informatikvertiefung, auch nicht ein Chemiker mit Werkstoffvertiefung jene Voraussetzungen mitbringen, den vielfältigen, neuen Anforderungen der Praxis in erfüllender Weise gewachsen zu sein. Vielmehr drängten sich für die Vorbereitung auf diese neuen Berufsbilder auch neu konzipierte Ausbildungsgänge auf, die nicht den Stempel und das Selbstverständnis einer der bestehenden Abteilungen der ETH Zürich tragen. Um für die Ausgestaltung solcher Studienpläne die nötigen akademischen Freiräume

---

[1] Einführung einer Presseorientierung am 6. Mai 1981 in Zürich.

zu schaffen, sind jetzt zwei neue Abteilungen errichtet worden. *Das ist Studienreform im grossen Stil!* Das ist echte Evolution neuer Studienrichtungen, gelenkt von innerer Entwicklung tragender Wissenschaften, notwendig, um neue Bedürfnisse der Praxis zu erfüllen, für Studenten wichtig, um ihnen in der Praxis neue Möglichkeiten zur Ausübung von Berufen zu erschliessen.

2.9 Die Führung der ETH Zürich unter dem Regime der Personal- und Finanzrestriktionen[1]

Rückblick

Nach dem Krieg, besonders aber zwischen 1960 und 1974, erfreute sich die ETHZ eines grosszügigen Wachstums an Mitteln. Die Zahl der Etatstellen stieg sändig; die Teuerung wurde immer ausgeglichen; die Kredite wurden Jahr für Jahr auch real erhöht.

Der Übergang zum «Wachstum Null», 1974, erfolgte nicht allmählich, sondern schlagartig, besonders durch den Personalstopp-Beschluss, aber auch bei den Finanzen, wo nach einer kurzen Periode eines geringen Realwachstums die Teuerung im wissenschaftlichen Bereich bald dazu führte, dass hier faktisch ein Abbau erfolgte.

Bei den Bedürfnissen war kein solches Nullwachstum zu verzeichnen. Unsere Abteilungen entwickelten nach wie vor verbesserte Studienpläne, die in der Regel aufwendiger waren als ihre Vorgänger. Die in den fetten Jahren grosszügig verbesserte Infrastruktur war in der Lage, mehr Doktoranden als je aufzunehmen (1960 waren es 296, 1980 waren es 1316); Reformfreude und allgemein gesteigerter Ideenfluss führten zu einer Steigerung der Kreditbegehren. Auch die Bedürfnisse der Aussenwelt an Dienstleistungen der Hochschule nahmen zu; ich erinnere an die Motion Binder in Ihrem Rat, welche die Errichtung eines Toxikologischen Instituts verlangte.

Heute

Wir stellen fest, dass die ETHZ den Bremsungsschock einigermassen gut überstanden hat. Die Betreuung der Studierenden ist noch mehrheitlich gut, wobei allerdings die Verhältnisse in einigen Fächern bereits prekär geworden sind. Die Forschungsarbeit der Institute lässt sich sehen. Die

---

[1] Einführungsreferat vor der Finanzkommission des Nationalrats, am 13. August 1981, Zürich.

Dienstleistungen an Dritte können zu einem guten Teil erbracht werden, wenn auch bereits von einzelnen Instituten gemeldet wird, sie seien nicht mehr in der Lage, gut begründete und vernünftige Bitten von aussen zu erfüllen.

Wie war es möglich, den Bremsungsschock zu überstehen? In erster Linie durch die ungebrochene Einsatzfreude der Angehörigen der ETHZ, und darüber hinaus durch eine Anzahl administrativer Massnahmen, von denen ich nur wenige erwähnen will.

1. Wir führten die sogenannte *Projektfinanzierung* ein. Dabei sind die Institute gehalten, Vorhaben, die sie nicht aus ihren ordentlichen Mitteln durchführen können, in einem besonderen Gesuch ausführlich zu begründen, das dann auf seine wissenschaftliche Qualität von aussen geprüft wird, bevor eine Kreditzusprache erfolgt. Um die Mittel für diese Projektfinanzierung zu haben, war es nötig, die ordentlichen Kredite der Institute zunächst zu kürzen.

2. Wir kontingentierten die Aufwendungen für *Lehraufträge* je Abteilung; das zwang jede Abteilung, neue Lehraufträge in der Regel nur dann zu beantragen, wenn gleichzeitig auf die Weiterführung eines bestehenden Lehrauftrages verzichtet wurde.

3. Wir *überwälzten Kosten* für ausgesprochene *Verbrauchsausgaben* (z.B. Vervielfältigung, Benzin) auf die verursachenden Institute, was das haushälterische Umgehen messbar verbesserte.

4. Wir *verschoben Personalstellen* aus vergleichsweise gut dotierten Bereichen in schlechter dotierte, nach Massgabe der jeweils nachgewiesenen Bedürfnisse.

Alle diese Massnahmen waren nur möglich, weil die Mitteldotation im Laufe der Jahre ein komfortables Niveau erreicht hatte. Heute erweist sich die Fortführung der Massnahmen als zunehmend schwierig. Bei der Projektfinanzierung zwingt uns die Mittelverknappung, 50% der eingegangenen Gesuche abzulehnen, auch wenn ihr wissenschaftlicher Gehalt sehr gut ist. Im Falle der Lehraufträge haben wir das Wachstum gebremst, und weitere Bremsung würde realen Abbau bewirken. Wir kennen keine weiteren Verbrauchsgüter, wo Kostenüberwälzungen auf die Institute zu wirkungsvollen Einsparungen führen würden. Die ohne schwerwiegende Folgen umverteilbaren Personalstellen sind praktisch verschwunden.

So beginnt denn heute ganz klar die Periode, wo auch modernes Management nicht mehr viel helfen kann. Ein erstes Beispiel dazu: Von aussen war der Wunsch an die ETHZ herangetragen worden, wir möchten ein Nachdiplomstudium für Energieberater anbieten. Unsere Professoren bereiteten ein Studium vor. Zur Durchführung wären drei Assistentenstellen nötig gewesen. Es gelang uns nicht, diese freizuspielen. Das Nachdiplomstudium findet nicht statt.

Ausblick

Ich glaube, die ETHZ werde, sofern ihr die in unseren Mehrjahresplänen veranschlagten Mittel zugesprochen werden können, auch die bevorstehenden etwa vier Jahre bewältigen, in einer Art zwar, wie man in einer Zwangsjacke eine Arbeit verrichtet, die viel Bewegungsspielraum erfordert. Diese Mittel halten sich mit wenigen, geringfügigen Ausnahmen an den Finanzplan. *Mitte des Jahrzehnts ist aber ein Wachstumsschub an Personal und Finanzen unbedingt nötig.*

Weshalb kennen wir dieses Datum so genau? Wenn eine Hochschule geistig jung bleiben will, so muss sie mindestens bei jeder Wiederbesetzung einer Professur sehr gründlich abklären, auf welchem Gebiet der Nachfolger des zurücktretenden Kollegen tätig sein soll. Die Wissenschaft entwickelt sich nämlich immer rascher, und häufig tritt der Fall ein, wo ein Nachfolger Fragestellungen bearbeitet, die sich von jenen seines Vorgängers erheblich unterscheiden. Ein Vererbungsforscher etwa, der sich früher mit der chromosomalen Grundlage der Vererbung befasste und hiefür ein Mikroskop brauchte, soll heute vielleicht die Beeinflussung unseres Erbgutes durch Umweltgifte untersuchen; dafür braucht er völlig andersartige Instrumente. Wegen solcher Änderungen im Anforderungsprofil kommt es häufig vor, dass der neue Professor nicht nur neue Instrumente, sondern auch einen neuen Mitarbeiterstab braucht. Die Kosten solcher Neuausstattungen sind uns aus langjähriger Erfahrung recht genau bekannt. Was Mitte des Jahrzehnts ändert, ist die Zahl der jährlich wiederzubesetzenden Professuren: in den vergangenen Jahren, und noch bis 1984/85, handelt es sich um etwa 5 Professuren pro Jahr. Ab Mitte des Jahrzehnts werden es 12–15 pro Jahr sein, und zwar einfach aus Gründen der Altersstruktur des Lehrkörpers. Man könnte jetzt natürlich einwenden, wir sollten diese Professuren gar nicht wieder besetzen. Das käme einem realen Abbau gleich. Ein realer Abbau in Bildung und Forschung ist aber auch im Interesse der Wettbewerbsfähigkeit der Schweiz abzulehnen.

Zusammenfassung

Eine grosszügige Wachstumsphase liess die ETHZ zu Anfang der siebziger Jahre ein komfortables Niveau der Mitteldotierung erreichen. Sieben wachstumsfreie Jahre haben viele umverteilbare Reserven erschöpft. Weil in den nächsten vier Jahren vergleichsweise wenige Neubesetzungen von Professoren bevorstehen, sind wir zuversichtlich, auch diese Periode ohne wesentliches Wachstum hinter uns zu bringen, wenn auch nur mit grosser Mühe; entsprechend sparsam haben wir denn auch die Mehrjahrespläne angelegt, auf deren Erfüllung wir aber bestehen müssen. Mitte Jahrzehnt tritt aber dann eine Situation ein – sprunghafter Anstieg der Wiederbesetzung von Professuren und Anstieg des Ersatzbedarfs ausgedienter Apparaturen –, die ohne Wachstumsschub an Personalstellen und Sachmitteln nicht zu bewältigen ist.

2.10 Der Stadtzürcher Regionalplan aus Sicht der ETH[1]

Die ETH Zürich ist eine Hochschule von Rang und Namen, die jährlich über tausend Absolventen mit einem Diplom oder Doktortitel in die praktische Tätigkeit an Schulen, Industrieunternehmungen und Verwaltungen entlässt und überdies in Zürich über viertausend Arbeitnehmer beschäftigt. Forschung und Bildung am Poly haben sich seit mehr als 125 Jahren als mittragend erwiesen für die Wettbewerbsfähigkeit der Wirtschaft unseres Landes. *Die Vorlage des Gemeinderates erstickt jede bauliche Entfaltungsmöglichkeit der ETH auf dem Hönggerberg, schadet damit auf lange Sicht der Stadt, dem Kanton und dem Land, und wird Entschädigungsforderungen des Bundes in Millionenhöhe bringen.*

In den fünfziger Jahren wurde deutlich, dass die ETH baulich erweitert werden musste. Die Studentenzahlen nahmen rasch zu, und die Technik entwickelte sich schneller als früher. Im Hochschulquartier war praktisch keine Landreserve, auf die unsere Hochschule hätte zurückgreifen können. Zwar wurde durch die Ausquartierung z.B. der EMPA (nach Dübendorf) im Zentrum etwas Raum frei und wurden durch Aufstockung und Innenausbauten bestehender Gebäude zusätzliche Hörsäle, Laboratorien, Werkstätten und Büros geschaffen. Diese Massnahmen reichten aber bei weitem nicht aus, die ausgewiesenen Bedürfnisse zu befriedigen. Ein Zweitstandort musste gefunden werden. Bundesrat und Stadtrat entschieden sich 1958 einvernehmlich für das Areal Hönggerberg.

Jener Entscheid erforderte politischen Mut. Manchen fiel es schwer, das Areal des Hönggerbergs überhaupt überbaut zu sehen. Andere hätten Wohnbauten vorgezogen. Aber die Einsicht obsiegte, dass Bund und Stadt auf lange Sicht ein grosses Interesse haben, ihr Poly sich nicht irgendwo entfalten zu lassen, sondern in Zürich auf dem Hönggerberg.

Der Gemeinderat der Stadt Zürich beschloss dann 1961 die Bauordnung für das Gebiet des Hönggerbergs. Eine Fläche von 46 Hektaren wurde für die ETH ausgeschieden, mit einer Ausnützungsziffer von 0,425. Heute befinden sich davon 41 Hektaren im Eigentum des Bundes. Der Bund war

---

[1] Beitrag zum Abstimmungskampf, erschienen in der NZZ Nr. 276 (26. November 1982).

sich der Verantwortung, die er mit der Überbauung des Hönggerberges übernahm, sehr wohl bewusst. Das herrlich gelegene Areal ist ein beliebtes Erholungsgebiet, das es zu erhalten galt. So wurde denn mit grossen finanziellen Aufwendungen dafür gesorgt, dass das Erholungsgebiet attraktiv bleibt. Sämtliche Parkplätze wurden unterirdisch angeordnet. Ein ansprechendes Netz von Spazierwegen wurde erstellt. Die Art der Überbauung wurde so gewählt, dass zusammen mit der Bepflanzung der Eindruck einer Parklandschaft entstanden ist. Der Erfolg all dieser Massnahmen liess nicht auf sich warten. Die ETH Hönggerberg ist zu einem beliebten Ausflugsziel geworden, das Tag für Tag viele Besucher anzieht, an schönen Wochenenden Tausende.

Eine Hochschule ist nie fertig gebaut. Die Wissenschaft ist ständig in Entwicklung begriffen. Zwar sorgt die Finanzpolitik machtvoll dafür, dass die Bäume auch der Wissenschaft nicht in den Himmel wachsen. Aber es gibt Fälle, wo Erneuerung und Erweiterung nötig sind, soll nicht die Wettbewerbsfähigkeit unseres Landes und seiner Wirtschaft und seiner Hochschulen selbst Schaden nehmen. Als Beispiel sei das Gebiet der Informatik erwähnt, einer neuen Disziplin, die viele bestehende Disziplinen zu durchdringen beginnt. Solche sprunghaften Entwicklungen hat es in der Geschichte der Wissenschaft immer wieder gegeben, und bedeutende Hochschulen der Welt waren an ihnen beteiligt oder hielten wenigstens mit ihnen Schritt. Für die Entfaltung neuer Disziplinen ist es oft unerlässlich, auch neue Infrastrukturen bereitzustellen, unter Umständen neue Bauten. Eine Hochschule braucht deshalb immer Entfaltungsraum. Das war auch die Idee 1961, als für die ETH auf dem Hönggerberg 46 Hektaren ausgeschieden wurden. Die Entwicklungsplanung der ETH ist seither immer davon ausgegangen, dass das Areal langfristig wirklich zur Verfügung stehen wird.

Die Vorlage des Gemeinderates zerstört nun diese Planungsgrundlage ganz und gar. *Durch die «Aussparung» eines massiven Anteils von Bundesland würde jede bauliche Entwicklung der ETH in Zürich erstickt!* Sollte der Plan des Gemeinderates je Rechtskraft erhalten, müsste die *ETH Zürich* nach einem *dritten Standort* Ausschau halten. Vorher würde aber der *Bund massive Entschädigungsforderungen stellen*. Er hat nämlich mit dem Bau der Energiezentrale auf dem Hönggerberg, den Fernleitungskanälen, den Strassenbauten und Werkleitungen, den öffentlichen Einrichtungen Vorinvestitionen im Umfang von etwa 120 Millionen Franken (Index 1980) getätigt, die zu einem beträchtlichen Teil für die Katze wären. *Die Entschädigungsforderungen des Bundes müssten mit Sicherheit zweistellige Millionenbeträge erreichen.* Wer will das bezahlen?

Für den Steuerzahler weniger direkt ersichtlich ist ein weiterer Mangel der gemeinderätlichen Vorlage. Mit der Verminderung der Bauflächen auf dem Hönggerberg würde die gut eingespielte *Koordination der beiden Zürcher Hochschulen ernsthaft gefährdet*. Heute sind eine ganze Anzahl von Instituten beider Hochschulen sinnvoll unter einem Dach auf dem Hönggerberg vereinigt. Wird die Entfaltung der ETH blockiert, so wäre das Verbleiben der Universitätsinstitute auf lange Sicht nicht gewährleistet.

Ich bin dankbar, dass der *Stadtrat* mit seiner Vorlage unserem Poly die sicher einmal nötig werdende Entfaltung auf dem Hönggerberg ermöglicht und *hoffe, dass die Zürcher Stimmbürger ihre Stimme der Vorlage des Stadtrates geben*.

2.11 Zum Fortgang der Reformbemühungen an der ETH Zürich[1]

ETH-Reform im nationalen und internationalen Vergleich

Durch meine Tätigkeit in der schweizerischen und der europäischen Hochschulrektorenkonferenz sowie durch regelmässige Kontakte mit Amtskollegen aussereuropäischer Länder habe ich laufend Gelegenheit, die Intensität der Reformbemühungen an technischen Hochschulen zu vergleichen. *Ich kann Sie versichern, dass unsere technischen Hochschulen in dieser Hinsicht gut dastehen.* Ich muss mir sogar manchmal sagen lassen, es werde vor allem an der ETH Zürich zu häufig mit Studienplänen experimentiert; in der Tat vergeht kaum eine Schulratssitzung, an der nicht eine Änderung eines Studienplanes oder einer Prüfungsordnung beschlossen wird. Wir sind aber der Meinung, dass die *laufende Anpassung der Lehrinhalte,* als Reaktion auf veränderte Anforderungen der Praxis, richtig ist.

Etwas gemächlicher gestaltet sich die *Anpassung an neue Lehrformen.* Während zum Beispiel vor allem amerikanische Hochschulen das Verfahren des computergestützten Unterrichts im grossen Stil anwenden, steckt diese Lehrform bei uns erst in den Anfängen. Bildungswissenschafter streiten sich allerdings darüber, ob dieser Mangel als Rückstand oder Vorsprung zu werten sei.

Hochschuldidaktik

Auf diesem Gebiet sind im Laufe der letzten Jahre *grosse Anstrengungen unternommen und Fortschritte erzielt worden.* Was mit Wochenendseminaren von Assistenten und Professoren begann, weitete sich aus zu Intensiv-Sommerkursen an der Hochschule für Bildungswissenschaften in Klagenfurth und läuft seit zwei Jahren als gemeinsame hochschuldidaktische Veranstaltung beider Zürcher Hochschulen mit Erfolg weiter. Die Studentenvertreter rügen in den Unterlagen zur heutigen Sitzung, es seien zur

---

[1] Einleitung einer Aussprache mit der Kommission für Wissenschaft und Forschung des Nationalrats, am 15. Februar 1983.

Schaffung eines hochschuldidaktischen Zentrums keine Schritte unternommen worden; diese Aussage entspricht nicht den Tatsachen.

Mitsprache

In diesem Bereich sind noch Verbesserungen nötig und möglich, vor allem Vereinfachungen im Ablauf. Zu Recht beklagen sich unsere Professoren, zu häufig zu schriftlichen Vernehmlassungen aufgerufen zu werden und zuviel Zeit für Kommissionssitzungen aufwenden zu müssen. Dieser Mangel besteht vor allem an der ETH Zürich und ist unter anderem durch die Mehrfachorganisation innerhalb der Abteilungen verursacht. Ihre Kommission hat seinerzeit richtig erkannt, dass *Abteilungsräte und Abteilungskonferenzen zusammengelegt werden sollten.* Der Entwurf zur neuen Verordnung über die ETH Zürich sieht das vor.

Unverständlich ist der Vorwurf der Studentenvertreter, die Hochschulstände seien bei der Erarbeitung der neuen Verordnung und generell bei der Planungsarbeit für die Zukunft unserer technischen Hochschulen nicht genügend einbezogen. Diesen Vorwurf weise ich mit aller Bestimmtheit zurück, mit den gleichen Argumenten, die der Schulratspräsident in seiner schriftlichen Stellungnahme anführt. Auch die Reformkommission der ETH Zürich bestätigt, dass die Zusammenarbeit bei der Gestaltung des Verordnungsrechts vorzüglich funktioniert. Wenn nicht alle Vorstellungen der Studentenvertreter Eingang in die neue Verordnung finden, dann rechtfertigt das den Vorwurf keineswegs, die Behörden stünden der Mitsprache ablehnend gegenüber. Persönlich glaube ich, dass die neue Regelung des Mitspracheverfahrens, wie sie im Entwurf der neuen Verordnung vorgesehen ist, die gewünschten Vereinfachungen bringen kann.

2.12 Dozentenplanung 1984–1987 im Zeichen des Nullwachstums[1]

Das vielgeforderte Nullwachstum ist an der ETHZ bezüglich Personal seit Jahren Wirklichkeit. Das spürt man besonders dann, wenn man in eine neue Planungsrunde steigt. *Kernstück unserer Planung war und ist die Planung der Professorenstellen.* Denn es sind die Professoren, die unsere Hochschule durch ihre Tätigkeit in Lehre, Forschung und wissenschaftlicher Dienstleistung tragen.

Bei der Planung der Professorenstellen kommt an unserer Hochschule ein grosser Meinungsbildungsprozess in Gang, der praktisch alle Abteilungen und Institute erfasst. Nach dem Grundsatz «Planung von der Basis zur Zentrale» bringen Abteilungen und Institute ihre Vorstellungen über die Entwicklung ihrer Fachgebiete zu Papier, in Form von begründeten Anträgen. Diese Anträge zielen entweder darauf ab, neue Professuren zu errichten, oder sie haben zum Ziel, bestehende Professuren mit mehr oder weniger veränderter Umschreibung wieder zu besetzen. Die Zahl der Anträge übersteigt jeweils die Möglichkeiten bei weitem. So standen diesmal fünfunddreissig durch Rücktritt freiwerdenden Professuren siebenundachtzig Anträge der Abteilungen gegenüber! Aufgabe der Planungskommission war es, aus diesen siebenundachtzig Anträgen eine Auswahl so zu treffen, dass ein realisierbarer Plan entsteht. In erster Näherung heisst das, dass die Planungskommission zweiundfünfzig der siebenundachtzig Anträge zur Ablehnung hätte empfehlen müssen: Im Nullwachstum begrenzt die Zahl der Rücktritte (35) die Zahl neuzubesetzender Professuren.

Unsere Planungskommission hat zuerst einen Kriterienkatalog aufgestellt, nach welchem die siebenundachtzig Anträge zu beurteilen wären. Er umfasste folgende Punkte:

– Übereinstimmung mit den Zielsetzungen der ETH Zürich gemäss Planung 1984–1987
– Sinnvolle und zweckmässige Verknüpfung von Lehre und Forschung (Lehrbezug der Forschung)

---

[1] Pressekonferenz zum Jahresbericht 1982 der ETHZ, am 16. Juni 1983 in Zürich.

- Beseitigung eines Engpasses der Lehrkapazität im Normalstudienplan der ETHZ, falls Lehraufträge ungeeignet
- Aktuelles Forschungs- und/oder Lehrgebiet mit führender Stellung an der ETHZ
- Sinnvolle Verstärkung der Zusammenarbeit zwischen Ingenieur-, Natur- und Geisteswissenschaften gemäss den Möglichkeiten der ETHZ
- Vorhandene Infrastruktur einer erfolgreichen Forschung an der ETHZ
- Vorliegen einer klaren, nicht zu engen Umschreibung und Strukturierung des Lehr- und Forschungsgebietes, insbesondere im Hinblick auf eine Zusammenarbeit zwischen den einzelnen Fachbereichen der ETHZ
- Koordination mit anderen Hochschulen gewährleistet (bei einer Reihe von Professuren wurden bereits Koordinationsgespräche mit der Universität Zürich auf informeller Basis durchgeführt)

Die Planungskommission hat dann eine Kategorisierung vorgenommen. Zwischen folgenden Einstufungen wurde unterschieden:

- Einstufung A: Besetzung der Professur
- Einstufung Aa: Besetzung der Professur, verbunden mit zusätzlichen Auflagen (insbesondere Auflagen zur Koordinierung mit anderen Professuren innerhalb oder ausserhalb der ETHZ oder eine gegenüber dem Vorschlag der Abteilung geänderte Umschreibung)
- Einstufung B: Besetzung durch Assistenzprofessur
- Einstufung Ba: Besetzung ausserhalb des Personaletats der ETHZ
- Einstufung C: Professur ist in der Planungsperiode zurückzustellen
- Einstufung Ca: Rückstellung bis zum Vorliegen des Resultates zusätzlicher Abklärungen
- Einstufung D: Antrag wird zurückgewiesen.

Besonders hervorheben möchte ich hier das neue Verständnis der Assistenzprofessur, wie es durch die Einstufung B entsteht.

- Eine Assistenzprofessur ist auf maximal 6 Jahre befristet; sie ist einer ordentlichen oder ausserordentlichen Professur resp. einem Institut zuzuteilen.
- Eine Assistenzprofessur kann nur auf Kosten einer Etat-Stelle der betreffenden Organisationseinheit geschaffen werden und hat keinen Anspruch auf Personal und Einrichtungskredit.
- Eine spätere Wahl zum ordentlichen oder ausserordentlichen Professor ist in der Regel nicht vorgesehen. Sie könnte nur im Rahmen einer in der ordentlichen Dozentenplanung aufgeführten Professur erfolgen.
- Die Notwendigkeit der Schaffung einer Assistenzprofessur muss durch

ein akutes, absehbares Lehrbedürfnis im Grundlagenunterricht des Normalstudienplanes ausgewiesen sein.

Die Erwägungen, die zu den Empfehlungen der Planungskommission führten, wurden mit den Abteilungsvorständen besprochen, und die Gespräche werden in einer ganzen Reihe von Fällen noch weitergeführt werden müssen. Die Schulleitung hat die Empfehlungen der Planungskommission weitgehend übernommen und als Antrag dem Schweizerischen Schulrat zur Beschlussfassung unterbreitet.

Als positives Ergebnis dieser grossangelegten Planungsarbeit ist hervorzuheben, dass in der Planungsperiode fünf neue Professuren geschaffen werden sollen, und zwar eine für Maschinenkonstruktion (CAD) und je zwei für Elektronik und für Informatik. Darüber hinaus sollen acht auf höchstens sechs Jahre befristete Assistenzprofessuren geschaffen werden.

Weniger erfreulich ist die Feststellung, dass die Errichtung und Besetzung dieser Professuren nur möglich ist, wenn wir in der Planungsperiode auf die Wiederbesetzung einiger bestehender Professuren verzichten. So kommt die Wiederbesetzung je einer Professur in den Bereichen Bauwesen, Botanik, Werkstoffe und Abfallbewirtschaftung definitiv nicht mehr in Betracht. Ausserdem soll in weiteren Gesprächen abgeklärt werden, welches die Konsequenzen des Verzichtes auf Wiederbesetzung in folgenden Bereichen sein werden:
- Im Bereich Bauwesen die Professur für Strassen- und Untertagebau. Unbestritten ist, dass der Bereich Strassen- und Eisenbahnbau von den Professoren des Instituts für Verkehrs- und Transporttechnik betreut werden kann. Hingegen bleibt im Bereich Untertagebau gerade im Hinblick auf die steigende Bedeutung des Kavernenbaus eine Lücke nach dem Rücktritt des heutigen Inhabers dieser Professur,
- im Bereich Maschinen- und Elektro-Ingenieurwesen die Professuren für hydraulische und für elektrische Antriebstechnik, speziell Industrieroboter. Der Schulrat hat eine *Ad-hoc*-Arbeitsgruppe zur Abklärung dieser Frage eingesetzt,
- im Bereich der Abteilung für Landwirtschaft möchte die Abteilung eine eigene, in der Lebensmittelchemie beheimatete Agrikulturchemie wie bisher, was teilweise im Widerspruch steht mit der ETH-Usanz, dass der Chemie-Unterricht von Chemikern aus den Chemie-Instituten erteilt wird,
- die Wiederbesetzung der Professur für Humangeographie sollte zum Anlass genommen werden, die Zusammenarbeit der Geographischen Institute der Universität und der ETHZ zu intensivieren,
- das relativ gute Verhältnis der Zahl der Professoren zur Zahl der Studierenden im Bereich der Erdwissenschaften legt einen Verzicht auf die

Professur für Kristallographie nahe. Umstritten ist aber, ob nicht, nach dem Verzicht auf die Nachfolge Laves, dieser zweite Abbau zu einer irreversiblen Schwächung der Kristallstrukturbestimmung führen wird,
– die von politischen Instanzen verlangte Professur für rätoromanische Sprache und Kultur wird nur in Zusammenarbeit mit der Universität Zürich und mit Hauptstandort an deren Romanischem Seminar realisiert werden können. Dazu werden noch Verhandlungen mit Universität und Kanton Zürich notwendig sein.

Dort, wo das vom jeweiligen Fach her angezeigt ist, werden in die Gespräche auch Kollegen der benachbarten Universität Zürich einbezogen, vollzieht sich doch unsere Planung seit jeher in enger Tuchfühlung mit den Organen der Universität.

Eine Schwierigkeit, die sich bei Vollzug der Dozentenplanung einstellen wird, sei nicht verschwiegen. Ich meine die Schwierigkeit der Dotation der neu zu wählenden Professoren mit Mitarbeiterstellen. Besonders bei den fünf Professuren, die neu geschaffen werden sollen, handelt es sich um Gebiete mit besonders grossen Studentenzahlen, d.h., die neuen Kollegen werden mit einer ganzen Reihe zusätzlicher Assistentenstellen ausgerüstet sein müssen. Falls der Personalstopp bis in die Planungsperiode hinein anhält, ist diese Dotation nur durch Umgruppierung von Personal aus anderen Bereichen unserer Hochschule möglich. Das wird Schwierigkeiten verursachen, wenn es überhaupt möglich ist. Wir haben im Laufe der letzten Jahre Personalstellen im grossen Stil innerhalb unserer Hochschule verschoben, und wir sehen im Moment die Möglichkeit noch nicht, alle der jetzt zur Besetzung geplanten Professuren mit Personalstellen ausrüsten zu können. Diese grosse Arbeit kann uns die Planungskommission nicht abnehmen. Es wird hier vor allen die Aufgabe unserer Betriebsdirektion und der Stäbe der Schulleitung sein, Verwaltung und Institute nach Möglichkeiten weiterer Personalumgruppierungen zu durchforsten. Diese Arbeit ist unerfreulich und wird – wenn ich mir eine Prognose erlauben darf – nicht sehr ergiebig sein. Ich kann Sie aber versichern, dass wir uns die grösste Mühe geben werden, möglichst alle jene Professuren zu besetzen, die für die zeitgerechte Ausbildung unserer Absolventen unentbehrlich sind, vor allem in den für unsere Volkswirtschaft so wichtigen neuen Bereichen wie Informatik und Elektronik.

Der Besetzung folgender Professuren hat der Schulrat im Prinzip zugestimmt:
Entwurf (Architektur), Kunstgeschichte, Bauplanung und Konstruktion, Verfahrenstechnik, Betriebswissenschaften, Maschinenkonstruktion (2), Elektronik (2), Elektrotechnik, Informatik (2), Materialwissenschaften, Bioorganische Chemie, Industrielle Chemie, Makromolekulare Chemie,

Arzneiformen, Anatomie landwirtschaftlicher Nutztiere, Pflanzenbau, Biologie und Botanik (4), Mathematik (3), Experimentalphysik (2), Atmosphärenphysik, Geologie, Rechtswissenschaft, Didaktik.

Darüber hinaus hat der Schulrat die Ausschreibung von Assistenzprofessuren in folgenden Gebieten in Aussicht genommen:

Architektur und Entwurf, Bauphysik, Informatik (2), Biopharmazie, Kartographie, Mathematik, Angewandte Physik.

2.13 Neues weiterhin nur unter Verzicht auf Bestehendes?[1]

Seit Jahren betont die Leitung der ETHZ bei jeder Gelegenheit die Dynamik unserer Hochschule. Wir weisen nach, dass wir, der Zeit etwas voraus oder doch nur unwesentlich hintennach, wesentliche Neuerungen in Lehre und Forschung einführen, ohne hiefür neue zusätzliche Mittel zu erhalten. Ich erinnere an ein paar Beispiele, die immer wieder erwähnt werden: die Errichtung des Toxikologischen Instituts in Schwerzenbach, die Errichtung der Abteilung für Informatik, die Errichtung des Instituts für Biotechnologie. Im heute zur Diskussion stehenden Jahresbericht heben wir die erfreuliche Entwicklung der Neueintritte der Studierenden besonders hervor und zeigen im gleichen Atemzug, dass seit dem Personalstopp 1974 keine einzige zusätzliche Assistentenstelle verfügbar geworden ist, um die heute doch etwa um einen Viertel angestiegene Studentenzahl zu betreuen. Die erwähnten Neuerungen und auch die Bewältigung des Studentenberges sind nur möglich geworden, indem wir Mittel innerhalb der Hochschule neu verteilt haben, insbesondere Personalstellen; in den letzten paar Jahren waren es 189 Personalstellen! Solche Umlagerungen sind auch nötig gewesen für weniger spektakuläre Änderungen als die Einführung der Toxikologie, der Informatik und der Biotechnologie. Sie wurden z.B. nötig, als wir das Photographische Institut aufhoben, um damit die neueren Gebiete der Kommunikationstechnik und der Bildwissenschaften zu verstärken. Sie wurden nötig, als wir bei der Wiederbesetzung einer Physikprofessur eine Akzentverschiebung von Grundlagenforschung der Festkörperphysik in angewandte Metallphysik vornahmen.

Möglich wurden die Umverteilungen durch Verzicht. In den letzten Jahren haben wir auf die Wiederbesetzung von nicht weniger als sechzehn durch Altersrücktritt oder Tod freiwerdende Professuren verzichtet. Ich will sie nicht alle aufzählen, sondern nur einzelne erwähnen: Elektrochemie, Bodenkunde, vier Biologieprofessuren, eine Professur für organische Chemie, eine Professur für Bau- und Transportmaschinen, eine Professur für

---
[1] Einführung der Pressekonferenz zum Jahresbericht 1983 der ETH Zürich, am 15. Mai 1984.

Architektur usw. usw. Von aussen wurde diese Dynamik wenig anerkannt. Im Innern der Hochschule hat sie die Überwindung grosser Widerstände erfordert, wobei aber rückblickend viele Kreise unserer Hochschule anerkennen, dass die neuen Entwicklungsschwerpunkte wohl richtig gewählt wurden. Am deutlichsten ist diese Zustimmung im Falle des Informatikschwerpunktes.

Wir haben uns aber auch keine Gelegenheit entgehen lassen, schon seit mehreren Jahren darauf hinzuweisen, dass der Umverteilung von Mitteln Grenzen gesetzt sind. Wir haben insbesondere darauf hingewiesen, dass zehn Jahre Personalstopp uns in unserem Bestreben der unverzichtbaren Erneuerung von Lehre und Forschung vor fast unlösbare Probleme stellen und dass unserer Hochschule eine innere Erstarrung droht. Diese Formulierung der inneren Erstarrung hat denn auch Proteste bewirkt in dem Sinn, dass uns bedeutet wurde, diese innere Erstarrung dürfe unter keinen Umständen eintreten.

Diese Meinung teilen wir durchaus, und wir sind denn auch entschlossen, einen weiteren Schub von Umverteilungen vorzubereiten. Wir haben eine Arbeitsgruppe beauftragt, einen Vorschlag auszuarbeiten, nach welchem die personellen Mittel unserer Hochschule von Grund auf neu auf die Institute verteilt werden. Die Rahmenbedingungen für diese Aufgabe finden sich in den Mehrjahresplänen unserer Hochschule, in denen einzelne Gebiete sehr deutlich als Förderungsgebiete bezeichnet sind, andere als Abbaugebiete.

Ich muss allerdings schon jetzt mitteilen, dass die neuen Umverteilungsaktionen, die in Vorbereitung sind, insgesamt noch schmerzlichere Auswirkungen haben werden als die bisherigen. Ich halte es für ausgeschlossen, die nötige Manövriermasse für die wirkungsvolle Konsolidierung von Förderungsgebieten zu erhalten, ohne um harte und einschneidende Massnahmen wie die Schliessung von Instituten herumzukommen. Wir haben dieser Tage dem Institut für Hochbauforschung (HBF) mitgeteilt, dass wir erwägen, dem Schulrat die Schliessung dieses Instituts auf den 1. Oktober 1985 zu beantragen. Für die Angehörigen dieses Instituts kommt der Vorschlag nicht überraschend. Das Institut hat im Rahmen von Planungsarbeiten, unter Leitung des leider kürzlich verstorbenen Professors Heinrich Kunz, seit längerer Zeit über seine Zukunft nachgedacht. Für einzelne Mitarbeiter besteht die Aussicht, in das fachlich verwandte Institut für Hochbautechnik (HBT) überzutreten. Wie in der Vergangenheit werden wir uns die allergrösste Mühe geben, alles Mögliche beizutragen, dass auch die übrigen Mitarbeiter des Institutes so oder anders in unserer Hochschule, im Schulratsbereich oder anderswo in der Bundesverwaltung eingesetzt werden können, die Stelle also nicht verlieren. Unsere Vorstudien haben anderseits leider gezeigt, dass diesmal, wie übrigens auch schon bei früheren

Schliessungen, auf Aufhebung von Stellen nicht verzichtet werden kann; im Falle des HBF wird es sich voraussichtlich um die Auflösung von ungefähr fünf Dienstverhältnissen handeln. Das ist schmerzlich, aber unvermeidlich, damit wir dringend nötige personelle Verstärkungen in anderen Bereichen vornehmen können. Die grösste Not besteht zur Zeit bei der Informatik. Aber schon tauchen neue Gebiete auf, deren Pflege wir an die Hand nehmen wollen; ich erwähne z.B. die Mechatronik. Der Wandel des Wissens ist heute so rasch und ungestüm, dass wir damit rechnen müssen, immer wieder weitere Anpassungen vornehmen zu müssen.

2.14 The struggle to maintain excellence in a period of zero growth[1]

Many say that the Tata Institute of Fundamental Research is an excellent academic institution. I wholeheartedly agree and would like to express my gratitude for having been invited to speak here; it is not self-evident that not a distinguished mathematician or scientist, but for a change, an individual commonly referred to as a science administrator, speak to this distinguished audience.

Some say that the Swiss Federal Institute of Technology Zurich, better known in the scientific community by its acronym ETH, is an excellent institution, too. As its president for the past eleven years, I am pleased when I hear such comments, but at the same time obligated to present a finer analysis of the state of affairs. I'll speak to six points. First, I'll present ETH Zurich very briefly to you, so that you have a better idea of the institution I'll be discussing. Second, I'll attempt to define excellence of a technical university. Third, I'll try to enumerate the requirements for maintaining excellence. I'll then talk about the major difficulties we have been encountering in our own efforts to maintain excellence. My fifth point will describe measures we have been taking to overcome these difficulties, and I will conclude with a brief outlook into the future.

1. ETH Zurich

ETH Zurich is located on two major sites, one in downtown Zurich, the other some five miles away in the nearby countryside. In addition we have several research stations scattered over much of Switzerland, particularly in the areas of agriculture, forestry, astronomy, and atmospheric physics. ETH forms students to a master's or doctor's level in architecture, civil engineering, mechanical engineering, electrical engineering, computer

---

[1] Referat am Tata Institute of Fundamental Research, Bombay, 17. November 1984; erschienen in Physics News, Bulletin of the Indian Physics Association 16: 24–29 (1985). Ein ähnliches Referat wurde vom Autor am Weizmann Institute of Science in Rehovot, Israel, am 28. März 1981 sowie an einer OECD-Tagung in Fribourg, am 10. Sept. 1985 gehalten.

science, materials engineering, chemistry, chemical engineering, pharmacy, forestry engineering, agriculture, food science, rural engineering, geodesy and surveying, mathematics, physics, earth sciences, and biology. At the moment, our student body comprises around 8500 students, including 1400 candidates for doctors degrees. ETH also houses a division of military sciences, which does not grant degrees but rather serves as a training base for professional staff officers of the Swiss army and in addition offers some courses of common interest to our own students. Last but not least we carry a rather extensive division of humanities and social sciences, providing a complementary education to our engineers and scientists in those branches of knowledge. Already the founders of ETH insisted that engineers and scientists receive a complementary education in languages and literature (at the moment german, french, italian, english, spanisch, arab), in history, philosophy, philosophy of science, law, psychology, music. Every student is required to sign up at least one course per semester in one of these disciplines in the course of his eight to nine semester curriculum at ETH. In fact, he may request to be examined in one of these branches in the context of his final examinations.

Research occurs in what we call institutes, or departments, or chairs pretty much in the same fields that are also present in our curricula. Although teaching has our highest priority when allocation of means is discussed, much emphasis is placed on research activity of our staff. In fact, when we meet with colleagues around the world, ETH by and large is regarded as a research institution.

ETH has undergone rapid growth between 1950 and 1970. Since then, growth has been slight only both with respect to means and the student body. But the proportions of students of the various divisions has undergone marked changes. E.g., in the fifties students of civil engineering represented a large proportion of our student body, students of pharmacy a very small one; today the pattern is reversed, with pharmacy students representing a large share of the overall student population, and civil engineers having dropped in relative size. The biggest division at the moment is the division of electrical engineers, and the most attractive in terms of student recruitment the very young division of computer science. Our staff comprises around 4500 people, including 275 professors. The bulk of our personnel is working in the institutes and divisions, with only a small proportion of the overall personnel being engaged in central administration. ETH is funded to a large degree by the Swiss Federal government, with a total expenditure approaching 300 million Swiss francs, equal to roughly 150 million US Dollars per year, not including investments in buildings. I should add that investments in buildings since the early sixties have risen to a total of roughly one billion US Dollars. We are an international school with a proportion of some 10% foreign students and some 25% foreign professors. As a technical university, most of our students are of male gender; we count only about 10% girls.

2. What is excellence of a technical university?

Since I'm using the term excellence I may as well define what I mean by it. To me, *excellence of a university means, in the first approximation, to be able to attract and keep outstanding faculty*. In the case of ETH, this has been possible to a large degree. A proud number of former students or faculty of our institution are to be found among Nobel-laureates in physics, chemistry, or the life-sciences. Over the years, a large number of faculty members in mathematics, earth sciences and many branches of engineering sciences have received international recognition and won prizes. I know that a good many colleagues in these fields have had the distinction of being invited to speak before this audience at the Tata Institute of Fundamental Research. This kind of recognition or echo of the activities of our faculty was verified in a recent scan of Science Citation Index, which showed that what our professors are doing in research is widely quoted in recognized journals of scientific publication. I believe that our institution has in the past claimed excellence, and rightfully does so in the present, as far as its research activity is concerned. This is also true for our teaching activity, as witnessed by the fact that all our graduates find it easy to locate rewarding jobs in industry, as public servants, in institutions of higher learning, or create successful firms of their own. Therefore, we claim excellence in teaching, too.

The law that governs the doing of our institution, and which dates from 1854, states that our activities should respect needs of Switzerland. Since we have been successful in training high quality graduates and maintaining a respectable level of high quality basic and applied research, I believe that the aim set forth by the law has been met to this day. Perhaps our contribution helped our contry, in whichever modest way, to maintain a low unemployment rate, a relatively low inflation rate, a high average income, and political stability.

You may feel that modesty requires that a president of an institution not brag about its excellence. But as you will notice as I go on, pointing out the merits of an institution of higher learning has become a necessity in these years of difficulties in which we are living, and will increasingly become a necessity in the years ahead.

3. What is needed for maintaining excellence?

By mere logics, *maintaining excellence requires maintaining the ability to recruit and keep outstanding faculty*. I firmly believe that university policy may be reduced to the policy of faculty recruitment. There are a number of indispensible *prerequisites* for this to happen. The first and most important is the *necessary foresight* as to which disciplines retain or obtain importance in the development of science and technology. It is not sufficient simply to replace professors who retire by excellent colleagues who will move on the same tracks. Rather it is imperative whenever a distinguished colleague retires to ascertain whether or not research in the same or a related discipline ought to be pursued or abandoned. Second, a comfortable, *stable level of financial support* is also an indispensible prerequisite. In the absence of growth, a comfortable level of financial support facilitates shifting around means within the institution and at the same time enables the institution as a whole to set aside some reserves that can act as buffers, so that means are available for acting quickly when needs arise for particularly innovative activities. Third, I claim that *some growth of means* is required. This demand may seem immodest in view of the steep growth our institution has undergone and the comfortable level of support it is enjoying. Our experience shows, however, that in view of the budgetary restraints concerning shifting means from one category into another – restraints that are typical for state institutions – some growth is indeed required if one wants to maintain excellence.

I would like to stress the order of these prerequisites and repeat that it begins with foresight as the limiting factor, and ends with growth. Brains are more important at an institution of higher learning than money.

4. Which are our difficulties?

In my mind, a deficit in foresight is the overwhelming difficulty in planning the future of a university. No matter how competent the specialists you consult in decision-making, they will not necessarily be able or willing to point out gaps in the future. In our country the government's science advisory council more than ten years ago has made a monumental effort of planning the future of research. The search strategy consisted in asking the advice of hundreds of scholars. The result was an impressive document pointing to pressing needs as far as those areas of scholarly efforts were concerned that were already established at our universities. In this sense, the effort was worth its price. On the other hand, hardly anyone pointed to the urgent need of an increased effort in research in semiconductor technology, e.g., nor did anyone emphasize the pressing need for increased efforts in the area of energy research. It just happened, that either experts in those two fields were not among those consulted, or that they failed to recognize the importance of the survey. In a broader sense, the deficiency of this kind of planning is that gaps by definition have no advocates. Another deficiency is that scholars, as many other mammals and in fact most socially organized organisms are prone to territorial thinking. Consequently, even if scholars recognize a gap outside their own field, they will hesitate to point it out, for fear that their own allocations might have to compete with allocation to new disciplines. I for one have not encountered a single colleague who felt that his share of means was proportionally speaking too large.

You may argue at this point that research by definition cannot be planned. I agree in one sense: the result of a particular research effort cannot be planned, or else the effort would not deserve the name research. But I disagree strongly in another sense: what can and in my mind must be planned is the relative support various areas of research receive. I'll return to this point in a minute.

The second difficulty – after the deficit in foresight – is the lack of strength in a particular area. Lack of strength in an area is a major obstacle to improving it. I have found it difficult to recruit strong colleagues in the departments that lack strong colleagues. In a period of stagnating means – and I shall speak about this stagnation in a minute – one is tempted therefore to recruit primarily in fields that are already strong and where it is therefore easy to recruit colleagues of the highest possible quality. In pursuing this policy one must be aware of its danger, that is, that the gaps between excellent and not so excellent become wider and wider and consequently, staffing in weak disciplines becomes impossible.

Notice that this second difficulty is also primarily a qualitative one. But it is to a large measure caused by difficulties in quantity – in our case, the lack of growth. My institution has been suffering from a tight personnel freeze since November, 1974. Our hard-money based staff has not increased by a single unit in the last ten years. While our financial means have undergone a modest growth in the same period, so did inflation. In other words, we had to cope with a situation in which the unbroken flux of ideas of our faculty kept requiring additional means, but the means did not increase. One could argue that the comfortable level of financial support would enable us to liberate means by transferring sums e.g. from the investment side of the budget to the operational side of the budget. But as I pointed out already, the legal situation of federal finances makes for a substantial rigidity of budget items and does not readily permit such transfers. This rigidity is just one of the structural aspects of the difficulties in which we are living.

Another structural difficulty, of an entirely different nature, is the so-called participation of faculty, personnel, assistants, and students in decision-finding. A rather unfortunate misunderstanding of the term democracy has led to legislation that requires the authorities of our University to launch extensive consultations before passing virtually any decisions. While there are benefits to these novel ways of decision-finding, such as the psychological advantage of pluralism in general, or sometimes perhaps even an improvement of the content of a decision about to be made, the disadvantages very clearly consist in the enormous time that is consumed in these uncounted consultations. Let me illustrate this point with an example. It was recognized as early as in 1975 that our country needed engineers with a solid training in software technology. It was clear to us at ETH then that we had to found a division of computer science. This finally happened in 1981, after close to six years of formal debates with professors, students, assistants. Six years lost to our youth, six years lost to our economy. Ascertaining the quality of a scientific or educational project is not possible through a democratic process, but must be achieved in a selective or elitarian process. Having to consult organized bodies of decision-finding before decisions are made leads to a frustration of leaders, makes them prone to delegate their work to committees and therefore strip themselves of their responsibilities. To insist that a measure in higher education be only taken once it is widely accepted reflects an attitude of resignation and lack of leadership.

The fourth difficulty I'd like to mention among the obstacles in our struggle to maintain excellence is what is best expressed in the german term «Zeitgeist». Let me explain what I mean by this. The advances in technology in the widest sense have been so rapid that a large segment even of the educated society finds it hard to follow them. This leads to a widespread questioning of the merits of science and technology, or even to a distrust in science and technology. This phenomenon of questioning the merits of science and technology has been plagueing industrialized nations including Switzerland for serveral years now and has been making it difficult on the political scene to obtain additional means for scientific endeavor. Obviously technical universities are among the hardest hit by this «spirit of the ages» skeptical or hostile towards technology, because many feel that if we only pump sufficient funds from science and technology into the humanities, happiness of the human race in the future would be guaranteed. This, of course, is an absurdly simple and naive view.

5. What have we been doing to overcome our difficulties?

As far as our demonstrated weakness in gap-finding or foresight is concerned, we have been building up an ever more active search of centers of excellence around the world. We are grateful e.g., to have the opportunity through visiting mathematicians to give and take insights in the future of this most fundamental of all sciences at this Tata Institute of Fundamental Research. I would like to stress our gratitude to its staff for the initiatives taken in inviting scholars from ETH, and its hospitality. Our networks of experts help us early to recognize what other institutions are about to undertake and then critically to evaluate whether or not we ought to go in a particular direction. It may interest this audience that the Swiss Science Council is engaging in a similar exercise at the national level. In a trial run – for a two-year period – it is launching a search with the help of experts to detect gaps of knowledge that, if sufficiently significant, will hopefully prod those responsible for science policy to act. Let me mention just one example to illustrate what the exercise consists of: New materials will without any doubt complement or replace steel in many products. Question: what does this insight mean in terms of new areas of research at Universities, in industry? Should we introduce a new curriculum? Replace a professor of metallurgy by a professor of engineering plastics? Should industry diversify its product lines in the corresponding direction? Mind you: lack of such foresight and corresponding action can be devastating for a branch of industry, as witnessed by the recent fate of Swiss watch-industries.

A variety of measures have been taken in an attempt to overcome our quantitative difficulties related to the abrupt stop of growth. I'll mention six.

The first: We conducted a broad study to ascertain which size of institutes or departments allows for the most efficient use of our restricted means. The study showed with a suprising clarity that so-called one-man institutes, i.e., institutes at which only one professor, with a group of collaborators, is active are by far more expensive in relation to their productivity in teaching and research than institutes comprising four or five professors. At the other extreme it was found that institutes with eight or more professors again are more expensive to operate. As a consequence, we initiated a program to fuse one-man institutes in related fields to larger units; one example of the immediate past concerns the area of thermodynamics and combustion engines, jet engines, and reactor technology, which we fused into one single institute of energy-technology, with four professors. Also we have begun to split particularly large institutes into more efficient, smaller institutes; a recent example is the separation of the institute of polymer science from the very large institute of chemical engineering.

The second: reduction of cost-explosion in areas with extremely rapid growth. Our management control showed that there are types of expenditures that are characterized by particularly rapid growth. They comprise such seemingly trivial areas as the copying-machines or the consumption of gasoline for motor-vehicles. Before our efforts to curtail expenditures in these areas were initiated, these expenditures had been budgeted in a central budget and therefore not affected the operation of the individual institutes or chairs. The simple measure of budgeting these expenses for each individual institute led to a very massive reduction of spending. In another area of rapid growth, that of hiring part-time teaching personnel for individual lectures, we instituted a system of contingents that are allocated to each division. If a division wants to hire part-time staff for additional teaching, it can only do so if this is possible within the contingent. As a consequence a continuous process of weeding out was instituted, with the double effect of curtailing the growth of costs and, I believe, improving the quality of teaching.

The third: project-financing. In order to explain this measure which I consider of paramount importance in university management, I must briefly describe the way our institutes are financed. At the beginning of each fiscal year, each institute receives an allocation of personnel and funds referred to as ordinary budget. The institute itself has then an almost complete freedom as to what to do with these regular or ordinary means. Historically, these means grew as a function of the overall growth of the university budget. Some ten years ago we changed this system radically in that we stopped routine-growth of the budgets of institutes and in addition, reduced these in two steps, once by 10% and then by 5%. Through this method, we obtained increasing amounts of money into a central reserve in the hands of the president's office. This reserve is used for what we call project-financing. If an institute desires to obtain more money than its ordinary allocation, it can, four times a year, submit a specific research or teaching proposal, as it would to an outside granting institution. A peer-review committee consisting of outstanding scholars and helped by the advice of experts around the world, examines the requests and passes recommendations to the president's office as to whether a particular project ought to be financed or not. Such projects always have a beginning and an end and therefore do not engage the institution over a period longer than three years. They enabled us in a period of stagnating means selectively to promote research of the highest quality rather than continue a scheme that might be termed of growing irrigation. Some colleagues feel that his scheme of project financing curtails their research freedom. I do not share this view. The allocation of ordinary means is so generous that it allows a sufficient level of research activity at least to generate high quality research proposals which can then be financed through the project-financing method. For a good many years the peer-review occurred uniquely on the basis of academic merit of a proposal. Unfortunately, in recent years additional criteria had to be introduced in order to get by with the limited resources. These criteria concern areas of research. In a rather massive planning effort by our faculty, the conclusion was reached that four areas of research for a particular period deserved particular promotion: they are, energy-technology, computer-science, materials-science, and biotechnology. Since we are a closed system in terms of growth, it was necessary symmetrically to name areas in which spending should be rather reduced: they are biology (except biotechnology), physics (with a shift from nuclear- to particle-physics), chemistry, earth-sciences, and civil engineering. All other areas not contained in these two lists were to be financed at the level of the status quo. Finding these areas to be promoted or reduced meant a great deal of work by our faculty. In fact, each institute at four year intervals submits a plan of its intentions. Again through a process of peer review all these plans are compared and distilled into recommendations as to which areas ought to be promoted, left at status quo, or reduced. It is of great psychological importance to let the faculty itself do this difficult planning work rather than members of the administration. For the process of allocation of means these crutches have proven quite helpful.

The fourth: Redistribution of personnel posts. By far more important than equipment, space, and money, are people. When it proves necessary to develop certain areas to the detriment of others, it is unavoidable to shift personnel around within the institution as long as the personnel freeze, about which I talked, persists. We have in recent years shifted 189 positions from one institute into another within our institution, largely based on the planning decisions I just spoke about. Such measures hurt particularly the institute that acts as a donor. In our experience the receptor-institutes take the shifts for granted. The result of the operation is then that the administration forced to conduct them loses old friends without making new ones.

The fifth: Renunciation to continue some established activities. The azimuths of a university are determined by the activities of its professors. If a new domain ought to be taken up into a university's program, by and large this depends on the appointment of a new professor. You can't ask a professor of chemistry suddenly to conduct research and teach in the area of toxicology, e.g. If you want to take up teaching and research in toxicology, you are forced to appoint a professor of toxicology. In a phase of zero growth this is only possible, when more or less simultaneously a decision is taken to renounce to continue the activity of a professor who is about to retire. Since 1974, that is, when the personnel freeze was instituted, we renounced to appoint 16 professors who retired and consequently renounced to continue research and teaching on the respective topics. Let me mention a few: cristallography and petrography; machinery in civil engineering; one chair in organic chemistry; a chair in history of art and one in architecture; a chair in molecular biology; the only chair in electrochemistry. Only through such cuts did it become possible and will it remain possible for us to introduce and promote new areas of academic endeavor, such as computer sciences, biotechnology or other fields that I mentioned before, or that are yet to come.

The sixth: Closing down institutes. As we shift personnel or money from one institute to another, situations occasionally arise whereby an institute becomes undercritical. One must then envisage its fusion to a related institute or in fact, close it. We have e.g. closed the institute of zoology when two of its professors could not be replaced. We have closed an institute of photography based on the insight that photography in the sense of silver halide chemistry is better treated in chemical institutes than in highly specialized photographic institutes, and the insight that image science constituted a gap at our university that needed filling urgently. Accordingly, the former chair of photography was converted into a chair of image science, and the respective professor placed into an institute in the department of electrical engineering.

What have we been doing to cope with the «Zeitgeist»? Four years ago our institution celebrated its 125th anniversary. Instead of celebrating the occasion with a series of pompous days only, our institutes and departments carried out some 300 public appearances throughout the country, exposing their work to the criticism and discussion of people at all levels. We visited 75 high-schools in the country and received as our guests 3000 high-school students on our campuses. The topic discussed in these 300 appearances was one and only one: «technology, what for and where to?» It is hard to assess the impact of these activities on our people around the country. But it is easy to witness that within our institution this activity of one year had as its main effect the effect of reassuring ourselves. And by reassuring I do not mean simply to note that what we were doing was right, but to see that the scientists and engineers in their institutions are not alone in the society but have to meet expectations of the society. Society expects expert advice from science and technology. It expects technological leadership from us. At the same time it wants to have advice and must have advice on the directions science and technology take. To many scientists and engineers this still comes as a surprise. I have noticed that even among the most distinguished faculty there are some to whom the socio-economic context of research escapes. I have met fellow scientists of virtually all disciplines who shrug their shoulders when politicians speak of the social relevance of university research. This is both unfortunate and unwise. I feel that the tax-payer who through his work and his time supports university research has the right to know what university research is. If he is told, he will understand. And he ought not to be told that demanding social relevance of university research is wrong. Instead he ought to be told that all university research is socially relevant. Some say, that this is a generation-problem, that the next generation of scientists and engineers will automatically have a more reasonable attitude towards this demand of people. Let us hope so. I believe it would help if one offered all our young scientists and engineers a complementary formation in subjects of the humanities, law, economics, and fine arts. ETH from its very beginning has been making this possible through the offerings of our division of humanities and social sciences as already mentioned before. It is satisfying to see that an increasing number of students take advantage of this possibility. I believe that this opportunity for students of the technical sciences to see deeply into these other worlds of academic effort will prove to bear fruit for many years of the future of these individuals as scientists or engineers, as citizens, and more importantly, as humans. I believe that this effort will remain necessary, if we want to maintain excellence.

6. Brief outlook into the future

I am not sure whether there are prophets on this Earth, but if there are, I do not count myself among them. But I'd like to share with you, at the end of this presentation, a few views of mine on future needs for maintaining excellence in higher education.

The first: I strongly believe that our ideal of general education at the high-school level needs rethinking. While I admire the results of training in Greek, Latin, Philosophy, History, Languages and Literature, Mathematics, Physics, Biology, Earth Sciences: all classical components of an education called general, I believe that complementary insight into the world of Technology must be provided at the high-school age. How can a twenty-year old, living in a world of technology, be considered generally educated when he has not been told what technology is? In our country, he is not told! A recent survey of 1700 high-school graduates to our unpleasant surprise revealed that these young people had totally insufficient comprehension of the nature of technology. It is my view that Technology ought to be a subject taught at the high-school level, by engineers as teachers.

The second: I strongly believe that the divisions of law, economics, and humanities of classical Universities ought to require their students to sign up a course in Technology every semester (just as our students at ETH must sign up a course in the social sciences and humanities). For I consider it imperative that all scholars, no matter what their subject, be exposed to other ways of thinking, to finalities other than just scholarship, or just engineering. When the basic scientist is a specialist for the unexpected, and the engineer trained to realize and implement (rather than explain and understand) things, they both must know and appreciate this difference in order to understand each other.

The third: Communication assumes crucial importance for collaboration. Ability to communicate requires ability to write and speak in various languages. Ability to communicate increasingly requires familiarity with a novel means of scientific communication, the computer. To generate computer-literacy is equally important for linguists, scientists, and engineers. In fact, the computer as a major means of human communication will obtain such importance that it is in my mind imperative that computer-literacy become a goal of education at much younger ages than is presently the case.

The fourth: Educational systems, particularly at the University level, must remain open to the world, if they are open today, or open themselves, if they are not open yet. Science ought not know political borders, it ought to know only borders, or thresholds, of excellence. Excellent institutions and more importantly, excellent individuals ought to continue and improve world-wide collaboration and take advantage of novel ways of communication, including telecommunication, for doing so. The future carries problems of vast complexity. We must tool up to solve them. Nobody will be able to solve them alone.

2.15 Zum Stand der ETH Zürich[1]

Meine Präsentation gliedert sich in fünf Teile. Zunächst werde ich die ETH Zürich mit Bildern und Zahlen vorstellen. Anschliessend wird es darum gehen, die Entwicklung unserer Hochschule seit etwa 1970 zu beschreiben und die Massnahmen zu skizzieren, die wir zur Bewältigung des Nullwachstums ergriffen haben. Drittens werde ich auf Probleme zu sprechen kommen, denen wir auf der Suche nach weiteren Rationalisierungsversuchen begegnen. Viertens werde ich in einem Ausblick einige Überlegungen über zukünftige Entwicklungen der ETHZ skizzieren. Schliesslich werde ich einige allgemeine Überlegungen zum Wesen einer Hochschule anstellen.

I. Vorstellung der ETH Zürich

Die ETH Zürich ist einer von sieben Partnern des sogenannten Schulratsbereiches, der auch die ETH Lausanne, das Eidgenössische Institut für Reaktorforschung, das Schweizerische Institut für Nuklearforschung, die Eidgenössische Anstalt für das Forstliche Versuchswesen, die Eidgenössische Materialprüfungsanstalt und die Eidgenössische Anstalt für Wasserversorgung, Abwasserreinigung und Gewässerschutz umfasst. Die relativen Grössen jedes dieser sieben Partner sehen Sie im Diagramm, das die Anteile an den totalen Betriebskosten darstellt.

Der Hauptharst der Professoren, Assistenten, wissenschaftlichen und technischen Mitarbeiter und Studenten der ETH Zürich ist in Gebäuden auf dem Platz Zürich untergebracht, im Hochschulviertel einerseits und auf dem Hönggerberg anderseits. Wir verfügen darüber hinaus über eine Anzahl von Aussenstationen, von denen ich Ihnen einige im Bild kurz zeige. In Schwerzenbach befindet sich das Institut für Toxikologie, ein Institut beider Zürcher Hochschulen. Auf der Chamau im Kanton Zug befindet sich das Versuchsgut unseres Instituts für Tierproduktion, auf dem Rossberg bei Kemptthal das Versuchsgut unseres Instituts für Agrarwirt-

---

[1] Einführungsreferat vor der Arbeitsgruppe der HAYEK-Engineering AG und der erweiterten Schulleitung der ETHZ am 10. Januar 1985.

schaft, in Bleien, im aargauischen Wynental die unbemannte astronomische Station unseres Instituts für Astronomie, in Arosa ein astronomisches Observatorium für die sonnenphysikalischen Arbeiten unseres astronomischen Instituts und eine Basis für die atmosphärenphysikalischen Arbeiten unseres Instituts für Atmosphärenphysik. Unsere Forstingenieure verfügen über verschiedene Lehrreviere und Lehrwälder, deren bedeutendstes am Üetliberg und im Reppischtal liegt. Andere befinden sich in anderen Landesteilen inklusive dem Kanton Tessin.

Nach dem Wortlaut des Gesetzes dient unsere Hochschule in Lehre, Forschung und Studium der Förderung der Wissenschaften und bereitet künftige Ingenieure, Architekten, Mathematiker und Naturwissenschafter auf ihre Berufstätigkeit vor, wobei den schweizerischen Bedürfnissen besonders Rechnung getragen wird. Unsere Studienpläne umfassen zur Zeit Ausbildungsgänge für Architekten, Bauingenieure, Maschineningenieure, Elektroingenieure, Informatikingenieure, Werkstoffingenieure, Chemiker und Chemieingenieure, Pharmazeuten, Forstingenieure, Agronomen und Lebensmittelwissenschafter, Kulturingenieure und Vermessungsingenieure, Mathematiker und Physiker, Biologen und Erdwissenschafter. Diese Studienpläne werden ergänzt durch Lehrveranstaltungen in den Geistes- und Sozialwissenschaften, für deren Betreuung wir eine eigene entsprechende Hochschulabteilung führen. Lehrveranstaltungen dieser Abteilung sind zum Teil organisch integriert in die Studienpläne der Ingenieure, Naturwissenschafter und Architekten; das gilt insbesondere für Jurisprudenz und Ökonomie. Zum Teil dienen die Lehrveranstaltungen dieser Abteilung der Vertiefung der allgemeinen Bildung unserer Absolventen. Im Bereich der Militärwissenschaften schliesslich finden an der ETH Zürich die Militärschulen I, II und III für Stabsoffiziere statt, und wir sind im Begriffe, allerdings in sehr bescheidenem Umfang, eine Hochschulabteilung für Militärwissenschaften auszubauen.

Bei einer Gesamtzahl von etwas über 8500 Studierenden und Doktoranden sind 1983 814 Diplome und 273 Doktorurkunden abgegeben worden. Die ETH Zürich entlässt Jahr für Jahr um die tausend Absolventen in die Praxis.

Die gesamten Betriebsausgaben der ETH Zürich nähern sich der Grenze von 300 Millionen Franken pro Jahr. Typisch für eine Hochschule ist der hohe Anteil von Personalkosten an diesen Gesamtausgaben; er beträgt etwa drei Viertel. Interessant im zeitlichen Verlauf ist der Wachstumsknick bei den Personalkosten in den Jahren 75/76/77. Er geht auf den Beschluss des Parlamentes vom November 1974 zurück, den sogenannten Personalstopp-Beschluss, der auf der finanziellen Seite mit einem Bremsweg von etwa zwei Jahren sichtbar wurde.

II. Wachstum und Umbruch

Mit dem nächsten Bild möchte ich die Präsentation verlassen und das Kapitel «Wachstum und Umbruch» einführen. Das Bild zeigt nochmals den Wachstumsknick um das Jahr 1974, diesmal nicht in Franken, sondern in Personalstellen. Sie sehen im zeitlichen Ablauf sehr deutlich, dass während vieler Jahre im Abschnitt zwischen 1950 und etwa 1970 der Personalbestand der ETH Zürich jährlich um über hundert Bundesstellen wachsen konnte. In der Zehnjahresperiode vor 1974 nahm der Personalbestand der ETH Zürich um über tausend Bundesstellen zu; in der Zehnjahresperiode seit 1974 betrug die Zunahme Null. Weil die Personalaufwendungen unserer Kostenrechnung etwa drei Viertel der Ausgaben ausmachen, bedeutet diese Entwicklung ein faktisches Nullwachstum seit 1974. Der Übergang erfolgte sehr abrupt und schloss eine 25jährige Phase der Gewöhnung an erhebliches Wachstum ab. Eine Generation Professoren, eine Generation von Hochschulverwaltungsbeamten, mehrere Generationen von Assistenten und viele Generationen von Studenten hatten sich an ein steiles Wachstum gewöhnt, das jetzt abrupt sein Ende fand.

Die Auswirkungen wurden dadurch gemildert, dass parallel mit der Abflachung der Aufwendungen auch die Wachstumskurven der Studentenzahlen abflachten. Diese Milderung war eine scheinbare, weil sich die relativen Anteile der Abteilungen an den Studentenzahlen sehr stark verschoben. So ist z.B. der Anteil der Bauingenieure erheblich zurückgegangen, während sich der Anteil von Pharmazeuten wesentlich erhöhte. Das ist nur ein Beispiel, aber vielleicht ein ganz besonders eindrückliches, der differentiellen Entwicklung von Hochschultätigkeit. Derart zeitlich unterschiedliche Zuströme in die verschiedenen Ausbildungsgänge hat es in der Geschichte der Hochschulen immer gegeben, und es wird sie weiterhin geben; sie erfolgen unabhängig vom zeitlichen Verlauf der finanziellen Möglichkeiten. Seit vier Jahren wachsen die Studentenzahlen signifikant: schon 1983 hatten wir ein Viertel mehr Studenten zu betreuen als 1974, bei konstanter Zahl an Personalstellen.

Ebenfalls unabhängig vom zeitlichen Verlauf der finanziellen Möglichkeiten entwickeln sich neue Aufgaben der Hochschule, insbesondere neue Lehr- und Forschungsgebiete. Hiezu drei Beispiele: 1. Im Nachgang zum neuen Bundesgesetz über den Umgang mit Giften hat das Parlament den Bundesrat 1969 beauftragt, an der ETH Zürich ein Toxikologisches Institut zu errichten. Wir erhielten dadurch eine neue Aufgabe, die von den Räten zu Recht als besonders wichtig für unser Land erkannt worden war. 2. In den frühen siebziger Jahren machte uns vor allem die Maschinen- und Elektroindustrie auf eine grosse Ausländerabhängigkeit auf dem Gebiet der Computerwissenschaften oder Informatik aufmerksam und forderte überzeugend, dass die Ausbildung von Informatikern energisch an die Hand zu nehmen sei. Wir haben in der Folge hiefür eine eigene Abteilung errichtet, die sich eines starken Zustroms von Studenten erfreut. 3. An verschiedenen führenden Hochschulen der Welt wurde Mitte der siebziger Jahre erkannt, dass die sehr hohen Aufwendungen, die in die Molekularbiologie geflossen waren, nach einer Valorisierung vor allem durch die Chemische Industrie rufen, d.h., es wurden an vielen Hochschulen biotechnologische Institute gegründet. Auch wir errichteten ein solches Institut und führten einen entsprechenden Normalstudienplan ein.

Wir hatten nicht wirklich eine Wahl: derart wichtige neue Aufgaben mussten an die Hand genommen werden, und klar unterschiedliche Betreuungsverhältnisse der Studierenden mit Assistenten (Beispiel Bauingenieure/ Pharmazeuten) mussten ausgeglichen werden. Dringendstes Anliegen Ende 1974 war somit, den abrupten Knick im Personalwachstum zu mildern. Das gelang uns, indem wir eine gemischte Sach- und Personalrubrik – die Rubrik «Unterricht und Forschung» – vermehrt für Personalanstellungen einsetzten. Ich werde auf diese m.E. wichtigste der getroffenen Massnahmen noch zu sprechen kommen. Es galt zudem, Mittel innerhalb der Hochschule so zu verschieben, dass wir auch ohne Wachstum mit neuen Aufgaben fertig wurden. Leitung und Verwaltung sahen sich vor eine weitgehend neue Aufgabe gestellt. In der Wachstumsphase war es darum gegangen, zusätzliche Mittel in einem expandierenden System korrekt und nach bestem Wissen und Gewissen zu verteilen. In der Umbruchphase ging es neu darum, bestehende Mittel korrekt und nach bestem Wissen und Gewissen zu verschieben. Leitung und Verwaltung waren bei den Professoren der ETH Zürich in der Wachstumsphase beliebter als in der Umbruchphase.

Ich möchte jetzt einige der getroffenen Massnahmen skizzieren.

1. Rationalisierungsmassnahmen. Eine gross angelegte, beide ETHs umfassende Studie über Betriebsgrösseneffekte führte uns vor Augen, welche Institutsgrösse die rationellste Mittelverwendung ermöglicht. Die Studie zeigte mit überraschender Klarheit, dass sogenannte Einmanninstitute – das sind Institute, an denen nur ein einziger Professor wirkt – aber auch Institute mit acht oder mehr Professoren, bezogen auf ihren Ausstoss in Lehre und Forschung, erheblich teurer sind als Institute mittlerer Grösse mit vier oder fünf Professoren. Wir haben in der Folge angestrebt, verwandte Einmanninstitute zu grösseren Verbänden zusammenzuschliessen; ein Beispiel der jüngsten Vergangenheit betrifft die Gebiete der Thermodynamik und Verbrennungsmotoren, Strömungsmaschinen und Reaktortechnik, die wir in ein Institut für Energietechnik zusammengefasst haben, an welchem vier Professoren gemeinsam wirken. Gleichermassen haben wir besonders grosse Institute in betriebswirtschaftlich kleinere Einheiten aufgespalten; ein Beispiel der jüngsten Vergangenheit ist die Aussonderung des Instituts für Polymere aus dem sehr grossen Laboratorium für Technische Chemie. (Einschränkend ist dazu zu bemerken, dass wir solche Fusionen resp. Teilungen in der Regel nicht in erster Linie aus betriebswirtschaftlichen, sondern viel eher aus akademischen Überlegungen vornehmen.)

2. Kostenüberwälzung und Kontingentierung. Wir haben in Ausgabensparten, die sich durch besonders starkes Wachstum auszeichneten, die Verrechnung nach dem Verursacherprinzip eingeführt. So war z.B. die Anfertigung von Polykopien früher als zentrale Dienstleistung pauschal an der Hochschule budgetiert. Seit mehreren Jahren werden diese Polykopien den sie verursachenden Instituten berechnet. Dieser einfache Schritt hat den Aufwand im Polykopierwesen drastisch gesenkt. Das gleiche gilt für den Brennstoffverbrauch für die Motorfahrzeuge. Sehr starkes Wachstum zeigten die Aufwendungen für Lehraufträge an Dritte. Hier hat ein abteilungsweises Kontingentierungssystem zu einer starken Abflachung des Wachstums geführt.

3. Projektfinanzierung. Während früher der überwiegende Teil der in den Instituten geleisteten Arbeit durch sogenannte ordentliche Kredite ermöglicht wurde, ist das heute nicht mehr der Fall. Nicht nur war es ja nötig, neuen Instituten ordentliche Kredite zur Vergügung zu stellen, sondern es war darüber hinaus nötig, an bestehenden Instituten besonders zukunftsträchtige Lehr- und Forschungsvorhaben selektiv zu fördern. Wir bemessen die Grunddotation der Institute und Abteilungen so, dass ein vernünftiger Lehr- und Forschungsbetrieb möglich bleibt. Will ein Institut über diese Grunddotation hinaus Mittel für konkrete Vorhaben beanspruchen, so hat es diese Mittel auf dem Wege eines ausformulierten Gesuchs zu beantragen. Dieses Gesuch wird dann durch eine Forschungskommission und auswärtige Experten auf seine wissenschaftliche Qualität hin untersucht, und die Schulleitung trifft den Entscheid, ob das Vorhaben finanziert wird oder nicht. Die Gelder, die für diese sogenannte Projektfinanzierung eingesetzt werden, wurden durch Kürzung der ordentlichen Institutskredite freigespielt und darüber hinaus dadurch, dass die teuerungsbedingten Zusatzkredite nicht in die ordentlichen Kredite der Institute eingebaut, sondern in die zentrale Reserve gelegt werden. Diese Massnahme hat sich als ausserordentlich wirkungsvoll erwiesen, was die Bewältigung des Personalstopps betrifft: heute sind 430 Jungforscher auf diesem Wege entschädigt. Die mittels Projektfinanzierung unterstützten Vorhaben sind zeitlich streng befristet und betreffen ausschliesslich akademisches Personal, vor allem Doktoranden.

4. Umteilung von Personalstellen. Gemäss einer vor kurzem erstellten Zusammenstellung sind an der ETH Zürich seit 1974 189 Personalstellen umgeteilt worden. Am schmerzlosesten ist das immer dann möglich, wenn eine Stelle durch Altersrücktritt, Pensionierung oder Austritt des Stelleninhabers frei wird und dann als Stelle von einem Institut in ein anderes verschoben werden kann (ca. 90 Fälle); in diesem Fall hat man nur den Widerstand des Spenderinstituts zu überwinden; das Empfängerinstitut nimmt die gewonnene freie Valenz sehr gern entgegen. Etwas schwieriger ist die Umteilung, wenn der Bedienstete samt Stelle verschoben werden soll (ca. 70 Fälle); dort sind oft weder Spenderinstitut noch Empfängerinstitut restlos glücklich. Bei weitem schwieriger wird die Situation aber, wenn zum Zwecke der Verschiebung einer freien Stelle eine besetzte Stelle zuerst durch Kündigung freigespielt werden muss (ca. 30 Fälle).

5. Verzicht auf Fortführung bestehender Tätigkeiten. Die Marschrichtung einer Hochschule wird bestimmt von der Tätigkeit ihrer Professoren. Will man von der Hochschulleitung her eine neuartige Tätigkeit ergreifen lassen, so ist das in der Regel davon abhängig, dass eine Wahl eines neuen Professors erfolgt. Faktisch ist es z.B. nicht möglich, und auch akademisch nicht zu verantworten, einem Chemieprofessor den Auftrag zu erteilen, neu nicht mehr Chemie, sondern Toxikologie zu lehren und zu forschen. Will man also Lehre und Forschung in Toxikologie aufnehmen, muss man einen Toxikologieprofessor anstellen. In der Phase des Nullwachstums ist das nur möglich, wenn man mehr oder weniger gleichzeitig auf die Wiederbesetzung einer Professur verzichtet, die in einem anderen Gebiet durch Rücktritt oder Austritt frei wird. Wir haben an der ETH Zürich seit 1974 auf die Wiederbesetzung von sechzehn Professuren und damit auf die Weiterführung der entsprechenden Tätigkeiten verzichtet. Ich zähle ein paar davon auf: Kristallographie und Petrographie (Laves); Bau- und Transportmaschinen (Zweifel); Organische Chemie (Hardegger); Kunstgeschichte (Gradmann); Architektur (Geisendorf); Molekularbiologie (Rudinger); Bodenkunde (Bach); Elektrochemie (Ibl). Nur durch solche sehr einschneidenden Verzichte ist es möglich geworden und wird es möglich werden, in neue Gebiete einzudringen. In der gegenwärtigen Planungsphase 1984–87 werden wir auf die Wiederbesetzung von fünf bestehenden Professuren verzichten, um dafür auf fünf neuen Gebieten (aus dem Feld von Elektronik und Informatik) Professuren zu errichten.

6. Schliessung von Instituten. Werden durch Umverteilung oder Verzichte Institute unverhältnismässig stark geschwächt, so drängt sich ihre Schliessung oder Fusion mit verwandten Instituten auf. So wurde z.B. das Zoologische Institut nach dem Ableben seines Vorstehers geschlossen, da auf die

Wiederbesetzung der Professuren Ulrich und Ursprung verzichtet werden musste; die übrig bleibende Mannschaft wurde zweckmässig auf das Toxikologische resp. Zellbiologische Institut verlagert. Das Photographische Institut wurde geschlossen in der Einsicht, dass photographische Forschung, die an der ETH Zürich während Jahrzehnten Prominenz gehabt hatte, zeitgerecht eher in chemischen Instituten oder, in der Gestalt von Bildwissenschaft, sogar elektrotechnischen Instituten gepflegt wird. Die Professur des Kollegen Berg wurde als solche nicht wiederbesetzt, sondern erschien im Bereich der Elektrotechnik als Professur für Bildwissenschaft. Gerade jetzt bereiten wir die Schliessung des Instituts für Hochbauforschung vor, wobei ein Teil des Bestandes des Instituts durch das verwandte Institut für Hochbautechnik übernommen wird, auf die Weiterführung anderer Forschungstätigkeiten aber zu verzichten ist.

Wichtiger Bestandteil dieses ganzen Konzepts der Umverteilung von Mitteln war ein psychologischer. Es ging darum, die an das steile Wachstum gewöhnte Hochschule von innen heraus zur Einsicht zu bringen, dass die neue Situation eingetreten war. Wir liessen also die Ermittlung förderungswürdiger oder abbauwürdiger Gebiete nicht etwa durch Stabsorgane in der Verwaltung, sondern durch Milizorgane der Hochschulangehörigen, insbesondere durch Professoren ausarbeiten, und zwar vor allem durch die Planungskommission und die Forschungskommission. Beide Kommissionen arbeiten nach dem Prinzip der ‹peer review›. Unser Planungsreglement hält fest, dass die Planung in der Regel von unten nach oben erfolgt, d. h., die Institute und Abteilungen werden in vierjährigen Abständen gebeten, ihre Entwicklungsvorstellungen zu Papier zu bringen.

Dabei legen wir Wert vor allem auf qualitative, inhaltliche Angaben, vielmehr als auf quantitative. Die über hundert sektoriellen Planungsmeldungen werden von der hochschuleigenen Planungskommission gesichtet und auf mögliche gemeinsame Nenner hin untersucht. Die Planungskommission empfiehlt dann der Leitung der Hochschule, welche Vorhaben in die Entwicklungsplanung der Hochschule aufgenommen werden sollen und welche nicht. Die gleiche Kommission erarbeitet auch die Verzichtpläne. Für die Beurteilung sektorieller Entwicklungspläne werden oft auch externe Kommissionen von Sachverständigen eingesetzt. Ähnlich wird verfahren bei der Beurteilung konkreter Forschungsgesuche. Hier sind es die Institute oder Professoren, die viermal jährlich konkrete Forschungsgesuche einreichen können. Die Gesuche werden durch die hochschuleigene Forschungskommission unter Beizug auswärtiger Experten auf ihre wissenschaftliche Qualität hin untersucht. Die Forschungskommission stellt der Hochschulleitung entsprechende Anträge, wie jedes einzelne Gesuch zu behandeln sei. Das Verfahren der Milizorgane hat den doppelten Vorteil, auf einen aufgeblähten Verwaltungsapparat verzichten zu können (in

Klammer sei vermerkt, dass wir in den letzten zehn Jahren die zentrale Verwaltung eher etwas abgebaut haben) und darüber hinaus, dass die Art der Entscheidungsvorbereitung von der Hochschule einigermassen als Eigenleistung empfunden wird, die nicht irgendwo in einem Beamtenbüro entsteht, sondern durch Kollegen aus den eigenen Reihen mit dem nötigen Verständnis für das Anliegen der Hochschule und ihrer Institute.

Es stellt sich jetzt die Frage, ob das bisher Geschilderte als Erfolg oder als Misserfolg zu werten sei. Eine Hochschule hat dann Erfolg, wenn ihre Absolventen in der Praxis ankommen und sich dort bewähren, wenn ihre Forschung international Anerkennung findet, wenn es ihr gelingt, hervorragende Kollegen in den Lehrkörper zu berufen. In jeder dieser drei Hinsichten hat die ETH Zürich sich sehen lassen können, und zwar nicht nur während der Wachstumsphase, sondern auch seit der Umbruchphase. Man ist also versucht, pauschal von einem Erfolg zu sprechen. Anderseits wird uns von innen und von ausserhalb der Hochschule zu Recht angekreidet, dass Elektrochemie nicht mehr gepflegt wird, auf Zoologie verzichtet wurde, die Anstrenungen in Kristallographie, organischer Chemie und Architektur verringert wurden; solche Verzichte werden uns als Zeichen des Misserfolgs angelastet. Weite Kreise betrachten es als selbstverständlich, dass die ETH Zürich in Gebiete wie Biotechnologie, Materialwissenschaften, Computertechnik, Elektronik und Energietechnik vermehrt eingestiegen ist. Andere Kreise betrachten es als verheerend, dass dies nur unter Verzicht auf Weiterführung etablierter Gebiete geschehen konnte.

Was ich mit diesem Abschnitt über Wachstum und Umbruch deutlich machen wollte ist, dass die noch heute weitverbreitete Ansicht, im goldenen Dreieck Zürich-Baden-Winterthur sei alles zum besten bestellt, irrig ist. Es trifft nicht zu, dass die ETH Zürich auf Rosen gebettet sei. Es hat Stimmen gegeben, die gefordert haben, unsere für Projektfinanzierung aufgewendeten Mittel seien uns zu entziehen und dem Nationalfonds zur Verwaltung zu übertragen; wir hätten, so wollten diese Stimmen wissen, offenbar so dicke Polster an Finanzmitteln, dass wir hauseigene Projektfinanzierung durchführen könnten. Diese Stimmen verkennen vollkommen, dass diese Mittel in mühsamen Anstrengungen durch Kürzungen ordentlicher Kredite erst freigespielt werden mussten und als Mittel zur Problemlösung des Nullwachstums innerhalb der Hochschule zu betrachten sind. Andere Stimmen fordern, die reiche ETH Zürich habe sich Aderlassen zu unterziehen zugunsten viel kleinerer Hochschulen unseres Landes. Wenn man weiss, wie gross die Rolle von regionalpolitischen Überlegungen und Überlegungen des Schutzes von Minderheiten in unserem Lande ist, muss man solche Stimmen als ernste Gefährdung der ETH Zürich betrachten. Um so wichtiger ist es zu zeigen, dass keine Rede ist von Überfluss an Mitteln, dass vielmehr die anhaltende nationale und internationale Ausstrahlung unserer

Hochschule nicht zuletzt eine Folge der Einsicht ihrer Angehörigen ist, sich beschränken zu müssen. Wir wehren uns also entschlossen gegen Kürzungen, die darauf abzielten, andere Hochschulen unseres Landes zu unseren Lasten zu fördern.

III. Schwierigkeiten mit weiteren Rationalisierungsmassnahmen

Ich muss vorausschicken, dass weitere Rationalisierungsmassnahmen unumgänglich sind. Die Personalplafonierung ist zwar kein Naturgesetz, aber die Wirtschaftslage unseres Landes, insbesondere die Finanzlage des Bundes, lässt eine wirksame Lockerung des Personalstopps in naher Zukunft als praktisch ausgeschlossen erscheinen. Was haben wir an Massnahmen eingeleitet resp. erwogen, und welches sind die Schwierigkeiten? *1. Weitere Verschiebung von Personalstellen.* In einer gross angelegten «Übung Personalumverteilung» haben unsere Stäbe seit dem Frühjahr 1984 in Tuchfühlung mit fast allen Instituten überprüft, ob die Zuteilung von Personalstellen stimme. Hauptkriterium für die Beantwortung war die Lehrleistung der Institute. Ich werde diese Studie am 17. Januar der Professorenkonferenz der ETHZ (an der an die 150 Professoren teilnehmen dürften) mündlich erläutern. In der Folge werden Delegationen der Schulleitung mit den Institutsleitungen der erwähnten Institute zu einer Lagebeurteilung zusammentreffen. Anschliessend wird die Schulleitung förmliche Beschlüsse fassen, die dann im Laufe von zwei Jahren vollzogen werden. Das Hayek-Team wird selbstverständlich ebenfalls dokumentiert werden.

Dieselbe Arbeitsgruppe unseres Stabes hat auch Verwaltungseinheiten auf die Möglichkeiten von Stellenabbau hin untersucht. Solcher Abbau erscheint möglich bei der Hauptbibliothek und bei den Verwaltungsabteilungen «Finanzen und Personal» und «Betriebsdienste»; einschränkend ist zu erwähnen, dass die Betriebsdienste 1984 durch das Bundesamt für Organisation neu strukturiert wurden. Auch im Rechenzentrum mögen gewisse Rationalisierungen möglich sein; sie würden aber mit Bestimmtheit durch den dringend nötigen Ausbau unserer Informatikdienste wieder wettgemacht. Verwaltungsaufgaben fallen natürlich auch bei den Instituten an und sind z.T. wahrscheinlich keineswegs optimal organisiert. Mich stört z.B. die Vielzahl der Schalterdienste der chemischen Institute und die Vielzahl der Werkstätten der Maschineningenieure. Ich glaube, hier könnten durch vernünftige Organisation noch Stellen eingespart werden. Die Implementierung dieser neuen Massnahmen beggnet grossen Schwierigkeiten. Baut man die Dienstleistungstätigkeiten von Instituten massiv ab, so dürfte eine Lücke entstehen, die von der Privatwirtschaft nicht ohne weiteres geschlossen werden kann. Schränkt man die Forschung von Instituten massiv ein, so entsteht die Gefahr, dass deren Niveau sich von der internationalen Spitze, wo sie heute steht, entfernt und die ETHZ damit weltweit Magnetwirkung verliert. Behutsam wird der Abbau im Bereich der Bibliothek erfolgen müssen. Unsere Bibliothek hat auf dem Gebiet der Automation und der Katalogisierung während Jahrzehnten weit über unsere Landesgrenzen hinaus eine Pionierrolle gespielt. Sie hat Mühe gehabt, den Anschluss der Benützer an internationale Datenbanken wirkungsvoll auszugestalten. Sie steht jetzt vor der grossen Aufgabe, allen Benützern interaktive Sachrecherchen im Dialog mit dem Computer zu ermöglichen und wird sich bald mit der völlig neuen Situation modernster Dokumentationstechnik konfrontiert sehen, einer Technik, die das gedruckte Wort in vielen Bereichen durch das magnetisch gespeicherte Wort ersetzt. Mit solchen Entwicklungen Schritt halten kann ein Bibliotheksdirektor nur, wenn man ihm Mannschaften gibt oder belässt. Welcher Art die Schwierigkeiten im Falle einer Redimensionierung der Verwaltungsabteilungen sein werden, kann ich schlecht beurteilen. *2. Sekretärinnen.* Ich habe neun Jahre meines Lebens als Forschungsassistent und dann Professor im Biologiedepartement einer amerikanischen Hochschule verbracht. Wir waren 24 Professoren, etwa 200 Postdoktoranden und Doktoranden, mehrheitlich aussergewöhnlich forschungsaktiv, mit einem grossen Anfall an Manuskripten also. Ein zentrales Sekretariat mit 8 Sekretärinnen besorgte die ganze Schreibarbeit, aber darüber hinaus Budgetierungsarbeiten, Jahresberichte, Forschungsgesuche, Einkauf, Flug- und Hotelreservationen. Kein einziger Professor verfügte über «seine» Sekretärin. Auf unsere Hochschule übertragen, müsste aus einer solchen Organisationsform das Sekretariatswesen ganz erheblich rationalisiert werden können, selbst wenn eine Departementsstruktur in weiter Ferne liegen sollte (auf diese Frage werde ich noch zu sprechen kommen). Eine an der ETHZ vor einigen Jahren durchgeführte Studie hat leider wenig Brauchbares ergeben. Hier liegt m. E. ein wunder Punkt unserer Verwaltungstätigkeit, vielleicht das Ergebnis eines ganz unakademischen Prestigedenkens. *3. Strukturprobleme.* Es gibt an der ETHZ über 80 Institute, die alle der Schulleitung direkt unterstellt sind. Zählt man zu den Direktunterstellten noch die Einzelprofessuren (hauptsächlich die Professoren der Architektur und der Geistes- und Sozialwissenschaften) sowie die Abteilungen, so kommt man auf etwa 120 Direktunterstellte. Das ist nicht so schlimm, wie es auf den ersten Blick aussieht. Die «Unterstellung» wirkt sich nämlich vorwiegend bei der Mittelzuteilung und gewissen Koordinationsfragen aus. Die eigentliche Führung betrifft die Tätigkeit all dieser Institute, sie geschieht stufengerecht durch die jeweilige Institutsleitung, nicht die Schulleitung. Diese hat Führungsmöglichkeit nur auf dem Umweg über die Bemessung der Mittel. Sie hat aber, zu Recht, keine Einflussmöglichkeit auf Inhalt und Richtung der Tätigkeit gewählter

Professoren. Planerisch kann sie natürlich echte Lenkungsfunktion insofern wahrnehmen, als sie Fachgebiet und Personen neuer Professuren massgebend mitbestimmt. Sind solche neuen Professoren aber im Amt, so sind Inhalt und Richtung auch dieser Professoren dem Einfluss der Schulleitung entzogen. Wenn man hin und wieder hört oder liest, die Schulleitungen oder insbesondere die Präsidenten von Hochschulen seien Könige, dann ist das formell unrichtig (unser Institutsreglement schirmt die Institute sehr wirkungsvoll vor Einwirkungen der Schulleitung ab, und das muss so sein) und darüber hinaus materiell nicht haltbar. Die Könige sind die Professoren, und auch das muss so sein. Karl Schmid hat die Hochschule treffend als «Republik von Königen» beschrieben. Das ist ihre Stärke – leider aber auch eine der Schwächen. Hierzulande gruppieren sich Professoren nur ungern zu grösseren Verbänden. Ich kenne demgegenüber führende Hochschulen, vor allem der USA, wo 20–25 Professoren verwandter Fachgebiete zu einem Departement zusammengefasst sind, also z.B. zu einem Chemiedepartement, statt wie bei uns in mehrere Institute aufgegliedert zu sein. Das System grosser Departemente hat verschiedene Vorteile, von denen ich den wichtigsten erwähne: den Entscheid über Feinallokation von Mitteln fällt der Departementschef, der selbst ein Fachmann auf dem Arbeitsgebiet des Departements ist, also persönlich über den entsprechenden Sachverstand verfügt. In unserem Falle wird über die Feinallokation von Mitteln auf Stufe Schulleitung entschieden, die sich durch Experten Sachkunde verschaffen muss, weil sie *per definitionem* nicht über sektorielle Sachkenntnis verfügt. Departementale Entscheide sollten also materiell eher besser ausfallen als Entscheide der Schulleitung.

Ich muss beifügen, dass mir eine Korrelation zwischen der Qualität einer Hochschule und ihrer Struktur nicht bekannt ist. Eine Hochschule ist dann hervorragend, wenn ihre Professoren hervorragend sind. Persönlich glaube ich indessen, dass längerfristig ein Departementssystem auch für die ETHZ empfehlenswert ist, vorausgesetzt, dass die Professoren das wollen. Vielleicht liegt hier noch ein Generationenproblem vor. Nehmen wir kurz die pendente Operation der Personalumverteilung: es wäre für die Schulleitung ungemein leichter zu sagen, sie wolle im Baudepartement (das es eben nicht gibt) vierzig Stellen abbauen, wenn sie wüsste, dass ein sachkundiger Kollege im Bauwesen dann die von der Sache her gebotene Feinaufteilung dieses Opfers vornähme, statt als Schulleitung selbst Institut für Institut durchkämmen zu müssen.

IV. Ausblick auf zukünftige Entwicklungen

Die wirtschaftlichen Schwierigkeiten, in denen sich vor allem grosse Teile unserer elektromechanischen Industrie befinden, stimmen bedenklich. Man muss sich fragen, was zur Verbesserung der Ertragslage seitens der Hochschulen beigesteuert werden könne. Die Zusammenarbeit mit der geplagten Industrie liesse sich in mannigfacher Weise verbessern. Ich glaube jedoch, der wirkungsvollste Beitrag müsste über eine Erhöhung der Zahl jener Absolventen erfolgen, die im Umgang mit Forschung und Innovation besonders geschult sind, d. h. Doktoranden. Das Wellental, in dem unsere elektromechanische Industrie sich befindet, sollte überbrückt werden durch Ausbildung eines Schubes von Ingenieuren mit Doktorat. Würden wir z. B. anstreben, den Ausstoss von doktorierten Maschinen-, Elektro-, Werkstoff- und Informatikingenieuren an den beiden Technischen Hochschulen in Zürich und Lausanne im Zeitraum 1985–1990 etwa zu verdoppeln, würde das die Industrie gegen Ende des Jahrzehnts in die Lage versetzen, einen Schub von Kadern anzustellen, die sich auf der Höhe des technischen Fortschrittes befinden und, im Umgang mit Forschung geschult, kreativ tätig werden könnten. Es handelte sich um etwa 60 Personen, die während vier Jahren an einer Dissertation zu arbeiten hätten, was einen finanziellen Aufwand von etwa 3 Millionen Franken pro Jahr oder 12 Millionen Franken für die Projektdauer bedingte. Ich spreche hier also nicht von einer Institution von Dauer, sondern von einem befristeten Projekt.

Man kann zu Recht fragen, warum die ETH Zürich mit ihren über zweieinhalbtausend Personalstellen ein solches Projekt nicht aus eigenen Mitteln finanzieren kann. Der Hauptgrund ist Ihnen aus meinen früheren Äusserungen wahrscheinlich schon bekannt: unsere Nöte sind schon ohne diese Zusatzleistung gerade in den erwähnten Fachgebieten besonders gross. Die Zahl gerade der Ingenieurstudenten nimmt laufend zu. Das ist richtig und sollte weiter so geschehen. Es würde nicht verstanden, wenn wir ausgerechnet in jenen Gebieten grossen Studentenzuwachses Mittel nun selektiv auf die Weiterbildung zum Doktorgrad verschieben würden.

Zwei weitere Gründe für das Unvermögen der Finanzierung aus eigenen Mitteln seien noch angeführt: die Altersstruktur unserer Professoren und die Altersstruktur der wissenschaftlichen Einrichtungen. Als Folge der Wachstumsschübe nach 1950 ergab sich eine Altersstruktur unseres Lehrkörpers, die Mitte dieses Jahrzehnts zu einem sprunghaften Anstieg altersbedingter Rücktritte von etwa sieben pro Jahr auf fast die doppelte Zahl pro Jahr führen wird. Auf der einen Seite eröffnet diese Zunahme grössere Möglichkeiten für Gewichtsverschiebungen und Eindringen in neue Arbeitsgebiete. Auf der anderen Seite sind gerade Gewichtsverschiebungen und Eindringen in neue Arbeitsgebiete besonders kostenintensiv, indem ja

Mitarbeiterstäbe, aber auch apparative Ausrüstungen in solchen Fällen erneuert werden müssen. Die bestehenden wissenschaftlichen Einrichtungen nähern sich an sich schon der Altersgrenze. Ihr Ersatz wird uns allerdings weniger Schwierigkeiten machen, als wir noch vor Jahren angekündigt hatten, hat doch das Parlament, einsichtig dieser Schwierigkeiten, einen beträchtlichen Verpflichtungskredit gesprochen, der den Ersatz dieser Apparaturen erlauben wird. Ich sehe aber eine schwierige Zeit kommen, was die Rekrutierung wirklich hervorragender Professoren betrifft, wenn nicht schon im nächsten Jahr auf irgendeine Weise Wachstumsschübe zustande kommen können.

Wir haben schon jetzt Vorstellungen, in welcher Richtung unsere neuen Tätigkeiten sich entfalten müssen, wenn wir unserer Aufgabe gerecht bleiben wollen, die Interessen des Landes zu berücksichtigen. Einmal werden wir die Anstrengungen an der Schnittstelle zwischen Maschinenbau und Elektronik steigern müssen, durch gezielte Förderung der sogenannten Mechatronik, eines neuen Wissenszweigs, dessen am besten bekanntes Produkt der Roboter ist. Die ganze Hochschule, inklusive Geistes- und Sozialwissenschaften, wird sodann erfasst werden von der tiefgreifenden Computerisierung, wie sie sich jetzt an zahlreichen Hochschulen vor allem der Vereinigten Staaten abzuzeichnen beginnt. «Ein Computer auf jedem Pult!» heisst die Devise von über einem Dutzend amerikanischer Hochschulen für die Jahre 1984ff., und dabei ist nicht das Pult der Professoren und der Mitarbeiter gemeint, sondern das Pult, ja das Schlafzimmer jedes Studenten. Wir verfolgen besonders genau die Ausbaupläne des Massachusetts Institute of Technology. Aber auch andere bedeutende Hochschulen wie Case-Western, Stanford, Michigan, Brown University und Dartmouth College, neben vielen anderen, rüsten sich auf diese didaktisch neuartige Ära. Ich glaube nicht, dass wir in der Schweiz es uns leisten können, Absolventen der Technischen Hochschulen in die Praxis zu entlassen, die im Umgang mit diesem Werkzeug nicht mit der Konkurrenz aus Übersee mithalten können. Erste Hochrechnungen zeigen, dass die Ausrüstung der ETH Zürich mit den nötigen Verbundnetzen, den nötigen Arbeitsplatzcomputern einen Aufwand von etwa 35 Millionen Franken, über fünf Jahre verteilt, erforderlich machen würde. Implementierung einer solchen eingreifenden Neuausrüstung bedarf einer Einsatzgruppe von schätzungsweise 20 Fachleuten über fünf Jahre, was einer Lohnsumme von ungefähr fünf Millionen Franken entspricht.

In den ersten fast elf Jahren meiner Amtszeit habe ich in meinem Arbeitszimmer jedes Jahr an die 250 Professoren einzeln oder in Gruppen zu Gesprächen empfangen können. Es ist insgesamt ein grossartiges Erlebnis, immer wieder zu hören, welches Übermass von Ideen, Vorstellungskraft, aber auch Enthusiasmus in einem solchen Lehrkörper lebt. Bei aller

Einsicht der Schwierigkeiten, in der sich unsere Finanzen befinden, ist es mitunter bedrückend, so oft nein sagen zu müssen. Ich glaube, Ihnen vor Augen geführt zu haben, dass die ETH Zürich den Mut zur Durchsetzung auch unbequemer Anordnungen gehabt hat und noch mehr, den Mut zu Auswahl und Verzicht gezeigt hat. Solche Verzichte haben es uns bisher ermöglicht, neue Aufgaben an die Hand zu nehmen. Wenn ich gegen Schluss schon wieder solche neuen Aufgaben skizziert habe, dann wollte ich damit nur zeigen, dass wir unsere Verantwortung ernst nehmen, auf Entwicklungen hinzuweisen, die wir für unser Land als von besonderer Tragweite beurteilen.

V. Zum Wesen einer Hochschule

Diese Schlussbemerkungen können aus zeitlichen Gründen nur skizzenhaft sein. Ich lege aber Wert darauf, dem Hayek-Team vor Augen zu führen, dass eine Hochschule kein Unternehmen der Privatwirtschaft, kein Regiebetrieb und auch keine Stadt ist, sondern eine Hochschule. Hochschulen haben Eigenarten, von denen ich jetzt einige aufzählen möchte. Ich möchte drei Eigenarten kurz skizzieren, die Sie bei Ihrer Untersuchung auch unserer Hochschule im Gedächtnis behalten wollen.

1. An Hochschulen sind überdurchschnittlich viele intelligente Köpfe versammelt. Ich kenne seit Jahrzehnten das Ausleseverfahren, das zur Wahl von Professoren an Hochschulen von Rang und Namen führt; es ist ein hartes Verfahren. Entsprechend hart sind hernach die gewählten Köpfe. Diese Kollegen sind geschult im stringenten Umgang mit rationalen Argumenten, wenn es um die Lösung wissenschaftlicher Fragestellungen geht. Interessanterweise sind aber zahlreiche Kollegen rationalen Argumenten nicht mehr zugänglich, wenn z.B. Fragen der Mittelallokation zur Debatte stehen. So sträuben sich z.B. viele Kollegen, allen betriebswirtschaftlichen Überlegungen und Erkenntnissen zum Trotz, sich zu Instituten zusammenzufinden. Unter Umständen würden sie einem solchen Zusammenschluss noch zustimmen, wenn man als Köder ein Personalwachstum damit verbinden könnte, wo die Zusammenfassung ja doch eigentlich zu einer Reduktion eines Personalaufwandes führen müsste. Die Diskussionen mit solchen Kollegen führen oft via Emotionen zu Dogmen. Bevor die Schulleitung in solchen Fällen entscheidet, muss sie den erhofften Rationalisierungseffekt vergleichen mit dem Verärgerungsfaktor. Ist der Schulrat zuständig, wird er erfahrungsgemäss einem Entscheid eher ausweichen. Er muss ja, wie übrigens auch die Schulleitung, über alles und jedes zuerst die Stellungnahme der Betroffenen oder der sogenannten Hochschulstände einholen, um der gesetzlichen Verpflichtung der Wahrung der Mitwirkungsrechte der Hochschulangehörigen nachzukommen. Diese Stellungnahmen divergieren selbstverständlich sehr häufig. Es liegt leider im Zeitgeist, eine Lösung dann als gut zu betrachten, wenn sie von einem Konsens getragen ist. Diese Haltung führt immer zu einer Verlangsamung der Entscheidfindung. Aus diesen Hauptgründen ist die Führung einer Hochschule, soweit sie überhaupt möglich ist, ein langsamer, zähflüssiger Vorgang.

2. Staatliche Hochschulen sind extreme Defizitbetriebe. In knappen Zeiten müsste man bestrebt sein, die Einkommensseite zu verbessern. Vor Jahren äusserte ich einem hohen Magistraten gegenüber die Meinung, das Potential der 275 Professoren der ETH Zürich, mit ihren über achtzig Instituten, stelle eine unerhörte Einkommensquelle dar; man brauchte bloss massiv in Auftragsforschung einzusteigen zu Bedingungen, die etwas günstiger liegen als jene der Privatwirtschaft. Man darf ja nicht vergessen, dass drei Viertel aller Forschungsaufwendungen in unserem Land von der Privatwirtschaft getätigt werden, nur ein Viertel von der öffentlichen Hand, und auch davon nur ein Bruchteil von den Technischen Hochschulen. Würde man also das Forschungsangebot der Hochschulen zugunsten der Privatwirtschaft tarifmässig attraktiv gestalten, müsste eigentlich eine Verschiebung der Geldmittel zugunsten der Hochschule erfolgen, im Sinne der freien Marktwirtschaft. Die Antwort des Magistraten war kurz und bündig. Er riet, mir die Idee, eine Unternehmung zu führen, aus dem Kopf zu schlagen und anzuerkennen, dass ich eine staatliche Anstalt zu verwalten habe. Seine Antwort war formell natürlich richtig. Das Verwaltungsorganisationsgesetz von 1978 sagt unmissverständlich, dass die Technischen Hochschulen ein Teil der allgemeinen Bundesverwaltung sind. Wir unterstehen damit insbesondere dem Finanzhaushaltsgesetz und dessen Bruttoprinzip. Einnahmen unserer Institute gehen nicht in die Institutskasse, auch nicht in die Kasse der Hochschule, sondern als sogenannte «übrige Einnahmen» in die Bundeskasse. Es besteht also vom Finanziellen her wenig Anreiz für die Hochschule oder ihre Institute, Einnahmen zu erzielen. Wir spüren dieses Eingebundensein in die allgemeine Bundesverwaltung auch an anderen Beispielen, etwa beim Einkauf wissenschaftlicher Apparate, insbesondere Hardware und Software im Computerwesen. Diese Anschaffungen sind nicht einmal bei uns budgetiert, sondern bei Bundesämtern, die dementsprechend Einfluss nehmen auf die Einkaufspolitik inklusive Typenwahl auch in Fällen, wo der Sachverstand unserer Spezialisten, insbesondere der Informatikprofessoren im vorliegenden Fall, jenem der Bundesämter deutlich überlegen wäre. Wir leiden sodann unter der starren Rubrizierung der Budgets. Wir haben es z.B. nicht in der Hand, in knappen Zeiten Investitionsausgaben zugunsten von Betriebsausgaben zu drosseln,

also weniger zu bauen, dafür mehr Personal anzustellen. Wir haben es auch nicht in der Hand, mit einer konstanten Summe Geldes mehr Köpfe anzustellen, weil die Personalplafonierung in Stellen ausgedrückt ist, nicht in Franken. Wollen wir die Zahl der Köpfe erhöhen, können wir das selbstverständlich über Teilzeitanstellungen erreichen, was uns aber nicht zusätzliche Mannjahre gibt. Die Einbindung in die allgemeine Bundesverwaltung hat jedoch keineswegs nur Nachteile, sondern auch erhebliche Vorteile. So fände ich es z.B. falsch, wenn die Hochschule im Investitionssektor, bei den Bauten, nicht nur wie heute Bauherrenfunktion, sondern darüber hinaus Funktion des Baufachorgans zu übernehmen hätte, d.h., die Submissions-, Vergebungs- und schlussendlich Ausführungsarbeiten selbst zu führen hätte. Die vom Bund getroffene Lösung einer zentralen Baudirektion, die für die Durchführung von Neubauten verantwortlich ist, ist sicher zweckmässig.

3. Selbst wenn die Hochschule viel mehr Autonomie hätte, oder selbst wenn sie privat organisiert wäre, wie das für viele Hochschulen der Vereinigten Staaten zutrifft, wäre sie noch immer nicht direkt vergleichbar mit einer Unternehmung. Die Unterscheidung ergibt sich aus dem Verständnis des Erfolgs. Eine Hochschule ist dann erfolgreich, wenn sie es fertig bringt, gut geschulte Absolventen in die Praxis zu entlassen, die dann dort ihren Beitrag zu wirtschaftlichen Erfolgen leisten. Die Hochschule wirkt also nicht unmittelbar, sondern mittelbar. Wahrscheinlich wäre es sogar richtig, die Aufwendungen für Bildung und Forschung nicht als Betriebsausgaben zu verbuchen mit der entsprechenden Jährlichkeit, sondern als Investitionen.

2.16 Die Hayek-Studie aus Sicht der ETHZ[1]

«Erfüllt die ETHZ die Aufgaben, die sie erfüllt, effizient?» lautete eine der Fragen, die dem Bericht zugrunde liegen. Hayek verneint diese Frage insofern, als er vorschlägt, wir sollten mit weniger Verwaltungspersonal auskommen können. Er spricht dabei einerseits die zentrale Verwaltung an, anderseits das Verwaltungspersonal der Institute: er findet, wir haben zu viele Sekretärinnen im Einsatz, zuviele Schalterbeamte, Handwerker in den Werkstätten, zuviel Personal für Hausdienst und Reinigung und das Bibliothekswesen. *Das Zuviel an Personal in diesen Bereichen sollte eingespart werden.*

«Gibt es Aufgaben, welche die ETHZ erfüllen sollte, die sie aber nicht oder ungenügend erfüllt?» lautete eine andere Frage. Hayek bejaht sie und weist auf eine ganze Anzahl von Fachgebieten hin, deren Betreuung wir vernachlässigen. Es fehlen, schreibt Hayek, eine Anzahl Professoren mit den nötigen Mitarbeiterstellen (sog. Blöcke) in zukunftsträchtigen Gebieten. Wir sollten unsere Tätigkeit vermehrt auf solche neuen Gebiete umorientieren, hätten einen Nachholbedarf und müssten dringend in eben diese neuen Gebiete vorstossen. *Das brauche aber zusätzliche Personalstellen, und zwar erheblich mehr, als wir durch den Vollzug der zuerst genannten Rationalisierungen gewinnen könnten.* Hayek spricht von einem Netto-Zusatzbedarf von 500–600 Stellen.

Dieses Ergebnis «unter dem Strich» freut uns, und wir hoffen, es werde Bundesrat und Parlament möglich sein, zu ihm zu stehen.

Zunächst interessiert aber, zu *welchem Preis* wir – immer nach der Hayek-Studie – die Stellen erhalten würden. Oder anders ausgedrückt: Welches sind die Voraussetzungen, unter welchen die Rationalisierungsziele erreichbar scheinen? Hayek nennt als solche Voraussetzungen einmal eine *völlige Neustrukturierung unserer Institute und Professuren* nach dem Departementalprinzip mit entsprechender Neuorganisation der Infrastrukturdienste, d.h. Sekretariate, Werkstätten, Schalterdienste u.ä. Als eines der nötigen Mittel

---

[1] Diskussionsvotum vor der Finanzkommission des Nationalrats, Sektion I, vom 3. September 1985 in Lausanne.

nennt er die vermehrte Büroautomation. Er schlägt sodann vor, die *Zentralverwaltung der ETHZ neu zu organisieren,* einzelne zentrale Dienste eher zu verstärken, andere, insbesondere Betriebs- und Hausdienste, zu straffen. Und schliesslich möchte er die eigentliche *Leitungsstruktur* der Hochschule reorganisiert sehen.

Was stört Hayek an unseren Strukturen? Es stört ihn offensichtlich einmal, dass der Hochschulleitung über 100 akademische Einheiten (Institute, Abteilungen, Professuren) direkt unterstellt sind. «Eine solche Struktur muss zur Unführbarkeit des Ganzen führen», steht im Bericht. Persönlich halte ich dafür, dass eine Hochschule, was den Inhalt der Tätigkeit ihrer Professoren betrifft, weder geführt werden kann noch geführt werden darf. Wenn es der Leitung der Hochschule gelingt, hervorragende Professoren zu gewinnen und ihnen die nötigen Freiräume für Lehre und Forschung zu verschaffen, hat sie ihre wichtigste Führungsrolle bereits gespielt; sehr viel mehr zu führen ist gar nicht nötig.

Anderseits haben wir im Laufe der letzten Jahre selbst immer wieder erlebt, dass die grosse Zahl Direktunterstellter für die Abwicklung von Geschäften hinderlich ist. Ich erwähle als Typus dafür das Geschäft der Mittelreduktion. Als die Schulleitung seinerzeit den Grundsatzentscheid fällte, das Gebiet der Informatik in Lehre und Forschung besonders zu fördern, musste sie gleichzeitig andere Gebiete zu Abbaugebieten erklären, deren Mittel demnach zu kürzen waren. Eines davon ist die Chemie, darunter die Organische Chemie; wir hatten den Eindruck erhalten, dass das Institut für Organische Chemie seine Lehrleistungen mit weniger Personal erbringen könnte, als ihm zugeteilt war, nicht zuletzt, weil die Studentenzahl im Bereich der Chemie eher bescheiden war, jene in der Informatik aber gross und erst noch wachsend. Kein Mitglied der Schulleitung ist Chemiker, und die chemischen Institute bekämpfen deshalb den erwähnten Abbaubeschluss um so kräftiger. Ich will Sie jetzt nicht weiter in dieses Schlachtfeld führen. Aber ich glaube tatsächlich, wie Hayek, dass in solchen Fällen eine neue Entscheidungsinstanz, zwischen Schulleitung und Instituten, eine Verbesserung herbeiführen könnte. Wir könnten alle Chemieinstitute zu einem einzigen Chemiedepartement zusammenfassen und dieses durch einen Chemiker führen lassen. Dieser Departementsschef hätte die Zuständigkeit, Mittel, welche die Schulleitung ihm zuteilt, auf seine Institute zu verteilen – die Zuständigkeit hätte er, und auch die Verantwortung. Er hätte darüber hinaus die Führungsaufgabe, die Infrastruktur des Departements zu führen, also z.B. das Sekretariats-, Werkstätten- und Schalterwesen. Zögen wir die gleiche Idee für die ganze Hochschule durch, wären der Schulleitung in Zukunft nicht über 100, sondern vielleicht 25 akademische Einheiten direkt unterstellt. *Mutatis mutandis* nennt die Hayek-Studie Bereiche der *Zentralverwaltung* mit zu grosser Zahl

Direktunterstellter, etwa die tatsächlich grosse Verwaltungsabteilung Betriebsdienste. Hier wie im Fall der Departementsstruktur werden die neu anlaufenden Detailstudien die Machbarkeit von Änderungen aufzeigen müssen.

Was die *Leitung der Hochschule* betrifft, stösst sich Hayek offenbar am Umstand, dass der Präsident der Hochschule, dem nach dem Wortlaut der Übergangsregelung die Verantwortung für Leitung und Verwaltung der Hochschule übertragen ist, Mitglied einer Kollegialbehörde ist – also überstimmt werden kann –, statt präsidial führen zu müssen. Hayek räumt zwar ein, dass in der heutigen personellen Zusammensetzung der Schulleitung diese Regelung sich nicht störend auswirke, befürchtet aber, dass die Führbarkeit der Hochschule dann leiden könnte, wenn die Personen ausgewechselt würden; eine solche Rechtsnorm sei schlecht. Für mich ist das eine rein politische Frage. Die neue Regelung erfolgte unter dem Druck eines Postulats Ihres Rats, dessen Kommission für Wissenschaft und Forschung eine Petition der Assistentenvereinigung der ETHZ (AVETH) zu behandeln hatte, die u.a. eine Entmachtung des Präsidenten der ETHZ verlangt hatte; das ist dann in der ETH-Verordnung und der Verordnung des Schulrats über Leitung und Verwaltung der ETHZ geschehen.

3. Gelegenheitliches

3.1 Studium?[1]

«Trotz Uni-Abschluss arbeitslos?» «Mühsame Stellensuche für Jung-Akademiker.» «Härteres Akademikerbrot.» «Studieren – und was dann?» Solche Schlagzeilen aus der Tagespresse mögen beim einen oder anderen von Ihnen, meine Damen und Herren Maturanden, die Frage aufkommen lassen, ob Sie ein Studium ergreifen wollen oder nicht. Und auch Sie, meine Damen und Herren Eltern, mögen sich – vielleicht unausgesprochen – die Frage stellen, ob Sie in dieser Lage das finanzielle Abenteuer, das ein Studium bedeutet, geschehen lassen sollen.

Das Problem ist nicht neu. Es ist aber in den letzten Jahren akzentuiert worden und dürfte in den kommenden Jahren noch zunehmen wegen des Zusammentreffens der immer noch steigenden Maturandenzahlen einerseits und der wirtschaftlichen Schwierigkeiten in unserem Lande anderseits. Ich möchte mich zum ganzen Problemkreis heute unter drei Aspekten äussern: jenem des Arbeitsmarktes, jenem der Hochschule und jenem der Maturanden.

1. Arbeitsmarkt

Im Sommer 1977 befragte die Schweizerische Arbeitsgemeinschaft für Berufs- und Studienberatung etwa 4000 Absolventen schweizerischer Hochschulen aller Fachrichtungen, die ihr Studium im Jahre 1976 abgeschlossen hatten, über ihre Beschäftigungssituation. Diese Stichprobe von 4000 ist grösser als die Hälfte aller Absolventen jenes Jahrganges. Das heisst, dass sie ein recht gutes Bild gibt über die Beschäftigungssituation von Jung-Akademikern im letzten Jahr. 2,5% der Befragten hatten keine Stelle gefunden. 3% hatten irgendeine Zwischenlösung getroffen. 2,5% der Absolventen war eine Stelle zugesichert, sie hatten sie aber noch nicht angetreten. 11% waren aus eigenem Entschluss nicht erwerbstätig. Über

---

[1] Ansprache an der Entlassungsfeier der Maturanden der Kantonsschule Zürcher Unterland, 22. September 1978, Bülach. Ein ähnlicher Text diente als Vorlage für die Maturrede an der Oberrealschule Solothurn, 19. September 1985.

80% der Absolventen waren berufstätig. Sie sehen aus diesen Globalzahlen, dass die Arbeitsmarktsituation für die Jung-Akademiker im letzten Jahre als ausgesprochen gut zu bewerten war. Nun dürfen aber solche Globalzahlen nicht über Schwierigkeiten in einzelnen Sparten hinwegtäuschen. Während nur 2% der Juristen keine Stelle gefunden hatten, und nur 0,5% der Mediziner, so hatten immerhin 10% der Psychologen, 9,5% der Kulturingenieure, 8% der Architekten, 7,5% der Soziologen keine Stellen gefunden. Wenn man die Zahlen jener addiert, die keine Stelle gefunden hatten, eine Zwischenlösung getroffen hatten, oder denen eine Stelle zugesichert war, die also gleichsam unfreiwillig stellenlos waren im Zeitpunkt der Befragung, ergibt sich für die Psychologen ein Wert von 21,5%, für die Soziologen einer von 20%, für die Pädagogen einer von 18%. Der entsprechende Wert bei den Juristen lautet 5,5%, bei den Medizinern gar nur 3,5%.

Ich möchte jetzt nicht tabellarisch erschöpfend solche Zahlenwerte wiedergeben. Die akademischen Berufsberatungsstellen und die Fachzeitschriften liefern diese Werte laufend, und es zeigt sich dabei, dass sie ausserordentlich grossen Schwankungen unterworfen sind und kaum Prognosen für die Zukunft zulassen. Hingegen möchte ich kurz auf ein paar Ursachen der unterschiedlichen Beschäftigungslage und der Schwierigkeit der Prognosen eingehen. Die Hauptursache der Schwierigkeiten findet sich meines Erachtens im Prinzip der freien Studienwahl. Grosso modo hat ja der erfolgreiche Abiturient das Recht, das Studium seiner Wahl zu ergreifen. Entscheidender Faktor für die Quoten bestimmter Studienrichtungen ist also zunächst die Neigung der Abiturienten. Diese Aussage gilt für die westlichen Länder. Völlig anders sind die Voraussetzungen z.B. in der Sowjetunion, wo der Staat den Bedarf der Gesellschaft an bestimmten Berufsgattungen ermittelt, daraus die Studierenden-Quoten errechnet und dafür sorgt, dass nur entsprechende Anzahlen von Studienwilligen zum Studium der betreffenden Disziplinen zugelassen werden. Mit unserem freiheitlichen Denken und unserer Grundhaltung des Respekts vor der Entscheidungsfreiheit des Individuums ist dieses in Ost-Ländern praktizierte Verfahren nicht vereinbar. Es hat denn auch aus meiner Sicht keinen Sinn, mit solchen Alternativen zu liebäugeln.

Eine zweite Ursache der erwähnten Schwierigkeiten finden sich in der branchenspezifisch verschiedenen Konjunkturlage. Die Rezession im Baugewerbe hat sich schlagartig auf die Zahl der neueintretenden Architekturstudenten ausgewirkt. Es wäre indessen falsch, die branchenspezifische Konjunkturlage als allein massgebend für die Zahl der Studienanwärter auf einem Gebiete zu betrachten. So hat etwa die Zahl der neueintretenden Bauingenieur-Studenten an der ETH Zürich in den sechziger Jahren trotz anhaltendem Bauboom laufend abgenommen, während jene der Architekturstudenten damals zunahm; man kann diese Beobachtung geradezu als Beweis dafür ansehen, dass die Konjunkturlage einer Branche wenig Einfluss auf die Studienwahl hat. Denn sonst müssten sich ja die Zahlen der Neueintretenden innerhalb einer Branche – bleiben wir beim Bauwesen – tendenziell in der gleichen Richtung bewegen, was aber nicht der Fall ist.

Ich halte es persönlich für richtig, dass der Arbeitsmarkt eben nicht entscheidender Faktor bei der Studienwahl ist. Ich möchte aber im dritten Teil meiner Ausführungen dann noch einige einschränkende Bemerkungen zu dieser meiner Haltung anführen.

2. Das Problem aus der Sicht der Hochschulen

Nicht nur hat der erfolgreiche Abiturient das Recht, das Studium seiner Wahl zu ergreifen; er hat *de facto* auch das Recht, das Studium an der Hochschule seiner Wahl zu absolvieren. Weil wir uns an den Schweizer Hochschulen nicht von «manpower»-Überlegungen leiten lassen – Überlegungen also, wie viele Akademiker einer bestimmten Sorte das Land brauche – sondern vom sogenannten «social demand» – dem Bedürfnis der Studierenden also, werden die Hochschulen zum Spielball der jeweiligen Neigungen der Abiturienten. Noch vor fünf Jahren immatrikulierten sich an der Pharmazieabteilung der ETH Zürich 37 Neueintretende. Letztes Jahr waren es 117! Vor einem Jahrzehnt lagen die Zahlen der neueintretenden Bauingenieure bei 150 pro Jahr, heute sind sie auf etwa 60 zurückgefallen. Wenn man als Laie in der Presse liest, dass die Studentenzahl an den Technischen Hochschulen seit Jahr und Tag annähernd konstant sei und nur ganz geringfügig wachse, versteht man kaum, dass die Technischen Hochschulen über die Folgen des Personalstopps stöhnen. Wenn man aber an der Front der Hochschule die eben erwähnten Schwankungen der Studentenzahlen in den verschiedenen Disziplinen miterlebt, sieht man sofort, dass auch bei annähernd konstanter Totalzahl von Studierenden sehr schwierige Probleme anfallen. An den Universitäten, mit ihrem weit höheren Wachstum an Totalzahlen und erst noch unterschiedlichem Anfall auf die verschiedenen Fakultäten, entstehen noch schwierigere Situationen. Ich möchte die Probleme mit einem einfachen Beispiel der ETH Zürich illustrieren. 1970 studierten 912 Studentinnen und Studenten Architektur, letztes Jahr waren es noch 731. 1970 war unsere Pharmazieabteilung 193 Studenten stark, letztes Jahr waren es 440. Entsprechend diesen Grössenunterschieden stand 1970 in der Architekturabteilung ein Lehrkörper von etwa 100 Personen, wovon 19 Professoren, zur Verfügung. Der Pharmazie-Lehrkörper war und ist erheblich kleiner; er ist relativ klein geblieben, weil mitten in dieser Periode der Personalstopp verhängt wurde. Nun lässt sich das Problem auf dem Papier bei Quasi-Stillstand der Gesamtzahl der Studierenden durch Umgruppierung von Lehrpersonal der einen Abteilung in eine andere theoretisch leicht lösen. In der Praxis ist das weniger leicht, weil man selbstverständlich nicht Architekturprofessoren für die Ausbildung von Pharmazeuten einsetzen kann, auch nicht Assistenten. In der Regel lassen sich Umteilungen von Lehrpersonal nur in Form freier Valenzen vornehmen, die dann entstehen, wenn Professoren oder Assistenten die Hochschule verlassen. Nun fällt es aber gerade Architekturassistenten bei der heutigen Konjunkturlage im Bauwesen schwer, in der Praxis noch Stellen zu finden. Die Verweildauer dieser Assistenten an der Hochschule nimmt also zu, und damit nimmt das Verfügbarwerden freier Valenzen ab. Als Positivum dieser Entwicklung ist zu werten, dass das Betreuungsverhältnis zwischen Lehrpersonal und Studenten in schrumpfenden Abteilungen (Architektur) sich verbessert. Anderseits verschlechtert sich das Betreuungsverhältnis in rasch wachsenden Abteilungen (Beispiel Pharmazie). Man mag von aussen einwenden, die Hochschule müsste in solchen Situationen mit Kündigungen nachhelfen. Man darf aber nicht übersehen, dass Kündigungen personalrechtliche und sozialpolitische Grenzen gesetzt sind.

Ich habe die Konsequenzen der Launenhaftigkeit der freien Studienwahl nur auf dem Sektor des Lehrpersonals skizziert, weil sie dort besonders gravierend sind. *Mutatis mutandis* könnte ich die Konsequenzen bei den Betriebskosten und den Investitionen zeigen. Allerdings sind die Probleme im Bereich dieser beiden Kostenarten wesentlich leichter zu meistern, indem Kredite verhältnismässig einfach umgelegt und Räume neu zugeteilt werden können. An der ETH Zürich verfügen wir für solche Massnahmen seit mehreren Jahren über detaillierte, nach betriebswirtschaftlichen Grundsätzen geführte Betriebsrechnungen, die elektronischer Datenverarbeitung zugänglich sind. Für die Bewirtschaftung unserer etwa siebeneinhalbtausend Räume steht eine Raumdatenbank zur Verfügung.

Mit dieser Skizze der Probleme aus Sicht der Hochschule habe ich nicht nur die Probleme selbst angetönt, sondern auch Lösungswege aufgezeigt, die ein Hochschul-Management kurzfristig beschreiten kann. Ich möchte jetzt noch auf eine Forderung eingehen, auf die meines Erachtens die Hochschulen nicht eintreten sollten: die Forderung, vermehrt zum Arbeitgeber zu werden. Es ist in verschiedenen Kreisen die Meinung aufgekommen, Arbeitsmarktschwierigkeiten für Hochschulabsolventen sollten von den Hochschulen gemeistert werden, indem Absolventen in grosser Zahl an der Hochschule selbst angestellt würden in Assistenten- oder Mitarbeiterfunktionen. Ganz abgesehen davon, dass solche Vorkehren erhebliche Erhöhungen unserer Personalbudgets erfordern würden, halte ich die Vorschläge für grundsätzlich falsch. Die Hochschulen bilden Akademiker nicht für den Eigenbedarf aus, sondern für den Bedarf der Gemeinschaft. Man darf vom Staat, der die Entscheidungsfreiheit des Individuums hochhält, nicht gleichzeitig verlangen, dass er damit eine Arbeitsplatzgarantie abgibt. Eine solche Massnahme wäre überdies unfair gegenüber Nichtakademikern.

3. Aus der Sicht der Maturanden

Die These von der Freiheit der Studienwahl verträgt sich schlecht mit meinem Vorhaben, Ihnen, meine Damen und Herren Maturanden, in diesem dritten Teil einige Ratschläge zu erteilen. Die Ratschläge haben denn auch keineswegs die Meinung, Sie beeinflussen zu wollen. Aber ich glaube, die Hochschulen haben in diesen Fragen einen gewissen Informationsvorsprung, und es mag Sie interessieren, was wir von Ihren Problemen halten.

3.1 Verfallen Sie nicht in einen Zustand der Panik! Hiefür besteht nämlich keinerlei Grund. Ein Akademiker wird nicht in erster Linie geschult, um zu wissen, sondern er wird geschult, um sich zu helfen zu wissen. Dieser Grundsatz kommt ihm auch beim Eintritt ins Erwerbsleben zustatten.

3.2 Wer immer unter Ihnen den ganz klaren und starken Wunsch verspürt, ein bestimmtes Studium zu ergreifen, soll dieses Studium ergreifen und sich durch keine der angestellten Überlegungen davon abhalten lassen. Ich glaube nämlich, dass letztlich die echte Motivation die wichtigste Voraussetzung für die erfolgreiche und vor allem befriedigende Durchführung eines Studiums bleibt.

3.3 Wenn es unter Ihnen Abiturienten hat, die unschlüssig sind, ob sie überhaupt studieren wollen, oder die nur vage Vorstellungen darüber haben, in welche Studienrichtung es sie zieht, dann sollten sie sich Gedanken machen über mögliche Engpasssituationen an den Hochschulen in Bereichen ihrer möglichen Studienwahl und auch über die mutmassliche Arbeitsmarktsituation. Die entsprechenden Prognosen, soweit sie überhaupt stellbar sind, kann die akademische Berufsberatung Ihnen verschaffen. Ich möchte diesen Ratschlag etwas ausführlicher begründen. Es besteht kein Zweifel, dass in sogenannten überlaufenen Studienrichtungen die Anforderungen während des Studiums und der anschliessende Existenzkampf härter werden, ganz einfach, weil sich sehr viele Studierende in nicht so viele Studienplätze teilen müssen, und weil sich sehr viele Absolventen um die vielleicht nicht so zahlreichen Anstellungsmöglichkeiten reissen werden. In diesem Existenzkampf werden die besten Absolventen – das dürften die am stärksten motivierten sein – sich besser bewähren, als ihre nur am Rande motivierten Kommilitonen. Es hat vor ein paar Jahren Studenten gegeben, die diesen meinen Ratschlag als unanständig bezeichneten. Sie stellten sich auf den Standpunkt, jeder Abiturient soll sein Recht nach der Freiheit der Studienwahl voll ausschöpfen, auch wenn die getroffene Wahl aus einer Eingebung des Augenblicks erfolgt sei; für die Gesellschaft sei es nämlich letztlich wichtig, wieviele ihrer Mitglieder sich einen höheren Stand der Bildung erworben haben, nicht so sehr, in welchen Sparten das Studium erfolgt sei. Für den Absolventen, so ging das Argument weiter, sei es bedeutungslos, ob er später auf dem ihm bei der Studienwahl vorschwebenden Beruf arbeiten könne. Er müsse es eben in Kauf nehmen, als Biochemiker die Strassen zu kehren, wenn für Biochemiker nur Stellen als Strassenkehrer anfallen sollten. Ich betrachte diese Einstellung nicht nur als romantisch oder naiv, sondern auch als gefährlich für den Betroffenen. Ich kenne zahlreiche Fälle, in denen Akademiker, die unter ihren Fähigkeiten oder unter ihrem Ausbildungs- oder Bildungsstand eingesetzt sind, nicht glücklich sind.

3.4 Bauen Sie Ihr Studium auf einem soliden, breiten Propädeutikum auf, und spezialisieren Sie sich erst spät im Verlaufe des Studiums. Wir leben nämlich in einer Zeit rascher geistiger Evolution. Vor allem in den Natur- und Ingenieurwissenschaften wird die Halbwertszeit gültiger neuer Erkenntnisse immer kürzer. Sie haben wahrscheinlich im Biologieunterricht gelernt, der Mensch habe 46 Chromosomen. Ich habe mir noch auf Hochschulstufe die Zahl 48 einprägen müssen. Sie haben fast sicher gelernt, Erbfaktoren bestehen aus Nukleinsäuren. Noch zu meiner Hochschulzeit fragten sich die Fachleute, ob Erbfaktoren Eiweisse seien. Wer mit der Raschlebigkeit wissenschaftlicher Erkenntnisse zurechtkommen will, muss in der Lage sein, sich laufend neue Kenntnisse anzueignen, die nicht unbedingt in sein eigentliches Spezialgebiet fallen. Er kann das nur, wenn er über die erwähnte solide Basis des Propädeutikums verfügt. Dazu kommt, dass die meisten Arbeitgeber gar nicht pfannenfertige Hochschulabsolventen erwarten, die auf die Bearbeitung aktueller Probleme direkt vorbereitet sind. Viel mehr geschätzt wird eine breite Basis von Hochschulbildung in einem vergleichsweise breiten Gebiet.

3.5 Bemühen Sie sich, auch Fähigkeiten zu pflegen und zu entwickeln, die nicht in unmittelbarem Zusammenhang mit dem Fachstudium stehen, als Ingenieure oder Naturwissenschafter etwa Fremdsprachen. Nicht nur verbreitern Sie dadurch Ihre Bildung, sondern Sie erschliessen sich weitere Arbeitsmärkte. Von vielen Arbeitgebern verlangt und in vielen Situationen erwünscht sind Kenntnisse in Personalführung. Eine ausgezeichnete Gelegenheit, solche Fähigkeiten zu entwickeln oder zu festigen, bilden die Kaderschulen im Militärdienst. Wenn Sie sie besuchen, tun Sie sich selbst und gleichzeitig dem Land einen Dienst.

3.6 Helfen Sie selbst mit, Engpässe an den Hochschulen zu bewältigen. Ich kenne dafür ein einfaches Rezept. Die Studierenden von heute und morgen müssen durch ihr Verhalten die Bevölkerung davon überzeugen, dass sie ehrlich bestrebt sind, solide Arbeit zu leisten. Die Verwerfung des Hochschulförderungsgesetzes am 28. Mai 1978 hat nämlich ganz klar gezeigt, dass das sogenannte «image» der Studenten in unserem Volk schlecht ist. Es gab Vorgänger von Ihnen, zwar nicht viele, aber lautstarke, die in unserem Volk den Eindruck erweckten, Studenten seien elitärem Denken verfallene Egoisten, oder meinetwegen Umstürzler. Dieses falsche, vor allem in den späten sechziger Jahren mit viel Geschick plazierte Engramm hat zu einer Kluft zwischen Stimmbürger und Hochschule geführt. Ich erachte es als staatsbürgerliche Pflicht neuer Studentengenerationen, diese Kluft zum Verschwinden zu bringen. Die Hochschule steht nicht abseits von der Gesellschaft. Sie wird von ihr getragen und ist mitten in ihr. Noch ausgeprägter ist das der Fall für die Mittelschule. Ich weiss, dass einzelne unter Ihnen nicht ein Studium ergreifen, sondern sich einem anderen Beruf zuwenden. Das ist richtig. Überzeugen auch Sie durch Ihr Beispiel jene Mitbürger, denen das Glück einer höheren Bildung nicht beschert war, dass das Bild des Elfenbeinturms, in dem die sogenannt Gebildeten sitzen sollen, oder jenes des Parasitismus, den sie an der Gesellschaft üben sollen, nicht den Tatsachen entspricht.

3.2 Einstein-Ausstellung[1]

Hochschulen sind, wenngleich der Akzent auf hoch liegt, dennoch Schulen. So verwundert es nicht, dass Schul-Meister, die an ihnen lehren, bei der Auswahl für unsere Ausstellung aus den reichen Einstein-Beständen auch Exponate wählten, die Schulmeister ansprechen. Über einige Exponate dieser Kategorie möchte ich zur Eröffnung dieser Ausstellung ganz kurz sprechen, Sie aber dann sogleich einladen, das Gezeigte selbst zu betrachten.

Da ist die Rede von *Gymnasien,* zunächst von einem Münchner Gymnasium, in das Einstein als Zehnjähriger eintrat. «Mir erscheint es als das Schlimmste, wenn eine Schule prinzipiell mit den Methoden der Angst, der Gewalt und der künstlichen Autorität arbeitet. Solche Behandlungsmethoden zerstören die gesunden Gefühle, die Aufrichtigkeit und das Selbstvertrauen der Schüler. Damit produziert man den unterwürfigen Untertan.»

Ganz anders Einsteins Urteil über die aargauische Kantonsschule, deren 3. und 4. Klasse er 1895 und 1896 besuchte. «Diese Schule hat durch ihren liberalen Geist und durch den schlichten Ernst der auf keinerlei äusserliche Autoritäten sich stützenden Lehrer einen unvergesslichen Eindruck in mir hinterlassen.»

Die wohl stärkste Lehrerpersönlichkeit der aargauischen Kantonsschule zu jener Zeit war Fritz Mühlberg, der 45 jährig war, als er Albert Einstein in den Naturwissenschaften unterrichtete. Mühlberg war ein ausgesprochen unkonventioneller Lehrer, mit Ansichten, die der Denkweise vieler seiner Kollegen weit voraus waren und auch von faktenhungrigen Kollegen der Gegenwart hin und wieder beherzigt werden sollten. Mühlberg vertrat die Auffassung, dass «die Fähigkeit und die Lust, geistige Werte zu schaffen, das Wissen zu mehren, also Tatsachen wahrzunehmen, Wahrheiten aufzufinden und von anderen gefundene Wahrheiten zu verstehen, höher zu schätzen ist als der momentane Besitz all des Wissenstoffes... Also ist auch im naturgeschichtlichen Unterricht allgemeine Geistesbildung höher zu schätzen als die dabei zu gewinnende Belehrung». Diese Haltung muss

---

[1] Einführungsreferat an der Vernissage, 14. Februar 1979, Zürich.

Einstein gefallen haben, denn er schrieb später einmal einem Klassenkameraden jener Zeit über Mühlberg: «Das war doch ein origineller und interessanter Kerl.» Dabei hatte Prof. Mühlberg es mit dem Schüler Einstein offenbar nicht nur leicht gehabt. Auf einer geologischen Exkursion soll Mühlberg nämlich Einstein gefragt haben: «Nun, Einstein, wie verlaufen hier die Schichten: von unten nach oben oder von oben nach unten?» Und Einstein habe geantwortet: «Das ist mir ziemlich egal, Herr Professor.»

Es muss uns Schulmeister berühren, dass Albert Einstein so viel hielt von jener Aarauer Kantonsschulzeit, von jener «Aargauer Schule, die für mich das erfreulichste Vorbild einer Bildungsanstalt dieser Stufe geblieben ist», wie er 1951 schrieb.

Und dann ist die Rede von *Hochschulen* und verwandten Bildungs- und Forschungsinstitutionen und ihrer Fakultäten. Ich gehe davon aus, dass verschiedene Anwesende schon Zeugen waren von Auseinandersetzungen in Fakultäten, bei denen es um Habilitationsordnungen ging. Muss oder darf eine Habilitationsschrift gedruckt oder veröffentlicht sein? In welcher Sprache? Solche merkwürdigen Kleinkariertheiten hat es immer gegeben, und Einsteins erster Anlauf in Bern scheiterte zum Teil an einem solchen sogenannten Formfehler: er reichte nämlich eine gedruckte statt handschriftliche Arbeit ein. Dass die Arbeit den Kern der Relativitätstheorie enthielt, schien die Fakultät wenig zu berühren, um so weniger, als ihr Inhalt in Fachkreisen umstritten war...

Das war 1905. Sechs Jahre später gab es dann mindestens einen wesentlich gemerkigeren Kollegen, Professor Zangger, der es «nicht auf dem Gewissen haben wollte, diese Gefahr nicht beizeiten vermerkt zu haben». Mit der Gefahr meinte er das Risiko, Einstein aus Prag nach Wien statt nach Zürich wegberufen zu sehen. Auch Marcel Grossmann verwendete sich für die Berufung Einsteins ans Poly, und ihm schrieb Einstein: «Dass ich Deine Ansicht, dass den Studierenden der VIII. Abteilung des Poly in den höheren Semestern zu wenig bzw. zu wenig Zeitgemässes geboten werde, durchaus teile, das weisst Du ja. Ich würde mich freuen, wenn ich zur Ausfüllung dieser Lücke beitragen könnte.»

Keine Geringeren als Max Planck und Walter Nernst versuchten dann schon zwei Jahre danach, Einstein dem Poly auszuspannen zugunsten der Akademie der Wissenschaften in Berlin. Einstein hat dieser Versuchung nicht widerstanden, und «das Einleben hier» (in Berlin) ist ihm «wider Erwarten gut» gelungen. Aber «die Akademie erinnert in ihrem Habitus ganz an irgendeine Fakultät. Es scheint, dass die meisten Mitglieder sich darauf beschränken, eine gewisse pfauenhafte Grandezza schriftlich zur Schau zu tragen; sonst sind sie recht menschlich».

Solche Spiegel aus dem Hochschulleben – jene peinlichen von Habilitationsverfahren und Eitelkeit, aber auch jene rühmlichen von ernsthafter, seherischer Qualitätssuche bei Berufungen, tun uns gut. Und dass gelegentlich ein hochbegabter neuer Professor zu uns kommt, weil er im Unterricht eine von ihm erkannte Lücke ausfüllen möchte, müssen wir immer dann vor Augen halten, wenn wir bei der Professorensuche, vielleicht fälschlicherweise, von sogenannten Normalstudienplänen ausgehen.

Die Ausstellung ist jetzt eröffnet.

3.3 Denkplatz und Arbeitsplatz Schweiz[1]

Niemand dürfte überzeugend bestreiten können, dass in einem modernen Staat eine starke Wirtschaft unabdingbare Voraussetzung für das menschliche Wohlergehen ist. Eine starke Wirtschaft ist Vorbedingung für Arbeitsplätze. Arbeitnehmer aller Stufen erwarten, dass Arbeitsplätze zur Verfügung stehen und werden unruhig und besorgt, wenn durch Verschlechterung der Konjunkturlage oder selbst als Folge von Strukturveränderungen in Unternehmungen Arbeitsplätze in Gefahr sind. Arbeitgeber aller Stufen sehen sich mit dem schwierigen Problem konfrontiert, Rationalisierung und Automation so weit zu treiben, dass die Produktion konkurrenzfähig bleibt, aber gleichzeitig zu vermeiden, dass in der Wirtschaft als Ganzes Arbeitsplätze in Gefahr kommen. Je nach Markt- und Währungslage muss sich der Unternehmer fragen, wie es für ihn am wirtschaftlichsten ist, welchen Anteil seiner Forschungs-, Entwicklungs- und Produktionstätigkeit in welchem Land abzuwickeln.

Als Schweizer Unternehmer muss er diese Abwägungen auf das weite Feld der Politik, unter Einbezug der Sozialpolitik, ausdehnen. Und dabei muss seine Unternehmung erst noch rentabel bleiben.

In unserem Kleinstaat leben Menschen unterschiedlicher Talente, unterschiedlichen Fleisses, unterschiedlicher Risikofreudigkeit, zuweilen mit unterschiedlichem Glück, und eine bemerkenswert beständige Struktur von Arbeitgebenden und Arbeitnehmenden ist entstanden. Als Folge der erwähnten Unterschiede zwischen den Partnern bestehen auch klare vertikale Arbeitsteilungen, die oft als Hierarchien bezeichnet werden. Eine gesunde Schilderung dieser Arbeitsteilung hat mir unlängst ein Fabrikarbeiter gegeben, als ich ihn nach seiner Einstellung zu den ihm vorgesetzten ETH-Ingenieuren in seinem Betrieb fragte. «Wir sind dann schon noch froh über diese Ingenieure», sagte er, «sie haben immer wieder neue Ideen für neue Geräte, die wir dann bauen können.» Ich glaube, diese aus gesundem Menschenverstand gewachsene Einstellung überwiegt in unserem Lande. Aber es gibt andere. Da sind die Träumer, die archetypische Vorstellungen

---

[1] Eröffnung des BWI-Symposiums, 1. März 1979, Zürich.

über eine heile Welt haben, in der auf einer Anzahl kleiner Inseln friedlich koexistierende Gruppen lauter guter Menschen sich zu einem wohlabgestimmten Konzert an sich künstlerischer Tätigkeiten finden, in einem einfachen Leben. Oder als Kontrast wiederum andere, die die Vorstellung einer modernen Gesellschaft haben, in der grundsätzlich alle Mitmenschen eine höhere Bildung oder doch höhere Ausbildung erworben haben, mit Physikern auf den Lokomotiven, Biochemikern beim Strassenkehren, oder als Folge des hohen Intellektualisierungsgrades so viel Automation, dass physische Arbeit des Menschen kaum mehr nötig ist und deshalb die Freizeitbeschäftigung an die Stelle der Arbeit tritt.

Es ist gut, dass solche Überlegungen in unserem freiheitlichen System Platz haben und da und dort in Ansätzen sogar ausprobiert werden. Es ist auch nicht verwunderlich, dass derartige Gedanken vielleicht über Gebühr häufig im gedruckten Wort erscheinen. Aber ich glaube nicht, dass die sogenannten Alternativen in absehbarer Zeit für die Behandlung des Themas unseres Symposiums konzeptbildend werden. Vielmehr sollten wir davon ausgehen, dass die anstehenden Probleme auf dem Hintergrund bestehender Ordnung und Mentalität gelöst werden können. Ich glaube insbesondere, unsere Jugend habe ein neues Vertrauen gefasst in die Ernsthaftigkeit unserer Auseinandersetzung mit der Zukunft.

Dieses Vertrauen hat nicht immer bestanden. Mein amerikanischer Kollege Steven Muller hat sich vor knapp zwei Jahren dazu sehr pointiert geäussert: «Könnte die Gesellschaft als Ganzes sich artikulieren, so würde sie etwa folgendes sagen: Es ist wirklich ein Jammer, dass so viele Kinder geboren werden, denn wir können im Grunde nicht alle gebrauchen.»

Ich bestreite, dass unsere Gesellschaft, wenn sie sich als Ganzes artikulieren könnte, sich so ausdrücken würde. Ich hoffe, dass gerade das heutige Symposium zu einem Beweis der Ernsthaftigkeit der Auseinandersetzung mit einer grossen Zukunftsfrage werden wird. In unseren Überlegungen sollen wir dabei nicht uns selbst im Auge haben, sondern unsere Jugend; denn sie wird es sein, die morgen den Arbeitsplatz Schweiz besiedelt.

Mein Bekenntnis zur geltenden Ordnung will aber nicht zugleich sagen, gewisse Retouchen wären nicht am Platze, im Gegenteil! Ich halte dafür, dass Verbesserungen, auf Bestehendem aufbauend, nötig und möglich sind. Ich werde jetzt einige Vorschläge machen, und Sie werden es mir nicht verübeln, dass ich die Vorschläge aus der Sicht der Hochschulen erarbeitet habe.

1. Mehr Forschung

Unser Land wird oft als rohstoffarm bezeichnet. Als Biologe bin ich geneigt, den Informationsgehalt des Menschen und insbesondere die im menschlichen Gehirn mögliche und praktizierte Kombinationsfähigkeit auch als Rohstoff zu betrachten. Diese Ressource ist in unserem Land gross. In dieser Hinsicht ist unser Land reich an Rohstoff. Ja, dank unserem Bildungswesen ist der Rohstoff schon weitgehend aufgearbeitet. Aber wird er in genügendem Umfang genutzt? Ist er in der Vergangenheit ausreichend genutzt worden, etwa im Hinblick auf Forschung und Entwicklung der neuen Uhr oder des Taschenrechners? Wird er heute genügend genutzt, etwa in Forschung und Entwicklung auf dem Energiesektor? Wird er morgen genügend genutzt, vielleicht im Bereich der Lasertechnologie oder der Wirtschafts- und Betriebswissenschaften oder Bereichen der Wissenschaften, die wir noch gar nicht überblicken? Missverstehen Sie micht nicht: ich verfalle nicht der Illusion, der Arbeitsplatz Schweiz müsse alles wollen und erst noch alles innerhalb der Landesgrenzen. Aber wenn wir von der Zukunft des Arbeitsplatzes Schweiz sprechen, gehört der Export von Einsicht auch dazu! Wenn die Welt auf Schweizer Erzeugnisse schaut, schaut sie nicht nur auf Erzeugnisse, die in der Schweiz erfunden oder hergestellt werden, sondern auch auf Erzeugnisse, die auf Schweizer zurückgehen. Weil aber die Gültigkeitsdauer von Forschungserkenntnissen tendenziell kürzer wird, ist deshalb auch eine Vermehrung der Forschungstätigkeit nötig.

2. Bessere Valorisation der Forschung

Forschung als Selbstzweck, im Sinne der Mehrung der Erkenntnis, wird immer wichtig bleiben. Die grosse Mehrzahl der Kommoditäten des täglichen Lebens ist mindestens indirekt auf Ergebnisse jener Forschung zurückführbar, die gängig als Grundlagenforschung bezeichnet wird. Wir dürfen nicht an Grundlagenforschung sparen. Aber ich glaube, wir sollten mehr als zuvor Anstrengungen unternehmen, Forschungserkenntnisse rascher in Greifbares, Machbares, (Ver-)Marktbares umzusetzen.

3. Engere Zusammenarbeit zwischen Hochschule und Wirtschaft

Im erwähnten stabilen Gleichgewicht der Strukturen unseres Landes spielen Unternehmungen aller Grössen ihre Rolle, nicht etwa nur die grossen, sondern auch die kleinen und mittleren Betriebe. Vor allem die Letztgenannten können es sich schlicht nicht alle leisten, zur Spitze von Forschung und Entwicklung aufzuschliessen. Das wäre auch nicht wirtschaftlich und im Sinne der gesunden Arbeitsteilung weder nötig noch möglich. Aber ich glaube, durch engere Zusammenarbeit zwischen Hochschulinstituten mit solchen Unternehmungen könnte einerseits den Betrieben geholfen werden, und anderseits würde sich die Erkenntnis rascher durchsetzen, dass auch ein Hochschulinstitut Teil des grossen Räderwerkes der Umsetzung von Erkenntnissen ist.

4. Frühwarnung

Wenn die Forschung in der Schweiz mit der Spitze der Forschung in der Welt Schritt halten will – und sie muss das wollen –, dann müssen Hochschulen und Industrien rechtzeitig erfahren, welche neuen Bereiche der Forschung besonders wichtig werden. Wer über die Zukunft des Arbeitsplatzes Schweiz spricht, kommt nicht darum herum, auch dieses Problem zu behandeln. Ist es verständlich, dass es der Energiekrise bedurfte, bis die Dringlichkeit in Energieforschung erkannt und mit der notwendigen Wucht an die Forschungsträger gebracht wurde? Ich halte dafür, dass hier grosse Anstrengungen nötig sind mit dem Ziel, frühzeitig handlungsorientierte Ratschläge über entstehende Lücken und werdende Forschungsgebiete zur Verfügung zu haben. Hochschulen werden auf solche Meldungen bei der Planung von Professorenstellen und Institutsgründungen Rücksicht nehmen, und Industrien werden ihre Investitionen im Hinblick auf Kommendes planen wollen. Ich möchte hier verdeutlichen, dass ich Forschungstätigkeit als Investitionstätigkeit betrachte, und zwar sowohl in Industrie wie auch an der Hochschule. An der Hochschule sind die wichtigsten Investitionen nicht die Bauten, sondern die Professoren, und vor allem diese Investitionen müssen intelligent geplant werden können.

* * *

Wenn ich den *gemeinsamen Nenner* der vier Vorschläge suche, so findet er sich in der *Zusammenarbeit von Hochschule und Wirtschaft*. Vor Jahren hätte man hier lautstark protestiert mit dem Argument, es werde die heile Seele der Hochschule dem Teufel des Kapitals verschrieben. Ich schliesse nicht aus, dass auch heute noch solche Einwände kommen können. Aber ich schliesse zuversichtlich aus, dass sie ein breites, nachhaltiges Echo finden.

Was die ETH Zürich betrifft, so arbeiten seit jeher viele Professoren und Institute mit zahlreichen Unternehmungen der Privatwirtschaft zusammen. Ich glaube aber, selbst an der ETH Zürich sollten solche Kontakte noch vermehrt gepflegt werden, zum Nutzen der Hochschule und des Landes, zum Nutzen der Zukunft des Arbeitsplatzes Schweiz.

3.4 Politik und Technik[1]

Unsere Zeit wird durch die Geschichtsschreibung dem technischen Zeitalter zugeordnet werden. Präzisierend wird die Geschichtsschreibung festhalten, dass sich unsere Zeit von anderen Zeiträumen der Geschichte darin unterscheidet, dass sich die *Ereignisse im wissenschaftlichen und technischen Bereich überstürzen*. Halten wir uns vor Augen: noch unsere Väter gehörten zu den ersten, die das Automobil benutzten, und schon unsere Söhne erlebten am Bildschirm die Landung des Menschen auf dem Mond mit. Ja, heute finden unsere Söhne es nicht mehr besonders spannend, von neuen Landungen auf dem Erdmond zu hören; denn die Technik zeigt jetzt bereits Bilder von Eis und aktiven Vulkanen auf Monden anderer Planeten, und man bringt heute schon Raumfahrern, die sich seit Monaten im All befinden, mit anderen Raumschiffen Nachschub. Das neue Weltbild, das in Form der Theorien Albert Einsteins zur Zeit unserer Väter und Grossväter erst von wenigen erahnbar war, ist heute in vielen Aspekten im Alltag sichtbar. Auch wenn vergleichsweise wenig Mitbürger persönlich Gelegenheit haben, etwa die technischen Errungenschaften eines grossen Ringbeschleunigers in Genf oder in Villigen, Kanton Aargau, selbst zu besichtigen, so wissen wir doch mehrheitlich um deren Existenz und werden wir durch die Massenmedien ausgezeichnet darüber informiert.

Im Laufe dieser rasanten technischen Entwicklung eines Jahrhunderts, von der Dampfmaschine über den Auto- und Flugzeugmotor, den Elektromotor bis hin zu den Raumschiffen mit ihren Raketenantrieben, sind eine fast unüberblickbare Menge von technischen Produkten angefallen, die für viele rasch zur Selbstverständlichkeit wurden. Der Einzug von Elektronik und Plastik hat überdies dazu geführt, dass viele dieser Geräte erschwinglich geworden sind. Ja, in gewissen Branchen steuern wir auf eine Zeit zu, in der eine Neuanschaffung unter Umständen billiger ist als die Reparatur eines teureren, älteren Gerätes; ich erwähne als mögliches Beispiel die neue

---

[1] Festrede an der Feier für den Präsidenten des Grossen Rats des Kantons Aargau, 27. März 1979, Unterkulm.

Uhr. Solche Errungenschaften heben den sogenannten Lebensstandard an, und ihre Verfügbarkeit wird vom zivilisierten Menschen gewünscht. Nehmen wir jetzt ein weiteres Beispiel der sich überstürzenden Erkenntnisse unserer Zeit: die Erkenntnis der Vererbungslehre. Die Entdeckung der Mendelschen Gesetze, welche viele Erbgänge auch der Familien des Menschen erklären, gehen auf die Zeit unserer Väter und Grossväter zurück. Noch zu meiner Studentenzeit bestand Uneinigkeit darüber, welches die chemische Grundlage der Erbfaktoren sei. Aber schon kurz darauf war nicht nur die Frage der chemischen Grundlage gelöst, sondern darüber hinaus kannte man bereits den sogenannten genetischen Code oder die Sprache jener Moleküle, die die Information tragen, die im Laufe der Generationen zur Ausprägung kommt. Heute ist diese Erkenntnis derart gesichert, und sind die didaktischen Fortschritte derart gross, dass die wesentlichen Einsichten in dieses biologische Geschehen von fundamentaler Bedeutung dem Schüler in leicht verständlicher Form erläutert werden können. Parallel zur Entwicklung dieser Erkenntnisse wurden diese laufend für die Lösung praktischer Probleme nutzbar gemacht, etwa in der Züchtung von Kulturpflanzen. Heute ist man bereit, auch die allerneuesten Erkenntnisse der Chemie der Vererbung für Bereiche der Anwendung zu erschliessen.

Wir könnten hier stundenlang Beispiele rasanter Entwicklungen erläutern: die Entwicklung von der Logarithmentafel zum Rechenschieber, zum programmierbaren Taschenrechner; jene vom Naturheilkraut zum hochdifferenzierten, chemisch hergestellten Medikament; jene vom Telegraphen zu Telephonie und Television via Satellit mit Zubringerlinien über Glasfaserkabel. Das wäre nicht interessant. Viel interessanter – zumindest im Zusammenhang mit dem heutigen Thema «Politik und Technik» – ist die Feststellung, dass *viele der technischen und wissenschaftlichen Neuerungen nicht nur bestimmte Ansprüche befriedigen und Probleme gelöst haben, sondern neue Ansprüche geweckt und neue Probleme geschaffen haben.* Automation, z. B., hat zur Vereinfachung von Arbeitsabläufen geführt, hat den Anteil an Freizeit für die Arbeitsbevölkerung erhöht, hat die Sicherheit am Arbeitsplatz erhöht, kann aber die Sicherheit eines bestimmten Arbeitsplatzes in Gefahr bringen. Laufend muss ein Kompromiss gefunden werden zwischen nötiger und wünschbarer Länge des Arbeitstages, nötiger und wünschbarer Länge der Freizeit und Verfügbarkeit von Arbeitsplätzen überhaupt. Denn der Mensch will ja arbeiten. Stellen wir an die Seite dieses sozialen Problems, das sich aus der rapiden Entwicklung der Technik ergibt, ein technisches: das Energieproblem. Hauptsächlich unser Verlangen nach Komfort in der Raumheizung und im Individualverkehr, aber auch unsere Tendenz zum Wegwerfverhalten, lassen die Zeit näher rücken, in der die herkömmlichen Energievorräte der Erde erschöpft sein werden. Ich zweifle nicht daran, dass die Technik auch dieses Problem lösen wird, und zwar betriebssicher lösen wird. Aber wir sind heute Zeugen einer kolossalen Frage, der Frage nämlich, ob und wie, und wie lange noch eine Entwicklung im angewöhnten Tempo möglich, nötig, oder wünschbar sei.

Und jetzt kommen wir zum Kernproblem meiner Ausführungen: zur Frage, *wer diese kolossale Frage beantworten soll*. Die Antwort ist in unserem Kleinstaat – soweit die Beantwortung in unserem Lande überhaupt Bedeutung erhält – kristallklar: *der Stimmbürger*.

Wir dürfen aber den Stimmbürger nicht überschätzen. Wir dürfen ihn auch nicht überfordern. Zwar verfügt er, Gott sei Dank, häufig über einen gesunden Menschenverstand. Aber die geschilderte Geschwindigkeit der Neuerungen, gekoppelt mit der Flutwelle von Information zum Teil widersprüchlicher Art, macht es ihm häufig unmöglich, sich ein wirklich fundiertes Urteil zu bilden. In der Praxis hat das zur Folge, dass mindestens die Entscheidvorbereitung auf übergeordnete Instanzen verlagert wird. Dafür bieten sich die Parlamente, parlamentarische Kommissionen, die Exekutiven, oder Experten an. Man muss sich dabei bewusst sein, dass der Stimmbürger Experten gegenüber nicht selten unverhohlene Skepsis zeigt. Diese Skepsis ist immer dann verständlich, wenn ein Experte in einem Sachgeschäft zugleich Partei ist. Die Skepsis ist zudem nachfühlbar, wenn der Experte wegen der Sache eine Sprache sprechen muss, die für den Bürger nicht mehr voll verständlich ist. In beiden Fällen wittert man dann die Gefahr, unsere Demokratie werde zu einer Expertokratie, selbst wenn man anerkennt, dass die Experten ja nicht entscheiden, sondern nur für die Entscheidfindung beigezogen werden.

Beispiele aus der jüngsten Vergangenheit, etwa in Fragen der Sicherheit von Kernkraftwerken, haben die Lage insofern noch kompliziert, als selbst aus den Lagern der sogenannten Experten sich widersprechende Meinungen geäussert wurden. Ein solcher Sachverhalt kann zu einer tiefen Verunsicherung des Stimmbürgers, aber auch der Parlamente und der Exekutiven führen. Den Ausweg aus dieser Zwickmühle zu finden scheint mir eines der dringendsten Anliegen der Politik der Gegenwart.

Wenn man während vieler Jahre an Hochschulen tätig gewesen ist – in meinem Fall sind es über zwanzig Jahre –, merkt man an Beispielen aus den eigenen Reihen, dass ein sogenannter Experte nicht immer wirklich ein Experte ist. Da gibt es Kollegen, die in einer Sparte der Wissenschaft verdienterweise höchste internationale Anerkennung erlangt haben und daraus den Fehlschluss ziehen, auch zu Fragen aus anderen Sparten der Wissenschaft sachkundig Auskunft geben zu können. Dann gibt es Mitarbeiter, die auf Grund einer früheren Leistung ehrenvoll an ein Hochschulinstitut gewählt wurden, seither ihr angestammtes Gebiet verlassen haben und auf einem neuen Gebiet arbeiten, ohne dass sie sich hier besondere

Verdienste erworben hätten, und jetzt aus der sicheren Stellung der Hochschule heraus auf diesem neuen Gebiet, mit dem Siegel der akademischen Unfehlbarkeit versehen, sogenannt gutachterisch tätig werden. Die eigentlichen Fachleute des betreffenden Gebietes schütteln dann bisweilen den Kopf über die Äusserungen des Kollegen, stellen seine Behauptungen bestenfalls richtig, verspüren aber häufig weder Lust noch Motivation, mit vergleichbarer Wucht ihre sachlich fundierte Haltung zu vertreten. Beide Sorten von tatsächlichen oder potentiellen Experten aus Kreisen der Hochschule müssen sich hier an der Nase nehmen: jene, die mit wenig Sachverstand, aber um so lautstärker ihre Stellung an der Hochschule für Expertentätigkeit ausnützen, und jene anderen, die zwar über grossen Sachverstand verfügen, aber mit der Sprache nicht herausrücken.

Um aus dieser tatsächlich schwierigen Situation herauszukommen, wäre es nach meiner Überzeugung nötig, dass hochqualifizierte Fachleute aus dem grossen Bereich von Wissenschaft und Technik vermehrt Einzug hielten in unsere Parlamente. Das hätte nämlich zur Folge, dass in den entscheidenden oder entscheidfindenden Gremien selbst profunder Sachverstand vorhanden wäre. Allerdings ist es nicht möglich, die Zahl etwa von Ingenieuren in den Parlamenten derart zu erhöhen, dass das ganze Spektrum der technischen Wissenschaften fachkundig vertreten wäre. Aber es sollten in den Parlamenten vermehrt Fachleute der technischen Wissenschaften sitzen. Ich weiss nicht, ob es Literatur über die Zusammensetzung kantonaler oder eidgenössischer Parlamente nach Berufen gibt. Ich habe aber für den heutigen Tag aus dem Staatskalender einmal ausfindig gemacht, wie der Grosse Rat meines Heimatkantons Aargau in dieser Hinsicht dasteht, und ich möchte aus dieser Studie nur die Tatsache erwähnen, dass in Ihrem Rate viermal mehr Juristen als Ingenieure sitzen!

Es liegt mir fern, auch nur ein einziges krummes Wort gegen Juristen zu sagen. Ich stamme selbst aus einer Juristenfamilie, habe beruflich fast täglich mit Juristen zu tun und dementsprechend eine ungeteilte Hochachtung vor ihnen. Aber ich gestatte mir die Frage, ob die Proportionen stimmen. Niemand wird zwar bestreiten, dass gerade im technischen Zeitalter nicht zuletzt zum Schutz des Bürgers eine grosse Zahl von Gesetzen, Verordnungen und anderen Rechtserlassen nötig ist, und dass für deren Formulierung eine grosse Zahl sachkundiger Juristen unerlässlich ist. Ich möchte aber die Betonung in diesem letzten Satz auf das Wort Formulierung legen. Mir scheint, wenn Sie gestatten, der materielle Inhalt einer Rechtsnorm mindestens ebenso wichtig, wie seine Formulierung! Und wenn es um die Formulierung von Rechtsnormen aus dem Bereich der Technik geht – und darüber sprechen wir ja heute – so scheint es mir wichtig, dass an der Gestaltung des materiellen Inhalts Mitglieder der

Legislative mit technischem Sachverstand heute und morgen häufiger und intensiver als früher teilnehmen.

Jetzt sollten wir uns noch fragen, wie es kommt, dass so wenige Ingenieure in Ihrem Rat sitzen. Vielleicht, weil es dem sattelfesten Ingenieur in der kühlen Technik wohler ist als in der heissen Politik, es ihm also an Motivation oder Zivilcourage mangelt. Oder vielleicht, weil die Nicht-Ingenieure (oder die sogenannte Gesellschaft) ihm bedeuten, er solle bei seinen Schrauben und Muttern bleiben und die Hände von der Politik lassen, er also nicht ernstgenommen wird. Oder weil die Schule – häufiger und beliebter Sündenbock – an ihm versagt hat. (Hier sei in Klammern bemerkt, dass jeder ETH-Student jedes Semester ein Fach aus den Geistes- und Sozialwissenschaften inkl. Jurisprudenz belegen muss, und sich im Schlussdiplom sogar darin prüfen lassen kann; an uns liegt es also nicht. Der Student der Jurisprudenz an der Universität muss anderseits keine Ingenieurfächer belegen; warum eigentlich nicht?)

Der Grund für die Untervertretung der Ingenieure in der Politik ist sicher nicht auf eine einfache Formel zu bringen. Es liegt mir auch fern, noch weitere mögliche Schuldige zu suchen. Ein Festredner sollte nie mit der Mehrheit der Zuhörer scharf ins Gericht gehen: sonst wird der Applaus spärlich. Meine heutigen Ausführungen konnte ich mir nur deshalb leisten, weil der Gefeierte, Herr Grossratspräsident Walter Geiser, sich bei all der Kritik nicht an der Nase nehmen musste. Er ist nämlich ein richtiger Poly-Ingenieur. Ich zweifle nicht daran, dass er Ihren Rat sorgfältig ausloten, einmessen wird, unter vielen möglichen sachkundig einen ganz geraden Weg finden wird mit nur einem Ziel vor Augen: dem Wohlergehen unseres Kantons im grösseren Ganzen unseres Landes. Dazu wünsche ich ihm Vertrauen in seine Urteilskraft – und Glück.

3.5 Ziel, Zweck, Zuversicht[1]

Viele von Ihnen haben sich seinerzeit das Ziel gesteckt, heute Ihr Diplom in Händen zu halten, mit dem Zweck, morgen oder übermorgen einen Beruf ausüben zu können, der es Ihnen erlaubt, eine Familie zu gründen und zu erhalten. Für meine Person jedenfalls waren das Ziel und Zweck, als ich vor 30 Jahren den Entschluss fasste, an der Universität Zürich ein Studium der Biologie aufzunehmen, das ich acht Semester später dann auch mit einem Diplom als Naturwissenschafter abschloss. Meine Mutter – mein Vater lebte nicht mehr –, aber auch meine Kommilitonen und deren Eltern betrachteten solche Zielvorstellungen als normal und legitim, auch wenn sie oft unausgesprochen blieben: einen Beruf zu erlernen und ihn dann auszuüben.

Die meisten unter Ihnen haben vermutlich noch etwas weiter gedacht. Sie wollten sich durch Ihr Studium am Technikum das Rüstzeug erwerben, um, altruistisch, der Gemeinschaft zu dienen. Ihnen schwebte vor, technische Probleme, wie sie für jeden Menschen Tag für Tag anfallen, müssten mit Blick auf grössere Zusammenhänge gelöst werden. Zu Recht haben Sie sich gesagt, die Technik löse ja nicht nur immer wieder Probleme, sondern sie schaffe auch immer wieder Probleme, die ihrerseits mit technischen Mitteln – soweit möglich – gelöst werden müssten. Zu Recht haben Sie, mit wachem Geist, erkannt oder zumindest gespürt, dass das Konsumverhalten des modernen Menschen nicht nur seine Wünsche oder Bedürfnisse immer besser und immer vollständiger erfülle, sondern dass dasselbe Konsumverhalten übergeordnete Probleme schaffe, Erschöpfung wichtiger Rohstoffe, insbesondere der Energievorräte unseres Planeten, Verschmutzung von Luft und Wasser usw. usw. Alle diese Folgeprobleme müssten, so haben Sie sich zu Recht gesagt, wiederum gelöst werden, und Sie waren und sind entschlossen, im Rahmen des Möglichen zu ihrer Lösung einen Beitrag zu leisten. Auch dieses Ziel und dieser Zweck einer Ausbildung – mehr noch: gerade dieses Ziel und dieser Zweck einer Ausbildung – sind

---

[1] Ansprache an der Diplomfeier des Technikums Winterthur, am 6. November 1981 im Stadthaus Winterthur.

normal und legitim, und nach meiner Überzeugung übrigens auch realistisch. Im Zeitgeist von 1950, als ich meine höhere Ausbildung aufnahm, wurde über diese Problematik noch wenig gesprochen. Aber der Zeitgeist hat sich gewandelt, und es ist natürlich, dass neue Generationen ihre Ausbildung mit ergänzten, veränderten oder ganz und gar neuen Zielen in Angriff nehmen.

Beiden Zielsetzungen: meiner eigenen, 1951, vielleicht bescheidenen, und der Ihrigen, 1981, sicher ambitiöseren Zielsetzung ist aber etwas gemeinsam: der Wille, einen Beruf auszuüben. Ich glaube zu wissen, dass das bei Ihrem Diplomjahrgang zutrifft, wie es für vergangene Diplomjahrgänge zugetroffen hat. Die Absolventen der Höheren Technischen Lehranstalten unseres Landes haben nämlich mit beneidenswerter Stetigkeit im Beruf Erfolg gehabt, immer wieder, als Arbeitnehmer wie als Arbeitgeber. Die Schule in Winterthur nimmt im Reigen der Techniken unseres Landes einen stolzen Platz ein. Das weiss ich nicht zuletzt deshalb gut, weil die ETH Zürich mit dem Technikum Winterthur besonders enge und freundschaftliche Beziehungen hat, und weil wir Jahr für Jahr Absolventen des Technikums Winterthur als Studenten bei uns aufnehmen können. Die Vorbereitung auf den Beruf, die Sie, liebe Diplomanden, hier in Winterthur erhalten haben, ist vorzüglich. Sie selber, aber auch Ihre Lehrer, sollen auf das Erreichte stolz sein! Dass Sie Ihr Ziel erreichten, verdanken Sie Ihrem Einsatz, dem Einsatz Ihrer Lehrer, dem Wohlwollen und der Opferbereitschaft Ihrer Eltern und unserem Staat, der durch den Willen des Volkes diese Ausbildungsstätte trägt; für sie alle ist der heutige Tag ein Tag der Freude, und sie alle verdienen Dank und Anerkennung.

Ein solches Bekenntnis zu Freude und Dankbarkeit ist nicht modern. Der Zeitgeist, von dem ich sprach, hat sich nämlich noch in einer anderen Dimension verändert – und nicht zum Guten. Wir stehen heute mitten in einer Gemeinschaft, in der viele Mitmenschen mehr und mehr vergessen, wie gut es allen geht. Viele Zeitgenossen nehmen kaum zur Kenntnis, wie enorm viel besser die Lebensqualität der Bürger des 20. Jahrhunderts ist im Vergleich zur Lebensqualität unserer Vorfahren. Sie sind versucht, die schulischen, ärztlichen, pharmazeutischen, baulichen, mechanischen, elektronischen Kommoditäten unseres Alltags als Selbstverständlichkeit hinzunehmen oder – schlimmer noch – abzulehnen. Sie betrachten unsere zuverlässige und qualitativ hochstehende Versorgung mit Nahrungsmitteln und Energie als Selbstverständlichkeit. Sie vergessen, dass Fleiss, Geist und ein gesundes Staatsverständnis unserer Vorfahren unabdingbare Voraussetzung dafür waren, dass unser heutiger, hoher Lebensstandard möglich wurde. Diese Mitmenschen verkennen die Notwendigkeit von weiterem Fleiss und Geist und einem weiterhin gesunden Staatsverständnis für den dauernden Fortbestand eines menschenwürdigen Daseins. Einige unter ihnen bestreiten, dass ein solches Ziel noch bestehe. Andere bedauern, überhaupt kein Ziel vor sich zu sehen. Auch sie verkennen, dass schon allein das Erhalten des Erreichten ein Ziel darstellt, das nur mit Einsatz grosser Kräfte erreicht werden kann. Solche Menschen verkennen vollends, dass gerade ihre Generation vor kaum je gekannten, globalen Problemen stehen wird: den Problemen der erschöpften Ressourcen und den Problemen der Dritten Welt. Solche Probleme lösen zu wollen ist, weiss Gott, ein hochgestecktes Ziel.

Wenn heute – häufiger als früher – kluge Fragen gestellt werden, in welcher Richtung sich unsere Gemeinschaft entwickeln solle und welches die Rolle der Technik dabei sein müsse, dann sind solche Fragen ernst zu nehmen. Denn dann geht es darum, Ziele zu identifizieren (vielleicht neue), Zwecke zu artikulieren unseres Tuns und Lassens (vielleicht andere). Wenn aber aus den genannten Kreisen Stimmen kommen, die Ziellosigkeit als Ziel, Zwecklosigkeit als Zweck gesellschaftlich akzeptabel machen sollen, dann müssen wir – ich meine Sie und mich und die weitaus überwiegende Zahl unserer Bürger – entschlossen Widerstand leisten. Dass Ziellosigkeit das Ziel jener Kreise ist, geht doch klar daraus hervor, dass sie alle Regeln zwischenmenschlichen Verhaltens abschaffen möchten. Der Mensch ist aber ein Herdentier. Und alle Herden, auch die menschlichen, brauchen Regeln, wenn sie ihren Freiraum erhalten oder behalten wollen. Dem Menschen, als dem höchst entwickelten Lebewesen, ist auch die gewichtigste «Regel» mitgegeben: sich ethisch zu verhalten: erlaubt ist dem Menschen in der Gemeinschaft, was sich ziemt. Jene Kreise fordern aber, erlaubt sei, was ihnen gefalle. Sie wollen sich ein Haus nehmen können, statt im Schweisse ihres Angesichts es verdienen zu müssen. Weitere Beispiele findet man, leider, fast jeden Tag in der Presse.

Die Freiheit, die mit solchem Vorgehen angestrebt wird, ist keine. Denn die Regellosigkeit ist, latent mindestens, auf Konflikt angelegt. Und im Konflikt gibt es keine Geborgenheit. Was aber ist Freiheit ohne Geborgenheit? Keine Freiheit!

Die Zahl der Mitmenschen in unserem Lande, die dergestalt die angestammten Regeln des Verhaltens über Bord werfen, ist nicht gross. Das darf uns nicht dazu verleiten, die Bedeutung der Erscheinung zu vernachlässigen. Gleichgültigkeit der Erscheinung gegenüber dürfte auf lange Frist gravierende Folgen haben. Ja, es könnte so weit kommen, dass ein völliger Wandel ethischer Werte sich vollzöge. Anzeichen für einen solchen Wandel sind vorhanden; ich möchte nur eines, und auch dieses nur ganz kurz andeuten. Ich meine den Wandel in der Begriffswelt von Verantwortung für Taten, insbesondere Verantwortung für Untaten. Herkömmlicherweise wird ein sogenannter Täter, eine Person also, die eine Untat begangen hat, für dieses Verhalten zur Rechenschaft gezogen. Wenn z. B. ein Hausanzünder der Tat einer Hausanzündung überführt wird, hat er so oder anders dafür zu büssen. Seit einiger Zeit erleben wir nun aber Anzeichen für einen Wandel in diesen Vorgängen. Der Täter und ihm nahestehende Kreise verfallen nicht selten in die Argumentation, es sei gar nicht der Täter, der für seine Brandstiftung zur Rechenschaft zu ziehen sei, sondern die Gesellschaft, die es so weit habe kommen lassen, dass er zum Täter werden musste.

Ich finde solche Anfänge gefährlich und halte dafür, man müsse ihnen wehren. Ich bin nämlich überzeugt, dass wir den Entwicklungen der jüngsten Zeit nicht ihren Lauf lassen können. Diese Einsicht allein genügt nicht. Wir brauchen Menschen, die sich engagieren dafür, dass die Entwicklung auf guten Wegen weitergeht, statt in ungute einzuschwenken. Diese Aufgabe wartet nicht Ihnen allein, aber auch Ihnen. Sie alle, mit jener Mehrheit der Bürger, die gleich denken, müssen durch Ihr Vorleben zielbewusstem Handeln die guten Beispiele geben – wer denn sonst? Sie alle, mit jener Mehrheit unserer Bürger, die gleich denken, müssen heute ein gutes Beispiel vorleben – warum denn erst später? Sie sind dafür besonders gut geeignet, denn Sie haben mit Ihrem heutigen persönlichen Erfolg den Beweis erbracht, ein Ziel angestrebt und erreicht zu haben.

Nach vollendeten Examina erfreut der Absolvent sich eines euphorischen Vakuums. Falls Sie sich während der letzten Viertelstunde auch nur ein bisschen geöffnet haben, ist Ihnen nicht entgangen, dass ich Ihnen etwas in dieses Vakuum einflössen wollte. Ich hoffe, das sei mir gelungen. Ich bin nämlich zuversichtlich, dass die menschliche Vernunft unserer Gemeinschaft den Weg zeigen wird, weiterhin menschenwürdige Ziele anzustreben, zu menschenwürdigen Zwecken. Das ist meine grosse Zuversicht. Ich wünsche Ihnen, uns allen, unserem Staat, dass Sie sie teilen. Und ich appelliere an Sie, in Ihrem Beruf, Ihrer Familie und diesem Staat in diesem Sinn und Geist zu wirken. Es wird Ihnen Befriedigung geben, und Ihre Nachfahren werden Ihnen für Ihr Wirken dankbar sein.

3.6 Die Verantwortung der Ingenieure und Architekten in der Gesellschaft[1]

Menschen leben arbeitsteilig. Das beginnt schon in der Familie. In der typischen Schweizer Familie umsorgt die Mutter die Kinder und führt sie den Haushalt; der Vater besorgt den Erwerb. In manchen Familien ist die Arbeitsteilung umgekehrt, oder wechselt die Rollenverteilung von Zeit zu Zeit. Aber auch so besteht eine Arbeitsteilung. Bei der Erfüllung der wohl nachhaltigsten Aufgabe in der Familie – Erziehung und Ausbildung der Kinder – erscheint eine neue Arbeitsteilung. Beide Eltern helfen sich gegenseitig bei der gemeinsamen Erziehung und Lenkung ihrer Kinder. Für die Ausbildung aber vertrauen sie die Kinder der Schule an, deren Lehrer für diese Aufgabe ihrerseits geschult wurden. Wird jemand ernsthaft krank in der Familie, so wird ein Arzt gerufen. Spukt die Heizung, kommt ein Sanitärinstallateur, wenn es brennt, die Feuerwehr. Hinter dem Fernsehapparat stehen Elektroingenieure, die ihrerseits von Physikern und Mathematikern ausgebildet wurden. Forschungschemiker erfinden neue Medikamente, die dann von den Apothekern sachkundig vermittelt werden. Der Landwirt sorgt für die Produktion von Lebensmitteln. Der Mensch lebt arbeitsteilig.

Der Mensch hat diese Lebensform übrigens nicht als einziges Lebewesen. Sie erscheint abgewandelt in mannigfacher Ausprägung im Tierreich, wo sie bei den sozialen Insekten die höchste Organisationsform erreicht hat. Es ist faszinierend, die Rollenverteilung in einem Ameisenhaufen oder einem Bienenvolk zu beobachten. Arbeitsteilung erkennt man sogar bei Pflanzen.

Menschen üben Berufe aus. In unserem freiheitlichen Land fällt die Wahl der Rolle des einzelnen weitgehend ihm selbst zu. Eignung, Neigung und Gunst des Schicksals führen ihn zur Auswahl eines Berufes aus der Palette der Möglichkeiten. Im Idealfall folgen die Jugendlichen ihren inneren Stimmen, ihrer Berufung, ein Berufsbild im Auge, wenn sie den entspre-

---

[1] Rede am Nationalen Kongress des Schweizerischen Technischen Verbands STV in Lugano, 22. Mai 1982. Erschienen in STZ Nr. 14 am 14. Juli 1982.

chenden Bildungsgang in Angriff nehmen und meist mit Erfolg abschliessen. Aber es kommt vor, dass sie sich dabei täuschen, dass sie Eignung, Neigung oder Gunst des Schicksals nicht richtig einschätzen. Das führt dann vielleicht zu einer Änderung der Pläne oder zum Versagen in einer entscheidenden Prüfung.

Solche regulierenden Vorgänge sind nötig. Denn die Arbeitsteiligkeit des Lebens in der Gemeinschaft geht davon aus, dass jeder auf seinem Posten seine Funktion tüchtig ausfüllt. Jetzt komme ich sehr rasch zu meiner ersten Feststellung zum Thema der Verantwortung der Ingenieure und Architekten in der Gesellschaft: Diese Verantwortung besteht vordergründig darin, die Erwartungen der Mitmenschen zu erfüllen. *Der Mensch hegt in seine Mitmenschen Erwartungen; erfüllen sie diese nicht, wird ihnen eine Schuld zugeschoben.* Wir – und mit dieser Kurzform meine ich die Gesellschaft – wir erwarten von den Architekten, dass die Häuser, die sie planen und bauen, funktionieren, schön sind und nicht zu viel kosten. Wenn das Dach rinnt, ein Gebäude oder eine Siedlung uns nicht gefallen wollen, oder die Turnhalle zu teuer scheint, dann finden wir, der Architekt habe versagt. Man solle nächstes Mal einen anderen beauftragen. Wir sind entsetzt, wenn ein Hallendach in Berlin oder ein Hotelbalkon in Amerika einstürzt: «Da hat der Fachmann versagt.» Wir haben Vertrauen, wenn wir im Auto den Gotthard-Strassentunnel befahren, Vertrauen in die Tunnelbauer, die das grosse Werk berechnet und gebaut haben; wir erwarten anderseits, dass sie das können. Wir verlangen geradezu, dass die Verkehrsplaner den Taktfahrplan so gestalten, dass unsere Zugsverbindungen noch besser, noch benützerfreundlicher werden. Wir erwarten auch, dass die Starkstromingenieure dafür sorgen, dass wir zu jeder Zeit mit Elektrizität versorgt sind und nicht ein Blackout unsere Städte und Dörfer ins Dunkel hüllt, unsere Stuben erkalten und die Lifte stillstehen lässt, wie das in New York passierte. Wir ärgern uns, wenn das Bild über den Fernsehschirm flitzt, statt farbig einwandfrei und ruhig dort zu stehen, oder wenn der Computer hartnäckig die gleiche Rechnung immer wieder schickt, die wir schon lange bezahlt haben. «Unsere Elektrotechniker sollten das alles doch können!» Wir hoffen, unsere Nukleartechniker errichten weiterhin Kraftwerke, die ohne Panne und Störung und ohne Gefährdung funktionieren. Die Kläranlagen dürfen nicht stinken, und die Brunnen sollen fliessen, das Wasser trinkbar sein. Wir ärgern uns, wenn Motoren nicht anspringen oder Nähte platzen. «Die Ingenieure sollten mittlerweile fähig sein, Autos und Nähmaschinen zu bauen!» Kürzlich kam da eine Quartierstrasse einen Meter zwanzig zu weit nach rechts zu liegen. Die Anstösser betitelten den Geometer als Trottel. Oder ein Oberförster setzte chemische Herbizide ein, um das Unterholz zu entfernen. Hatte er noch nie etwas von Umweltschutz gehört?

Ich könnte seitenlang Beispiele bringen, aber Sie haben es längst gemerkt: die Verantwortung der Ingenieure und Architekten liegt vordergründig einmal darin, ihre Aufgaben fachmännisch zu erfüllen, unsere Erwartungen in sie nicht zu enttäuschen. Erfüllen sie die Erwartungen nicht, enttäuschen sie uns, geben wir ihnen eine Schuld.

Es ist in Mode gekommen, den Architekten und Ingenieuren noch eine ganz andere Schuld zuzuschieben: nicht eine anekdotische, sondern eine systemische. Architekten und Ingenieure, wird gesagt, betonieren unsere Landschaft zu und vermindern damit unsere Lebensqualität. Sie bauen Fabriken und Autos, die mit ihren Schloten und Abgasen die Luft verpesten. Sie bauen Flugzeuge, die durch ihren Lärm die Fensterscheiben erzittern lassen. Dieser Sorte von Kritik, die sich gegen Geschehenes wendet, ist der Architekt und Ingenieur nicht wehrlos ausgesetzt. Er kann sagen, man hätte es ja in der Hand, durch einen demokratischen Entscheid auf Autobahnen zu verzichten. Der Ausgang einer solchen Abstimmung würde ihm recht geben. Es würde sich zeigen, dass die Mitmenschen mehrheitlich Autobahnen und viele Strassen wollen. Er kann auch sagen, man müsste halt auf Transport per Bahn ausweichen, dann müsste man weniger Strassen bauen, gäbe es weniger Autos, weniger Lärm, weniger Abgase, und man würde erst noch die Erdölreserven schonen. Aber auch hier würden die Mitmenschen mehrheitlich antworten, die Bahn erschliesse mit ihren Schienensträngen ja nur Linien in der Landschaft; der moderne Mensch wolle aber die Fläche erschlossen sehen, und das brauche Autos und Strassen. Beim Flugzeug kommt, dem Schein nach wenigstens, sogar noch eine weitere Dimension dazu. Aus solchen Diskussionen gehen Architekten und Ingenieure immer als Gewinner hervor, indem erkannt wird, dass dem Geschehen ein politischer Wille der Gemeinschaft zugrunde liegt, nicht die Vertretung von Einzelinteressen in der Technik. Weil aber auf der politischen oder gesellschaftlichen Bühne eine Veränderung der Situation nicht herbeigeführt werden kann, ist der Ball wiederum bei den Ingenieuren und Architekten: sie sind jetzt aufgerufen, wiederum durch technische Lösungen die Konsequenzen des Gemeinschaftswillens tragbarer zu machen: die Strassen werden besser in die Landschaft integriert, abgasarme Motoren und weniger lärmige Flugzeugtriebwerke werden gebaut.

Weitaus gravierender verteufelt wird der Ingenieur aber im Bereich von Tätigkeiten, die nicht aktuell, sondern potentiell zur Gefährdung des Menschen führen. Paradebeispiel ist das Kernkraftwerk. Es ist eine alte Tatsache, dass Energieballungen potentiell gefährlich sind. Ein Stausee zum Beispiel stellt eine potentielle Gefahr dar; sie wird aktuell, wenn die Mauer birst. Auch ein Auto in Bewegung stellt eine potentielle Gefahr dar. Sie wird besonders bei einer Frontalkollision aktuell. Erbauer und Benützer von Staumauern und Autos haben es aber in der Hand, die Gefahren nicht aktuell werden zu lassen: der Erbauer der Staumauer durch sorgfältige Berechnung und fachkundige bauliche Ausführung, ihre Benützer durch chronische Überwachung etwa von Erdbeben; der Erbauer von Autos durch Auslegung auf höchstmögliche aktive und passive Sicherheit, der Benützer durch langsameres und sorgfältigeres Fahren. Beim Kernkraftwerk liegen die Verhältnisse qualitativ nicht anders, weder beim Bau, noch beim Betrieb, einschliesslich der Lagerung der Abfälle. In quantitativer Hinsicht muss der besonders grossen Ballung von Energie Rechnung getragen werden, beim Bau zum Beispiel in der Dimensionierung der Wandstärken, beim Betrieb durch die Parallelschaltung ganzer Abfolgen von Sicherheitsvorkehren. Die Ingenieure nehmen hier ihre Verantwortung in überproportionalem Masse wahr, und deshalb zeigt ja auch die nüchterne Betrachtung, dass unsere Kernkraftwerke ganz ausserordentlich sichere Anlagen der Energieumwandlung sind. Ein Kernkraftwerk ist aber – gerade wegen des grossen Aufwandes für seine Sicherheit – ein kompliziertes Gebilde, und es wird vom Laien weder überblickt noch verstanden. Um so leichteres Spiel haben deshalb jene Kreise, die – aus welchen Motiven auch immer – es verteufeln. Die Ingenieure, wird argumentiert, seien Knechte der Schwerindustrie und des Grosskapitals und zwingen der Gesellschaft ein gefährliches Leben in einer Kernkraftwerklandschaft auf. Dabei müsste man doch, wird weiter argumentiert, in der entgegengesetzten Richtung gehen: weniger Strom brauchen, statt mehr; denn die Ressourcen unseres Planeten seien limitiert. Und das wäre doch möglich, wird fortgefahren, durch die Verwendung sogenannter sanfter Technologien. Die Bäuerin müsste halt mit dem Gas aus der Jauchegrube kochen (was funktionieren kann), der Einfamilienhausbesitzer sein Haus über ein Wasserrad am nahen Bach beleuchten (was technisch möglich ist) und dann, wird schliesslich argumentiert, brauchten wir keine Kernkraftwerke und somit keine Angst vor einer Kernkraftwerk-Panne.

Diese Argumentation der Technikgegner ist gefährlich. Sie operiert mit überblickbaren, technisch verständlichen Lösungen. Wem leuchtet das Gas aus der Jauchegrube oder der Dynamo ab Wasserrad nicht ein? Sie setzt dann solche Lösungen in Gegensatz zur Grosstechnik, die für den Laien nicht überblickbar und ihm technisch nicht verständlich ist. Wer versteht schon wirklich ein Kernkraftwerk? Die Argumentation ist zudem demagogisch: sie macht mit der Angst ein Geschäft. Und schliesslich ist sie, ganzheitlich betrachtet, technisch unrichtig. Auch eine grosse Zahl von Kleinanlagen kann grosstechnische Anlagen nicht ersetzen. Die stolzen Lokomotiven der Gotthardbahn hätten uns ab Wasserrad oder Jauchegrube nicht nach Lugano gebracht.

Hier erwächst dem pflichtbewussten Ingenieur eine wichtige Aufgabe und neue Herausforderung: sich zu wehren gegen irreführende Auskünfte, die den Bürger verwirren, verunsichern und darüber hinaus – in demokratischen Nationen wenigstens – den Regierungen, wenn nicht die Entscheidfindung, so doch die Entscheidfällung erschweren. Die Tatsachen sprechen doch für sich: Jahr für Jahr will und braucht unsere Gemeinschaft mehr elektrischen Strom. Dieser Verbrauch setzt grosstechnische Anlagen der Stromerzeugung voraus. Diese Anlagen sind kostspielig, stellen aber nicht etwas eigenständig Böses dar, sondern sind der Preis, den wir für unsere eigenen Bedürfnisse zu zahlen bereit sind. Es ist nicht richtig, hier von Schuld des Ingenieurs zu sprechen. Wir alle rufen diese Situation hervor.

In der arbeitsteiligen Gemeinschaft muss sich grundsätzlich jeder Kritik gefallen lassen. Das trifft auch für Architekten und Ingenieure zu, und ich möchte jetzt aus meiner ganz persönlichen Sicht eine gewisse Kritik üben, oder zumindest ein Dilemma offenlegen. Ich gehe von einer Beobachtung aus, die ich in langjähriger Erfahrung als Pendler auf Zügen der SBB gemacht habe. Jeden Morgen und jeden Abend geniesse ich das Gespräch mit anderen Reisenden im Abteil. Seit ein paar Jahren zeichnet sich eine Wandlung ab. Da sitzen Mitreisende im Abteil, deren Ohren durch kleine Kopfhörer bedeckt sind. Sie setzen sich, drücken auf einen Knopf, schliessen die Augen und lassen sich beschallen, nicht durch die Umgebung oder die Mitreisenden, sondern aus einer Kassette, vermutlich in Stereo und mehr oder weniger High Fidelity.

Als Biologiestudent habe ich seinerzeit gelernt, der Mensch sei ein Herdentier. Der Mensch braucht Kommunikation. Als Biologe bin ich heute etwas in Sorge, ob das Kassettenleben nicht zu einem Verlust der Fähigkeit zur zwischenmenschlichen Kommunikation führen könnte. Der Techniker widerspricht mir hier. Das Kassettengerät sei nur eine Übergangserscheinung, und bald würden die Kopfhörer nicht von Kassetten, sondern durch ein Radio bedient, oder es komme die Fernsehbrille. Mit einer Antenne könnte dann jeder Mensch jederzeit überall dabei sein. Er könnte ohne Zeitverlust mitsehen und mithören, wenn der Papst die Menge auf dem Petersplatz segnet, oder Hinckley auf Reagan schiesst. Das sei doch nicht Abkapselung vom Mitmenschen, sondern totale Öffnung zur Welt. Ich kann mir vorstellen, dass diese Aussage technisch richtig ist. Als Biologe frage ich mich aber, ob der Mensch dieses Ausmass der Öffnung auf die Dauer verträgt. Ich kann es nicht beweisen; denn der Mensch ist komplizierter als ein Kernkraftwerk: aber ich glaube, eine solche Herdengrösse sei für ihn zu gross.

Wie kam es aber zu diesen Geräten? War da zuerst ein Produkt von Ingenieuren, wie ein Köder ausgelegt, oder ein Bedürfnis, das dann ein Produkt hervorrief? Ich lasse die Frage offen, weil ich dem Problem erst einmal in Ruhe nachgehen möchte. Die Frage hat nämlich noch eine ganz andere Dimension, die mehr in wirtschaftliche Überlegungen führt. Soll eine Unternehmung strategisch so angelegt sein, dass sie immer auf ein Bedürfnis wartet, bis sie Produkte entwickelt, oder soll sie Produkte entwickeln, um Bedürfnisse und damit Märkte zu schaffen?

Etwas anders ausgedrückt: soll Innovationsschub Marktzug schaffen, oder soll Marktzug die Voraussetzung für Innovationsschub sein? Die Kreise, die einer Gesellschaftsveränderung das Wort reden, werden für das zweite Verfahren sein. Dieses Verfahren stand aber wahrscheinlich am Anfang der Schwierigkeiten unserer Uhrenindustrie. Das Verfahren gefährdet Arbeitsplätze. Erfindung ist Innovation. Ich glaube, Erfindung müsste eigentlich führen. Aber Sie merken schon, dass ich hier am Beispiel der Kopfhörer in ein Dilemma mit meiner eigenen biologischen Überzeugung komme, aus dem ich den Ausweg noch nicht gefunden habe. Es hilft auch nicht viel, wenn ich sage, jeder müsse mit seinem Gewissen ins reine kommen, wenn er als Ingenieur vor einer solchen Situation stehe.

Der Mensch lebt arbeitsteilig. Man hat das auch bei den Referenten zum heutigen Thema gespürt. Der Beruf unserer verehrten Frau Hersch ist, in tiefe Schichten der menschlichen Existenz zu leuchten, uns auf grosse Zusammenhänge hinzuweisen. Mein Beruf ist es, mitzuhelfen, dass zukünftige Ingenieure und Architekten auf ihre Berufstätigkeit gut vorbereitet sind. Es drängt mich, Ihnen zum Schluss eine Sorge mitzuteilen, die mich in der Ausübung dieses Berufs bewegt. Sie ist abgeleitet von der Verunsicherung der Bevölkerung mit Bezug auf die Technik, die ich geschildert habe, und vom Geschäft mit der Angst.

Das negative Bild der Technik, das durch diese unselige Haltung entstehen kann, könnte auf lange Frist wahrhaft verheerende Folgen haben – dann nämlich, wenn unsere Jugend ihm verfiele. Es könnte passieren, dass immer weniger junge Leute sich dem Erlernen technischer Berufe zuwenden, weil sie den Verleider bekommen. Weil sie nicht einen Beruf ausüben wollen, der verschrien ist. Das wäre verheerend. Man gebe sich nämlich keinerlei Illusionen hin: auch die Zukunft braucht Technik; auch die Zukunft braucht Grosstechnik; auch die Zukunft braucht deshalb Techniker. Es wäre katastrophal, sie nicht oder nicht in der genügenden Qualität und Zahl zu haben.

Was ist zu tun? Ich halte dafür, Ingenieure sollten sich vermehrt politisch engagieren. Es ist nicht normal, dass in vielen Parlamenten unseres technischen Zeitalters Ingenieure nur vereinzelte Stimmen darstellen. Durch vermehrtes Engagement von Ingenieuren könnte dieser Missstand behoben werden. Das ist ein Appell an den Berufsstand. Ich halte dafür, die Schulung von Ingenieuren und Technikern müsste noch mehr als früher geistes- und sozialwissenschaftliche Komponenten erhalten, damit unsere jungen Kader die grösseren Zusammenhänge institutionalisiert mitvermittelt kriegen. Das ist ein Appell an die Lehrer aller Stufen. Ich halte schliesslich dafür, dass unsere Gesellschaft bei allem materiellen Überfluss, oder gerade dank dem materiellen Überfluss wieder viel bewusster sich mit ideellem, sittlichem Gedankengut auseinandersetzen sollte. Bei aller technisch bedingten Arbeitsteiligkeit sollten wir wieder vermehrt sittliches Bewusstsein entwickeln. Wir brauchen Vertrauen ineinander. Wir brauchen Zuversicht in die Zukunft. Und es gilt zu wählen zwischen Torquato Tassos Aussage, erlaubt sei, was gefalle, und jener der Fürstin, erlaubt sei, was sich zieme. Das ist ein Appell an uns alle.

3.7 Alfred Escher als Hochschulpolitiker[1]

Die Statue von Alfred Escher steht nicht vor unserer Hochschule. Es gibt auch keine Gedenktafel oder Ehrenbüste innerhalb unserer ETH, wie sie beispielsweise Schulratspräsident Kappeler erhielt. Sind die Akademiker derart undankbar, dass sie ihre Gründer vergessen haben – auch wenn das Werk Alfred Eschers für das schweizerische Hochschulwesen bis in unsere heutige Zeit hineinwirkt? Oder sind Ingenieure derart nüchtern, dass sie Denkmäler verabscheuen? Oder anerkennen sie vielleicht die Leistungen Eschers mit Bezug auf die Hochschule nicht oder zu wenig?

Wenn wir in den Geschichtswerken blättern, vor allem in Gagliardis grosser Biographie des heute Geehrten, so bleibt unbestritten, dass die Hauptleistungen von Alfred Escher bei den Bahnen, insbesondere bei der Gotthardbahn, und bei der Schaffung der Fundamente für die schweizerische Wirtschaft gelegen haben. Escher ist, nach Gagliardi[2], «unzweifelhaft die eindrucksvollste Erscheinung des schweizerischen Liberalismus gewesen; er hat für den Aufbau und die Festigung des Bundesstaates von 1848 vielleicht mehr getan als jeder andere»[3]. Aber wir finden auch eine ganze Reihe beeindruckender Leistungen von Alfred Escher für die Ausgestaltung des schweizerischen Hochschulwesens.

Vergegenwärtigen wir uns die damalige Zeit des geistigen Umbruchs. Der Ruf nach einem freiheitlichen Nationalstaat, nach demokratischen Rechten und sozialer Umgestaltung, aber auch der technische Wandel und industrieller Pioniergeist – kurz, alle auf Fortschritt und Innovation gerichteten Kräfte des 19. Jahrhunderts haben durch das moderne Schul- und Bildungswesen enormen Auftrieb erhalten. Dessen Reform hat gerade in

---

[1] Referat an der Gedenkfeier zum 100. Todestag von Alfred Escher, am 2. Dezember 1982 in Zürich. Erschienen in: «Alfred Escher. Zum Gedenken an seinen 100. Todestag.» Berichthaus Druck Zürich, S. 53–59 (1984). Der Autor dankt den Dres. Klaus Urner und Rolf Guggenbühl für Quellenstudien und Textbeiträge.

[2] Ernst Gagliardi, Alfred Escher, Vier Jahrzehnte neuerer Schweizergeschichte, Frauenfeld 1919.

[3] Hans Rudolf Schmid, Alfred Escher, 1819–1882, Reihe Schweizer Pioniere der Wirtschaft und Technik, Zürich 1956, S. 33/34.

der Schweiz im Zeichen der Regeneration gestanden – ein Neubeginn, der für den Bundesstaat von 1848 und in der Folge für das Projekt einer nationalen Hochschule von entscheidender Bedeutung gewesen ist.

Alfred Escher hatte sich bereits als Zofinger für die Idee einer eidgenössischen Universität begeistert – ein Postulat, für das sich schon Albert Stapfer engagiert hatte. In den 1830er Jahren war es erfolglos wieder aufgegriffen worden. Durch die neue Bundesverfassung erhielt es 1848 mit Artikel 22 eine rechtliche Grundlage: «Der Bund ist befugt, eine Universität und eine polytechnische Schule zu errichten.» Alfred Escher trat fortan als Nationalrat wie als Zürcher Regierungsrat energisch für die Verwirklichung der gesamtschweizerischen Universität ein, die ihm als «schönste schweizerische Kulturfrage» galt.

Die komplizierte Vorgeschichte des Polytechnikumgesetzes vom 7. Februar 1854 und die hervorragende Rolle, die Escher dabei spielte, lässt sich hier nicht im einzelnen aufzeigen. Die beiden getrennten Entwürfe für die Universität und das Polytechnikum tragen seine Handschrift. In Deschwanden, dem späteren ersten «Direktor» des Polytechnikums, wusste er einen sachkundigen Berater beizuziehen. Denkwürdig bleibt die leidenschaftliche Hochschuldebatte, die in den eidgenössischen Räten am 16. Januar 1854 begann. Dem zweigeteilten Projekt drohte erhebliche Gefahr. Escher vollzog eine überraschende Wende, indem er mit Erfolg im Nationalrat für die kostensparende Zusammenlegung von Universität und Polytechnikum an einem Ort eintrat. Vor allem im Waadtland – Lausanne war als Sitz des Polytechnikums vorgesehen gewesen – erhob sich aber ein Proteststurm. Der Ständerat lehnte es ab, auf den nationalrätlichen Gesetzesentwurf überhaupt einzutreten. In dieser Lage drohte auch die Vorlage für das Polytechnikum unterzugehen oder zumindest auf die lange Bank geschoben zu werden. Alfred Escher gelang es, zusammen mit den späteren Schulratspräsidensen Kern und Kappeler, dank einem – man darf schon sagen – über Nacht ausgearbeiteten Neuentwurf für ein erweitertes Polytechnikum doch noch den Durchbruch zu erzielen. Wenige Tage später wurde das Polytechnikum von den Räten zum Beschluss erhoben.

Es steht wohl ausser Zweifel, dass Escher, solange es hierfür eine Realisierungschance gab, in erster Linie für das grossdimensionierte Projekt einer eidgenössischen Universität kämpfte. Sein Format als Politiker bewährte sich aber auch in jenen dramatischen Stunden, als er aus einer Niederlage heraus, die er soeben unbestreitbar erlitten hatte, durch sein weitsichtiges Handeln dem Polytechnikum zur Geburt verhalf. Fortan hat er sich für das Gedeihen seines Schützlings nach Kräften eingesetzt und dies vom ersten Augenblick an, als in Zürich Eschers konservative Gegenspieler in der Enttäuschung, dass nicht alles zu haben war, lieber gleich ganz verzichten wollten. An der inhaltlichen Ausgestaltung des Polytechnikums hat Escher als Vizepräsident des Schweizerischen Schulrates bis zu seinem Tod, 1882, mitgewirkt. Auch seine politischen Gegner haben anerkannt, dass er bei den Berufungen einzig das Wohl der Hochschule im Auge hatte und parteipolitische Überlegungen keine Rolle spielten. Ich möchte darauf verzichten, die zahlreichen Geschäfte, die er mitgetragen hat, zu erwähnen. Was uns vielmehr interessieren muss, ist die Frage, ob der Hochschulpolitiker Escher auch unserer Zeit etwas bedeuten kann.

Wie Sie wissen, hat das Polytechnikumsgesetz vom 7. Februar 1854 bis heute noch keinen gleichwertigen Ersatz gefunden. Ist schon erstaunlich, dass sich dieses Gesetz in einem derartigen Husarenritt durch die gesetzgebenden Behörden in Kraft setzen liess, so muss noch mehr beeindrucken, wie lange es dank seiner grosszügigen Fassung richtungweisend bleiben konnte, nämlich bis in unsere heutige Zeit. Im Vergleich dazu haben sich heute die zeitlichen Proportionen deutlich verschoben: die Entscheidungsprozesse werden immer länger, ohne dass wir über die Dauerhaftigkeit der Ergebnisse mehr als rätseln könnten.

Neue Technologien, neue Arten der Hochschulführung, insbesondere der Gedanke der Mitwirkung aller Hochschulangehörigen, haben zu heftigen Diskussionen geführt, in denen immer wieder die Forderung nach einer neuen Gesetzesgrundlage vertreten wurde. Dies erschien vorerst einfach. Die Ausführung hingegen hat grösste Schwierigkeiten gebracht. Ich darf daran erinnern, dass bereits im Jahre 1969 ein ETH-Gesetz im Referendum zu Fall gebracht wurde. Auch diese Legislaturperiode wird uns kein neues ETH-Gesetz bescheren. Weshalb ist es heute so schwierig, gesetzliche Grundlagen zu finden, welche eine breite Zustimmung erhalten? Was hatte Alfred Escher für andere, vielleicht günstigere Voraussetzungen?

Ich will im folgenden vier Aspekte der Projektrealisierung von damals und heute herausgreifen:

1. Genialität und Mitsprache,
2. Industrialisierung einst und technologisches Know-how heute,
3. Bundesstaat, Kultur und Sprache,
4. Die finanziellen Mittel.

1. Genialität und Mitsprache

Der Personenkreis, der sich um die Mitte des vergangenen Jahrhunderts mit Fragen der Hochschulbildung auseinandersetzte, war wohl verhältnismässig klein. Die Hochschulfrage war ein Thema, das nur von verhältnismässig wenigen angegangen werden konnte, und das, gerade was eine Hochschule des ganzen Landes anbetraf, Neuland in einem neu geschaffenen Staat war. Wir wissen heute, dass Escher sich vom damaligen Rektor der Industrieschule, Deschwanden, darüber informieren liess, was die führenden ausländischen Technischen Hochschulen leisteten. Er hatte die Freiheit, aus diesen Vorarbeiten das herauszugreifen, was ihm für schweizerische Verhältnisse nützlich erschien und vermochte völlig Neues zu schaffen. Heute ist dies anders: Die Geschichte der schweizerischen Technischen Hochschulen ist nun schon über 125 Jahre alt. Vieles ist gewachsen in einer grossartigen Tradition, und vieles hat sich auch verändert. Der Akademisierungsgrad unseres Landes steht auf ähnlich hohem Niveau wie in anderen Ländern der westlichen Welt. Die Organisation auf Hochschulebene hat mit Wissenschaftsrat, Bundesamt für Bildung und Wissenschaft, Hochschulkonferenz und anderen Organisationen des wissenschaftlichen Lebens eine komplexe Ausgestaltung erfahren. Unser Wissensstand über das, was Hochschulbildung alles sein muss, ist umfassend. Starke Einzelmeinungen sind dem Zeitgeist von heute aber zuwider, einem Zeitgeist, der überaus grosses Gewicht legt auf Konsens der Betroffenen, einem Zeitgeist auch, der profilierte Einzelmeinungen bald einmal als Ausdruck persönlicher Machtgier abstempelt. Wohl deswegen versuchen wir heute über den höchst zeitraubenden Weg der Vernehmlassung und über verschiedenste Formen der Mitsprache das zu ersetzen, was damals im wesentlichen von einigen wenigen, unter ihnen von Alfred Escher, geleistet worden ist. Welches Verfahren das bessere ist, werden in hundert Jahren unsere Nachkommen vielleicht beurteilen können.

2. Industrialisierung einst und technologisches Know-how heute

Eine Technische Hochschule ist kein Gebilde, welches in erster Linie der hehren Wissenschaft allein huldigt. Schon Alfred Escher und seine Zeitgenossen sahen sich vor handfesten Problemen, die es zu lösen galt. Dr. Klaus Urner erinnert in der neuesten Geschichte der ETH Zürich daran[1], dass «die ‹Take-off-Periode› der schweizerischen Wirtschaft um 1850 abgeschlossen war, die zu Beginn des 19. Jahrhunderts mit der einsetzenden Mechanisierung der Textilindustrie sukzessive den Übergang von der Heimarbeit zum Fabriksystem gebracht und das Aufkommen der Maschinenindustrie beschleunigt hatte. Das technische Wissen erfuhr aber in der Folge eine rasche Ausdehnung, die längerfristig ohne eine systematische wissenschaftliche und praktische Schulung nicht zu bewältigen war.» Die speziellen Produktionsverhältnisse der rohstoffarmen Schweiz, die zu qualitativ hochstehenden Leistungen zwangen, waren ein gewichtiger Faktor für die damalige Schweiz und ihre führenden Köpfe.

---

[1] Klaus Urner, Eidgenössische Technische Hochschule Zürich, 1955–1980, Seite 21.

Wie sieht die Situation für uns heute aus? Heute stehen wir in einer Zeit, in welcher die Wirtschaft vor schwerwiegenden Problemen steht. Sie muss im internationalen Wettbewerb beweisen, dass sie in der Lage ist, Besseres erst noch günstiger als andere zu produzieren. Der frühere Gedanke an die «Schweizer Qualität» wird heute ergänzt durch den Gedanken an das «Schweizer Know-how». Die Exportleistungen unseres Landes müssten eigentlich gekennzeichnet sein vom technologisch anspruchsvollen Produkt, welches dasjenige der ausländischen Konkurrenz durch seinen «Know-how-Vorsprung» auszustechen vermag. In dieser Situation muss auch unsere Hochschulgesetzgebung so ausgerichtet sein, dass die Hochschule, getragen vom überzeugenden Rückhalt der Parlamente und des ganzen Volkes, noch vermehrt als bisher in der Lage ist, Absolventen heranzubilden, welche im harten Konkurrenzkampf mit Wissenschaftern und Fachleuten des Auslandes zu bestehen vermögen, ja vor diesen die Führung zu übernehmen imstande sind.

Alfred Escher hat für seine Zeit erkannt, dass es notwendig sein würde, jene Ingenieure und Fachleute heranzubilden, welche die grossen Leistungen der in vollem Schwunge stehenden *Industrialisierung zum Nutzen des Schweizervolkes zu pflegen und fortzuführen* wüssten. Deshalb, und wohl gerade weil er Einblicke besass, was in den umliegenden Ländern im Bereich des Hochschulwesens geschaffen worden war und was sich an Neuem tat, wurde er die treibende Kraft in der im Mai 1851 vom Bundesrat eingesetzten Expertenkommission für die Gründung einer eidgenössischen Hochschule. Wir sehen daran, dass die Ausgangslage von damals sich gar nicht so wesentlich von der heutigen unterscheidet.

3. Bundesstaat, Kultur und Sprache

Alfred Escher lebte in einer Zeit, in welcher der Gedanke an einen Bundesstaat noch besonders lebendig war. Es war ihm ein grosses Anliegen, die Schweiz als Ganzes zu einen – bei aller Achtung für die föderalistischen Anliegen. Sein Leitgedanke war die Schaffung einer grossen zentralen Hochschule, die als einzige in Europa deutsche, französische und italienische *Wissenschaft und Kultur vereinigen* würde. Er setzte sich sehr dafür ein, dass das grosse Hemmnis der nationalen Entwicklung – die *Sprachverschiedenheit – überwunden werden müsse*. Diese Besonderheit der sprachlichen Vielfalt ist in den gesetzlichen Grundlagen der ETH Zürich immer noch sichtbar und wird zum Teil auch noch genützt. Auch die Rolle der Abteilung für Geistes- und Sozialwissenschaften hat nichts von ihrer Wichtigkeit eingebüsst – auch sie ein Kind Eschers. Die Einsichten des heute Gefeierten verdienen unsere Aufmerksamkeit: Wohl stellt sich das Sprachproblem heute nicht mehr ganz in jener Schärfe wie in der Zeit, als das Volksschulwesen und auch das Mittelschul- und Hochschulwesen bei weitem noch nicht den heutigen Stand erreicht hatte. Escher hat mit seiner Tat dennoch auf einen ganz wichtigen Punkt des schweizerischen Zusammenlebens hingewiesen: Es müsste Aufgabe aller Bundesstellen sein, beizutragen, dass sich der vielbeschworene Saanegraben nicht weiter öffnen könne. Als Bundeshochschule stellen wir fest, dass unsere Absolventen eher ein Auslandsemester an einer englischsprachigen Hochschule verbringen, als an unsere Schwesterhochschule nach Lausanne zu ziehen.

Die Rolle der Abteilung für Geistes- und Sozialwissenschaften verdient es, so ernst genommen zu werden wie dies Escher schon tat. Das oft zitierte Fachidiotentum ist gewiss Folge der heute üblichen hohen Spezialisierung und arbeitsteiligen Welt, in der wir leben. Die von Escher geforderte Verbindung von Wissenschaft und Kultur zu erreichen ist heute schwieriger denn je. Es ist zu hoffen, dass auch in kommenden Bestimmungen über die Eidgenössischen Technischen Hochschulen dieser Abteilung der ihr gebührende Platz erhalten bleibt.

4. Die finanziellen Mittel

Sie alle wissen, mit welch schwierigen Situationen die Eidgenössischen Technischen Hochschulen und ihre Annexanstalten im Rahmen der schlechten Bundesfinanzen gegenwärtig zu kämpfen haben. Gleichwohl wird der Hochschule von parlamentarischer Seite vieles aufgebürdet, ohne dass dafür zusätzliche Mittel bewilligt würden. Die ETH Zürich verfügt seit der Einführung des Personalstopps im Jahre 1974 über keine einzige Personalstelle mehr als über die damals existierenden Etatstellen.

Als verantwortungsbewusster und realistischer Politiker hat uns Alfred Escher gezeigt, dass man öffentlichen Einrichtungen nur Aufgaben übertragen soll, wenn man bereit ist, ihnen gleichzeitig auch die Mittel zur Verfügung zu stellen. Als Nationalrat war Escher darauf bedacht, dem *Bund genügend Einnahmen* zu sichern, welche diesem auch die Errichtung höherer Lehranstalten erlaubte[1].

* * *

Ich hatte zu Anfang die Frage gestellt, was Alfred Escher als Hochschulpolitiker auch unserer Zeit mit auf den Weg geben kann. Ich meine, nicht zu viel zu sagen, wenn ich zusammenfassend erkläre: Sein leidenschaftliches

---
[1] Gagliardi, S. 180: Nennt Bericht Eschers über den Zollgesetzentwurf, vom 11. Juli, im Bundesblatt 1851. Bd. III, S. 41ff.

Engagement für eine zukunftsweisende Vision, dann aber im entscheidenden Moment das richtige Augenmass für das politisch Realisierbare und nicht zuletzt die Bereitschaft, um des hohen Zieles willen selbst einen unpopulären Kampf etwa zur Sicherstellung der notwendigen Finanzmittel mit Erfolg durchzufechten – das alles kennzeichnet die Grösse dieses dem Polytechnikum aufs engste verbundenen Staatsmannes.

Unsere Zeit ist eine andere, und dazu gehört auch die Notwendigkeit, dass Entscheidungsprozesse auf breitester Basis vorbereitet werden. Dennoch – das Beispiel Eschers erinnert daran, dass das Gedeihen unserer Hochschule gerade heute der engagierten Fürsprecher bedarf, dass hochschulpolitisches Handeln jenen Weitblick erfordert, über den Escher als geistiger Mitbegründer der ETH in so hervorragendem Masse verfügte.

Weshalb also keine Gedenktafel, warum keine Ehrenbüste in unserer Hochschule für Alfred Escher? Die Antwort auf diese Frage ist durch meine Ausführungen eigentlich schon vorweggenommen: Die ETH Zürich selber ist lebendiges Denkmal für diesen Mann, der in bewegter Zeit seinen vollen Einsatz für unsere Hochschule und damit für unser Land geleistet hat.

Dafür sind wir ihm zu stetem Dank verpflichtet.

3.8 Zwanzig Jahre Forschungsinstitut für Mathematik der ETH Zürich[1]

An der Schulratssitzung vom 31. März 1962 teilte Präsident Pallmann dem Schulrat mit:
Die Schweiz. Mathematische Gesellschaft (SMG) hat durch ihren Präsidenten, Prof. Dr. B. Eckmann, mit Brief vom 30. Januar 1962 ein Gesuch im Zusammenhang mit der Errichtung eines Schweiz. Mathematischen Forschungsinstitutes eingereicht. Prof. Dr. Eckmann schreibt wie folgt:
«Ich bin vom Vorstand der Schweizerischen Mathematischen Gesellschaft beauftragt worden, Sie in vorläufiger Weise über ein Projekt zu orientieren, welches die Gesellschaft demnächst dem Schweizerischen Schulrat und dem Schweizerischen Nationalfonds zur Förderung wissenschaftlicher Forschung unterbreiten möchte. Es handelt sich um das Projekt eines Schweizerischen Mathematischen Forschungsinstitutes, das unter dem Patronat der Gesellschaft an der ETH errichtet werden soll und dessen Betriebskosten, zumindest in der Anfangszeit, vom Nationalfonds getragen würden.
Die Pläne für ein derartiges Institut sind schon weit gediehen; die Konzeption ist überaus einfach, sowohl bezüglich der Aufgaben des Institutes, als auch bezüglich der Unterstellung unter die SMG:
Die Aufgabe besteht in der Förderung der mathematischen Forschung (auf höchster Ebene) in der Schweiz durch Einladung schweizerischer und ausländischer Mathematiker zu Forschungsaufenthalten, sowie in der Veranstaltung von Seminaren und Arbeitstagungen; die SMG würde ein Kuratorium bestellen, bestehend aus Vertretern aller schweizerischen mathematischen Hochschulinstitute, welches der Direktion des Institutes als beratendes und überwachendes Organ zur Seite steht. Im übrigen müsste das Institut administrativ in jeder Hinsicht der ETH unterordnet sein.
Über das Bedürfnis nach einem solchen Institut und über die Möglichkeit der erfolgreichen Durchführung dieser Pläne bestehen in der SMG keinerlei Zweifel. Die Arbeiten könnten jederzeit in Angriff genommen

---

[1] Eröffnung der Jubiläumsfeier am 21. Februar 1984 in Zürich.

werden. Die einzige Frage, die vorher abgeklärt werden muss, ist die der Räumlichkeiten; ein derartiges Institut ist ohne zusammenhängenden Komplex geeigneter Räume undenkbar. Eine grobe Schätzung ergibt als Raumprogramm für die erste Zeit einen Umfang von 350–400 m^2.
Die SMG möchte Sie mit diesem Schreiben höflich bitten, zu den hier skizzierten vorläufigen Plänen Stellung zu nehmen und die Frage zu prüfen, ob in naher Zukunft im Rahmen der ETH geeignete Räume zur Verfügung gestellt werden könnten.»

Am 23. März d. J. konnte ich das Projekt der SMG persönlich mit Prof. Dr. Eckmann besprechen. Dass ein mathematisches Zentrum, wie es vorgeschlagen wird, in Zürich – neben der ETH würden ja auch die mathematischen Institute der andern schweizerischen Hochschulen, also insbesondere auch das Mathematische Institut der Universität Zürich mitmachen – sehr erwünscht ist, bedarf wohl keiner besondern Ausführungen mehr. – Die geeignete Rechtsform für ein solches gesamtschweizerisches Forschungsinstitut muss noch genau geprüft werden. Selbst wenn das Institut in Räumen der ETH untergebracht werden könnte – was wohl angestrebt werden darf – scheint es mir empfehlenswert zu sein, dem Institut eine eigene Rechtspersönlichkeit zu verleihen, einmal um die Zusammenarbeit mit den andern Hochschulen zu erleichtern und anderseits auch im Hinblick auf die Finanzierung, die unabhängig vom Voranschlag der ETH zu erfolgen hätte. Für den Anfang ist im wesentlichen an eine Finanzierung durch den Nationalfonds gedacht, der die mathematischen Gastforscher honorieren würde. Es muss aber vorausgesehen werden, dass neben dem Kredit des Nationalfonds auf die Dauer noch weitere finanzielle Mittel bereitgestellt werden müssen. Mit dieser Finanzfrage hätten sich die Organe der in Aussicht genommenen Rechtspersönlichkeit des Forschungsinstitutes zu befassen.

Die Raumfrage bildet im Augenblick die grössten Schwierigkeiten. Es sind rund 400 m² Nutzfläche gewünscht, nämlich etwa 10 Arbeitszimmer zu rund 20 m², ein Zimmer für die Direktion sowie ein grösserer Raum für Bibliothek- und Lesezimmer. Dabei ist gedacht, dass die Vorlesungen und Kolloquien in schon vorhandenen Auditorien der ETH oder auch der Universität Zürich abgehalten werden könnten. Bevor in der ETH nicht neuer Raum geschaffen werden kann durch den Ausbau des Nordhofes des Hauptgebäudes, durch die Errichtung des B+B-Gebäudes an der Tannenstrasse/Leonhardstrasse oder durch den Neubau am Zehnderweg, in welchem das ORL-Institut und das Institut für angewandte Mathematik (Prof. Dr. Stiefel) untergebracht werden sollen, sehe ich keine Möglichkeit, dem von der SMG geplanten Schweizerischen Mathematischen Forschungsinstitut Räume im gewünschten Ausmass in Gebäuden der ETH zur Verfügung zu stellen. Eine Miete von Räumen ausserhalb der Hochschulgebäude durch den Bund für das neue Mathematische Forschungsinstitut würde vom Bundesrat wohl kaum bewilligt. Bis in der einen oder andern erwähnten Art und Weise neue Räume zur Verfügung gestellt werden können, wird es daher noch etwa 2–3 Jahre dauern.

Ich schlage vor, es sei der SMG auf ihre Eingabe vom 30. Januar 1962 zu antworten, der Schweizerische Schulrat begrüsse grundsätzlich das Projekt und stelle sich zu weitern gemeinsamen Beratungen der SMG zur Verfügung, vor allem auch zur Abklärung der Organisationsfrage, d.h. der Gründung eines Vereins oder einer Stiftung usf. Mit Bezug auf die Raumfrage halte ich es für notwendig, die SMG darüber zu orientieren, dass, obwohl das Projekt als dringlich bezeichnet wurde, in den Gebäuden der ETH im gewünschten Ausmass Räume frühestens in etwa drei Jahren zur Verfügung gestellt werden können. Vielleicht entschliesst sich die SMG, das geplante Institut vorerst auf bescheidenerer Grundlage ins Werk zu setzen, sei es, dass sie die Mittel für die Miete weniger Räume selbst aufbringen würde, sei es, dass eventuell auch von der Universität Zürich einige Räume erhältlich gemacht werden könnten.

Es stellen sich also zwei prinzipielle Probleme: nämlich erstens die Raumfrage und zweitens die Frage der Organisation. Wir haben heute nur grundsätzlich Stellung zu nehmen: Wollen wir das Gesuch der SMG als interessant weiterverfolgen, oder ist von Anfang an eine ablehnende Haltung angezeigt? M.E. wäre es besonders begrüssenswert, wenn eine Synthese mit dem bestehenden mathematischen Seminar gefunden werden könnte.

Auf den Antrag des Präsidenten wird beschlossen:

Der Präsident wird ermächtigt, der Schweizerischen Mathematischen Gesellschaft auf ihre Eingabe vom 30. Januar 1962 betr. das Projekt über die Schaffung eines Schweizerischen Mathematischen Forschungsinstitutes grundsätzlich zustimmend – im vorstehend dargelegten Sinne – zu antworten und das Geschäft positiv weiterzuverfolgen.

*

Ein Jahr später, an der Schulratssitzung vom 30. März 1963, kam das Geschäft wieder zur Sprache. Im Protokoll steht (es sprach Präsident Pallmann):

«Ich fand die Idee gut und ermunterte zu weiterer Abklärung. Einen Teil der benötigten Mittel könnte man vom Schweizerischen Nationalfonds anbegehren, und die geforderte Nutzfläche für Mitarbeiterzimmer und Seminarräume hoffen wir nach dem projektierten Ausbau der Lichthöfe des Hauptgebäudes zur Verfügung zu haben. Es entsprach dieses Vorhaben der Mathematiker auch meinen Überlegungen, dass ein kleines Land eher einen internationalen Frontplatz erobern oder halten kann, wenn es seine verfügbaren Mittel vor allem in jene Wissenschaften, z.B. Mathematik und theoretische Physik, investiert, die keinen riesigen Experimentalaufwand nötig haben und letztlich die Voraussetzungen für den naturwissenschaftlichen und technischen Fortschritt schaffen. Auch leuchtete mir der Gedanke einer koordinierten Aktion der schweiz. Mathematiker ein. Im Oktober/November 1962 wurde für die weiteren Abklärungen das Gerüst eines Statuts entworfen, das auch einen einfachen und klaren Einbau dieses MFI in die Organisation der ETH vorsah.

Anfangs 1963 wandten sich zur Überraschung Prof. Eckmanns vor allem die Mathematiker der Universität Lausanne ... gegen das Projekt eines Schweiz. Mathem. Forschungsinstitutes, just die, die ursprünglich unter den initiativen Befürwortern standen. Sie wollen offenbar mit Hilfe des Schweizerischen Nationalfonds ihr eigenes Züglein fahren.

Ich empfahl den Professoren Eckmann und Pfluger, das Projekt auf dem Nenner ETH zu studieren; diese Empfehlung kam ihren eigenen Wünschen entgegen. Es stehen vor allem die jüngeren Mathematiker der ETH begeistert hinter dem Vorhaben, die älteren sind an dieser Neuerung weniger interessiert.»

Nach kurzer Diskussion beschloss der Schulrat noch an der gleichen Sitzung:

«1. Auf den Antrag der Professoren Eckmann und Pfluger vom 18. Februar 1963 auf Gründung eines Mathematischen Forschungsinstitutes der ETH (for advanced study) wird eingetreten.

2. Es wird in Aussicht genommen, das Projekt in richtiger, noch abzuklärender, Grösse zu verwirklichen.

3. Das Ausbauprojekt ‹Hauptgebäude› (Lichthofausbau, grosse Hörsäle, Hauptbibliothek, zwei Dienstwohnungen) soll auch den Raumbedarf für das MFI berücksichtigen.

4. Im ETH-Budget 1964 werden Fr. 75 000.– für mathematische Forschungen für das MFI eingesetzt.

5. Mitteilung durch Zuschrift an die Herren Professoren Eckmann und Pfluger sowie an den Herrn Rektor und den Vorstand der Abteilung für Mathematik und Physik.»

*

An anderer Stelle im Schulratsprotokoll findet sich sodann der förmliche Beschluss über die Errichtung des Forschungsinstituts für Mathematik auf den 1. Januar 1964 und die Ernennung des Kollegen Beno Eckmann zu seinem Vorsteher.

So einfach ging das vor 20 Jahren! Der begrenzende Faktor aller Hochschulpolitik war und ist die Macht einer neuen Idee. War die Behörde von der Idee überzeugt, konnte sie diese auf einem kurzen Dienstweg rasch verwirklichen, selbst wenn unter Fachleuten oder den sogenannt Betroffenen noch ein Dissens herrschte. Auch heute ist die Macht der Idee das Entscheidende. Aber rasches Handeln ist nur noch möglich, wenn die Idee von einem möglichst breiten Konsens getragen ist. Zu vielen Hochschulgeschäften müssen nach heutigem Gesetzesrecht die sogenannten Hochschulstände, d.h. die Dozenten, Assistenten, das Personal und die Studenten angehört werden, oder doch wenigstens die tangierten Abteilungen und Institute. Ein Antrag auf Errichtung eines FIM würde – ich skizziere bloss – etwa folgende Reaktionen auslösen: Von seiten der Professorenschaft würde die Frage kommen, ob es nicht klüger wäre, das Einladen prominenter Gäste jedem Professor selbst zu überlassen, statt es gleichsam zentral über ein Institut abwickeln zu lassen (Argument des Individualismus). Die Assistentenschaft würde anregen, vorgängig einer solchen Gründung die Struktur der Hochschule insgesamt zu überdenken, eine breit angelegte Diskussion darüber durchzuführen, die dann zu einem Leitbild führen könnte, zu welchem sich eine grosse Mehrheit der Hochschulangehörigen bekennen könnte (Argument der Form). Die Studentenschaft würde zu bedenken geben, dass die Tätigkeit der Hochschule schwergewichtig auf die Lehre auszurichten sei, nicht auf die Forschung, und schon gar nicht auf elitär betriebene Forschung (Argument der Lehre). Das Personal würde dem Vorschlag zustimmen oder sich der Stimme enthalten. Der Schulrat müsste die Frage aufwerfen, ob das Vorhaben zwischen der ETH Lausanne und ETH Zürich auch wirklich gut abgestimmt sei. Das wäre der Fall, und so würde der Schulrat dem Vorhaben zustimmen. Einziger Unterschied gegenüber früher: ein Jahr. (In Klammer sei vermerkt, dass das Verfahren bei komplizierteren Geschäften, etwa der Errichtung einer neuen Abteilung, wesentlich länger dauert; die Gründung der Abteilung für Informatik an der ETHZ diene als Beispiel.)

Ich will mit dieser kritischen Bemerkung zur gesetzlich vorgeschriebenen und im Zeitgeist liegenden Institution der Mitwirkung nicht sagen, die Beschlüsse um 1984 seien inhaltlich schlechter als jene von 1964. Ich will nur illustrieren, dass sie langsamer und harziger zustandekommen. Besser allerdings können sie kaum sein; das Forschungsinstitut für Mathematik diene als Beispiel. Dass sein Erfolg so gross war, ist das Verdienst seines Fackelträgers Beno Eckmann. Er hat mit nie verzagendem Einsatz die Geschäfte dieses Instituts geführt und die Interessen des Instituts mit Erfolg vertreten im Verkehr mit Kollegen im Inland und Ausland, aber auch im Verkehr mit Leitung und Verwaltung der Hochschule. Ich habe die grosse Freude, Ihnen, Herr Kollege Eckmann, heute für Ihre Arbeit den hochverdienten Dank der ETH Zürich auszusprechen.

3.9 Hermann Weyl, 1885–1955[1]

Was hat derjenige, dem die Eröffnung dieser Vorlesungsserie übertragen worden ist, noch zu sagen, wo doch die Vorlesungen von Yang, Penrose und Borel bevorstehen? Er könnte in Erinnerung rufen, dass das erste Buch von Hermann Weyl («Die Idee der Riemannschen Fläche») erschien, als Weyl erst 28 war, oder dass schon fünf Jahre darauf zwei weitere Bücher von ihm erschienen («Das Kontinuum» und «Raum, Zeit, Materie», welches innert fünf Jahren fünf Auflagen und zwei Übersetzungen erfuhr). Ich habe ein anderes Vorgehen gewählt.

When I got a chance to look through a selection of Weyl's writings on general themes, I chose from among the rich material a few passages that seemed to shed some light on how Weyl functioned in his environment, i.e., academia, and what he thought of it; what he thought of borders between the various sciences, between nations, and between professors and students.

Lassen Sie mich einige Eindrücke festhalten, die ich bei diesem Versuch empfunden habe.

Bei aller Stringenz seines wissenschaftlichen Werks muss Weyl akademischem Territorialdenken abhold gewesen sein. Das ergibt sich z.B. aus dem Vorwort zu seinem 1928 erschienenen Buch «Gruppentheorie und Quantenmechanik». Er schreibt in Zürich, im August 1928: «Zum zweiten Male erkühne ich mich, mit einem Buche auf den Plan zu treten, das nur halb meinem Fachgebiet der Mathematik, halb aber der Physik angehört... Ich kann es nun einmal nicht lassen, in diesem Drama von Mathematik und Physik – die sich im Dunkeln befruchten, aber von Angesicht zu Angesicht so gerne einander verkennen und verleugnen – die Rolle des (wie ich genugsam erfuhr, oft unerwünschten) Boten zu spielen.» – (Hie Mathematik, hie Physik: das Problem hat uns bis heute nicht verlassen. Aber zum Glück gibt es auch heute noch Boten.)

His vision of the need of unified thinking is infinitely more evident in the lecture on the «Unity of Knowledge», delivered at Columbia Universi-

---

[1] Eröffnung der Hermann-Weyl-Gedenkvorlesungen, 25. Oktober 1985 in Zürich.

ty's Bicentennial Celebration, in New York, in 1954. «Doubts about the methodical unity of the natural sciences have been raised. This seems unjustified to me. Following Galileo, one may describe the method of science in general terms as a combination of passive observation refined by active experiment with that symbolic construction to which theories ultimately reduce. Physics is the paragon. Hans Driesch and the holistic school have claimed for biology a methodical approach different from, and transcending, that of physics. However, nobody doubts that the laws of physics hold for the body of an animal or myself as well as for a stone. Driesch's attempts to prove that the organic processes are incapable of mechanical explanation rest on a much too narrow notion of mechanical or physical explanation of nature. Here quantum physics has opened up new possibilities. On the other side, wholeness is not a feature limited to the organic world. Every atom is already a whole of quite definite structure; its organization is the foundation of possible organization and structures of the utmost complexity. I do not suggest that we are safe against surprises in the future development of science. Not so long ago we had a pretty startling one in the transition from classical to quantum physics. Similar future breaks may greatly affect the epistemological interpretation, as this one did with the notion of causality; but there are no signs that the basic method itself, symbolic construction combined with experience, will change.»

Was die Orte seines Wirkens betrifft, scheint Weyl ausgesprochene Loyalität aufgebaut zu haben. «So kann ich nicht verhehlen, dass mein Herz es fast als treulos empfand, dass ich Zürich verliess», schreibt er in seinem «Rückblick auf Zürich aus dem Jahre 1930». «Die schlimmste Plage während meiner Zürcher Jahre waren für mich Berufungen nach auswärts. Einmal... geschah es, dass ich gleichzeitig nach Berlin und Göttingen berufen war. Verhältnismässig rasch entschloss ich mich zur Ablehnung von Berlin. Aber den Lehrstuhl von Felix Klein an der Göttinger Universität ausschlagen – das war eine härtere Nuss... Als sich die Entscheidung nicht länger aufschieben liess, lief ich im Ringen darum mit meiner Frau stundenlang um einen Häuserblock herum und sprang schliesslich auf ein spätes Tram... zum Telegraphenamt, ihr zurufend: ‹Es bleibt doch nichts anderes übrig als annehmen.› Aber dann muss es mir das fröhliche Treiben... an diesem schönen Sommerabend um und auf dem See... angetan haben: Ich... telegraphierte eine Ablehnung.»

Im selben Aufsatz schildert er eindrücklich, wie sich seine auf der Lektüre von Gottfried Keller und C.F. Meyer beruhende Vorstellung der Schweiz korrigierte, als er hier zu leben begann. «Ich hatte zu lernen, dass die deutsche Kultur die Schweiz nicht so selbstverständlich umschliesst, wie es bei Keller geschienen hatte; ... dass die Schweiz eben nicht die deutsche Schweiz ist, sondern das Dach Europas, unter dem sich germanische und romanische Kultur treffen... Ich fühle mich der Schweiz nicht viel weniger verbunden als Deutschland.»

Von noch einem seiner Wirkungsorte spricht er voll Affektion, und zwar in seinem Lebensrückblick, 1954, als die Universität Lausanne ihm den Preis Arnold Reymond verleiht, in Anerkennung seiner Bemühungen um die Philosophie der Wissenschaften. Er sei «an der schönsten Forschungsstätte, die es für Mathematik in der Welt gibt», festgehalten worden, «an dem Institute for Advanced Study in Princeton, New Jersey».

Wie erfrischend, schliesslich, seine Ansicht zum Lehrer-Schüler-Verhältnis und zum Verhältnis zwischen Forschung und Lehre an der Hochschule. Im schon erwähnten «Rückblick auf Zürich aus dem Jahre 1930» ist eine Rede wiedergegeben, die Weyl 1930 in Göttingen an die Mathematische Verbindung richtete, der er als Student angehört hatte. Er schildert dort u. a. über die Art und Weise, wie er an der ETH zu wirken versucht hatte.

«Eine Hochschule ist meiner Überzeugung nach nicht nur Schule, oberste jener Institutionen, durch welche die Gesellschaft den Gehalt ihrer Kultur, insbesondere auch die gewonnenen wissenschaftlichen Erkenntnisse, technischen Erfahrungen und das theoretische Weltbild der heranwachsenden Generation tradiert, sondern sie dient ausserdem der Forschung. Der Erkennende, der theoretisch Gestaltende ist so gut wie der Künstler ein Grundtypus des Menschen, der in der gesellschaftlichen Organisation seinen Platz finden muss, und er findet ihn heute nur an der Hochschule. Wer erkennt, den ‹verlangt nach Rede›; so mögen denn die Jungen zu seinen Füssen sitzen und ihm zuhören, wenn Rede aus ihm bricht. Dies betrachte ich als das Grundverhältnis. Ich glaube nicht daran, dass das System der Erziehung von unten aufgebaut werden müsse; die Gegenbewegung darf nicht fehlen. Was der Natur und der Notwendigkeit angehört, wächst von unten her, der Geist und seine Freiheit aber brechen von oben herein. In dieser Weise, hoffe ich, werde ich Ihnen, liebe Kommilitonen, Lehrer sein können; den Samen in den Wind streuend; fasse, wer es fassen kann.»

This is what I wanted to say by way of introduction to these Hermann Weyl Centenary Lectures.

It is a particular pleasure for me to welcome to the ETH Zürich Professor Yang, who has many friends and followers here. It is a happy augury that such an eminent physicist, gifted as he is with a powerful mathematical intuition, has agreed to speak about the work of such an eminent mathematician as Weyl with his profound perception of the structures of theoretical physics.

I give the floor now to Professor Yang.

Den Zuhörern rufe ich mit Hermann Weyl zu: «Fasse, wer es fassen kann!»

4. Biologisches

4.1 Chips and DNA[1]

Our information service a few days ago called my attention to a passage, in the February 20 issue of Time magazine, written on the subject of the ever increasing miniaturization of computers. It reads: «Where will it all end? Circuits in some densely packed chips are already so close that there is sometimes electron leakage between conductors – interfering with the proper working of the chip. Is technology fast reaching the limit of miniaturization? Computer scientists think not. They point to the tremendous amount of data contained, for example, in a DNA-molecule – or in one-celled animals and plants that are visible only under a microscope. Even the amoeba is a far smaller and far more powerful information processor than today's best chips. If nature can do it, scientists feel challenged to try it too.»

As a biologist having been involved in studies of information processing in animal cells for many years, I would like to add a comment to this statement. It is not only impressive how much information is contained in nucleic acid molecules. But it is also impressive that the entire machinery of control elements and signals be so efficiently organized and function in aqueous solution.

Molecular biology owes much of its success to the belief of many scientists that the complexity of living matter can be reduced to a large number of basically simple physical and chemical processes. This philosophy, reductionism, from time to time is challenged by an opposing one, vitalism, which claims that it is not conceivable that life be that simple. This may in fact be so, but nevertheless as a *pro tempore* attitude reductionism has proven extremely successful. I see its success not only in the measurable advance of molecular biology itself, but by the attraction of this young science to scholars from other disciplines. I know of at least one theoretical physicist at our institution who has taken an interest in neurophysiology. I know of at least one solid state physicist who is

---

[1] Opening address, 1978 International Zurich Seminar on Digital Communications; March 7, 1978.

collaborating actively on a project in molecular biology, and I also know colleagues from process control collaborating in projects on hormonal interactions. I do not believe that in earlier times colleagues from sciences as hard as theoretical physics, solid state physics and process control would have ventured collaboration in biological projects, in times when biologists using holistic approaches marvelled at the complexities of their systems rather than analyzing their components. What I am trying to say is that reductionism opened biological investigation to colleagues more thoroughly trained and skilled in quantitative sciences than biologists usually are.

Perhaps this «brain gain of biology» will in the future be reversed to the benefit of engineers, in their effort to utilize insights from biology and adapt them to the solution of their own, technical problems.

The rapid evolution, side by side, of seemingly unrelated sciences represents one of the most fascinating phenomena of our time. For scholars both at universities and industries, and in particular at technical universities, it represents a constant challenge. I am sure that the rich program of the present gathering is entirely up to this challenge, and I wish it every success.

4.2 Bio-Sciences and Technique[1]

> «*Homo sapiens,* the creation of Nature, has transcended her. From a product of circumstances, he has risen to responsibility. At last, he is Man. May he behave so!»

This citation from Philip Handler's «Biology and the Future of Man»[2], is at the end of a thousand pages on the state of the life sciences and an assessment of their future. The insights that led to this optimism are, in the last analysis, due to the human mind. But although for a long time of its history, biology developed independently from technological advances, and in fact technical thinking, or engineering thinking was consciously introduced in the study of living matter only rather late, we have to acknowledge now that the millions of individual discoveries that constructed the solid building of biological knowledge would not have been made without methods and techniques borrowed from sciences outside biology: above all mathematics, physics, and chemistry. Especially in our century, techniques have played such a key role in the advances of life sciences that an eminent, philosophically minded Swiss biologist wondered whether most of his colleagues justifiedly called themselves biologists. They used so little *logos,* he mused, and so much technique, that a more adequate name for them would be bio-technicians. History has shown in the meantime that the experiment, inseparably linked with its technical backing, is so powerful an approach for gaining new insights that this criticism has changed to compliment. It can hardly be denied that the ultracentrifuge played an important role on the way to cracking the genetic code, and that cell cultures and microsurgery were early keys to understanding how the functioning of genes in the cell nucleus is controlled. The use of X-ray apparatus and radio-isotopes was instrumental not only for advances in biological knowledge, but also for early diagnosis and therapy of disease. And computers will no doubt remain important instruments in medicine and biology.

Why, then, is there a First European Congress of Biotechnology held in 1978? When technology has been truly permeating both medicine and

---

[1] Key-note address, First European Congress on Biotechnology, Interlaken; September 25, 1978. A German version of this address has appeared in IBM Nachrichten 33, 264: 7–11 (1983).
[2] Oxford University press, 1970.

biological sciences for decades, why found a new scientific society of biotechnologists? The main reason for it, as I see it, is a new understanding, by biotechnologists, of their mandates or their finality.

What is biotechnology?

I consider biology a natural science. I consider biotechnology an engineering science. In my mind, the finality of biology as a natural science has been, and is, to arrive at a theory of living matter. The finality of biotechnology as an engineering science is to utilize living matter for producing or degrading large quantities of matter. Of course, both biologists and biotechnologists use techniques. But the biologist uses a technique for understanding a biological phenomenon, the biotechnologist for applying the phenomenon to an industrial and economic process.

A key factor in the distinction between biology and biotechnology is their scale. The biologist on his way towards understanding life works in the range between nanogram and milligram, perhaps. The biotechnologist working on the production of vaccines may be satisfied with milligram yields; but in most other projects, he aims at kilograms or tons. One of his main activities consists of scaling up biological processes. A typical technique of biotechnology is large scale culture of cells or organisms. In such cultures, ways must be found to make use of the enormous kinetic potential of biocatalysis.

In most of your cells and mine, enzymes convert substrates into products in amounts so small that sensitive fluorometric instruments are needed for their detection. When the biotechnologist decides to take advantage of biocatalysts he isolates enzymes from cells and processes them with the aim of converting substrates into products that can be weighed with a crude balance. The biologist engaged in the study of regulation of protein synthesis at the molecular level, in his work on the interaction of regulatory proteins and DNA observes effects so small, that he needs sensitive radioisotope techniques for following them. But the biotechnologist whose aim is to use particularly well suited bacteria for producing proteins would like to see amounts of product that can be loaded onto trucks or poured into ocean-going ships. The molecular biologist who studies linear or lateral redundancy of the genetic material for the sake of understanding the genetic organization of a cell is forced to deduce his conclusions from physical-chemical analysis of minute probes, or from observations in the electron microscope. But the biotechnologist who wants to apply genetic engineering – made feasible through studies of the kind just mentioned – dreams of enriching the genome of his organism of choice in such a way as to produce the substance wanted in amounts that can be seen with the naked eye, packaged, and sold. The biologist who aims at understanding the marvels of the cellular pumps that control the uptake of ions from the environment of a plant root cell into its interior must resort to microchemical or electrophysiological techniques. The biotechnologist whose idea it is to grow wheat or soy-bean for the production of feed or food in coastal areas wants to engineer these plants so that they may be irrigated with sea-water. In fact, biotechnologists on the plant side would like to alter the genomes of plants so that they can breathe nitrogen from the air, fix it, and process it into protein. Science fiction? Much basic work by molecular biologists and cell biologists is certainly needed yet on this way. The biochemically oriented biologist may be interested in the intricacies of enzymatic breakdown of cellulose, or lignin. The biotechnologist wants to use the respective findings on industrial scales for producing substances that can take on functions in nutrition, or as fuels. And just one more example of the differences of finality between biologists and biotechnologists: The hydrobiologist studies the conditions under which all kinds of organisms thrive in water. The biotechnologist wants to apply such findings for the solution of large scale sanitary engineering problems.

A decisive strategy of biotechnological work is the adaptation of known methods of measuring, directing, and controlling biological processes for large scale technical use. This can be costly. Each process, or system, must therefore be analyzed with the aim of optimizing, selectively, those parameters that are crucial for the reaction. For the biotechnologist's responsibility does not end with feasibility studies, but must include economic considerations.

Why and how support biotechnology?

The experts of the Swiss Science Council in its 1973 Report pointed out that in view of the global protein deficit for the eighties, feasibility studies on using microorganisms for synthesizing protein from inexpensive and abundant energy resources (such as wood) were indicated. Microorganisms could also be used for biological waste-disposal, or the study of bioresistant materials. The experts finished by saying that biotechnology hardly existed in our contry. As a consequence, the Science Council recommended, in two sentences: «The development of biotechnology should be encouraged. In a first phase, the respective efforts should remain concentrated in one university.»

Now, science policy cannot be done without scientists. If a country or a university wants to establish a new subject, it needs to start with a few recognized and dedicated scientists who are able and prepared successfully to break new ground. At our institution, a year after the Science Council's recommendation, four professors of microbiology submitted a comprehensive proposal for a biotechnology center. Our school's research committee, and after that a task force of outside experts was charged with evaluating the proposal. In the hands of our experts, both original recommendation and proposal took much more concise shapes that allowed to weigh various research topics, to calculate the costs, to distinguish between desires and needs, between not feasible and feasible. The term biotechnology obtained all sorts of meanings in this process. Is it biotechnology, when a gardener reseeds the banks of a newly constructed highway so that they become both stable and green? No. Is ist biotechnology, when a mycologist discovers new growth conditions for large scale production of antibiotics? Yes. And so on. It became clear in this evaluation furthermore that biotechnology can hope to start successfully only if three kinds of scientists cooperate from the outset: a microbiologist with a combined gift of technical and molecular thinking; a process engineer who is mentally prepared to introduce complicated matter into his machines, and a control-engineer with a strong backing in computer sciences. If the new subject is to remain successful, these three must launch a curriculum of biotechnology attractive to students that are torn between life sciences and process and control engineering. The curriculum must build upon a solid basis of mathematics, physics, physical chemistry, chemistry, biochemistry and molecular biology and should include other biological disciplines, particularly cell biology and genetics. The second half of the curriculum then must provide a thorough instruction in process and control engineering, including systems analysis, and their application to biological systems. In order to widen the spectrum of possible job opportunities it would be wise to include courses in sanitary engineering and water pollution control. A student trained in this way will be prepared not only for working in chemical and food industry, but also in institutions having to do with pollution control or water supply. And the top students may rise to leadership of biotechnological research in the future, better prepared for this role than their teachers. This is the way it should be.

Based on the recommendations by these various groups, the Board of the Federal Institutes in May 1976 declared its intention to promote biotechnology at the ETH Zürich, to prepare a curriculum, and to invest into necessary infrastructure. I am happy to report today that the new curriculum will most certainly be passed by our Board this year, and that the principal group carrying the ball will move into its new quarters in the spring of next year. It has been a truly gratifying experience to follow the genesis of this project.

What I had in mind in digressing into the genesis of our project in Zürich is that science policy can be a creative process. Science policy should be a creative process! It is often said that research cannot be planned, or that as soon as it is planned it should no longer be called research. In my mind this statement is wrong. While it is clear that the results of a particular research effort cannot be planned (or else it would not be research) it is equally clear that the research effort itself can be planned. Ideally it should be planned by the researchers themselves. But experience shows that a little pull from above sometimes helps, and a little braking is sometimes necessary for finding realistic dimensions of new projects.

Science policy and means

Science policy cannot be done without money. This is felt particularly during periods when expansion is impossible. Starting a new project in a closed, non-expanding pool of manpower, money and equipment requires abandoning or at least curtailing some other activity. This is hard. But experience makes me believe that it can be done and should be done. While universities may react rather quickly when new subjects appear at the spear-head of science as it advances, and may be eager to take up new subjects, it is evident that the same institutions are reluctant to give up areas that over the decades have moved down the shaft to the rear end of the spear. Scientists and engineers should have more courage to drop ballast! This holds true in questions of curricula, research, and infrastructure. In the case of biotechnology in Zürich, our Board indicated that we may have to reduce the conventional biology offerings of our school somewhat in order to ensure the realization of the new curriculum.

To a certain extent, it is possible to regroup our forces so that new projects of high quality that deserve support can receive it. But before long, additional means will be needed if we want to remain at the forefront of science and technology. In the case of biotechnology, I am confident that we can count on the support of industry. As some of the conventional methods of organic synthesis are replaced by biotechnological procedures, it is to be expected that chemical industry maintains its interest in supporting the respective research at universities. This is even more true for food industry in view of the large field of potential applications of biotechnology in nutrition. Our colleagues in the German Federal Republic have been quite successful, it seems, to convince politicians, university authorities, and granting agencies, of the importance of biotechnological research. May the new European Federation of Biotechnology help that this example be followed in other nations!

Such measures to free means for supporting new projects remain futile if they are not supported by both know-how and enthusiasm of those scientists who will ultimately carry out the new activities. Particularly in ventures that straddle the conventional disciplines – in our case biology and engineering – the danger exists that after an enthusiastic start, the effort disintegrates and becomes pulverized into the partners from the conventional disciplines. An excellent way to counteract this danger is by establishing ties not only at the scientific, but also the social levels. Such social ties must become established within departments, between institutions, but also between representatives of similar activities in different nations. To establish and strengthen such ties is another task of the Federation of Biotechnology.

Responsibility

Before closing, let me comment, briefly, on yet another task of this Federation, a more important one. «From a product of circumstances, *Homo sapiens* has risen to responsibility», was the quote from «Biology and the Future of Man». Responsibility to whom? I am afraid scientists have in the past failed sufficiently to articulate their concern for the society that carries them. Today's society keeps a watchful eye on the progress of science. The public is not satisfied with the information it obtained from the scientists in the field of peaceful use of nuclear fission. Alert politicians are beginning to ask questions about genetic engineering. In my catalogue of biotechnological work I have listed many examples of this science that promise to be good for mankind. Are there other examples, potentially harmful to human welfare? The question is there. The public expects to hear the answer from the governments. But while the governments may legally be responsible for providing it, the moral responsibility rests with the scientists. May the European Federation of Biotechnology make sure that its members give the answer! For, «man has risen to responsibility. May he behave so».

4.3 Zur Geschichte der Wissenschaft[1]

Mitte der sechziger Jahre wurde Harry Woolf zum Professor of History of Science an die Johns Hopkins University berufen. Wir Biologen und Biophysiker luden ihn bald ein, in unserem Seminar über sein Gebiet, die Geschichte der Wissenschaften, zu referieren. In der Diskussion fragte ihn der durch seinen Sarkasmus bekannte (aber auch als Wissenschafter anerkannte) Charles Thomas: «Harry, what has history of science ever done for science?»

Ich erinnere mich nicht mehr an die Antwort. Aber die Frage machte mir Eindruck. Ich führte dann im Keller meines Hauses alle 14 Tage ein eigenes Seminar durch, mit Kollegen, aber auch Doktoranden als Referenten, die sich folgender Spielregel unterziehen mussten: Die referierte Arbeit musste vor 1930 veröffentlicht sein, seither brachliegen, und der Referent musste überzeugt sein, dass das in der Arbeit aufgezeigte Problem mit seither möglich gewordenen neuen Ansätzen wieder (oder besser) angegangen werden könnte. Das Seminar war ein Genuss!

Lassen Sie mich nur ganz kurz ein einziges Beispiel geben: Der Zytologe Carl Swanson referierte eine Arbeit von Theodor Boveri (1887) über die Frühentwicklung des Spulwurms *Ascaris*.

Boveri hatte beobachtet, dass nur jene Zellen, die später zu Eiern oder Spermien werden, im Verlauf der Teilungen einen intakten Chromosomensatz behalten. Alle anderen Zellen begannen ihre weitere Entwicklung mit einem reduzierten Bestand an Chromosomenmaterial; insbesondere warfen sie die Enden der Chromosomen ab. Hiess das jetzt, so fragte Swanson, dass diese Zellen weniger genetische Information besassen, als jene? Und zwar weniger im qualitativen Sinn. Oder hiess es, dass sie immer noch alle Information besassen, wenn auch quantitativ weniger? Boveri konnte natürlich nicht wissen, dass Chromosomen laterale und lineare Redundanz aufweisen. Ja, es ist fraglich – es herauszufinden, wäre wissenschaftshisto-

---

[1] Eröffnung des Wissenschaftshistorischen Kolloquiums von Universität Zürich und ETH Zürich; 31. Oktober 1979.

risch interessant –, ob Boveri bereits mit dem Informationsbegriff in der Biologie operierte.

Die Diskussion zeigte sofort, dass das brachliegende Problem mit den neuen Methoden der molekularen Hybridisierung angegangen werden konnte. Es wurde angegangen und zeitigte interessante Ergebnisse, auf die ich jetzt nicht eingehen will.

Für mein Empfinden ist das ein Beispiel dafür, dass die Geschichte der Wissenschaft etwas für die Wissenschaft tun kann. Ihr Studium ist aber auch ohne solche utilitaristische Hintergedanken wertvoll, faszinierend, und nötig. Ich bin deshalb froh, dass Sie sich bereit finden, die Geschichte der Wissenschaft immer wieder zu pflegen, und ich danke Ihnen dafür. Ihr Kolloquium ist damit eröffnet.

4.4 On Macromolecular Science[1]

We are honoring, today, the man who was the first to present the concept of the macromolecule. Hermann Staudinger introduced the term in *Helv. Chim. Acta* 5 (1922) 785.

By way of a general introduction to our Symposium, I would like to make a few remarks on the future of macromolecular science as I see it as a former biologist and as an individual who has the privilege to interact with scholars in several branches of macromolecular science.

It is important in this context to realize what has become of Staudinger's concept, both for science and daily life. Synthetic polymers are omnipresent in our daily life in plastics, as synthetic fibers in textiles, are gaining importance as building materials both in civil and mechanical engineering, as materials in electrical engineering, but also for purposes of biomedical technology. Synthetic polymers today enjoy a significance equal or superior to that of metals. Polymers play central roles in many branches of molecular biology, too, and of biochemistry, biotechnology, and chemical engineering. Just think of our vast knowledge in membrane chemistry, including membrane transport, in enzymology where precise information on structure and function of biopolymers is available, and of the revolutionary effect that both the information concept and the regulation concept had on our insights into structure and function of genes. I am not only referring to the grandiose work on the genetic code, but also to the applications of gene-splicing for science and technology, applications that may be of importance to chemistry comparable or superior to the impact the invention of the transistor had for electrical engineering. I am equally thinking of the impact synthetic polymers had on polymer science itself, including remarkable advances in the understanding of properties of polymers, and their design.

After this brief survey let us take a quick guess at what will be gaining importance in basic research in macromolecular science in the near future.

---

[1] Eröffnung des Hermann-Staudinger-Symposiums an der ETH Zürich; 25. Mai 1981. (Hermann Staudinger, 1881–1965, Nobelpreis für Chemie 1953, war von 1912–1926 Professor für Allgemeine Chemie an der ETH.)

I believe a common denominator is coming into sight – and not only in macromolecular science, but in materials science altogether –: the concerted search for a theory of materials. For reaching this goal, we need more insight into methods that will allow stereo-specific synthesis of polymers, for the creation of complex, ordered structures. In this process, entirely novel polymers may gain importance, perhaps with an inorganic backbone. We also need more information on the relationships between structure of polymers and their properties. We would then be in a position to predict properties of materials that do not exist yet. It is a most fascinating vision for engineers eventually to tell their colleagues in macromolecular science that the need exists, for a particular application, of a material with properties x, y and z, and the macromolecular scientist then to design and produce this material. I am convinced that the potential of such a theory of materials, as I would like to call it, is enormous, not only, but also in view of the global energy problem that we are facing. After all, synthetic polymers already now are available that match metals in mechanical properties, but with a much lower weight.

You will forgive me if, as a former biologist, I stress again the potential of biopolymers in the future, and particularly, the potential of the method known as gene-splicing. The fascination of this method lies not only in the possibility to create information-carrying macromolecules from natural sources or by organic synthesis, but to obtain large quantities – I mean, industrial scale quantities – of reaction products of such genes by relatively straight-forward fermentation technology. Recent advances in insulin, interferon, and pituitary hormone production are just a small beginning of a development of very large consequences.

From this appreciation it follows that many research institutions and institutions of higher learning have been increasing their efforts in macromolecular science recently both in research and teaching. The ETH makes no exception. In our Division of Natural Sciences, we train scientists in biopolymer science. Their curriculum is carried by the departments of biochemistry, molecular biology, and biophysics. We train chemists and chemical engineers in chemistry and physics of synthetic polymers. Their curricula are carried by the respective research groups in Department of Applied Chemistry, particularly its groups of polymer chemistry, polymer physics, and natural and synthetic fibers, the latter with its applications on textile and dye-stuff chemistry. The common denominator that I mentioned has recently found its recognition by the fact that a new teaching division was founded, called Division of Materials. In completing this list of activities, I'd like to mention the creation of a new curriculum in biotechnology, through which we familiarize microbiology students with process engineering and computer science. In the research that supports this latter teaching, we benefit not only from efforts of our own biotechnology group and of our own groups on process engineering, chemical engineering and computer science, but also of groups of the neighboring University of Zurich that have impressive expertise in genetic engineering. In summary, I believe ETH has remained in step with those developments that are necessary for us to remain competitive, on an international scale, in a field that gains importance, day after day. This is our mandate as a Federal Institute of Technology in general. We regard it as a mandate not only for the sake of the advancement of science, but also for the sake of the competitiveness of our own industry, which is on the way of assuming increasing importance in manufacturing polymers of a broad variety.

We are proud to host your symposium, and wish it every success.

4.5 Biologie im Vormarsch[1]

«Botanik, das weiss jedermann, macht Gras zu Heu und schreibt es an.» Das Zitat vermittelt, scherzhaft zwar, aber treffend, ein Bild der Botanik, wie es während langer Zeit tatsächlich vorherrschte: das Bild der beschreibenden Tätigkeit des Botanisierens, des Anlegens von Herbarien. Botaniker – aber auch Zoologen – jener Arbeitsrichtung stellt man sich als naturbegeisterte, eher beschauliche Menschen vor, ausgerüstet mit Botanisierbüchse, Schmetterlingsnetz, Lupe, in der neueren Zeit vielleicht mit einem Landrover auf Safari.

Mit dem Zitat möchte ich zeigen, wie ich in den nächsten drei viertel Stunden über das Thema «Biologie im Vormarsch» sprechen möchte. Es geht mir darum, Ihnen Einblick zu geben in das Wesen der Biologie verschiedener Epochen, aber nicht in Form einer todernsten, vollständigen Darstellung. Ich könnte das gar nicht. Denn ich war zwar Biologe, bin aber nicht Historiker.

Das letztere haben Sie bereits gemerkt. Sonst hätte ich in meiner Darstellung nicht in der *neueren Zeit* begonnen. Das erwähnte Zitat charakterisiert nämlich das Bild der *Biologie* hauptsächlich *des 14.–18. Jahrhunderts.* Schon im 14. Jahrhundert wurden auf Reisen Naturgegenstände gesammelt, Floren und Faunen der eigenen und fremder Länder und Inseln bekannt. Pflanzen und Tiere wurden naturgetreu abgebildet und eingehend beschrieben, auch der menschliche Körper. Der deutsche Botaniker Leonhard Fuchs z.B. veröffentlichte um die Mitte des 16. Jahrhunderts eine Blumenflora, die besonders ausgezeichnet ist durch ihre Holzschnitte. (Die Blumenliebhaber unter den Anwesenden wird interessieren, dass die Bezeichnung Fuchsie auf Fuchs zurückgeht.) Leonhard Fuchs ordnete seine Pflanzen nach dem Alphabet ihrer Namen; da war noch keine Spur von Klassifikation vorhanden. In jene Zeit fällt die Gründung botanischer Gärten und die Einrichtung von Herbarien. Einige der führenden Köpfe

---

[1] Festvortrag am Jahrestreffen 1982 der Gesellschaft Verfahrenstechnik und Chemieingenieurwesen des Vereins Deutscher Ingenieure VDI in Basel; 29. September 1982. (Überarbeitet erschienen in Swiss Biotech. 2: 7–13 (1984).)

beschränkten sich übrigens nicht auf botanisches Material, sondern sammelten, ordneten und beschrieben auch Tiere: etwa der Franzose Pierre Belon, der über Fische, Säugetiere, Krustentiere, Schnecken und Würmer berichtete. Ja, in seiner Naturgeschichte der Vögel ging er noch viel weiter. Er benutzte eine Taxonomie, die man noch heute als modern bezeichnen kann, und er beschrieb das Skelett der Vögel, das er sogar einem menschlichen Skelett gegenüberstellte, wobei er auf sich entsprechende Teile hinwies. Er betrieb also vergleichende Anatomie und wies sogenannte Homologien nach.

Es soll hier nicht verschwiegen werden, dass diese wichtige biologische Erkenntnis der Homologien, die in der Abstammungslehre eine grosse Rolle spielen sollte, schon früher errungen wurde, und zwar durch Leonardo da Vinci. Berühmt ist seine Zeichnung, die die Hinterhand des Pferdes mit dem Bein des Menschen vergleicht und etwa im Jahre 1500 entstanden ist. Wohl der bedeutendste Naturalist jener Zeit war der Zürcher Conrad Gesner. 1551–1621 erschienen seine fünf Bände Historia animalium; sie bedeuteten den Anfang der modernen Zoologie.

Zur gleichen Zeit wendete sich die Wissenschaft auch der Forschung des Menschen zu, insbesondere seiner Anatomie. Ich erwähne Andreas Vesalius (1514–1564), den Vater der modernen Anatomie. Er soll schon als Kind tote Tiere seziert haben. Als 23jähriger begann er in Padua Vorlesungen zu halten, in lateinischer Sprache. 1543 erschien sein berühmtes Anatomiebuch, das besonders in seinem Kapitel über die Muskulatur aussergewöhnlich ist. Drei Jahre später besuchte Vesalius Basel und schenkte der Universität ein menschliches Skelett, über das er vorgetragen hatte. Es gilt als das älteste erhaltene Präparat für wissenschaftliche Bearbeitung. Vesalius hatte 1534 in Paris Aufsehen erregt, als er anlässlich eines feierlichen Schauspiels an der Leichenöffnung vier Gehenkter teilnahm, vor geladenen Gästen. Sektion war seit 1350 als sündhaft verboten worden und wurde erst 1560 wieder gestattet. Vesalius hatte vehement darauf hingewiesen, dass die Sektion wichtiges Instrument der Ursachenfindung bei Krankheiten sei.

Die Biologie der neueren Zeit erhielt einen epochalen Impuls durch die Erfindung des Mikroskops. Es war um 1590, als ein holländischer Brillenmacher (Brillen für Kurzsichtige trug man seit etwa siebzig Jahren) eine konkave und eine konvexe Linse in eine Röhre montierte. Schaut man von der einen Seite hindurch, sprechen die Physiker heute von einem galileischen Teleskop, schaut man von der anderen Seite hindurch, sprechen sie von einem galileischen Mikroskop. Die Bezeichnung rührt daher, dass Galileo Galilei, eben Professor für Mathematik in Pisa geworden, mit einem Gehalt übrigens, das dreissigmal kleiner war als jenes der Kollegen in der Medizin, von der Erfindung des Holländers gehört hatte und das Gerät sofort nachbaute. Er wird oft als der eigentliche Erfinder des Mikroskops angesehen. Er selbst brauchte sein Instrument auch für biologische Beobachtungen; er beschrieb z.B. das Facettenauge eines Insekts. Kleine Tiere und Pflanzen, Sporangien von Farnen, die Feinstruktur der Vogelfeder und viele andere Naturgegenstände wurden durch das neue Instrument sichtbar. Vor allem aber eröffnete es den Weg zum Durchbruch der Zellenlehre in der Biologie, der Erkenntnis also, dass Organismen aus Zellen aufgebaut sind. Berühmt sind die Bilder von Kork, die Robert Hooke 1665 veröffentlichte, grossartig die Arbeiten von Marcello Malpighi aus Bologna über den Hühnchenembryo und über das Kapillarsystem des Frosches (1660). Die Struktur des Holzes wurde bekannt, die Mundwerkzeuge von Insekten beschrieben, auch die Muskelfasern des Herzens.

Ich benütze die Gelegenheit zur Feststellung, dass in der Geschichte der Biologie die Technik immer wieder Voraussetzung für neue Durchbrüche biologischer Erkenntnis war. Die Aufklärung der Zellstruktur ist ohne Lichtmikroskop nicht denkbar. Das Auflösungsvermögen der Elektronenmikroskope, in unserem Jahrhundert entwickelt, war für das Fortschreiten der Zellbiologie revolutionär. Aber auch die Wägetechnik, die Zentrifugiertechnik, die Kernresonanzspektroskopie, die Röntgentechnik, und viele, viele andere Techniken waren für das Fortschreiten der Biologie von ausschlaggebender Bedeutung.

Fragt man nach der Rolle des 18. Jahrhunderts in der biologischen Forschung, so stösst man vor allem auf Bestreben und Erfolg, in die Fülle des bekannten Materials Ordnung zu bringen. Dabei beeindruckt das Werk des Schweden Karl Linnaeus (1707-78). Linnaeus spricht von Klasse (z.B. Säugetiere), Ordnung (z.B. Raubtiere), Gattung (z.B. Hundeartige) und Art (z.B. der Fuchs). Als besonders standfest hat sich seine binäre Nomenklatur, bestehend aus Gattung und Art, erwiesen, und zwar bei Pflanzen wie auch bei Tieren. Er ist der Vater der modernen Bestimmungsbücher, die Botaniker und Zoologen heute brauchen.

Der historischen Wahrheit zuliebe sei festgehalten, dass schon um 350 vor Christus Aristoteles eine Klassifikation der Tiere vorgenommen hatte. Damit komme ich zu einem Abschnitt über *Biologie im Altertum*. Die Anfänge der Biologie sind eng mit den Anfängen der Medizin verbunden. Der menschliche Körper wurde untersucht, wenn er krank war. Pflanzen wurden als Heilmittel benutzt, Tiere zu Ernährungszwecken, und es war deshalb interessant, über Pflanzen, Tiere und den Menschen möglichst viel zu wissen. Die Naturbeobachtung war aufs engste verknüpft mit einer Naturphilosophie. Empedokles, ein bedeutender Denker des 5. vorchristlichen Jahrhunderts, ging davon aus, dass alle Lebewesen aus der Erde hervorgegangen seien, zuerst die Pflanzen. Diese ernährten sich durch Poren in Stamm und Blättern. Trugen sie Früchte, so war das mit der Fortpflanzung der Tiere vergleichbar. Auch die Tiere entstanden aus der

Erde, aber nicht als Ganze. Vielmehr entstanden, denkt Empedokles, einzelne Glieder der Tiere, die sich dann zu ganzen Tieren zusammenfügten. Beim Menschen war das so geschehen: Durch die Tätigkeit eines unterirdischen Feuers wurden formlose Klumpen hervorgeschleudert, die sich zu Gliedern formten. Diese vereinigten sich dann zu Menschen. Die Männer entstanden im Süden und waren deshalb temperamentvoll. Die Frauen, kaltblütiger, entstanden im Norden. In Bewegung versetzte Luft drang ins Ohr ein, wie in eine Trompete, und bildete Töne. Das Auge war eine Laterne; seine Feuerteile erkannten das Licht, seine Wasserteile die Dunkelheit. Empedokles erklärt Leben durch die vier Grundbestandteile der Materie: Feuer, Luft, Wasser und Erde. In den Arbeiten von Hippokrates wurde dann angenommen, alle Lebewesen seien aus diesen vier Bestandteilen aufgebaut, denen im Körper vier Säfte entsprächen: Blut (Sanguis), Schleim (Phlegma), gelbe Galle (Cholera) und schwarze Galle (Melancholia). Waren diese Säfte richtig verteilt, war der Mensch gesund, war ihre Harmonie gestört, wurde er krank: hat der Mensch zu viel Blut, ist er ein Sanguiniker, zu viel Schleim, ein Phlegmatiker, zu viel gelbe Galle, ein Choleriker, zu viel schwarze Galle, ein Melancholiker.

Der grösste Biologe des Altertums war Aristoteles. Er beschrieb in vier grossen Werken Bau, Lebensgewohnheiten und Entwicklung einer ganzen Anzahl Tiere, z.B. der Bienen, und er grenzte Kategorien von Tieren gegeneinander ab.

Botanische Arbeiten von Aristoteles sind nicht erhalten. Sein Schüler aber, Theophrastus, hat ein reiches botanisches Werk hinterlassen. Er beschrieb unter anderem die Keimung von Pflanzen und berichtete auch von künstlicher Besamung von Nutzpflanzen. Diese war übrigens schon viel früher bekannt, wie ein assyrisches Relief zeigt, das auf etwa 850 vor Christus datiert wurde. Es zeigt übernatürliche Figuren bei der künstlichen Besamung von Dattelpalmen. Als weitere Illustration zur Biologie des Altertums nochmals ein Beispiel aus der Medizin: eine anatomische Tafel der Etrusker, die aus dem 4. oder 5. vorchristlichen Jahrhundert stammt.

Unter den Biologen des alten Rom erwähne ich nur Galen (130–200). Er begann im 16. Altersjahr mit dem Studium der Medizin. Mit 31 Jahren wurde er in Rom Leibarzt von Marcus Aurelius, der kurz zuvor Kaiser geworden war. Galen wurde sehr berühmt als Anatome, der viele Tiere sezierte, vielleicht auch den Menschen, dessen Anatomie er jedenfalls mit jener von Schafen, Ochsen, Schweinen, Hunden und Bären verglich. Galen war aber auch Physiologe. Es interessierte ihn zu erfahren, was wohl die Funktion der Atmung sei, und warum das Herz klopfe. Die Wahrheit blieb ihm zwar verschlossen – er nahm an, die Luft gelange von der Lunge direkt ins Herz, und Blut gelange von der einen Herzseite direkt in die andere – die Wahrheit blieb ihm zwar verschlossen, aber gesucht hat er sie.

Nach Galen setzte biologische Arbeit für ein ganzes Jahrtausend aus! Tausend Jahre wurde Galen und wurden seine Kollegen des Altertums zitiert, ohne dass neue Erkenntnisse gemacht worden wären. Im 13. Jahrhundert entstanden an Universitäten medizinische Fakultäten, an denen Anatomie gelehrt wurde. Es wurde wieder seziert, hauptsächlich für forensische Zwecke.

Damit haben wir aufgeschlossen zum Beginn meines Ganges durch die Geschichte, können die neuere Zeit jetzt überspringen und uns dem *19. und 20. Jahrhundert* zuwenden. Die zentrale Erkenntnis biologischer Forschung dieser jüngsten Zeit ist die Einheitlichkeit lebender Organismen. Sprach man früher von Botanik und Zoologie, spricht man seither von Biologie. Folgerichtige Forschung der Neuzeit hat nämlich klar ergeben, dass Pflanzen und Tiere sich in nur ganz wenigen Eigenschaften voneinander unterscheiden. Pflanzen haben die Fähigkeit zur Photosynthese, Tiere verfügen über ein Zentralnervensystem. Aber die Grundfunktionen der lebenden Substanz und auch die Grundstrukturen sind identisch: Zellatmung, Stoffwechsel, Zellteilung, Chromosomenstruktur, Befruchtung, Sexualität, Wachstum, Zelldifferenzierung.

Diese Erkenntnis geht zunächst auf die Methode der vergleichenden Beobachtung der Organismen zurück. Einer der Grossen dieser Betrachtungsweise war Goethe. Er hat vor allem an Schädeln verschiedener Tiere und des Menschen verschiedener Entwicklungsstadien ausgezeichnete vergleichende Beobachtungen angestellt, den Zwischenkieferknochen des Menschen entdeckt und bedeutende Schriften über vergleichende Anatomie verfasst, um 1822.

Wichtiger Schritt nach vorn im Studium der vergleichenden Anatomie war der Einbezug von Fossilien, d.h. die Paläontologie. Grosse Namen der Frühzeit dieser Wissenschaft sind Georges Cuvier (1769–1832) und Richard Owen (1804–1892), der Direktor der Naturhistorischen Abteilung des British Museum. Parallel dazu entwickelte sich die Bio-Geographie, und im Verein mit Erkenntnissen der Geologie begann das mächtige Gebäude der Abstammungslehre Gestalt anzunehmen. Cuvier war zwar noch ein überzeugter Verfechter der Ansicht, eine Art sei etwas biologisch Unabänderliches. Als die Biologen Versteinerungen ausgestorbener Tierarten zu Tage förderten, folgerte Cuvier, eine Serie von Katastrophen hätte die Erde erschüttert, in deren Verlauf einzelne Lebensformen vernichtet worden seien, worauf einzelne neue Formen entstanden wären. Die letzte dieser Katastrophen, so Cuvier, sei die Sintflut gewesen. Im Gegensatz zu Cuvier glaubte dessen Freund Lamarck (1744–1829) an die Veränderlichkeit der Arten. Lamarck folgerte bekanntlich, erworbene Eigenschaften würden vererbt. Er glaubte, die Umwelt wäre der entscheidende Faktor in der Veränderung der Arten. Ein Reh oder Hirsch, mit Grasarmut konfrontiert, hielte sich eben vermehrt an die Blätter der Bäume und brauchte deshalb einen längeren Hals. Der Hals würde im Laufe der Generationen immer länger, bis dann eine Giraffe vor uns stünde.

Die Entstehung der Arten durch natürliche Auslese wurde dann 1859 überzeugend durch Charles Darwin erhellt. In seinem umwälzenden Buch stützte sich Darwin hauptsächlich auf seine Beobachtungen während seiner grossen Reisen, vor allem auf die Galapagos-Inseln. Das Buch bedeutete für die Biologie eine Revolution. Darwinismus wurde synonym mit Evolution. Nichts an einer Art ist stabil, alles veränderlich, in unendlich kleinen Feinheiten. Nur jene Organismen pflanzen sich erfolgreich fort, deren Konstitution in einer gegebenen Umwelt erfolgreich ist. Die Lehre vom ‹survival of the fittest› wurde bis in unsere Zeit und bis in den soziologischen Bereich zur Leitidee biologischen Überlebens und biologischer Anpassung in der Evolution auch des Menschen. Die Verwandtschaftsgrade verschiedener Menschenaffen und Formen der Gattung *Homo* bis zur Art *Homo sapiens* wurde bald sehr gut bekannt und geriet natürlich immer wieder, noch in unserem Jahrhundert, in Konflikt mit der Schöpfung.

Die neo-darwinistisch-mechanistische Denkweise, die wir heute in der Regel pflegen, ist kraftvoll gefördert worden durch die Einführung des Experiments. Schrittmacher dieser neuen Art biologischer Forschung war Claude Bernard (1813–78), der französische Physiologe. Mit chemischen Experimenten entdeckte er das Glykogen, die tierische Stärke der Leber, und entwickelte das Konzept, wonach Organe des Körpers nicht in Isolation ihre Funktionen wahrnehmen, sondern in Interrelation. Er illustrierte das z.B. am Verdauungsprozess, speziell am Zusammenwirken zwischen Magen und Bauchspeicheldrüse.

Das Experiment wurde aber auch an ganzen Organismen eingeführt, und zwar durch den Embryologen Wilhelm Roux (1850–1924).

Bevor wir uns den Experimenten der Entwicklungsbiologen zuwenden, müssen wir uns kurz vor Augen führen, wie es um den philosophischen Unterbau dieser neuen Wissenschaft bestellt war. Natürlich glaubte man nicht mehr, es würden aus der Erde formlose Klumpen ausgespien, die sich dann zu Organen oder Organismen vereinigten. Man kannte die Eizellen, und vor allem seit der Einführung des Mikroskops wusste man einiges über Spermien. Welches aber waren die Rollen dieser beiden Keimzellen bei der Entstehung neuer Organismen? Die sogenannten Ovisten nahmen an, die ganze Entwicklung eines neuen Organismus sei nichts anderes als die Entfaltung von bereits Bestehendem im Ei. Das Samentierchen schmarotze im Ei und rege die Entfaltung des Eies zum Organismus bloss an. Diese Ansicht vertrat z.B. noch Malpighi. Die Animalkulisten anderseits meinten, der Organismus sei im Spermium vorgebildet. Man sprach von Samentierchen und glaubte, sie auch im Mikroskop tatsächlich zu sehen. Die Spermien seien die eigentlichen Tiere, die im Nährboden des Eies heranwüchsen. Diese Ansicht vertrat z.B. noch Leeuwenhoek. Roux' Verdienst war es, solchen grundsätzlichen entwicklungsbiologischen Fragen experimentell auf den Grund zu gehen. So kauterisierte er z.B. eine Hälfte des Zweizellstadiums des Froscheies mit einer glühenden Nadel und beobachtete die weitere Entwicklung der unbeschädigten Hälfte. Hans Driesch experimentierte mit ähnlicher Fragestellung am Seeigelembryo. Die krönenden Experimente stammen von Hans Spemann, der 1935 dafür den Nobelpreis erhielt, und zwar in erster Linie für seine Erkenntnis, dass der Zellkern noch des Sechzehnzellstadiums des Molchembryos in der Lage ist, Eizytoplasma zur Bildung einer ganzen Molchlarve zu steuern. Eine ganze Reihe bedeutender Nachfahren von Spemann führten seine Experimente weiter. Mikrochirurgische Fortschritte erlaubten es im Laufe der vergangenen paar Jahrzehnte, Zellkerne zu isolieren und in entkernte Eizytoplasmen zu transplantieren. Heute weiss man, dass Zellkerne oder Einzelzellen selbst ausdifferenzierter Zellen bei Pflanzen und Tieren noch alle Information enthalten, ein Eizytoplasma oder sich selbst durch Teilung zur Bildung eines ganzen Organismus zu lenken. Bei Pflanzen hat diese Einsicht kommerziell z.B. dadurch Bedeutung erlangt, dass die Orchideen auf dem Blumenmarkt Berlins weitgehend auf die Aufzucht isolierter Pflanzenteile oder sogar Einzelzellen zurückgehen.

Soeben habe ich einen Begriff verwendet, der für die Biologie der neuesten Zeit zentrale Bedeutung erhielt: den Begriff der Information. Ich muss den Hintergrund dieser Aussage noch etwas verdeutlichen. Die Rolle des Schlüssels für die Erkenntnisse der modernen Biologie der Gegenwart spielte zweifellos die Vererbungslehre oder Genetik. Gregor Mendel (1822–84) erarbeitete die Vererbungsgesetze am Beispiel der Erbse. Nach der Wiederentdeckung dieser Gesetze um die Jahrhundertwende wurde ihre Gültigkeit für Mikroorganismen, alle Pflanzen, aber auch Tiere und den Menschen erkannt. Beispiel aus meiner Familie: Die zweite und dritte Zehe des linken Fusses meiner Mutter sind teilweise häutig verwachsen. Einer der drei Brüder meiner Mutter zeigt dieses Merkmal ebenfalls, das sich auf seine beiden Söhne übertragen hat. Von uns drei Brüdern weisen zwei das Merkmal auf. Beide Söhne meines ältesten Bruders weisen es ebenfalls auf. Solche Stammbaum-Genetik, bei den verschiedensten Organismen fleissig durchgeführt, hat die Mendelschen Gesetze erhärtet. Boveri und Sutton haben dann die Verbindung zwischen den Mendelschen Gesetzen und dem Verhalten der Chromosomen im Zellkern hergestellt, und damit war der Weg geebnet für die epochalen Erkenntnisse der letzten paar Jahrzehnte, die als geistiges Äquivalent der technischen Errungenschaft der Mondlandung bewertet werden können: die Identifikation der Erbsubstanz als Nukleinsäure; die Erkenntnis der Doppelhelix der Desoxyribonukleinsäure; die Entzifferung des genetischen Codes, der mit vier Buchstaben, je zu dritt zu einem Wort vereinigt, den ganzen Informationsgehalt für die Vielfalt der Lebenserscheinungen darstellt; die Erkenntnis also, dass Zellen durch Information gesteuert sind. Dazu gesellte sich die Erkenntnis, dass nicht alle Information aller Zellen immer abgerufen wird, sondern dass Regulationsvorgänge dafür sorgen, dass nur ein Teil der Information abgerufen wird, wodurch dann die Spezialisierung der Zellen im Laufe der Entwicklung herbeigeführt wird, oder auch ihre Entartung, die als eine der möglichen Ursachen von Krebs anzusehen ist. Mit dieser kürzest möglichen Fassung der Entwicklung führte ich Sie mitten in die Gegenwart.

Die Grosserfolge des reduktionistischen Einstiegs der Molekularbiologie in die Problemlösung lässt oft vergessen, dass auf viel höheren Organisationsstufen ebenfalls grosse Durchbrüche erfolgt sind. Ich denke vor allem an die Neurophysiologie bis hin zur Verhaltensbiologie und erwähne die Werke von Karl von Frisch und Konrad Lorenz. Gerade der Verhaltensbiologie ist der Laie oft besonders zugetan, ist es doch faszinierend, etwa in der Entwicklung des Verhaltens von Jungtieren Ähnlichkeiten zum menschlichen Verhalten zu registrieren. Ganz abgesehen davon, bietet die Beobachtung der Entwicklung von Jungtieren ausserordentlich gute Gelegenheit, die Schönheit ganzheitlicher Naturbetrachtung zu erleben. Noch höher oben in der Hierarchie der Komplikationsgrade biologischen Lebens steht die Ökologie, d.h. die Wissenschaft, welche das Zusammenwirken verschiedener Organismen untereinander und mit ihrer Umwelt beschreibt. Mit diesem Zweig der Biologie ist in den letzten Jahrzehnten hier und dort etwas Unfug getrieben worden, indem er von wissenschaftlich zuwenig hart geschulten Vertretern gepflegt wurde. Solche weiche Zonen einer Wissenschaft sind besonders anfällig, ideologisch infiltriert zu werden. Ökologie ist die anspruchsvollste Schattierung biologischer Forschung. Ihre Pflege setzt eine tiefe mathematische Grundausbildung voraus; denn die Interaktion von Organismen mit ihrer Umwelt hat ungemein viele Variable, die in ihre Erforschung auch quantitativ einzubeziehen sind.

Ich möchte Ihre Zeit jetzt aber nicht durch eine Digression in die Politik verschwenden und auch nicht durch eine mehr in die Einzelheiten gehende Schilderung der faszinierenden Entwicklung der molekularen Biologie der Gegenwart, sondern zum Schluss zeigen, dass die Biologie im Begriffe steht, auch eine Ingenieurwissenschaft zu werden oder wenigstens für die Ingenieure erschlossen zu werden. Das erste Stichwort heisst Biotechnologie. Als Naturwissenschaft verfolgt biologische Forschung das Ziel, Naturerscheinungen zu verstehen und schliesslich eine Theorie des Lebens zu erarbeiten. Ganz anders ist die Finalität der Biotechnologie. Als Ingenieurwissenschaft will sie lebendes Material verwenden mit dem Ziel, grosse Quantitäten eines gewollten Produkts herzustellen. Wenn der Biologe im

Laufe seiner Grundlagenforschung im Reagenzglas arbeitet und zufrieden ist, wenn eine bestimmte Reaktion verstanden wird, so arbeitet der Biotechnologe im Bioreaktor mit Reaktionsgemischen von Hunderten oder Tausenden von Litern und ist erst zufrieden, wenn das von ihm gewünschte Produkt in industriellen Mengen anfällt. Ein wichtiges Glied in der Kette biotechnologischer Methodologie ist die Möglichkeit, den genetischen Informationsträger für die Herstellung eines gewollten Produktes in der Hand zu behalten oder sogar modifizieren zu können. Diese Möglichkeit des sogenannten ‹genetic engineering› ist eröffnet worden durch frühe enzymologische Arbeiten unseres Basler Kollegen Werner Arber, der dafür kürzlich den Nobelpreis erhalten hat. Es gibt eine ganze Reihe von Produkten des pharmazeutischen Bereiches, die mit solchen neuen Methoden hergestellt werden können. Als Organismen für die Herstellung kommen heute noch vorwiegend Bakterien zum Einsatz, die mit der nötigen genetischen Information, z.B. aus menschlichen Zellen, ausgestattet werden. Schon gibt es aber eine Reihe von erfolgreichen Versuchen, bei denen auch tierische oder pflanzliche Zellen zum Einsatz kommen. Ja, die Biotechnologie ist im Begriffe, das Bild der Agronomie oder mindestens der Agrikulturchemie zu verändern. Bekanntlich sind die Schmetterlingsblütler in der Lage, ihre Bedürfnisse an Stickstoff durch Bodenbakterien ihrer Wurzelknöllchen selbst zu erfüllen; sie sind also stickstoffautonom. Sehr grosse Arbeit wird z.Zt. geleistet mit dem Ziel, diese Stickstoffautonomie auch für andere Kulturpflanzen, insbesondere Weizen und Mais, herbeizuführen.

Die Biotechnologie wird aber auch die pharmazeutische Industrie in mancher Hinsicht einschneidend verändern. Schon heute ist es möglich, Medikamente in kleinsten Dosen in künstliche Fetttröpfchen einzuschliessen, die zudem mit der Adresse jener Zellen versehen sind, an denen sie ihre Wirkung entfalten sollen. Wird ein Medikament dieser Art in den Blutstrom gebracht, so findet es die Zellen, die seiner bedürfen, zielsicher. Mit dieser Strategie der Applikation von Medikamenten ist es nicht mehr nötig, den ganzen Körper mit einem Medikament zu überschwemmen, mit dem Ziel, auch die angepeilte Zellsorte zu erreichen. Vielmehr könnte man auf diese Weise mit viel geringeren Dosen ausschliesslich die bedürftigen Zellen erreichen.

Durch die Biotechnologie macht die biologische Wissenschaft auf technischer Stufe einen Schulterschluss mit Maschinenbau, Verfahrenstechnik, Mess- und Regeltechnik, Chemieingenieurwesen. Sie macht einen Schulterschluss auch mit der Agronomie; das ist allerdings nicht neu für die Biologie, hat doch die Vererbungslehre herkömmlicher Art in der Zucht ertragsreicher Kulturpflanzen oder Nutztiere seit jeher eine entscheidende Rolle gespielt. Auch der Schulterschluss mit der Pharmazie ist keineswegs neu, hat doch die Biologie etwa in Form der Anzucht von *Penicillium* für die Gewinnung von Penicillin eine Schlüsselrolle gespielt. Mit einem Blick auf die Zukunft möchte ich andeuten, dass sich eine Annäherung der Biologie auch an die Elektrotechnik und die Informatik abzuzeichnen beginnt, und zwar mit dem Stichwort des ‹biochip›. In der Entwicklung der modernsten Elektronik spielen bekanntlich die kleinen Quarzplättchen, die sogenannten Chips, eine zentrale Rolle, nicht nur beim Computerbau, sondern auch in der Anwendung in einer wachsenden Zahl von Geräten aller Art. Begrenzender Faktor für die Einsatzmöglichkeit solcher Chips ist die Zahl von Schaltungen, die auf einer Flächeneinheit untergebracht werden können. Wissenschafter haben in jüngster Vergangenheit geltend gemacht, dass diese Zahl noch erhöht werden könnte, wenn man als leitende Elemente biologische Makromoleküle einsetzen würde. Die Einsatzmöglichkeiten solcher ‹biochips› wären praktisch unbegrenzt, und sie könnten insbesondere auch in der biomedizinischen Technik eine Rolle zu spielen beginnen. Die Frage wird sich aber stellen, ob der Aufwand den vergleichsweise geringen Vorteil der Schaltungsdichte rechtfertigen wird.

Durch die Biotechnologie wird die Biologie jetzt auf breiter Front kommerziell interessant. Biotechnologische Firmen sind weltweit wie Pilze aus dem Boden geschossen, und Wall Street hat gefiebert. Grosse Firmen verschiedener Branchen sind mit der Frage konfrontiert, wieviel, wann und worin in biotechnologischer Richtung zu investieren sei. Wenn eine Wissenschaft auch kommerziell vor Grosserfolgen steht, wird sie entsprechend angegriffen. Angriffe kommen von ideologischer Seite, indem dieser Wissenschaft vorgeworfen wird, von der Wertfreiheit den Weg zur kapitalistischen Ausbeutung anzutreten.

Tiefer gehen die ethischen Fragezeichen, die zur jüngsten Entwicklung der Biologie gesetzt werden. Sie betreffen hauptsächlich die Möglichkeit der Veränderung des Erbgutes durch das sogenannte ‹genetic engineering›. Es wird befürchtet, dass die Gen-Manipulatoren, wie sie genannt werden, über den Weg von Rekombination genetischen Materials und Retortenbabies Monster kreieren oder neuartige Krankheiten generieren könnten, die sich medizinischer Behandlung entzögen. Solche Ängste sind nicht neu in der Geschichte der Wissenschaft. In ihrer Beurteilung muss man davon ausgehen, dass der Fortschritt einer Wissenschaft sich von aussen nicht bremsen, ihr Kurs sich nicht ändern lässt. Das Streben nach Neuem, die Suche nach Erkenntnis und Wahrheit sind im menschlichen Intellekt derart tief verwurzelt, dass sie sich Beeinflussung von aussen entziehen. Anderseits ist das Bewusstsein der Verantwortung des Wissenschafters den Mitmenschen gegenüber, der Umwelt insgesamt gegenüber in den letzten Jahrzehnten derart gewachsen, dass ich fest überzeugt bin, dass wir der Entwicklung der Biologie auch in ihren modernsten Anwendungen ohne Furcht, aber mit viel Hoffnung entgegensehen dürfen.

Dieser Gang durch mehr als zwei Jahrtausende biologischer Arbeit hat uns Stufen des Sammelns, Beobachtens und Beschreibens gezeigt, uns naive und differenzierte Vorstellungen vor Augen geführt, uns von vitalistischen in mechanistische Denkweisen geführt, den grossen Einfluss der Technik für die Entwicklung der Biologie demonstriert und in Form der Biotechnologie die neue Finalität der Biologie: industrielle Nutzung vorgezeichnet. Daraus mag der Eindruck entstehen, die Grundhaltungen der modernen Biologen seien rein mechanistisch-reduktionistisch geworden, der moderne Biologe sei im Innersten überzeugt, dass das Komplizierte des Lebens sich auf Summierung oder Integration an sich einfacher Vorgänge reduzieren lasse. Diese Einschätzung trifft wahrscheinlich in erster Annäherung für eine ganze Zahl von Biologen zu. Jedenfalls glauben wir an den weiteren Erfolg der reduktionistischen Betrachtungsweise so lange, als nicht ein grundsätzlich andersartiger Einstieg in die biologische Fragestellung Erfolge zu zeitigen beginnt. Denn der mechanistisch-reduktionistische Einstieg hat enorme Erfolge erzielt.

Das darf nicht heissen, dass wir modernen Biologen und dass auch die Biotechnologen die Ehrfurcht vor dem Leben eingebüsst hätten. Sie sind vielleicht kühler geworden. Sie schwärmen vielleicht weniger als ihre Vorfahren. Sie haben aber den Sinn für Schönheit und Ganzheit behalten. Ich glaube, sie würden Ja sagen zum Gedicht, das Goethe an den Schluss seiner ‹Einleitung in die Vergleichende Anatomie› geschrieben hat. Ich lese Ihnen nur die paar letzten Verse.

Denn so hat kein Tier, dem sämtliche Zähne den obern Kiefer umzäunen, ein Horn auf seiner Stirne getragen,
Und daher ist den Löwen gehörnt der ewigen Mutter
Ganz unmöglich zu bilden und böte sie alle Gewalt auf:
Denn sie hat nicht Masse genug, die Reihen der Zähne
Völlig zu pflanzen und auch Geweih und Hörner zu treiben.
Dieser schöne Begriff von Macht und Schranken, von Willkür
Und Gesetz, von Freiheit und Mass, von beweglicher Ordnung,
Vorzug und Mangel erfreue dich hoch; die heilige Muse
Bringt harmonisch ihn dir, mit sanftem Zwange belehrend.
Keinen höhern Begriff erringt der sittliche Denker,
Keinen der tätige Mann, der dichtende Künstler; der Herrscher,
Der verdient es zu sein, erfreut nur durch ihn sich der Krone.
Freue dich, höchstes Geschöpf der Natur, du fühlest dich fähig,
Ihr den höchsten Gedanken, zu dem sie schaffend sich aufschwang,
Nachzudenken. Hier stehe nun still und wende die Blicke
Rückwärts, prüfe, vergleiche, und nimm vom Munde der Muse,
Dass du schauest, nicht schwärmst, die liebliche volle Gewissheit.

4.6 Biotechnology: The new chance for Industry[1]

Generous support has been pouring into research on basic biology for decades. It is not surprising that the question of its pay-off is asked with increasing insistence. In other fields it has been customary to relate important technological break-throughs to cognate discoveries in basic science: this or that discovery, it is said, «*was valorized*». When will this happen in the Life Sciences? When and how will the epoch-making discoeries of molecular, or «new» biology be valorized?

When we call interferons as witnesses, we are just scratching the surface of a valorizing potential of unprecedented dimensions. One must realize what all has become feasible by the discoveries of New Biology. (This term refers not only to the double helix, gene-splicing, and monoclonal antibodies. It refers to the very introduction of quantitative, molecular, and physical thinking into the Life Sciences; to our vast knowledge of enzymology and more generally speaking, protein chemistry; to the spectacular advances in immunology.) *The key to valorizing these discoveries and insights is biotechnology.* Its basic strategy is to scale up biological processes to industrial dimensions, by adapting methods borrowed from process and control engineering to biological processes. In this sense, biotechnology is not a natural science, but an engineering science. Its finality lies not primarily in explaining and understanding phenomena, but in producing things. A biotechnologist working on the synthesis of insulin from human genes that were incorporated into bacteria is not primarily interested in DNA surgery, but in industrial scale production of a better insulin without having to rely on pancreas glands. He may want to scale up the manufacturing process to the dimension of a 10 000 gallon fermenter. It should be noted that in the process as a whole, the costs at the DNA surgery end amount to perhaps 5%. The subsequent steps of scaling-up and purification devour 95% of the financial effort. From the economical

---

[1] Preface to vol. 30, Advances in Biochemical Engineering/Biotechnology (Springer Verlag, Berlin-Heidelberg-New York) S. 3–5 (1984).

viewpoint it is therefore imperative to keep improving the methodology of the latter.

It is true that the cases developed in recent years are relatively few: insulin, interferons, vaccines, growth hormones, to mention four. But our knowledge of metabolism is vast, and there is not a priori reason to believe that all enzyme (and therefore, gene) mediated reactions could not be scaled up by fermentation technology, enzyme immobilization, and related techniques. Using enzymes derived from thermostable organisms, heat denaturation problems encountered e.g. in the application for waste-water treatment, can be overcome. By protein engineering, including the chemical synthesis of novel genes, custom tailored enzymes with novel properties can be constructed. There appears to be no theoretical limit. Protein engineering may also lead to new approaches in extreme miniaturization, in a yet ill-defined area of so-called biochips. In fact, chemistry-derived biology and physics-derived electronics may converge into bioelectronics, opening new markets for electronic devices carrying biological specifity, as bioelectrodes or biosensors. The potential application in biomedical technology is vast.

It is self-evident that biotechnology is important for the fine-chemical industry. It is also important for the pharmaceutical industry, not only in view of novel pathways of synthesis, but of novel strategies for drug administration. Liposomes with built-in antibodies against surfaces of target cells can carry their drugs to the right cells when introduced into the bloodstream of a patient. The obvious advantage of this strategy lies in the lower doses of drugs needed, and the concomitant lowering of unwanted side effects.

Biotechnology will have an increasing impact on agrochemistry, too. Plant cell culture techniques have been improved, and mass production of genetically defined plantlets is becoming feasible; it will interest the seed industry. If crop plant resistant to drought or disease can be produced in large quantities cheaply, their impact on agriculture can be substantial. Other developments in crop science concern nitrogen fixation by grasses including wheat and corn. Hopes are high that plant physiologists and geneticists will succeed in enabling the roots of such crop plants to form symbioses with soil bacteria, making them autonomous for nitrogen fixation, imitating legume plants.

Biotechnological thinking has also entered the field of fuels. Will fuels be produced by converting biomass on a large scale? Recent improvements in the degradation rate of lignin look encouraging, as does the conversion of organic waste into precious oxychemicals. Moreover, biotechnology is useful for a more efficient exploitation of conventional fuel sources. Microorganisms that release surfactants are being used for altering the adhesion between sand grains and oil droplets. This example, too, shows that biotechnology is, because of its finality, an engineering science: the objective in this case is not to understand the physiology of surfactant release, but to exploit the biological phenomenon for large scale technical application.

In parallel to the development of techniques for scaling up, an instrumentation industry is growing. Companies with expertise in chemical plant layout or the construction of process equipment are diversifying their efforts into bioreactor design; among the difficulties encountered are problems of sterilization. But the opportunities are large, and they include not only reactor vessels, but entire control systems with intricate sensors measuring those parameters that are crucial for optimizing the process for high yields.

New scientific approaches of the dimension of biotechnology inevitably raise questions of policy. While professors of chemistry or electrical engineering have a long record of fruitful interactions with industry, for many biology professors the opportunity is only recent. Old questions arise anew. Should biotechnology professors serve as consultants to industry? Or does this constitute treason against academia? Should they found companies of their own? Who provides the capital? Should industry, or should the University, create an «interface» between the two? On or off campus, as Science Parks or Research Parks? If a state-operated University enters the field: is it distorting competition? Should it? What becomes of the potential income from such activities? Does it go into the pocket of the professor, his University, the State, or industry? What in biotechnology may be patented? Organism? Genomes?

Whatever the questions, the answers should come quickly. Delays could be very costly to the economy. In several countries, particularly Japan and the United States, hundreds of new companies have been created in recent years in the area of biotechnology. Many of them enjoy the expertise of scientists who left their Universities. In other countries this approach has not been chosen to any extent thus far. There, the problems of transferring biotechnological know-how from Universities to practice remain to be solved. Of course, the normal way of this transfer is to train students and release them from the University. This is a slow process, however, and it functions only if Universities are sufficiently quick in establishing the necessary curricula. Those that have done this may expedite the transfer by offering training courses for staff now employed in industry. This requires decisions on the part of industry to move in the direction of biotechnology. My observations indicate that this, too, is less the case in Europe than in Japan and the United States.

It is nevertheless encouraging to note that in Europe, both science promotion agencies and University authorities are increasingly aware of the vast potential of biotechnology. Some of them have begun to support it substantially. Supporting biotechnology in itself means making an early pay-off more likely. Support biotechnology!

5. Vorworte zu den Jahresberichten der ETH Zürich

1973

> «Auch bin ich den Herren Juristen für manch guten Rat in Einzelfragen sehr zu Dank verpflichtet. Es gehört zu dieser Zeit, dass ein Physiker als Rektor ohne diesen Rat beinahe verloren ist.» (Der verstorbene Rektor Pierre Marmier anlässlich seiner Ansprache an der Gesamtkonferenz, 28. Juni 1973.)

Mit «dieser Zeit» meinte Rektor Marmier zweifellos die sogenannte Experimentierphase. Nun gehören zu einem Experiment eine klare Fragestellung und eine klare Versuchsanordnung. Die an sich klar formulierbare, zentrale Frage – nach Inhalt und Form von Lehre und Forschung an der Hochschule – lässt sich aufspalten in zahlreiche Einzelfragen, die je nach Prämissen schon verschieden gestellt werden können. Daraus ergeben sich notwendig komplexe Vorstellungen über die Versuchsanordnung, zum Beispiel über die Form der Mitwirkung der sogenannten Stände. Kompetenzen müssen ausgeschieden, Geschäftsordnungen erlassen und Spielregeln für Umfragen diskutiert werden. (Im Berichtsjahr wurde ungeheuer viel diskutiert.) Hin und wieder geschieht es dann, dass einzelne Hochschulmitglieder vor lauter Form die Sache vergessen. Das ist schade. Es ist auch im Kalenderjahr 1973 – Gegenstand dieses Berichtes – geschehen und hat manchenorts Zweifel an der Funktionsfähigkeit der Mitsprache geweckt.

Neben diesem fundamentalen Problem des Innenlebens hatte sich die ETH 1973 akut mit einem nicht minder fundamentalen, wenn auch erheblich nüchterneren Aussenproblem zu befassen. Erstmals im Juni machten sich Anzeichen einer personellen Wachstumsbegrenzung bemerkbar. Zuerst war die Rede von 50% Kürzung des Zuwachses, aber bis zum Jahresende wussten wir mit Sicherheit, dass der Zuwachs 1974 weniger als 10% der Erwartung betragen würde. Auch beim Sachaufwand zwingt die schlechte Finanzlage des Bundes zu massiven Einsparungen. Die Kürzungen unserer Finanzen werden viele Hochschulinstitute hart treffen, besonders jene jungen und noch kleinen Einheiten, die sorgfältig und mit Begeisterung ihre Entwicklung vorausgeplant haben und sich jetzt gebremst sehen. Die Schulleitung zählt auf das Verständnis jener glücklichen Kollegen, die in den fetten Jahren ausgiebig zum Zuge kamen, wenn sie jetzt versucht, den Entwicklungsbedarf jüngerer Institute durch Umgruppierung von Mitteln einigermassen zu decken.

Wichtige Vorarbeit für diese Führungsaufgabe hat mein Vorgänger Hans Hauri geleistet. Er hat die organisatorische Voraussetzung für eine wirkungsvolle Planung und Mittelbewirtschaftung geschaffen. Mit Rücksicht auf seine Gesundheit konnte er das begonnene Werk nicht selbst weiterführen.

Die neue Schulleitung trat ihr Amt am 1. Oktober 1973 an. Rektor Zollinger, der für Unterricht und Forschung zuständig ist, wird unterstützt von drei Delegierten, den Herren Professoren Bühlmann, Wehrli und Zehnder. Zollingers Vorgänger, Prof. Pierre Marmier, starb unerwartet in den letzten Tagen seiner Amtszeit. Wie Hauri hatte auch Marmier in stürmischen Zeiten mit unermüdlichem Einsatz für die ETH gearbeitet und dazu manche Bitterkeit erleben müssen.

Im Berichtsjahr sind zahlreiche Studienplan-Änderungen vorgenommen worden – ein Zeichen dafür, dass Studienreform ein dauernder Vorgang ist. In mehreren Abteilungen ist eine Tendenz zu zunehmender Auffächerung in Spezialzüge (Vertiefungsrichtungen) und zu einer überaus grossen Vermehrung der Wahlfächer zu verzeichnen. Wenn damit einerseits sicher vielen Wünschen von in- und ausserhalb der Hochschule Rechnung getragen werden kann, darf man anderseits die Gefahr extremer Spezialisierung nicht verkennen, die in sicher vernünftigem Mass mit der Einführung von abteilungsspezifischem Unterricht in Grundlagenfächern beginnt. Erst die Erfahrung der nächsten Jahre wird zeigen, ob der zahlenmässig begrenzte Lehrkörper die grosse Belastung durch die Vielfalt des Lehrangebotes wird aushalten können.

Wohl am eindrücklichsten in dieser Beziehung ist das neue Lehrangebot der Physiker, die bald jeder Abteilung einen besonderen Physikunterricht erteilen. Das wäre ihnen allerdings kaum möglich ohne die modernen Unterrichtsgebäude, die sie auf Beginn des Wintersemesters auf dem Hönggerberg beziehen konnten.

Ein besonderes Stück Öffentlichkeitsarbeit war das von der Dozentenkommission organisierte Symposium «Technik für oder gegen den Menschen?». Es wurde von über 1000 Personen besucht. Die Auseinandersetzung mit wichtigen Gegenwartsfragen darf sich aber nicht in solchen Demonstrationen erschöpfen. Sie wird nur dann ernst genommen werden und Früchte tragen, wenn sie zum integrierenden Bestandteil von Unterricht und Forschung wird.

1974

> «Das Jahr 1974 wird der ETH mancherlei
> Beschränkungen auferlegen.»
> (Aus dem Neujahrsgruss der Schulleitung)

In Anbetracht der Finanzlage des Bundes waren die Beschränkungen vorauszusehen. Der Zuwachs an Personalstellen kam praktisch zum Stillstand. Die bescheidene Erhöhung der Kredite wurde in den meisten Rubriken von der Teuerung überholt. Andere Quellen, etwa jene des Nationalfonds, der Kommission Allemann, eidgenössischer Ämter und privater Auftraggeber, begannen zögernder zu fliessen. Der ungedämpfte Unternehmungsgeist etablierter Institute und die Bedürfnisse neu errichteter Professuren führten deshalb zu massiven Begehren nach Mitteln der Schule. Um die Mittel möglichst objektiv verteilen zu können, führten wir das System der befristeten Projektfinanzierung ein: Die Forschungsprojekte werden einzeln von der Forschungskommission auf wissenschaftliche Qualität geprüft, von der Schulleitung aus einer Gesamtschau der Forschung in- und ausserhalb der ETH beurteilt und im Rahmen der verfügbaren Mittel befristet finanziert.

Auch Begehren nach Zuteilung von Räumlichkeiten trafen mit unverminderter Häufigkeit ein, konnten aber nur zum kleinsten Teil berücksichtigt werden. Bei deren Beurteilung erwies sich die Raumdatenbank als nützliches und kostensparendes Führungsinstrument. Wesentliche Verbesserungen werden erst 1976 möglich, wenn die neuen Gebäude für den Fachbereich Bauen und Planen auf dem Hönggerberg bezogen und dadurch grosse Flächen im Zentrum frei werden.

Viel schwieriger als die Umgruppierung von Finanzen und Raum gestaltete sich jene von Personalstellen. Nach welchen Kriterien sollte Personal auf die Lehr- und Forschungseinheiten verteilt werden? Über diese Frage wurde im Berichtsjahr viel nachgedacht, diskutiert und geschrieben, ohne dass überzeugende und praktisch anwendbare Formeln gefunden worden wären. Immerhin konnten die dringendsten Personalbedürfnisse dadurch erfüllt werden, dass Stellen freiwillig abgetreten wurden. Die Kooperation der Spenderinstitute sei hier dankbar anerkannt.

Im Berichtsjahr haben sich verschiedene Professuren und kleine Laboratorien zu Instituten zusammengeschlossen; auch Gruppierungen von Instituten zu Departementen sind erfolgt; grössere Verbände können die Mittel wirksamer und beweglicher einsetzen als kleinere Organisationseinheiten.

Die Lehrprogramme erfuhren wieder zahlreiche Änderungen. Neue Fächerkombinationen in den Diplomstudien und neue Nachdiplomstudien wurden eingeführt. Neuerdings können hochqualifizierte Absolventen Höherer Technischer Lehranstalten nach einem Vorbereitungskurs direkt in ein höheres Semester an der ETH eintreten.

An Unterricht und Forschung sind ausländische Gastakademiker wesentlich beteiligt: Wissenschafter, die als Gastdozenten, akademische Gäste, auf «sabbatical leave», als Postdoktoranden oder Doktoranden bei uns weilen; umgekehrt sind viele Angehörige der ETH an ausländischen Hochschulen tätig. Die bundesrätliche Verordnung über die Begrenzung der Zahl der erwerbstätigen Ausländer (vom 9. Juli 1974) drohte diesen lebenswichtigen Austausch zu zerstören. Die Reaktion der ETH und anderer Hochschulen des Landes auf die Verordnung war denn auch ausserordentlich heftig. Die Landesregierung anerkennt die Bedeutung des internationalen Austausches von Wissenschaftern und ist durch eine sinnvolle Interpretation der Verordnung dem Anliegen der Hochschulen entgegengekommen.

Die Öffentlichkeit beobachtet Aufwendungen des Staates kritisch, auch jene für das Bildungswesen. Um so wichtiger ist es, die Bedeutung von Unterricht und Forschung dem Volk vor Augen zu führen. Im Berichtsjahr ist uns dies hauptsächlich durch die Tage der offenen Türen auf dem Hönggerberg gelungen. Die Physikinstitute haben bei dieser und zahlreichen anderen Veranstaltungen Zehntausende von Besuchern für die Arbeit der Hochschule begeistert; den Kollegen und Mitarbeitern auf dem Hönggerberg gebührt für die zusätzliche Leistung ein ganz besonderer Dank.

Als Beitrag zur Studienreform haben etliche Dozenten einen «Ingenieurpädagogischen Kurs für ETH-Dozenten» besucht, den die Hochschule für Bildungswissenschaft in Klagenfurt auf Initiative von ETH-Dozenten durchführte. Zum Reformziel «Interdisziplinarität» sind ergolgreiche Ringvorlesungen zusammen mit der Universität Zürich veranstaltet worden.

Für interdisziplinäre Forschungen über Probleme der Umwelt stand eine Million Franken zur Verfügung; indessen trafen nur wenige Projekte ein, die dem angestrebten Standard solcher Forschungen entsprachen. Wenn auch der erste Anlauf noch nicht den erwarteten Erfolg zeitigte, so steht doch im neuen Jahr wieder eine «Umweltmillion» zur Verfügung. Die Schulleitung will damit zeigen, dass auch in knappen Zeiten neue Akzente gesetzt werden können. Das darf aber nicht darüber hinwegtäuschen, dass manche originelle Projekte von Lehr- und Forschungseinheiten unserer Hochschule durch die Kürzung der Mittel ins Stocken geraten sind oder abgeblasen werden mussten.

Um so erfreulicher ist die Feststellung, dass unsere ETH bei allen Schwierigkeiten ihre Schwungkraft behalten hat. Die Angehörigen der ETH haben 1974 Erfolge in Unterricht und Forschung erzielt, die im eigenen Lande Anerkennung gefunden haben und sich auch international sehen lassen dürfen.

1975

> «*Trotz beschränkter Mittel wollen wir 1975 eine zusätzliche Leistung erbringen: unser Land von der Aufgabe der Technischen Hochschule überzeugen.*»
> (Aus dem Neujahrsgruss der Schulleitung)

Unsere Hochschule wird vom Schweizervolk getragen. Wenn die Mittel knapper werden – im Berichtsjahr wurden sie erneut knapper – dann melden sich vermehrt Stimmen, die wissen wollen, was mit dem Hochschulfranken geschieht. Die ETH kann auf ihre Leistungen stolz sein und braucht solche Fragen nicht zu fürchten. Aber sie soll sie beantworten. Eine ganze Anzahl von Abteilungen und Instituten haben wesentliche Beiträge zur *Öffentlichkeitsarbeit* geleistet, durch Presseorientierungen, Tage der offenen Türen, Vorstellung neuer Studienpläne, Broschüren, Durchführung von Arbeitstagungen und Kongressen; viele Hochschulangehörige haben mit Vorträgen an diesem Werk der Überzeugung mitgeholfen. Die Reformkommission hat dem Thema Öffentlichkeitsarbeit viel Aufmerksamkeit geschenkt in Zusammenarbeit mit einer Subkommission der Dozenten. Von grosser Bedeutung für das Ansehen der Hochschule ist die Anerkennung, welche die Arbeit unserer Professoren findet. Zahlreiche Professoren haben im Berichtsjahr Ehrungen entgegennehmen dürfen, allen voran Vladimir Prelog, der den diesjährigen Nobelpreis für Chemie erhielt.

Eine Tendenz hat 1975 deutlich zugenommen: die Tendenz zu einer Zentralisierung. Auf Bundesebene wurde durch den Willen des Parlaments ein Teil der Forschungsgelder reserviert für *nationale Programme,* deren Ziele durch den Bundesrat festgelegt werden. Zielstrebigkeit und Koordination sind zwei Aspekte der nationalen Programme. Die ETH ist dank dem spontanen, grossen Einsatz zahlreicher Professoren wohl gerüstet, ihren Beitrag zu den grossen Vorhaben von nationaler Bedeutung zu leisten. An der Hochschule selbst ist eine vergleichbare Aktion erfolgreich angelaufen: die Umweltforschung, für welche zum zweiten Male die sogenannte *Umweltmillion* bereitgestellt wurde. Sie löste diesmal eine ansehnliche Zahl von Forschungsgesuchen aus, von denen die meisten bewilligt werden konnten.

Auf die Forderung nach Rationalisierung der Verwaltung sind auf Bundesebene Vorkehrungen getroffen worden, um einzelne *Verwaltungsaufgaben von der Hochschule auf die Bundesverwaltung zu übertragen.* Es muss sorgfältig darüber gewacht werden, dass diese Zentralisierung und Straffung die Erfüllung der Aufgaben der Hochschule nicht erschwert; die Hochschule braucht dazu einen Freiraum.

Innerhalb der ETH zwingt uns das Schwinden der Mittel mehr als zuvor, deren Einsatz besonders gründlich zu planen. Dazu sind wir auf Entscheidungshilfen angewiesen, die uns die Abteilungen, Institute und Professuren liefern müssen. Von grosser Bedeutung war die hochschulweite *Dozentenplanung* des Berichtsjahres. Jede Abteilung musste sich Gedanken machen über ihre künftige Entwicklung und danach eine Liste der Prioritäten für die Wiederbesetzung bestehender und voraussehbarer Vakanzen und der Schaffung neuer Professuren unterbreiten. Schulleitung und Schulrat setzten sich eingehend mit der Dozentenplanung der Abteilungen auseinander und gaben danach eine Anzahl Professuren zur Besetzung frei.

Die Tendenzen sind nur zum Schein zentralistisch. Zentral wird die Planung ausgelöst und zentral müssen die Absichtserklärungen in einer Gesamtschau abgewogen werden. Die Planung selbst soll aber weitgehend in den Abteilungen und Instituten selbst erfolgen. Wenn die *neue Planungskommission* wie vorgesehen vorwiegend aus Angehörigen der Abteilungen und Institute besteht und durch den Delegierten des Präsidenten geleitet wird, ist in idealer Weise die Verbindung der Abteilungen und Institute mit der Schulleitung hergestellt.

Eine weitere Tendenz ist die Zunahme der Belastung der Hochschule durch die sogenannte *Mitwirkung der Hochschulangehörigen*. Die von innen und von aussen geforderte Transparenz (um der Transparenz willen, um der Gerechtigkeit willen oder zur Vorbereitung von Rationalisierungsmassnahmen) führt zu einem System der Vernehmlassungen (Umfragen) über allen und jeden Vorstoss des Gesetzgebers, der Reformkommission, des Schulrates, der Schulleitung, der Abteilungen, der Institute, der Instanzen der Hochschulpolitik. Die Hochschulverwaltung hat trotz reduziertem Personalbestand mit einem aussergewöhnlichen Einsatz die Flut von Mehrarbeiten bewältigen können, und Abteilungen und Institute sowie die Organisationen der Hochschulangehörigen hatten ihre Mitarbeit zu leisten. Aber der Aufwand für solche «Mitwirkung» ist für alle Beteiligten beängstigend und atypisch für die Hochschule. Die Schulleitung gibt sich Mühe, Abteilungen und Institute so weit wie möglich gegen administrativen Kleinkram abzuschirmen. Von den einen als willkommene Entlastung geschätzt, wird diese Haltung von den anderen als Beweis des Machtstrebens oder doch mindestens als Störung des Informationsflusses empfunden! De gustibus non est disputandum. Mitsprache, Transparenz, Information sind aufwendig. Wo der Aufwand etwas bringt, ist er gerechtfertigt; wo er nichts bringt, ist er nicht gerechtfertigt. Es stellt sich die Frage des Masses; sie ist offen. Immerhin kann festgehalten werden, dass im Berichtsjahr eine Tendenz zur Versachlichung des Gesprächs spürbar geworden ist.

Dazu beigetragen haben dürfte die Veröffentlichung des *Rechtsquellenverzeichnisses,* das auf einen Vorstoss der Reformkommission hin erstellt wurde und das die Grundlagen der Hochschulgeschäfte besser als bisher sichtbar und zugänglich macht.

Gründliche Erhebungen über solche Erfahrungen des Innenlebens unserer Hochschule sind wichtig im Hinblick auf das neue ETH-Gesetz. Im Berichtsjahr ist die geltende *Übergangsregelung verlängert* worden, die Experimente und deren Auswertung weiterhin ermöglicht.

Trotz diesen Schwierigkeiten konnten auch 1975 wieder verschiedene neue *Glanzpunkte* gesetzt werden, so z.B. das Toxikologische Institut in Schwerzenbach, das dank einer massiven Starthilfe seitens der Universität Zürich eröffnet werden konnte, die neue Freizeitwerkstätte für die Studenten und andere ETH-Angehörige an der Gloriastrasse, der erste Übertrittskurs für HTL-Absolventen, die gestraffte Brandschutzorganisation, die Neugruppierung im Bereiche der Tierproduktion und die Gründung des Mathematik-Departementes. All diese Erfolge sind nur dank dem Enthusiasmus möglich, der noch viele Angehörige der Hochschule beseelt.

1976

«Dank dem Einsatz der ETH-Angehörigen in schwieriger Zeit kann die Hochschule immer noch wachsen: qualitativ.»
(Aus dem Neujahrsgruss der Schulleitung)

Für viele Angehörige der ETH Zürich war das Jahr 1976 geprägt durch *«Züglete»*. Dies betraf vor allem die Verlegung der Abteilungen für Architektur, für Bauingenieurwesen sowie für Kulturtechnik und Vermessung auf den Hönggerberg. Die im ETH-Zentrum freigewordenen Räume wurden renoviert und entsprechend der *Zentrumsplanung* neuen Benützern zur Verfügung gestellt. Insgesamt wechselten über 120 Institute, Einzelgruppen und Verwaltungsstellen den Standort. Die Stimmung war nicht immer rosig; auch wenn der neue Standort für die meisten eine Verbesserung der Raumverhältnisse brachte, so ist ein Umzug doch immer mit Umtrieben verbunden. Um so erfreulicher ist die Feststellung, dass die Arbeit in Lehre und Forschung bald nach dem Umzug zielstrebig und mit Frohmut und Unternehmergeist weitergeführt wurde. In den kommenden Jahren gilt es darüber zu wachen, dass die Einheit unserer Hochschule trotz der Zweiteilung auf Zentrum und Hönggerberg gewahrt bleibt.

Weitere Unruhe verursachte im Berichtsjahr der *Personalstopp*. Vor allem jene Institute, die nach vielen Jahren in ungenügenden Räumlichkeiten nun wesentlich besser eingerichtet sind, möchten begreiflicherweise neue, anspruchsvolle Projekte in Angriff nehmen, und dafür brauchten sie zusätzliches Personal. Wegen des fortbestehenden Stopps können aber keine zusätzlichen Stellen zugeteilt werden. Immerhin konnten mit *befristeter Projektfinanzierung* die schlimmsten Personalnöte behoben werden und mussten Mitarbeiter nicht wegen des Personalstopps entlassen werden. Weitere Kürzungen unserer Kredite würden diese letzte Ausweichmöglichkeit gefährden. Wir sind dankbar für die Einsicht und das Verständnis, welche Professoren, Mittelbau und Personal unseren Massnahmen entgegenbrachten. Eine besonders schwerwiegende Folge des Personalstopps ist, dass erhebliche Teile der *Dozentenplanung* bis auf weiteres nicht verwirklicht werden konnten. So musste der Schulrat die Wahlverfahren von fünf Professuren, deren Schaffung er bereits beschlossen hatte, einstellen, und von fünf weiteren Anträgen auf Schaffung einer Professur konnte er nur einem einzigen zustimmen.

Im Berichtsjahr hat sich die Einsicht durchgesetzt, dass unsere Hochschule auf Jahre hinaus ohne wesentlichen Personalzuwachs wird auskommen müssen. Innerhalb der Schule entwickeln sich die Bedürfnisse der verschiedenen Fachrichtungen aber unterschiedlich. Allein schon die Zahl der Neueintritte in die Fachabteilungen schwankt sehr stark. Die Zahl der Elektroingenieur- und Pharmaziestudenten z.B. ist weiter gewachsen, jene der Architekten weiter geschwunden. Wenn die Betreuung der Studenten ausgeglichen bleiben soll, dann drängt sich in solchen Fällen eine Umteilung von Personalstellen auf. Die Studentenzahl ist indessen nicht der einzige Parameter, der bei solchen Überlegungen ins Gewicht fällt. Welches sind andere Kriterien? Mit der Ausarbeitung eines *Kriterienkataloges für die Umgruppierung von Mitteln* (Personalstellen, Krediten, Räumlichkeiten) im «geschlossenen System ETH Zürich» wurde die im Berichtsjahr eingesetzte *Planungskommission* betraut. Dieser Kommission, die vom Delegierten des Präsidenten für Planung nebenamtlich geleitet wird, gehören Mitglieder aus allen Hochschulgruppen und vielen Fachbereichen an. Wir hoffen, dass wir die Mittel schliesslich so werden umteilen können, dass akademisch ein Optimum herausschaut. Solche Massnahmen sind nicht einfach, weder in der Vorbereitung noch im Vollzug. In der Regel können ja nicht Personen umgeteilt werden, sondern Personalstellen. Daraus ergibt sich zwangsläufig, dass auch Assistenten «ihre» Stelle verlieren müssen. Neben der Pflicht zur ständigen Anpassung der Personalzuteilung an die veränderten Bedürfnisse der einzelnen Fachbereiche gibt es weitere Gründe, weshalb die Hochschule nicht jedem Stelleninhaber den Arbeitsplatz erhalten kann. So hat einerseits die Hochschule die Aufgabe, Fachleute für die Praxis auszubilden, und diese Fachleute sollen nach einer gewissen Zeit die Hochschule verlassen und in die Praxis übertreten. Das ist in der heutigen Wirtschaftslage nicht in allen Bereichen einfach. Anderseits gibt es auch unter den Studenten von heute solche, die morgen Assistent sein möchten. Wir hoffen, dass das neue Assistentenreglement, zu welchem Vorarbeiten im Berichtsjahr angelaufen sind, dem Grundsatz der Rotation gebührende Rechnung tragen wird.

1976 brachte einen weiteren Fortschritt in der Erfüllung eines wichtigen hochschulpolitischen Postulates, nämlich der *Durchlässigkeit der Studien*. Die erste Klasse von ausgezeichneten HTL-Absolventen beendete das Übergangsstudium erfolgreich und konnte an die ETH Zürich aufgenommen werden. Dank einer Reglementsänderung ist es neuerdings einem weiteren Publikum möglich, an Lehrveranstaltungen der ETHZ teilzunehmen: Wer immer einzelne Lehrveranstaltungen besuchen will, wird als Hörer zugelassen. Die Reformkommission fasste die Antworten der Abteilungsräte auf ihre Umfrage über *Lehrinhalte und Ausbildungsziele* zusammen und stellte zum Schluss fest: «Ausser den wohlbekannten finanziellen und personellen Schwierigkeiten werden überraschend selten Schwierigkeiten erwähnt, welche durch die zur Zeit gültigen Regulative verursacht würden. Das heisst, die meisten Reformen können von den Abteilungen direkt veranlasst werden, sofern nur der heutige Rahmen bezüglich Personal, Finanzen und

Raumbedürfnisse nicht gesprengt wird.» In der Tat haben eine ganze Anzahl von Abteilungen ihre Normalstudienpläne veränderten Anforderungen angepasst. Die Reformkommission stellte weiter fest: «Die zur Zeit bestehenden Möglichkeiten für alternative Studiengänge ausserhalb des Normaldiploms sind wenig bekannt und werden kaum je genutzt.» Offenbar ist das Bedürfnis danach nicht sehr gross. Eine neue Möglichkeit für alternatives Studium schuf der Schulrat an der Abteilung für Naturwissenschaften in Form des sogenannten projektorientierten Studiums, das nach dem zweiten Vordiplom ergriffen werden kann. Als Reformschritt fasse ich auch den Schulratsbeschluss auf, wonach künftig jeder Kandidat für die Schlussdiplomprüfung ein Fach der Geistes- und Sozialwissenschaften wählen kann. Es ist zu hoffen, dass viele Studenten von dieser Möglichkeit Gebrauch machen werden und das reiche Angebot unserer Abteilung XII nutzen. Qualitatives Wachstum!

Die *Beziehungen zur Öffentlichkeit* wurden auch 1976 rege gepflegt. Das grösste Ereignis in dieser Hinsicht waren die Tage der offenen Türen der Chemieinstitute, die rund 10 000 Besucher empfangen konnten. Erfolg hatten auch eine grosse Zahl von Fachtagungen und Institutsbesichtigungen in anderen Bereichen der Hochschule.

Neben den grossen Neubauten auf dem Hönggerberg wurde in Eschikon-Lindau eine neue *Pflanzenbaustation* in Betrieb genommen. Ihre Einweihung fand grosses Interesse in der Öffentlichkeit. Die unmittelbare Nachbarschaft unserer Station zum «Neuen Strickhof» gestattet einmal mehr eine enge Zusammenarbeit zwischen einer Institution des Kantons Zürich und der ETH.

Vergessen wir in diesem Überblick nicht, welch grosse Verbesserung 1976 für das leibliche Wohl brachte! Im August konnte die *neue Mensa in der Polyterrasse* dem Betrieb übergeben werden. Sie erweist sich als ausserordentlich attraktive Verpflegungsstätte und darüber hinaus als beliebter Begegnungsort. Die Voraussetzungen für die Pflege zwischenmenschlicher Beziehungen an der Hochschule werden im kommenden Jahr noch besser gegeben sein, wenn die Gesamtanlagen der Polyterrasse fertiggestellt sein werden.

1977

> «*Wir müssen und wollen mit der Technik leben, aber mehr als bisher muss die Technik eingesetzt werden, um die natürlichen Lebensgrundlagen zu erhalten und sie dort, wo sie beeinträchtigt sind, wieder herzustellen.*»
> (Bundesrat Hürlimann an der Einweihung des Toxikologischen Instituts der ETH Zürich und der Universität Zürich am 15. April 1977)

Das Institut für Toxikologie und das ebenfalls im Berichtsjahr eingeweihte Seeforschungslabor EAWAG-ETH in Kastanienbaum ergänzen ausgezeichnet die Reihe von ETH-Instituten, die in Lehre und Forschung mit Taten und Tatsachen zeigen, wie ernsthaft sich die ETH mit unseren Lebensgrundlagen befasst. Daneben wird über Ökologie viel gesprochen, ich glaube, zuviel. Einzelne Ökologen sind enttäuscht, dass die geplante Professur für Pflanzenökologie nicht bewilligt worden ist. Indessen konnten wegen des weiter bestehenden Personalstopps von den 45 Professuren, die auf dem Gesamtgebiet der ETH beantragt sind, nur 23 zur Ausschreibung freigegeben werden; eine davon ist für Abwassertechnologie – also sicher auch für Ökologie! Aus den Diskussionen über ökologische Fragen erhalte ich den Eindruck, dass Ökologie heute viel eher als Grundhaltung denn als eigenständige Wissenschaft zu verstehen ist. Es ist daher nicht verwunderlich, dass die Exponenten verschiedener Forschungsrichtungen, Wasser, Luft, Boden, Fauna, Flora, Energie, Ressourcen, um nur wenige zu nennen, miteinander in Konkurrenz geraten können. Insofern sie einen Ansporn bedeutet, ist Konkurrenz in der Wissenschaft sogar gesund.

Ein finanzieller Engpass bestand übrigens an der ETH Zürich in der Förderung guter Umweltforschungsprojekte nicht: Die «Umweltmillion», wie schon dreimal verfügbar gemacht, genügte auch im vergangenen Jahr für die Realisierung der beantragten und als wissenschaftlich gut beurteilten Forschungsprojekte; ja sie wurde nicht einmal ganz ausgeschöpft.

Scharf ist die Konkurrenz der ETH-Institute um Personalstellen nicht nur in der Ökologie. Der Personalstopp ist unser Problem Nummer eins geblieben. Zwar gelang ein gewisser Ausgleich von Assistentenstellen zwischen der immer noch schrumpfenden Abteilung für Architektur und anderen, besonders stark wachsenden Fachabteilungen, aber der Ausgleich ist ungenügend geblieben. Die Planungskommission arbeitet gewissenhaft und zielstrebig an diesem Problem, das wir in absehbarer Zeit lösen müssen, soll nicht die Qualität der Lehre und auch der Forschung (aber hauptsächlich der Lehre) in einzelnen Bereichen schwerwiegend gefährdet werden.

Bedenklich ist ferner die Tatsache, dass es äusserst schwierig ist, neu zu wählenden Professoren auch nur die am dringendsten benötigten Personalstellen anbieten zu können. Wenn im Berichtsjahr trotzdem wieder eine ganze Reihe hervorragender Persönlichkeiten berufen werden konnten, so ist das sowohl der Kollegialität in den Instituten als auch der verständigen aber starken Hand des Betriebsdirektors zu verdanken.

Rektor Zollinger, der unserer Hochschule mit vierjähriger, harter Arbeit in jeder Hinsicht hervorragende Dienste geleistet hat, ist turnusgemäss vom Rektorat zurückgetreten. Rektor Grob hat sein Amt am 1. Oktober angetreten. Als neuer Delegierter für Forschung hat Professor Hälg den Vorsitz der Forschungskommission übernommen, wo er den verdienten ersten Präsidenten dieser Kommission, Professor Bühlmann, ablöste. Der Delegierte für Studienorganisation, Professor Zehnder, wurde von einem Angestellten des Rektorats abgelöst, nachdem er dieses tatkräftig reorganisiert hatte. Der überlastete Delegierte für Studienfragen, Professor Wehrli, befasst sich künftig nur noch mit Diplomstudien; als Delegierter für Nachdiplomstudien steht ihm Professor Dressler zur Seite. Ich danke den abtretenden Kollegen für die grosse Arbeit, die sie geleistet haben, und den neuen für die Bereitschaft, ihre Funktionen zu übernehmen.

Die Studienpläne vieler Abteilungen wurden neuen Erfordernissen angepasst. Einher mit solchen Änderungen ging der Verzicht auf eine Anzahl bestehender Lehraufträge; dafür wurden neue erteilt. Entgegen einer weitverbreiteten Ansicht wurde die Zahl der Lehraufträge insgesamt nicht abgebaut; der Zuwachs war aber sehr bescheiden. Verbessert wurde namentlich die pädagogische Ausbildung der Mittelschullehrer, insbesondere in den Naturwissenschaften. Die Ausbildung umfasst fortan nicht nur Theorie, sondern auch eine eigentliche Unterrichtspraxis an einer Mittelschule oder an einem Technikum. Eine andere, generelle Verbesserung sehe ich in der Neuregelung des Sprachunterrichtes an der Abteilung XII. Künftig wird das technische Englisch in Zusammenarbeit mit englischsprachigen Dozenten der Fachabteilungen angeboten. Diese Regelung ist nicht nur sachlich ein grosser Fortschritt, vielmehr mag sie dazu beitragen, die Abteilung XII stärker in die Fachabteilungen zu integrieren.

Vorwiegend unterrichtsbezogen ist die neue «Aussenstation» unserer Botaniker in Grüningen, der Botanische Garten im Eigentum der Zürcher Kantonalbank, aber von der ETH bewirtschaftet.

Eine Strukturänderung erfuhren die Kurse für Turnen und Sport. Ein Leitungsausschuss, mit starker Vertretung des Akademischen Sportverbandes, hat die Geschicke der Kurse in die Hand genommen. Es ist erfreulich, mit wieviel Schmiss und Begeisterung der Sportbetrieb der ETH Zürich vor sich geht; das ist nicht nur den schönen neuen Sportanlagen in der Polyterrassenanlage zu verdanken!

Von den neuen Forschungseinrichtungen sei besonders das Zentrum für interaktives Rechnen erwähnt. Dieses wird einer ganzen Anzahl von Instituten der Ingenieure und Naturwissenschafter ermöglichen, lange zurückgestellte Forschungsvorhaben zu verwirklichen.

Von der Planung möchte ich die Vorbereitung auf das neue Hochschulförderungsgesetz hervorheben, gegen welche das Referendum zustande gekommen ist. Es geht uns darum, rechtzeitig alles vorzukehren, womit wir zu Realisierung dieses grossen gesamtschweizerischen Koordinationswerkes beitragen können. Im Gefolge der Dozentenplanung, die im Berichtsjahr fortgeführt worden ist, werden sodann zum Teil umfangreiche Neuorientierungen in Lehre und Forschung vorbereitet, so vor allem im Bereiche der Forstingenieure und der Festkörper- und Technischen Physik.

Die Dozenten der ETH Zürich sind auch 1977 an zahlreichen Tagungen im In- und Ausland als Referenten aufgetreten, und das Kongressleben an der ETH selbst war rege. Die vielen Ehrungen von ETH-Dozenten zeugen einmal mehr vom hohen Ansehen, das unsere Hochschule geniesst. Dementsprechend gute Aufnahme hat der Forschungsbericht des Berichtsjahres gefunden, der auf über 600 Seiten die Forschungsarbeit der ETH-Institute vorstellt.

Mein Dank gilt auch den Ehemaligen unserer Hochschule: der noch jungen Pensioniertenvereinigung für das lebhafte Programm, mit dem sie die Bindungen zwischen den Ehemaligen und der Hochschule aufrechterhalten hilft, und der GEP für die grossmütige Schenkung des Pavillons auf der Polyterrasse. Danken darf ich schliesslich für zwei akademisch besonders gewichtige Schenkungen: das C.G.-Jung-Arbeitsarchiv und den Nachlass Karl Schmid.

1978

Im Berichtsjahr haben fast alle Institute, Abteilungen und Professuren unserer Hochschule ihre *Entwicklungsabsichten für die Jahre 1980–84* bekanntgegeben. Dabei ging es nicht darum, detaillierte quantitative Überlegungen anzustellen. Vielmehr ging es um die Formulierung allenfalls neuer *inhaltlicher Ziele*. Planer machen es sich nämlich oft insofern leicht, als sie die Diskussion auf die Frage der Steigung der Wachstumskurven verlegen statt darauf, *was* neu gemacht werden soll.

Die Synthesearbeit – durch Planungskommission und Schulleitung – war nicht einfach, aber das Ergebnis unerwartet klar: eine kleine Zahl vielfach genannter und überzeugend begründeter Zielvorstellungen lässt sich zusammenfassen in eine Vorstellung von *Ausbau in Elektrotechnik, Technischer Biologie, Materialforschung und Computerwissenschaften,* sowie gezielter Förderung der Forschung in einzelnen Bereichen, z.B. *Energie*. Es kann an dieser Stelle nicht darum gehen, auf alle Planungsziele, wie sie im ETH-Bulletin 146: Seiten 12–14 (Februar 1979) viel detaillierter aufgeführt sind, nochmals einzugehen. Hingegen muss der Hinweis wiederholt werden, dass in Anbetracht der sehr bescheidenen Wachstumsvorgaben der erwähnte Ausbau und die erwähnte Sonderförderung nur möglich sind, wenn in anderen Bereichen unserer Tätigkeit eine leichte Reduktion erfolgt. Die Ablehnung des Hochschulförderungs- und Forschungsgesetzes durch das Schweizervolk am 28. Mai 1978 lässt keine Trendumkehr in den Wachstumsraten für Hochschulausgaben erwarten. Das bedeutet, dass auch die ETHZ sich weiterhin als nicht expandierendes System verstehen muss und Veränderungen fast nur durch innere Eigendynamik entstehen oder herbeigeführt werden können. Dazu hat auch im Berichtsjahr das System der *Projektfinanzierung,* ja ganz allgemein unser Konzept der flexiblen Mittelbewirtschaftung, wesentlich und erfolgreich beigetragen. Forschungs- und Planungskommission sei hier der Dank der Hochschule ausgesprochen.

Der negative Volksentscheid vom 28. Mai ist kaum allein auf das Kostenbewusstsein des Schweizers zurückzuführen. Vielmehr hat zweifellos ein *Mangel an Verständnis* für die Bedeutung der Hochschule mitgespielt. Im Berichtsjahr haben wir deshalb begonnen, unsere Öffentlichkeitsarbeit mehr auf Verständnisschaffen denn auf blosses Informieren und Zeigen zu verlegen. Die Tage der offenen Türen der Mathematiker und Physiker stiessen auf das grosse Interesse von 15 000 Besuchern, und besonders hervorgehoben werden soll Beno Eckmanns Vortrag über Mathematik, gehalten am ETH-Tag. Verständnis schaffen kann man aber auch ausserhalb solcher explizit als Öffentlichkeitsarbeit gestalteten Anlässe, gleichsam an Hand der normalen Arbeit in Lehre und Forschung. Ein gutes Beispiel dazu haben im Berichtsjahr wiederum die Kulturingenieure gegeben, deren

praktische Arbeiten im Gelände an Problemen von Wildbachverbauung, Wasserversorgung und Alpmelioration der Bevölkerung jener Region Graubündens gezeigt hat, was diese Hochschüler tun – und dass es also gar keine «Revoluzzer von Zürich» sind, wie man sie sich vorgestellt hatte...
Diese Form der Image-Pflege ist besonders sympathisch, weil Fachliches und Menschliches miteinander gesehen werden. Vielleicht haben viele Hochschulen zuwenig Gewicht auf das Zeigen der menschlichen Qualitäten ihrer Angehörigen gelegt. Jedenfalls sind die Scharten, die von den Auseinandersetzungen der späten sechziger Jahre stammen, noch nicht überall ausgewetzt.
Unsere Anstrengungen, das Hochschul-Image auch auf der betrieblichen Seite zu verbessern, gingen weiter. Eine Schulratsstudie über den sogenannten Betriebsgrössen-Effekt verglich in einem einfachen Input-Output-Ansatz die Wirkungsgrade zahlreicher Institute von EPFL und ETHZ. Dabei wurde bestmöglich angestrebt, die Leistungen eines Instituts nicht etwa bloss in Stunden erteilten Unterrichts oder der Zahl erteilter Diplome oder publizierter Arbeiten zu schätzen, sondern auch ein Mass für die *Qualität* dieser Leistung zu erhalten (ETH-Bulletin 146: Seiten 8–11, Februar 1979). Unsere Hochschule weist in dieser Studie ein stolzes Ergebnis auf. Ein betrieblich wichtiges Ergebnis der Studie darf indessen nicht übersehen werden: dass kleine Institute, bei gleicher Qualität der Leistung, erheblich mehr kosten als grössere. Diese Erkenntnis bedeutet, dass durch kluge Neugruppierung von Einzelprofessuren und kleinen Instituten Mittel freigespielt werden können. Im Berichtsjahr sind die Forstingenieure in diesen Belangen mit dem guten Beispiel vorangegangen: in ihrem «Konzept 1978» bereiteten sie die Zusammenlegung dreier Institute und zweier Einzelprofessuren in ein einziges Institut vor.
Die grundlegendste der wiederum zahlreichen Studienplan-Reformen im Berichtsjahr war jene der *Biologen* in der Abteilung für Naturwissenschaften.Nach über zehnjährigem Hin und Her wurde eine Lösung gefunden, die sich gegenüber dem alten Studienplan als wesentliche Verbesserung erweisen dürfte. Alle Biologiestudenten erhalten in Zukunft in den ersten vier Semestern gemeinsam eine solide Grundausbildung in den exakten Wissenschaften und Allgemeiner Biologie. Erst nachher spezialisieren sie sich, und auch dann in nur vier Teilstudienrichtungen. Die Vorteile dieser Regelung für die Stellensuche der Absolventen sind klar: solche Diplomierte werden im Beruf viel mehr Register ziehen können als ihre Vorgänger, deren Curriculum eine weit grössere Auffächerung, auf einem weniger homogenen und «weicheren» Propädeutikum aufwies. Eine der vier Teilstudienrichtungen stellt in der Schweiz ein Novum dar: die Technische Biologie, in der den Studierenden insbesondere Ingenieurkenntnisse aus Verfahrenstechnik, Mess- und Regeltechnik und Computerwissenschaft

vermittelt werden. Ich werte die Einführung dieser Studienrichtung an der ETHZ als gutes Beispiel der *Arbeitsteilung der Hochschulen in der Schweiz*: es wäre ja nicht sinnvoll gewesen, wenn eine Hochschule ohne eigenes «Ingenieur-Hinterland» sich dieser wichtigen neuen Studienrichtung angenommen hätte.

An der Abteilung für Elektrotechnik ist die programmierbare Lehranlage der ETH (PLANETH) auch im Berichtsjahr auf grosses Interesse der Studierenden gestossen. Diese moderne Lehrform, oft noch skeptisch als «unpersönlich» taxiert, erweist sich immer mehr als ausgesprochen persönlich, indem der Studierende das Lerntempo seinen eigenen Neigungen anpassen kann. Das ist in hohem Masse auch möglich beim Lernen aus Büchern, die aber gegenüber dem Lehrcomputer den Nachteil haben, vergleichsweise «stumm» zu bleiben, wenn der Leser auf individuelle Schwierigkeiten stösst. (Dennoch erfüllt mich eine Meldung der ETH-Hauptbibliothek etwas mit Sorge: im Berichtsjahr sollen von 7363 Studenten 5610 die Hauptbibliothek nie benutzt haben. Das heisst hoffentlich nicht, dass diese Studenten nichts gelesen haben.) Es ist wichtig, dass wir mit der PLANETH-Anlage weiter experimentieren; vielleicht werden solche Lehrformen bei der Bewältigung des Studentenbergs Mitte der achtziger Jahre noch wichtiger.

Die Anstrengungen, unsere *Abteilung für Geistes- und Sozialwissenschaften* wirkungsvoller in die Fachstudien zu integrieren, gingen weiter. An allen Fachabteilungen ist es jetzt möglich, im Schlussdiplom ein Fach aus diesem komplementären Bereich als Prüfungsfach zu wählen. Mögen viele Studenten davon Gebrauch machen! Der rege Zulauf zum reichen Sprachkursangebot dieser Abteilung (Schweizerdeutsch, Deutsch, Französisch, Italienisch, Englisch, Spanisch, Russisch, Arabisch) ist erfreulich. Solide Sprachkenntnisse sind bei der späteren Ausübung aller Berufe von grosser Bedeutung.

Eine grosse Zahl von Diplomanden, Doktoranden, Professoren konnte für besonders hervorragende Leistungen *Ehrungen* entgegennehmen; ihnen allen gratuliere ich dazu. Eine Ehrung möchte ich diesmal besonders hervorheben, weil das Zeugnis davon in den ETH-Mensen täglich gekostet werden kann: unser Küchenchef Ripperger und seine Equipe erhielten an einem internationalen Wettbewerb mit 1000 Köchen aus 20 Ländern eine Goldmedaille mit Auszeichnung. Wenn das kein Trost ist für die leider unvermeidliche Erhöhung der Menüpreise von Fr. 3.40 auf Fr. 3.80...

1979

> *«Denn überlassen wir die Physiker, die Mathematiker und die Philosophen sich selber, treiben wir sie endgültig in die Ghettos ihrer Fachgebiete zurück, wo sie hilflos und unbemerkt den Raubzügen der Techniker und der Ideologen ausgeliefert sind; Raubzüge, die immer stattfanden und immer wieder stattfinden.»*
> (Friedrich Dürrenmatt in seinem Vortrag an der ETHZ, gehalten am 24. Februar 1979)

Dürrenmatt stellte sich Einstein, «den Irrtum nicht fürchtend», an dieser denkwürdigen Veranstaltung zum hundertsten Geburtstag des grossen Gelehrten; Veranstaltung, die den geistigen Höhepunkt einer grossen Zahl von *Tagungen* im Berichtsjahr darstellte. Auch Laien, forderte der Dramatiker, müssen sich mit dem gordischen Knoten befassen, den heute Mathematik, Naturwissenschaften und Philosophie bilden.

Im Jubiläumsjahr wird die ETHZ sich den Laien stellen. 1980 feiert die ETHZ ihren 125. Geburtstag. Unter der zielstrebigen Leitung unseres Rektors ist im Berichtsjahr die *Vorbereitung auf das Jubiläumsjahr* angelaufen. Alle Abteilungen und eine ganze Anzahl von Instituten werden ihre Arbeit in verschiedenen Regionen der Schweiz vorstellen, unter dem Generalthema «Technik wozu und wohin?». Das Fragezeichen in dieser Formulierung bedeutet nicht, dass die ETHZ die Technik in Frage stellt. Es reflektiert vielmehr eine hier und dort beim Bürger verbreitete Verunsicherung mit Bezug auf technische Entwicklungen. Die Frage soll im Rahmen von Exkursionen, Ausstellungen, Vortragsveranstaltungen, im Gespräch mit der interessierten Bevölkerung, nüchtern und von Sachkunde geleitet, diskutiert werden.

Eine für die Hochschule interessante Teilantwort ergibt sich vielleicht aus dieser Öffentlichkeitsarbeit im Jubiläumsjahr auf die Frage nach Ursachen für den *Rückgang der neueintretenden Studierenden*. Steht hinter diesem Phänomen tatsächlich eine Technik-Feindlichkeit, wie hin und wieder gemutmasst wird? Oder hat das Phänomen nicht andere Ursachen, indem ein zunehmender Anteil unserer Mittelschüler sich eher beschaulicheren Tätigkeiten zuwendet? Oder schrecken die anspruchsvollen Studien- und Prüfungspläne einer technischen Hochschule die Studenten zunehmend ab? Die Zusammenhänge sind sicher nicht einfach. So haben sowohl eine «grüne» Abteilung – die Landwirtschaft – als auch eine ausgesprochen «technische» – die Elektrotechnik – die grössten Einbussen an Neueintritten zu verzeichnen. Diese Beobachtung schliesst wohl aus, dass eine Technik-Feindlichkeit bestimmende Ursache des Rückgangs der Neueintretenden ist. Erinnert man sich an das ausgesprochen starke Wachstum dieser beiden Abteilungen in den letzten Jahren, dann deuten die neuen Zahlen eher auf eine Normalisierung hin, denn auf einen alarmierenden Rückgang. Wie der erwartete Studentenberg den weiteren Verlauf der Neueintritte mitgestalten wird, ist nicht vorauszusehen.

Die Freiheit der Studienwahl, an der als oberstes Gebot der Zulassung zum Studium an unserer Hochschule nach Möglichkeit immer festgehalten werden wird, bringt Jahr für Jahr Überraschungen und neue Probleme, indem unsere Abteilungen sehr unterschiedlich wachsen oder schrumpfen. Die Betreuung aller Studierenden durch Assistenten muss aber trotzdem angemessen bleiben. Das macht Umteilungen von Assistentenstellen aus einem Fachgebiet in ein anderes mindestens so lange unumgänglich, als wir nicht über einen Zuwachs an Personalstellen verfügen. In der Praxis heisst das, dass die Anstellung von Assistenten nach Möglichkeit zu befristen ist. Denn nur so erhalten wir die für die Verschiebungen nötigen freien Stellen, und nur so schaffen wir nachstossenden Studentengenerationen die Möglichkeit, selbst Assistententätigkeit aufzunehmen. Das sind Hauptgründe dafür, dass im Berichtsjahr die Arbeit an einem neuen *Assistentenreglement* zielstrebig weiter, wenn auch noch nicht zu Ende geführt wurde.

Trotz der anhaltenden personellen Engpässe wurden im Berichtsjahr eine ganze Anzahl von Studienplänen zeitgemässen Erfordernissen angepasst, insbesondere in den Abteilungen für Landwirtschaft sowie für Kulturtechnik und Vermessung. Der Studienplan besonders der letztgenannten Abteilung zeichnet sich durch ausgesprochene *Projektbezogenheit der Diplomarbeiten* aus; die Diplomanden bearbeiten, im Felde, aktuelle Probleme mit dem Ziel der praxisnahen Vorbereitung auf das Berufsleben. Die Projekte werden so ausgewählt, dass der Handlungsfreiheit des Studenten weite Grenzen gesteckt sind, seine persönliche Leistung aber immer objektiv beurteilt werden kann. Solche tatsächlich erfolgten Reformen gilt es im Auge zu behalten, wenn in Pressemeldungen hin und wieder der Eindruck erweckt wird, die ETHZ sei eine jeglicher Reform abholde Institution; das Gegenteil ist der Fall.

Chemiker, Pharmazeuten, Landwirte, Astronomen und Biologen konnten im Berichtsjahr verbesserte und zum Teil vergrösserte *Infrastrukturen* übernehmen: die Chemiker und Pharmazeuten neue Laboratorien im ETH-Zentrum, die Landwirte einen zweckmässigen Stallbau auf dem Versuchsgut Rossberg bei Kemptthal, die Astronomen eine moderne Anlage für Radioastronomie im aargauischen Wynental und die Zellbiologen der ETHZ mit ihren Kollegen der Universität Zürich einen neuen Laborbau auf dem Hönggerberg. In nächster Nähe unseres dortigen Biologieschwerpunktes sind auch die Einrichtungen für das Gebiet der Technischen Biologie im Ausbau begriffen.

Die ausgesprochene *Anwendungsorientierung* vieler ETHZ-Forschung kam in einer ganzen Reihe von Veranstaltungen zum Ausdruck, etwa in der Tagung über Umbau und Erweiterung von Wasserkraftanlagen, über Vitamin B 12, über Erdbeben-Vorschriften oder in den Ausstellungen über Brückenbau und die Gletscher der Schweiz. In der erstmals durchgeführten Innovationsausstellung wurde schliesslich der Versuch unternommen, vor allem die jungen Forscher der ETHZ anzuregen, ihre Fragestellungen, Methoden und Ergebnisse vermehrt für ein breites Publikum verständlich zur Darstellung zu bringen. Dass über den normalen Lehr- und Forschungsbetrieb hinaus so viele zusätzliche Leistungen erbracht wurden, zeugt von einem bemerkenswerten Einsatz aller Mitarbeiter; ihnen gebührt unser Dank. Speziellen Glückwunsch allen jenen Kollegen, die im Berichtsjahr eine besondere Ehrung entgegennehmen durften. Etwas von solchem Glanz fällt immer auch für die Hochschule ab, und dafür sind wir dankbar.

1980

Das Berichtsjahr stand ganz im Zeichen der *Veranstaltungen zum 125. Geburtstag* unserer Hochschule. Ein Tag der Pensionierten, ein Tag der Ehemaligen, ein besonders festlicher ETH-Tag und ein rauschender Polyball bildeten den fröhlichen Ausklang eines Jubiläumsjahres voll harter Arbeit. Institute und Abteilungen waren dem Appell des Rektors gefolgt, ihre ganze Öffentlichkeitsarbeit unter das Motto «Technik wozu und wohin?» zu stellen. Das führte zu über 300 Vortragsveranstaltungen, Exkursionen, Führungen (inkl. Besuch an 75 Mittelschulen mit einem Gegenbesuch von 3000 Mittelschülern auf dem Hönggerberg) in allen Landesteilen der Schweiz. Rechnen wir die Tage der offenen Türen beim Bauwesen auf dem Hönggerberg und bei der Chemie im Zentrum dazu, so kamen im Berichtsjahr Zehntausende von Bürgern in Kontakt mit der ETHZ. Die Reaktionen waren überwältigend positiv. Die Veranstaltungen hinterliessen einen Eindruck der Zuversicht in die Zukunft, des Vertrauens in Wissenschaft und Technik, nicht jener Skepsis und jenes Misstrauens, von denen man sonst das Gefühl hat, sie prägten den Zeitgeist. Der Einsatz, der über das übliche, hohe Normalmass an Arbeit geleistet wurde, hat sich gelohnt! Aufrichtiger Dank gebührt den Tausenden von Mitarbeitern, die alle zum Gelingen beitrugen. Ein besonderer Dank gilt der Presse, dem Radio und dem Fernsehen für ihre sachliche und engagierte Berichterstattung. Das bewusste In-sich-Gehen mit Bezug auf die Frage nach Sinn und Zweck von Wissenschaft und Technik hat gut getan, den Vortragenden und den Angesprochenen. Geistiger Höhepunkt der Auseinandersetzung war das *Symposium* in der Festwoche, in welchem vier prominente Redner ihre – keineswegs in allen Punkten gleichlautenden – Urteile vortrugen: Dahrendorf ein hartes, folgerichtiges Ideengebäude über Wissenschaft als Institution und Wissenschaft als Kraft; Jeanne Hersch eine Beurteilung voll Menschlichkeit und Wärme, unter anderem über den Glücksbegriff; Aurelio Peccei eine zuversichtliche (nicht utopische?) Projektion in die ferne Zukunft; Philip Handler eine nüchterne Beschreibung der Erfolge, mit wegweisender Analyse von Schwierigkeiten vor uns.

Hunderte von Privaten, Unternehmungen, Verbänden, Institutionen der öffentlichen Hand beschenkten uns im Jubiläumsjahr reichlich. Am ETH-Tag konnten *Geschenke im Wert von etwa 13 Mio Franken* verdankt werden. Der Dank sei hier wiederholt. Vor allem die Jubiläumsspende (ca. 8,5 Millionen Franken) wird uns bei der Bewältigung von Engpässen helfen, die wir durch alle Freude hindurch im Berichtsjahr immer deutlicher erkannt haben.

Engpässe haben sich ergeben und könnten sich verschlimmern infolge der Überlagerung einer ganzen Anzahl von Entwicklungen: der Finanzlage des Bundes (die uns seit 1974 den Personalstopp und faktisches Nullwachstum der Sachmittel beschert); die technische Überalterung vieler unserer Apparate und Einrichtungen (die mit grosszügigen Mitteln für die Neubauten auf dem Hönggerberg und im Zentrum hatten angeschafft werden können); die in gewissen Bereichen der Wissenschaft rasante, wissenschaftsimmanente Entwicklung (die sich besonders bei der personellen und apparativen Neuausstattung bei Wieder- oder Neubesetzungen von Professuren als kostspielig erweist; die Zahl der möglichen Wiederbesetzungen nimmt wegen der Altersstruktur unseres Lehrkörpers ab Mitte des Jahrzehnts sprunghaft zu); die immer noch ein Wachstum vorhersagenden Prognosen der Studentenzahl (wobei die absolute Zahl wenig Schwierigkeiten schafft, aber die unterschiedliche Entwicklung verschiedener Abteilungen die Verschiebung von Mitteln innerhalb der Hochschule diktiert).

Bis ins Berichtsjahr hinein hat unser Konzept der *Mittelbewirtschaftung* nach Massgabe ausgewiesener Bedürfnisse, kombiniert mit der *Projektfinanzierung* nach Massgabe der wissenschaftlichen Qualität der Vorhaben es ermöglicht, dynamisch zu bleiben und Freiräume zu schaffen für Innovation. Gegen Ende des Jahres mussten wir indessen erkennen, dass wir uns den Grenzen der möglichen Umverteil-Aktionen nähern. Wir müssen darauf hinweisen, dass der ETHZ eine innere Erstarrung droht, wenn wir nicht spätestens Mitte des Jahrzehnts einen Wachstumsschub an Personal- und Sachmitteln erleben.

Was heisst das, innere Erstarrung einer Hochschule?

Das heisst, nicht mehr in der Lage sein, freiwerdende Professuren hervorragend besetzen zu können im angestammten oder einem neuen Gebiet. Erfahrungsgemäss braucht ein «neuer» Professor eine Minimaldotation an Personalstellen, die er nach seinen Bedürfnissen besetzen kann, und eine minimale apparative Erstausrüstung. Wenn wir ihm das nicht bieten können, dann kommt er nicht. Dann beginnt die Erstarrung. Dann bleiben mit Sicherheit ein grosser Teil der wirklich wichtigen Reformen aus. (Ich meine damit nicht die formelle Reform, deren scheinbares Fehlen im Berichtsjahr so heftig kritisiert wurde, sondern die materielle, auf welche es wirklich ankommt.) Das heisst auch ungenügende Betreuung der Studenten und Absinken der Forschungsleistungen.

Einige *Neuerungen von besonderer Tragweite* möchte ich noch erwähnen:
In der Lehre
- die Einführung eines *Nachdiplomstudiums in Mathematik,* das den im Forschungsinstitut für Mathematik ein- und ausgehenden Sachverstand erschliesst;
- den Schulratsbeschluss über die Weiterführung des Nachdiplomstudiums über Probleme der Entwicklungsländer (früher INDEL, heute *NADEL*);

- die Einführung eines *Nachdiplomstudiums in Siedlungswasserbau und Gewässerschutz;*
- die Vorarbeiten für neue Normalstudienpläne für *Werkstoffingenieure* und *Informatikingenieure.*

Bei den Dienstleistungen
- den Schulleitungsbeschluss betreffend die Ausrüstung unserer Hauptbibliothek mit einem *Katalogsystem* für *interaktive Sachrecherchen.*

Im Normativen
- das erneute Scheitern eines Entwurfs (des dritten) für ein neues *Assistentenreglement,* das endlich Klarheit bringen sollte in die Dienstverhältnisse der Angehörigen des sogenannten Mittelbaus.

Im Ästhetischen
- den *Wasser-Gugelhopf in der ETH-Kuppel,* Spuk zwar, ephemer, aber Zeichen dafür, dass an der ETHZ Freiraum ist für Eigenwilliges, auch für originelles Zusammenwirken von Kunst und Technik.

1981

Erstmals seit 1936 sind im Berichtsjahr *neue Abteilungen gegründet worden:* die Abteilung IIIC (für Informatik) und IIID (für Werkstoffe). Es ist interessant, sich die Geschichte ihrer Entstehung kurz in Erinnerung zu rufen. Das Anliegen der *Informatik* ist an der ETHZ über dreissig Jahre alt. Es geht wohl auf *Eduard Stiefel* zurück. Ihm wurde 1948 die Leitung des Instituts für Angewandte Mathematik anvertraut. Zweiter Professor im Institut wurde 1955 *Heinz Rutishauser.* Das war die Frühzeit der Informatik an der ETH, mit der programmgesteuerten Rechenmaschine Zuse (Z4), der Elektronischen Rechenmaschine ETH (ERMETH), mit der Programmiersprache ALGOL. Die ersten Abteilungen, die Grundkurse im Programmieren in ihren Studienplänen obligatorisch erklärten, waren die Abteilungen für Elektrotechnik und für Mathematik und Physik. Es folgten die Bauingenieure, die Betriebsingenieure, die Kulturtechnik- und Vermessungsingenieure, die Maschineningenieure und schliesslich (1980) die Chemiker. Schon 1971 regte der Kern der Informatik-Professoren die Schaffung einer eigenen Studienrichtung Computerwissenschaften an, die im Schosse der Abteilung für Mathematik und Physik einzurichten wäre. In der Folge wurden eine Reihe von Zwischenlösungen getroffen: vier Wahlfächer in Informatik statt nur zwei; eigene Kernwahlfachrichtung für Informatik; Informatikausweis. Aber erst 1981 war die hochschulinterne Meinungsbildung so weit gediehen, dass ein Schulratsentscheid möglich wurde. Die eigene Abteilung für Informatik wurde darauf durch den Bundesrat sehr rasch errichtet. Unser Verfahren bei der Mitsprache vieler Beteiligter brachte es mit sich, dass der Meinungsbildungsprozess sehr lange dauerte – zu lange! Dass ein eigenständiges Berufsbild «Informatikingenieur» besteht, war nämlich seit längerer Zeit bekannt. Die Richtigkeit dieser Aussage, aber auch die Dringlichkeit der Neugründung der entsprechenden Abteilung sind dokumentiert durch die grosse Zahl von Studierenden, die in sie eingetreten sind.

Der Fall der Abteilung für *Werkstoffe* liegt etwas anders. Hier wurde ein Studienplan, der seit 1947 in wechselnder Form im Schosse der Abteilung für Chemie bereits verankert war, inhaltlich erheblich umgearbeitet und zu einer eigenen Abteilung für Werkstoffe verselbständigt. Wichtiges Anliegen dabei war, durch die Verlagerung des Studienplans aus einer naturwissenschaftlichen in eine Ingenieurabteilung den Studienwilligen zu signalisieren, dass der Werkstoffingenieur in erster Linie Ingenieur ist, nicht Wissenschafter. Das Echo, das der neue Studienplan in vielen Kreisen gefunden hat, ist ermutigend. Ich glaube, wir werden in Zukunft mehr und zweckmässiger ausgebildete Werkstoffingenieure in die Praxis entlassen können, als das in früheren Jahren der Fall war. Unser rohstoffarmes Land ist auf solche Kader in Werkstofffragen in hohem Masse angewiesen.

Im Vorfeld dieser wichtigen Entscheide ist verschiedentlich die Grundsatzfrage gestellt worden, ob es richtig sei, dass die *Hochschule die Bedürfnisse der Praxis berücksichtige* bei der Erarbeitung (oder Überarbeitung) ihrer Studienpläne. Es ist nicht nur richtig, sondern entspricht unserem gesetzlichen Auftrag. Der Bundesbeschluss über die Eidgenössischen Technischen Hochschulen vom 24. Juni 1970 hält nämlich fest, dass die ETH künftige Ingenieure, Architekten, Mathematiker und Naturwissenschafter auf ihre Berufstätigkeit vorbereiten, wobei in Lehre und Forschung den schweizerischen Bedürfnissen besonders Rechnung zu tragen sei. Ganz im Sinne dieser Vorschrift hat denn auch im Berichtsjahr ein reger Gedankenaustausch zwischen Praxis und Hochschule stattgefunden. Viele Professoren, Mitarbeiter und Studierende haben Unternehmungen besucht. Zahlreiche Kader aus der Wirtschaft haben sich als Lehrbeauftragte am Unterricht unserer Hochschule beteiligt oder als Teilnehmer an Fortbildungsveranstaltungen der ETHZ teilgenommen. Auch die Leitung der Hochschule hatte oft Gelegenheit, Probleme von Lehre und Forschung mit Vertretern der Praxis zu besprechen.

Unerfreuliches ist uns im Berichtsjahr nicht erspart geblieben. Die Liste jener vakanten Professuren, die wegen der Verknappung der Mittel nicht wiederbesetzt werden können, wird immer länger. Sie sei hier für die vergangenen acht Jahre in Erinnerung gerufen: Nationalökonomie (Rosset); Zoologie (Ursprung); Kristallographie und Petrographie (Laves); Bau- und Transportmaschinen (Zweifel); Zoologie (Ulrich); Biomedizinische Systemanalyse (Leifer); Organische Chemie (Hardegger); Kunstgeschichte (Gradmann); Geschichte und Soziologie der Land- und Forstwirtschaft (Hauser); Operations Research (Rössler); Geophysik (Weber); Technische Physik (Baumann); Architektur (Geisendorf); Molekularbiologie (Rudinger). Diese Verzichte haben es der ETHZ ermöglicht, eine ganze Reihe neuer Professuren zu errichten und zu besetzen. In Zukunft dürfte dies kaum mehr möglich sein. Vielmehr wird es *unumgänglich, die Zahl der Professuren insgesamt in den kommenden Jahren deutlich zu senken, sicher ab Mitte des Jahrzehnts, wenn wir nicht einen deutlichen Wachstumsschub erleben.* Man muss zur Kenntnis nehmen, dass die sehr schwierig gewordene Umdisposition von Personalstellen im Innern der Hochschule nicht mehr genügt, um auch nur die grössten Lücken zu schliessen. Es wird somit nicht mehr möglich sein, neu zu wählenden Professoren jenes Minimum an freien Personalstellen zuzuordnen, die für den Aufbau einer eigenen Gruppe unbedingt nötig sind. Auch werden die Mittel fehlen, bei Neuberufungen jene apparative Erstausrüstung zur Verfügung zu stellen, die für zukunftsträchtige Lehr- und Forschungsvorhaben jeweils nötig ist. Die Teuerung auf dem Sektor der wissenschaftlichen Einrichtungen wächst seit vielen Jahren erheblich schneller als die entsprechende Kreditrubrik unseres Haushalts, die sogenannte Rubrik «Unterricht und Forschung» (U+F). Während mehrerer Jahre waren wir trotzdem in der glücklichen Lage, ein gutes Drittel der U+F-Mittel für die befristete Anstellung von Forschungspersonal zu verwenden; z.Zt. werden rund 400 Doktoranden über diese Kreditrubrik entschädigt. Auf der einen Seite erodieren Teuerung und Reallohnerhöhung den Saläranteil dieser Rubrik, auf der anderen Seite sind wir dringend darauf angewiesen, einen wachsenden Anteil dieser Mittel für den Ersatz veralteter, wissenschaftlicher Einrichtungen aufzuwenden. *In den kommenden Jahren werden somit erheblich weniger Doktoranden aus diesem ETH-Mitteln entschädigt werden können.*

Zweckmässige Entscheide über Mittelzuteilung zu treffen, wird in den nächsten Jahren also nicht einfacher werden, sondern schwieriger. Um so wichtiger ist es, dass die *inhaltliche Planung der Zukunft* unserer Tätigkeit rechtzeitig an die Hand genommen wird. Im Berichtsjahr hat deshalb die Planung für die Periode 1984–87 begonnen. Es ist erfreulich zu sehen, mit wieviel Enthusiasmus unsere Institute und Abteilungen diese Aufgabe bewältigen. Die Planungskommission hat nun die schwierige Arbeit in Angriff genommen, die Vorstellungen der Institute und Abteilungen zu einem realistischen Vorschlag zu verdichten.

Die ETHZ hatte die Freude, *zahlreiche Besucher* zu empfangen, von kleinsten Gruppen aus vielen Ländern bis zu grossen Kongressen. Diese Tätigkeit ist zeitlich aufwendig, bereichert aber das Leben unserer Hochschule ungemein, und trägt dazu bei, ihr Ansehen weltweit hochzuhalten. Prominentester Gast im Berichtsjahr war Prinz Charles. Er sprach im Auditorium maximum über das Zusammenwirken von Hochschule und Industrie. Wichtigstes Ereignis auf der baulichen Seite war die *Inbetriebnahme des neuen Zentralgebäudes der Elektrotechnik an der Gloriastrasse*. Es beherbergt eine ganze Reihe von Instituten der Elektrotechnik und bietet zweckmässigen Raum für die Studenten dieser grössten Abteilung unserer Hochschule.

In der Leitung der Hochschule ist *Rektor Hans Grob* durch *Rektor Alfred Huber* abgelöst worden. Rektor Grob blickt auf eine arbeitsreiche Amtszeit zurück, in deren Mittelpunkt die Öffentlichkeitsarbeit zum Jubiläumsjahr 1980 stand. Er verdient für seine Arbeit den Dank der Hochschule.

Solcher Dank gebührt allen Professoren, Mitarbeitern und Studenten der ETHZ, die im Berichtsjahr, kaum verdrossen durch die äusseren Zwänge, ihre Arbeit mit frohem Mut und viel Einsatz geleistet haben. Mit besonderer Freude beglückwünschen wir jene vielen Kollegen, deren Arbeit durch Preise, Auszeichnungen oder andere Formen der Anerkennung aus dem Innern der Hochschule oder von aussen geehrt worden ist.

1982

Mindestens zwei Erfolge kann die ETHZ im Berichtsjahr im Bereich der *Öffentlichkeitsarbeit* buchen: die Tage der offenen Türen der Abteilung für Elektrotechnik und die Forschungs- und Innovationsausstellung. Beide Veranstaltungen sind bei den Besuchern und in der Presse gut angekommen. Wenn uns gelegentlich vorgeworfen wird, unsere Absolventen seien zuwenig geschult in der Kunst, ein Anliegen oder ein Ergebnis wirkungsvoll an den Mann zu bringen, dann zeigen solche Veranstaltungen, dass dieser Vorwurf kaum gerechtfertigt ist. Zwar erfolgt die Schulung nicht abstrakt, in besonderen Lehrveranstaltungen, sondern – viel wirkungsvoller – an konkreten Projekten. Gewiss bestehen noch Lücken. Aber es ist eine Freude zu sehen, mit wieviel Enthusiasmus diese Aufgaben an die Hand genommen werden.

Die traditionellen *Ringveranstaltungen* sind erstmals auf die Universität Basel ausgedehnt worden. ETHZ-Professoren haben gemeinsam mit Basler Kollegen zum Rahmenthema «Sicherheit in unserer Zeit» vorgetragen.

Eine Aussenwirkung besonderer Art stellt der *Wissenstransfer von der Hochschule in die Industrie* dar. Am wirkungsvollsten erfolgt dieser Transfer durch unsere Absolventen selbst, die ihr Hochschulwissen und -können in die Unternehmungen einbringen. Schon zu Beginn des nächsten Jahrzehnts wird die Absolventenzahl aber wegen des Geburtenrückgangs der mittleren sechziger und siebziger Jahre eher abnehmen, es sei denn, ein grösserer Anteil der Maturanden entschliesse sich für ein Studium an den Technischen Hochschulen. Weite Kreise erwarten aber ganz unabhängig von solchen demographischen Überlegungen, dass vermehrt Ergebnisse auch der Hochschulforschungstätigkeit, nicht nur ihrer Ausbildungstätigkeit, für die Industrie direkt erschlossen werden. Die Vorstellungen über solche Transfer- und Valorisationsleistungen sind uneinheitlich; eine Informationskonferenz zu diesem Thema hat das deutlich gezeigt. Es gibt Bereiche, in welchen Hochschulen gegenüber der Industrie gar keinen Kenntnisvorsprung haben und deshalb der Wissenstransfer in der umgekehrten Richtung erfolgen müsste. In anderen Bereichen verfügen die Hochschulen zwar gegenüber der Industrie über Wissensvorsprung, der aber oft nicht übertragen wird, aus einem ganzen Strauss möglicher Gründe: fehlende Fähigkeit von kleineren und mittleren Unternehmungen, ihre Bedürfnisse forschungsgerecht zu artikulieren; fehlende Bereitschaft von Hochschulinstituten, sich mitzuteilen; Ängste um Urheberrechte; Fehlen der Deckungsgleichheit der Problemlage in der Industrie mit der Kenntnislage an den Hochschulen; gegenseitiges Unwissen. Gemeinsamer Nenner der Voten an unserer Informationskonferenz war, dass das Transfergeschehen

verbesserungswürdig und verbesserungsfähig ist. Das ist eine Daueraufgabe auch der Hochschule, und wir wollen sie weiterhin ernst nehmen.
Eine Verstärkung dieser Transfertätigkeit würde allerdings zusätzliche Mittel erfordern, vor allem zusätzliches Personal. In Anbetracht der Wirtschaftslage ist es unwahrscheinlich, dass wir zusätzliche Personalstellen erhalten können, und auch eigentliche Industrieaufträge dürften kaum wesentlich zunehmen. Es bliebe der Weg über die Umverteilung von Aufgaben: dass unsere Institute ihre Tätigkeit etwas mehr auf die Transferfunktion verlagerten. Ich halte das für Theorie, weil die meisten Institute durch ihre Lehrverpflichtungen derart ausgelastet sind, dass sie kaum über interne Personalpolster verfügen. Natürlich bemüht sich die Schulleitung, durch weitere *Rationalisierung von Verwaltungsabläufen und Zusammenfassung kleiner Institute* zu grösseren Einheiten hier und dort den Wirkungsgrad noch zu erhöhen. So wurden im Berichtsjahr die früher von je einem Professor geführten Institute für Flugzeugstatik und Leichtbau resp. Bau- und Transportmaschinen zu einem einzigen Institut für Leichtbau und Seilbahntechnik zusammengefasst, das einem einzigen Professor unterstellt wurde. Auch mussten wir aus Spargründen wiederum auf die Besetzung von freiwerdenden Professuren verzichten. Diesmal betraf es jene der Kollegen Bach (Bodenkunde) und Ibl (Elektrochemie). Nicht zuletzt durch solche Verzichte und Rationalisierungsmassnahmen wird es möglich, trotz unserem Nullwachstum in neue Gebiete vorzustossen, ja neue Institute zu errichten. So konnte im Berichtsjahr das Institut für Biotechnologie eröffnet werden und auf dem Hönggerberg seinen Betrieb aufnehmen. Die Presse hatte ausgiebig Gelegenheit, die Gründung dieses Institutes an Ort und Stelle mitzuerleben; eine Gruppe von Wissenschaftsjournalisten stattete ihm einen ausgedehnten Besuch ab. Das gleiche Institut hatte den hohen Besuch von Bundespräsident Honegger, Bundesrat Aubert in Begleitung von fünfzig Schweizer Botschaftern aus aller Welt; die prominente Gästeschar besichtigte auf dem Hönggerberg überdies das Institut für Verkehrsplanung und Transporttechnik.

Innovation nicht nur in der Forschung, sondern auch *in der Lehre* ist wiederum sichtbar geworden, am deutlichsten durch die Aufnahme des Unterrichts der neuen Abteilung für Informatik, die jetzt schon 284 Studenten zählt und sich einer ungebrochenen Nachfrage erfreut. Hier hatte offensichtlich eine Lücke bestanden, und wir sind stolz, sie füllen zu können.

Fast fünfzig Dozenten unserer Hochschule haben im Berichtsjahr *hochschuldidaktische Kurse* besucht. Seit Jahren strengt sich die Subkommission für Studiengestaltung der Dozentenkommission mit Erfolg an, durch Wochenendseminare und spezielle Veranstaltungen Weiterbildungsmöglichkeiten in Hochschuldidaktik zu erschliessen. Dieses Jahr war das Angebot besonders reichhaltig, konnten sich unsere Kollegen doch an den Kursen der benachbarten Universität beteiligen. Mit der Subkommission hoffe ich, dass sich aus dieser Veranstaltung ein dauerndes Kursangebot beider Zürcher Hochschulen ergibt.

Die *Planung 1984–87* ist im Berichtsjahr einen grossen Schritt weitergekommen, indem der sogenannte Entwicklungsplan zuhanden der Schweizerischen Hochschulkonferenz fertiggestellt werden konnte. Kernstück unserer Planung ist die Dozentenplanung. Achtzig vorgeschlagenen Professuren stehen vierzig Rücktritte gegenüber. Der Planungskommission obliegt die dornenvolle Aufgabe, aus achtzig Vorschlägen vierzig Anträge zu formulieren. Für die Zukunft unserer Hochschule ist die kluge Auswahl der Fachgebiete von ganz entscheidender Bedeutung, die nur noch übertroffen wird von der Bedeutung der Wahl der Professoren selbst. Einen Lichtblick für die Planungsperiode stellt der Parlamentsbeschluss eines neuen Verpflichtungskredites für den Ersatz veralteter wissenschaftlicher Einrichtungen dar. Seit Jahren hatten wir darauf hingewiesen, dass Apparate, die bei der Erstausstattung unserer Neubauten angeschafft werden konnten, natürlich einem Alterungsprozess unterliegen. Die Stimme ist gehört worden, und wir sind dem Parlament dankbar dafür.

Im Bereich des *Normativen* sind zwei Erlasse besonders zu erwähnen, deren Bearbeitung Fortschritte gemacht hat: die neue Assistentenverordnung und der Ersatz des ETH-Reglementes von 1924 durch eine neue ETH-Verordnung. Im Zentrum der Auseinandersetzung der Assistentenverordnung steht die Frage der Besoldung insbesondere jener Assistenten, die an einer Dissertation arbeiten, aber auch der Entschädigung der Assistenten schlechthin. Bei der ETH-Verordnung gibt am meisten zu reden die Frage der Mitwirkung der Hochschulstände auf Abteilungs- und Hochschulebene, die Struktur der Schulleitung und die Frage der Kostenverrechnung von Dienstleistungen an Dritte. Wir wissen noch nicht, wie die zuständigen Behörden (der Schulrat für die Assistentenverordnung, der Bundesrat für die ETH-Verordnung) entscheiden werden.

Unsere Oberbehörde, der *Schweizerische Schulrat,* ist *neu gewählt* worden. Den Herren Carruzzo, French, Rogger, Waldvogel und Weber sei hier der Dank der ETHZ für ihre grossen Verdienste um unsere Hochschule ausgesprochen. Ihren Nachfolgern, den Herren Basler, Butty, Gut, Meylan und Schmid wünsche ich viel Befriedigung in ihrer Tätigkeit im Schulrat. Wir sind froh, dass die Herren Cosandey, Lombardi, Speiser, Vincenz und Vittoz sich zur Wiederwahl zur Verfügung gestellt haben und dem Rat weiterhin angehören.

An *menschlich Schönem* sei der *Polyball* erwähnt. An die siebentausend Gäste leisteten der Einladung eines grandiosen Ikarus in der Haupthalle Folge und freuten sich an einer festlichen Ballnacht. Den Studentinnen und

Studenten der Ballkommission und ihren vielen Helfern gebührt grosser Dank für den gewaltigen, ehrenamtlichen Einsatz. Und die *Gymnaestrada:* zwanzigtausend Turnerinnen und Turner aus 25 Ländern waren in Zürich versammelt. Zu den Höhepunkten der Veranstaltung zählten die Darbietungen von 84 Teilnehmerinnen und Teilnehmern unserer Kurse für Turnen und Sport. Was da aus Bällen aller Farben und Grössen durch Grazie, Präzision, Charme und Begeisterung herausgeholt wurde, «steigerte sich», wie die NZZ schrieb, «zum sportlichen Schauspiel». Für solche Spitzenleistungen reicht das Pflichtleben des Hochschulbetriebes nicht aus; da braucht es Küreinsatz, der hier herzlich verdankt sei. Nicht minder herzlicher Dank geht an alle Angehörigen unserer Hochschule, die durch ihre Tatkraft kräftig zum Gelingen des Ganzen beigetragen haben, speziell jene Kollegen, deren Arbeit national und international besondere Anerkennung gefunden hat.

1983

Wie schon 1980, 1981 und 1982 hat die *Zahl der neueintretenden Studierenden auch im Berichtsjahr deutlich zugenommen.* Diese Entwicklung ist erfreulich. Im Jubiläumsjahr hatten wir mit Nachdruck darauf hingewiesen, dass unser Land auch in Zukunft einen grossen Bedarf an Ingenieuren und Naturwissenschaftern haben wird. Die Stimmen sind offenbar gehört worden. Jetzt gilt es, Sorge zu tragen, dass das erhöhte Wachstum der Studentenzahlen an den Technischen Hochschulen weiter anhält. Sonst werden die geburtenschwächeren Jahrgänge, die schon bald das Hochschulalter erreichen, die positive Entwicklung wieder zunichte machen und wird sich für unsere Industrie auf breiter Front ein Nachwuchsproblem stellen. Bei der chemischen Industrie ist das Nachwuchsproblem schon heute offensichtlich. Die ETH Zürich bemüht sich, für die wachsenden Studenten-Jahrgänge günstige Voraussetzungen zu schaffen. Nach wie vor werden wir dafür sorgen, dass das Studienangebot attraktiv bleibt und neuen Bedürfnissen laufend angepasst wird. Dabei ist rechtzeitig Ausschau zu halten auch nach neuen Fachgebieten, die gleichsam zwischen den bestehenden Disziplinen Eigenständigkeit erlangen. Das Beispiel der Informatik hat mit aller Deutlichkeit gezeigt, wie wichtig solche Früherkennung ist, und wie schwierig und langwierig es ist, Erkenntnisse in Handlungen umzusetzen. Bahnt sich jetzt in der sogenannten Mechatronik, an der Schnittstelle von Maschinenbau und Elektrotechnik, bereits eine ähnliche Entwicklung an? Persönlich glaube ich nicht, dass diese Richtung im Ausmass mit der Informatik vergleichbar sein wird. Aber unsere Ingenieurabteilungen werden die Frage im Hinblick auf Revisionen ihrer Studienpläne im Auge behalten. Probleme der Wirklichkeit erscheinen oft nicht nach Abteilungen und Fakultäten gebündelt, sondern verlangen nach fachübergreifender Behandlung. Eines dieser Probleme betrifft die Schulung unserer Absolventen in unternehmerischem Handeln. Viele Schwierigkeiten unserer Industrie scheinen nicht nur auf Marktprobleme zurückzuführen zu sein, auch nicht auf Innovationsrückstand, sondern auf ungenügendes Unternehmertum. Auch diesem Problem wird bei der Revision der Studienpläne Aufmerksamkeit zu widmen sein.

Solche Anpassungen brauchen zusätzliche Mittel. *Leitung und Verwaltung sehen sich zunehmend vor fast unlösbaren Aufgaben in ihrem Bestreben, die Allokation der beschränkten, im Personellen nicht wachsenden Mittel an die Institute und Abteilungen nach objektiven, vertretbaren Kriterien so vorzunehmen, dass die notwendigen Anpassungen möglich werden.* Es sei in Erinnerung gerufen, dass 1974 1340 Studierende ihr Studium an der ETHZ aufnahmen, im Herbst 1983 1853 (also 38% mehr). Die Gesamtzahl der Studierenden betrug 1974 6996, 1983 sind es 8580 (also 23% mehr). Wegen des Personalstopps musste sich das Betreuungsverhältnis schon allein durch dieses Wachstum verschlechtern. Aber es hat nicht nur die Zahl der Studierenden insgesamt zugenommen, sondern es hat sich die Verteilung auf die verschiedenen Fachgebiete zum Teil dramatisch verschoben. Der Anteil der Bauingenieure war im Berichtsjahr noch halb so gross wie 1974; das gleiche gilt für den Anteil der Chemiker. Demgegenüber waren im Berichtsjahr an der Abteilung für Informatik bereits mehr Studierende eingeschrieben als an der Abteilung für Bauingenieurwesen, obwohl die Abteilung für Informatik erst zwei Jahre alt ist und erst über zwei volle Jahrgänge verfügt!

Es ist weder im nötigen Ausmass möglich, noch akademisch sinnvoll, Personalbestände aus den Bereichen von Chemie und Bauingenieurwesen auf die Informatik zu verschieben. Aber wie sonst soll der Personalbedarf der Informatiker gedeckt werden? Die betroffenen Institute und Abteilungen, Spender umverteilter Personalstellen wie Empfänger, haben Anspruch auf umfangreiche Erhebungen und Abklärungen mit ungezählten Besprechungsstunden. Vertreter der Praxis setzen sich vor allem in jenen Fällen vehement ein, wo es gilt, Beschlüsse des Verzichts auf Wiederbesetzung von Professuren in die Tat umzusetzen. Auch diese wichtigen und willkommenen Interventionen brauchen Besprechungsstunden auf Stufe Schulleitung.

Am 1. Dezember 1983 ist die neue ETH-Verordnung des Bundesrats in Kraft getreten. Mit Bezug auf das eben geschilderte Problem stellt sie eine gewisse Linderung insofern in Aussicht, als sie die Möglichkeit schafft, der Schulleitung grössere Kontinuität zu verleihen und sie personell zu erweitern. Alle Mitglieder der Schulleitung werden in Zukunft vom Bundesrat auf die Amtsdauer der Schulräte gewählt und sind wiederwählbar. Im Vordergrund der jetzt vorbereiteten Anpassung an das neue Recht stehen die Aufwertung (d.h. Mehrbelastung) der Stellung des Rektors, die Behandlung mittel- und langfristiger Probleme durch einen Vizepräsidenten für Planung und Entwicklung und eine klarere Kompetenzregelung im Bereich des Vizepräsidenten für Verwaltung (heute Betriebsdirektion). Wichtig im neuen Recht ist sodann die Entlastung der Professoren von einem Übermass an Verwaltungsarbeit, das bisher durch das Nebeneinander von Abteilungskonferenz und Abteilungsrat bedingt war; nach neuem Recht gibt es nur noch Abteilungskonferenzen.

Der wichtigste Schulratsbeschluss im Berichtsjahr betraf die *Dozentenplanung 1984–87. Trotz Nullwachstum beim Personal hat der Schulrat der Schaffung von fünf neuen Professuren zugestimmt.* Es sind dies zwei auf dem Gebiet der Elektronik, zwei für Informatik und eine für Maschinenkonstruktion, insbesondere rechnerischen Entwurf. Mit der Besetzung dieser Professuren wird auf wichtigen, zukunftsweisenden Anwendungsgebieten ein erweitertes Lehrangebot geschaffen und werden Forschungslücken geschlossen. Getrübt ist der Schulratsbeschluss durch den Umstand, dass er wegen des

Nullwachstums nur vollzogen werden kann, wenn gleichzeitig auf die Wiederbesetzung von fünf bestehenden, durch Rücktritt freiwerdenden Professuren in anderen Fachgebieten verzichtet wird.

Das neue Assistentenreglement, das im Berichtsjahr nach jahrelangem Ringen vom Schulrat verabschiedet wurde, führt als wichtigste Neuerung eine *generelle Befristung der Assistentenzeit* (in der Regel auf sechs Jahre) *und der Oberassistentenzeit* (auf sechs Jahre) ein. Wir hoffen, dass diese Regelung die Chancen der nachrückenden, starken Studentenjahrgänge für Weiterbildung im Assistentenstatus etwas erhöht.

Sehr viel Arbeit wurde im Berichtsjahr durch Institute, Professuren und die Schulleitung zum Thema *Wissenstransfer Hochschule-Industrie* geleistet. Die diesjährige Informationskonferenz war diesem Thema gewidmet. Persönlich habe ich mich in den letzten Jahren in der Schweiz, an verschiedenen Hochschulen der Bundesrepublik Deutschland, Frankreichs, Grossbritanniens, Israels, Japans und der Vereinigten Staaten über Lösungsmöglichkeiten orientiert. *Der normale Weg des Wissenstransfers führt über die Absolventen* der Hochschule. Wir hören aber immer wieder, vor allem Klein- und Mittelbetriebe möchten vermehrt Zugang zu Forschungsergebnissen in- und ausländischer Hochschulen. Viele Institute unserer Hochschule sind an solcher Zusammenarbeit interessiert und pflegen sie seit vielen Jahren. Die oft gehörte Bemerkung, es bestehe in breiten Kreisen der Unternehmungen ein Innovationsmanko, würde erwarten lassen, dass konkrete Anfragen an unsere Institute in grosser und zunehmender Anzahl erfolgten. Das ist nicht der Fall. Ich glaube, der Grund dafür besteht darin, dass viele Unternehmungen in unserem Land, vor allem eben Klein- und Mittelbetriebe, traditionsgemäss kein oder wenig Kader beschäftigen, das im Umgang mit Forschung geschult ist. Hier wären nach meiner Meinung Verbesserungen möglich, indem das Doktorieren in den Ingenieurfächern populärer würde. Im Bereich der chemischen Industrie hat sich diese Praxis seit Jahrzehnten bewährt.

Danken möchte ich den Herren Kollegen Alfred Huber für seine Mitarbeit in der Schulleitung während seiner zweier Rektoratsjahre, seinem Nachfolger, Herrn Rektor Hans von Gunten, der sich sehr rasch eingearbeitet hat, den übrigen Mitgliedern von Leitung und Verwaltung der ETHZ für ihre treue, kompetente Mitarbeit. Ein spezieller Dank geht an unsere Stäbe, die im Zusammenhang mit der neuen Verordnung und der Mehrjahresplanung ein aussergewöhnliches Arbeitsvolumen zu bewältigen hatten. Mein Dank richtet sich schliesslich an alle Hochschulangehörigen, die auch im vergangenen Jahr durch ihre Arbeit mitgeholfen haben, das Ansehen unserer Hochschule im Inland wie im Ausland hochzuhalten. Viele Kollegen haben Ehrungen entgegennehmen dürfen; ihnen gilt ein besonderer Glückwunsch.

1984

Für die Exponenten der Hochschulstände, aber auch für die Leitungs- und Verwaltungsorgane im ganzen Schulratsbereich stand das Berichtsjahr unter dem Zeichen der *Vorbereitung resp. Einführung neuer Rechtsnormen.* Der Vorentwurf für ein *neues ETH-Gesetz* fand im Vernehmlassungsverfahren in vielen Punkten Zustimmung breiter Kreise. Wenn seine Behandlung in den eidgenössischen Räten dennoch erst in einer späteren Legislaturperiode erfolgen wird, hat das wohl vor allem zwei Gründe. Einmal wurden Fragen grundsätzlicher Art aufgeworfen, deren Tragweite vertiefte Auseinandersetzung und Diskussion verlangt: die Forderung z.B., Überlegungen oder gar Vorschriften forschungsethischer Art ins Gesetz aufzunehmen, oder der Vorschlag, die im Gesetz neu vorgesehene Verankerung der wissenschaftlichen Dienstleistung als dritte Aufgabe der Hochschule (neben Lehre und Forschung) wieder zu streichen. Sodann machte unser Parlament geltend, seine Überlastung durch die Flut neuer Vorlagen rufe kategorisch nach einer Schwerpunktsetzung in der legislativen Tätigkeit; der Bundesrat versetzte darauf eine ganze Reihe von Vorlagen, darunter das ETH-Gesetz, in niedrigere Prioritätsstufen. Die Folge ist, dass die Räte die sogenannte Übergangsregelung von 1970 im nächsten Jahr (1985) abermals verlängern müssen. Das ist kein Unglück, hat der Schulratsbereich sich doch unter dem Regime dieser Regelung gut entwickelt. Zu hoffen ist nur, dass die umfangreiche am Vorentwurf geleistete Denkarbeit dereinst nicht von Anfang an erneut geleistet werden muss. Diese Möglichkeit ist nicht auszuschliessen, weil viele Exponenten der gestrigen Meinungsbildung morgen nicht mehr im Amt sein werden und ihre Nachfolger dereinst erwarten mögen, erneut konsultiert zu werden. Vernehmlassungen x-ter Ordnung sind zeitraubend.

Im Lichte dieser Ereignisse erweist es sich als klug, das an sich nachgeordnete Verordnungsrecht entgegen der Usanz vor dem neuen Gesetz erarbeitet und in Kraft gesetzt zu haben. Die *ETH-Verordnung,* am 1. Dezember 1983 in Kraft getreten, löst das in vielen Punkten veraltete ETH-Reglement aus dem Jahre 1924 ab. Mit der *Verordnung über Leitung und Verwaltung der ETH Zürich* (am 5. Juli 1984 in Kraft getreten) schafft der Schulrat die Rechtsgrundlage für die Schulleitung, wie sie als Kollegialbehörde seit mehr als einem Jahrzehnt tatsächlich funktioniert, und eröffnet gleichzeitig die Möglichkeit einer bescheidenen personellen Erweiterung. Auf den 1. Oktober 1984 hat der Bundesrat drei Vizepräsidenten der ETH Zürich gewählt, die Herren Hans von Gunten (Rektor), Eduard Freitag (Vizepräsident für Verwaltung) und Fritz Widmer (Vizepräsident für Planung und Entwicklung). Die bisherigen Delegierten des Rektors, Christoph Wehrli (Diplomstudien) und Kurt Dressler (Weiterbildung), wurden von der Schulleitung zu Prorektoren ernannt. Neuer Delegierter der Schulleitung für Forschung und Präsident der Forschungskommission ist Walter Baltensperger. Er ist Nachfolger von Walter Hälg, der dieses Amt seit 1977 mit aussergewöhnlichem Einsatz innegehabt hatte und dafür den Dank der Hochschule entgegennehmen durfte.

Im neuen Verordnungsrecht ebenfalls neu geregelt ist die *Mitwirkung der Hochschulangehörigen auf Stufe Abteilung*. Die Konferenzen der meisten Abteilungen – aber noch nicht aller – haben sich im Berichtsjahr neu konstituiert und ihre Arbeit aufgenommen.

Unsere Planungskommission hat unter der zielstrebigen Leitung ihres Präsidenten zusammen mit dem Planungsdienst die *«Akademische Vision 2001»* erarbeitet, die wir der neuen Hochschulversammlung unterbreiten. Der Schulrat hat ein *Grundsatzpapier über* seine *Wissenschaftspolitik* verabschiedet. Beide Dokumente verfolgen das Ziel, bei der Erarbeitung künftiger Vierjahrespläne langfristige Zielvorstellungen vor Augen zu haben.

Wie jedes Jahr sind auch im Berichtsjahr zahlreiche Reformen der Lehrinhalte erfolgt. Darüber hinaus sind intensive Vorarbeiten geleistet worden im Hinblick auf Veränderungen, die schon bald den Unterricht aller Abteilungen tiefgreifend beeinflussen werden. Die Veränderungen betreffen den *Einsatz des Computers im Bildungsprozess* schlechthin. An verschiedenen Hochschulen vor allem der Vereinigten Staaten geht die Einrichtung eines Computers an jedem studentischen Arbeitsplatz ihrer Verwirklichung entgegen. Im Kontakt mit solchen Hochschulen wird auch an der ETH Zürich geprüft, in welcher Form wir sicherstellen können, dass unsere Absolventen in diesem Bereich den Vergleich mit ausländischen Kommilitonen nicht zu scheuen brauchen.

Informatik dringt als Schlüsseltechnologie auch in viele Gebiete der Forschung ein, nicht nur in die Lehre. Experimentelle Forschung wird zunehmend ergänzt, ja zum Teil ersetzt, durch Computer-Simulation. Für die ETH Zürich bedeutet diese Entwicklung erhebliche Investitionen in zentralen und dezentralen Rechenanlagen samt den dazugehörenden Netzwerken. Im Berichtsjahr ist der Ausbau von KOMETH weitergegangen, der Anschluss an das europäische Forschungsnetz EARN erfolgt, und sind Vorarbeiten für eine *Neugliederung der Informatikdienste* weitgehend abgeschlossen worden.

Man soll Informatik nicht mit Information oder Dokumentation verwechseln. Die Abschnittsgrenzen, aber auch die Brücken, werden sichtbar, wenn man die Fortentwicklung unserer *Bibliotheksdienste* betrachtet. Die Hauptbibliothek hat im Berichtsjahr ihre eigene Rechenanlage, abgelöst vom Rechenzentrum, für die Weiterentwicklung ihres neuen Bibliothekssystems eingesetzt, dem «ETH library information control system» ETHICS. Das System ist auf Benützerfreundlichkeit ausgelegt. Insbesondere wird es dezentrale Katalogabfragen mit Bestellung im Dialog ermöglichen, über

KOMETH. Bereits haben sich die ETH Lausanne und die Schweizerische Landesbibliothek für unser System entschlossen.

«10 Jahre Personalplafonierung» ist ein häufiges Zitat aus dem Berichtsjahr; die Finanzlage des Bundes erlaubte noch keinerlei Lockerung. Es ist wichtig, in Erinnerung zu rufen, dass sich die Zahl der neueintretenden Studierenden 1984 im Vergleich mit 1974 um 45% erhöht hat, die Gesamtzahl der Studierenden um 31%. Wie schon in früheren Jahren, konnte auch im Berichtsjahr Neues nur unter Verzicht auf Bestehendes an die Hand genommen werden, mussten Personalstellen umverteilt, musste auf die Wiederbesetzung vakant gewordener Professuren verzichtet und die Schliessung eines weiteren Instituts vorbereitet werden. Nur so war es möglich, wenigstens teilweise vertretbare Betreuungsverhältnisse der Studierenden zu erhalten oder zu schaffen. Trotz diesen Umverteilungsaktionen ist es uns aber z.B. nicht gelungen, die Ausbildung von Informatikingenieuren angemessen zu fördern. Wir sehen uns deshalb gezwungen, schon 1985 eine weitere Verschiebung von Personalstellen anzuordnen. Sie ist im Berichtsjahr durch unsere Stäbe in enger Tuchfühlung mit den Hochschulinstituten vorbereitet worden. Eine gravierende Folge dieser neuen Umverteilung wird ein *Abbau von Forschungsaktivitäten* sein, die jahrzehntelang dazu beigetragen haben, den Ruhm der ETH Zürich weltweit aufzubauen oder hochzuhalten. Auch im Berichtsjahr haben unsere Institute wichtige Forschungsergebnisse in grosser Zahl aufweisen können, und viele Kollegen sind wegen ihrer ausserordentlichen Arbeiten mit nationalen und internationalen Preisen ausgezeichnet worden; dafür gebührt ihnen der Dank der Hochschule. Es wird schmerzen, solchen Kollegen und ihren Instituten die hervorragende Arbeit mit dem Entzug weiterer Mittel quittieren zu müssen.

Ein Höhepunkt des akademischen Lebens 1984 soll nicht unerwähnt bleiben: die GEP-Vorlesung von *Professor Hans Küng* zum Thema «Christentum und Islam». Küng breitete vor weit über tausend Zuhörern ganz grosse Zusammenhänge zwischen dem Vermögen – oder eben Unvermögen – des Dialogs unter den grossen Religionen und dem Weltfrieden aus. Der Dank des Publikums an Professor Küng war gross. Er sei hier wiederholt.

1985

Die Grobanalyse des Schulratsbereichs durch die Unternehmensberaterfirma Hayek hat im Berichtsjahr viel zu reden gegeben. Erbringt die ETH Zürich ihre Leistungen in Lehre und Forschung effizient? Gibt es in unserer Tätigkeit Ballast, oder Lücken, oder beides? Sind unsere Personalbestände per Saldo richtig bemessen? Die Antwort gerade auf die letzte, brennende Frage ist ermutigend: auch der Experte Hayek, nicht nur die Schulleitung, findet, die ETH Zürich brauche dringend zusätzliches Personal. Bundesrat und Parlament haben seinen Rat ernst genommen und eine erste, wenn auch bescheidene Tranche neuer Personalstellen bewilligt – ein erfreulicher Lichtblick. *Aber:* Wir werden sowohl in der zentralen Verwaltung, als auch vor allem in den Instituten personal*sparende* Massnahmen vorzubereiten haben, macht doch die Grobanalyse ein Fragezeichen zum Effizienznachweis in diesen Bereichen («98 Werkstätten an der ETH Zürich», als Beispiel), und sie spricht deshalb von noch vorhandenen Optimierungspotentialen. Die mittlerweile im Schulratsprojekt AVANTI angelaufenen Detailstudien, z. T. wiederum von aussenstehenden Experten durchzuführen, sollen solche Potentiale genauer erheben und realisierbare Vorstellungen für Verbesserungen der Effizienz entwickeln. Neu für die ETH Zürich ist dabei nur, dass die Ratschläge von einem aussenstehenden Experten statt von der Schulleitung stammen. Die Schulleitung hat bekanntlich seit vielen Jahren grosse Rationalisierungsanstrengungen unternommen; frei werdende Professuren im angestammten Gebiet nicht ersetzt und damit die Möglichkeit geschaffen, Professuren in neuen Gebieten zu errichten; die Schliessung von Instituten beantragt und dann durchgesetzt; über zweihundert Personalstellen hochschulintern verschoben. Auch im Berichtsjahr hat die Schulleitung eine grosse Zahl Personalumverteilungen in die Wege geleitet. Mit dem Ziel einer verstärkten akademischen Selbstverwaltung hat sie sodann den Instituten grössere Freiheit in der Gestaltung der Dienstverhältnisse von Doktoranden eingeräumt. Im Zentrum der Rationalisierungsvorschläge von Hayek steht der Auftrag, eine tiefgreifende Neustrukturierung der ETH Zürich nach dem Departementalprinzip vorzubereiten. Das kann bedeuten, dass neu das Departement, statt das Institut oder die Professur, Einheit der akademischen Selbstverwaltung wird. Das braucht nicht zu heissen, dass dadurch eine zusätzliche Entscheidungsebene eingeführt wird; denn man kann sich vorstellen, dass Departemente sich nicht oder nicht nur aus Instituten, sondern aus Professuren zusammensetzen. Welche neue Organisationsform auch immer schlussendlich gewählt wird, so darf nicht vergessen werden, dass die tatsächlichen Verantwortungsträger für Lehre und Forschung nicht Strukturen sind, auch nicht Gremien, sondern Einzelpersonen, und zwar in erster Linie die Professoren. Mir jedenfalls ist keine Korrelation bekannt zwischen der Qualität einer Hochschule und ihren Strukturen. Die Qualität der Hochschule korreliert sehr direkt mit der Qualität ihrer Professoren. Es gibt aber ausländische Beispiele hervorragender Hochschulen, die eine (betriebswirtschaftlich rationelle) Departementsstruktur aufweisen. Vielleicht gelingt es, aus solchen Beispielen zu lernen mit dem Ziel, für die Erfüllung unserer Aufgaben in Lehre und Forschung möglichst viel Handlungsfreiheit der Professoren zu erlangen. Die Vorschläge für eine Departementsstruktur sollen bereits im Frühjahr 1986 vorliegen, der Hochschule dann im zweiten Halbjahr zur Stellungnahme unterbreitet werden, damit der Schulrat in der Lage ist, schon anfangs 1987 Beschluss zu fassen.

Die Firma Hayek hat auch die Leitungsstruktur der ETH Zürich kritisiert, ja auch den Auftraggeber, den uns vorgesetzten Schweizerischen Schulrat. Beide Behörden, Schulrat und Schulleitung, führten zu wenig, Kompetenzen seien zu wenig klar ausgeschieden, Aufträge, Auftragsverständnis, Unternehmergeist seien unklar oder mangelhaft ausgebildet. Mängelrügen an der Schulleitung treffen besonders deshalb hart, weil die Schulleitung doch gerade erst Ende 1984 neu strukturiert worden ist. Die Kritik am Schulrat wirft sehr grundsätzliche Fragen der Stellung von Hochschulen im Staatswesen auf. Hochschulen sind nicht Staaten im Staat. Sie haben selbstverständlich der Oberaufsicht von Regierung und Parlament unterstellt zu bleiben. Ihre Handlungsfreiheit würde aber zunehmen, wenn sie eine grössere, im Rückblick kontrollierte Autonomie erhielten, wenn sie Einkünfte aus ihrer Tätigkeit für die eigene Entfaltung verwenden könnten, wenn sie bei der Ausgestaltung der Dienstverhältnisse ihrer Mitarbeiter eigene, auf die Bedürfnisse der Hochschule zugeschnittene Wege gehen könnten, kurz, wenn sie den Einsatz der vom Parlament grosszügig gewährten Finanzmittel flexibler gestalten könnten, als das bisher möglich war. Eine ganze Anzahl Schranken, die uns im Bestreben nach mehr Handlungsfreiheit beschränken, könnten durch Änderungen auf Verordnungsstufe entfernt werden. Andere Erleichterungen sind an Gesetzesänderungen gebunden. Vor allem im Hinblick auf das neue ETH-Gesetz, das auf Ende dieses oder Beginn des nächsten Jahrzehnts erwartet wird, werden solche Fragen ausdiskutiert und beantwortet werden müssen. Auf den Gesetzgeber wartet hier wichtige Arbeit, deren Ergebnis für die Zukunft von Lehre und Forschung und damit die Selbstbehauptung unseres Kleinstaates richtungweisend wird. Das AVANTI-Projekt des Schulrats verspricht auch auf diesem Gebiet wichtige Ergebnisse. Alle Hochschulangehörigen sind eingeladen, Gedankenarbeit beizutragen. Holen Sie sich Information, wenn sie Ihnen nicht zugetragen wird; das ist besser, als mit Ihrer Meinung im Hintergrund zu bleiben mit dem Vorwand, nicht offiziell konsultiert worden zu sein. Zählen sollen in erster Linie die Argumente, nicht die Gremien, von welchen sie stammen. Avanti! CZHETH5A heisst die Knotenadresse aller EARN[1]-Benützer der ETHZ. Unsere Kommilitonen ennet der Künstlergasse werden über CZHRZU1A erreicht. Über KOMETH zum Knoten, von dort über ARPANET oder BITNET können die elektronischen Briefkästen vieler Kollegen in den USA erreicht werden. Zentrale Rolle in solchen Systemen elektronischer Post spielen Computer, die man sich vielerorts noch als Rechenautomaten oder Datenspeicher vorstellt, die jetzt aber auch als Post-Verteilfilialen eine wichtige Funktion übernommen haben. «Computer ersetzt Windkanal» war eine Schlagzeile eines ETH-Bulletins des Berichtsjahres, die einmal mehr vor Augen führte, dass der Computer in voller Fahrt ist, eine wiederum andere Rolle zu spielen: Experimente zu ersetzen, oder mindestens zu ergänzen. Für die Lehre bedeuten diese Erkenntnisse, dass Studierende aller Fachrichtungen, nicht etwa nur die Informatiker, mit dem Computer in seinen verschiedenen Anwendungen vertraut gemacht werden. «Computerwerkzeuge für alle» lautet die Devise, unter welcher im Berichtsjahr an verschiedenen Abteilungen Pilotprojekte angelaufen sind, die Möglichkeiten und Grenzen des Einsatzes von Computern als Unterrichtshilfen aufzeigen sollen – ein weiteres Zeichen der Experimentierfreudigkeit und des gelebten Reformwillens unserer Hochschule. Einen Grosserfolg stellt dabei das CADETH-Zentrum dar, eine leistungsfähige Einrichtung in der Kuppel des Hauptgebäudes, das dem Konstruktionsunterricht der Maschineningenieure dient. Die Erfahrungen aus diesen verschiedenartigen Projekten werden uns in die Lage versetzen, sehr rasch gute Lösungen zu realisieren, die allen Studierenden der Hochschule und auch der Forschung offenstehen werden, sobald das Parlament dem Vorschlag des Bundesrats folgt und die für die Realisierung der Ideen nötigen Finanzmittel bereitstehen. Diese zweifellos notwendige Entwicklung wird auch die Verwaltung, insbesondere die Informatikdienste, vor grosse zusätzliche Aufgaben stellen. Ich bin zuversichtlich, dass wir uns dann punkto Computergängigkeit wieder mit im Spitzenfeld der Hochschulen bewegen werden.

---

[1] *Glossar:*

ARPANET = *A*dvanced *R*esearch *P*roject *A*gency-*N*etwork
BITNET = (entspricht in USA etwa dem europäischen EARN)
EARN = *E*uropean *A*cademic *R*esearch *N*etwork
ESPRIT = *E*uropean *S*trategic *P*rogram of Research and Development in *I*nformation *T*echnology
RACE = *R*esearch and Development in *A*dvanced *C*ommunication Technology for *E*urope
SDI = *S*trategic *D*efense *I*nitiative

Die Reformtätigkeit hat sich nicht im Methodischen erschöpft, wie das aus den Ausführungen zum Thema «Computerwerkzeuge für alle» herausgelesen werden könnte. Vielmehr sind zahlreiche Studieninhalte geändert worden, besonders tiefgreifend in der Elektrotechnik, deren Lehrplan von Grund auf erneuert worden ist. Wir sind dankbar, dass die Erarbeitung des neuen Studienplans nicht durch die Hochschule allein durchgeführt werden musste, sondern in Tuchfühlung mit der interessierten Industrie vor sich gehen konnte.

ESPRIT, RACE, EUREKA, SDI sind Kürzel für multinationale Forschungsvorhaben grossen und grössten Ausmasses, deren Brandungsgeräusche auch hierzulande hörbar werden. Ja, das eine oder andere Forschungsschifflein ist als Beitrag aus unserem Lande im Berichtsjahr bereits ausgelaufen. Weltweit werden für diese Vorhaben sehr umfangreiche Mittel frei, die zu einem grossen Teil der Forschung zur Verfügung stehen sollen. Ich halte dafür, dass Schweizer Unternehmungen und Hochschulen gut beraten sind, wenn sie grosse Anstrengungen unternehmen, sich in der einen oder anderen Form an solchen Vorhaben aktiv zu beteiligen.

«Vom Umgang mit der Zukunft» war ein Thema des diesjährigen ETH-Tages, der Informationskonferenz im Sommer, und ungezählter Diskussionen unserer Planungskommission, deren «Akademische Vision 2001» im In- und Ausland gute Aufnahme findet. Ziel dieser gross angelegten Studie war, den bereits zur Tradition gewordenen, sehr nützlichen Vierjahresplänen eine etwas längerfristige Leitlinie zu geben. Wir wollten auch sicherstellen, dass Vorhaben, deren Realisierung Dekaden in Anspruch nimmt – vor allem Bauvorhaben – rechtzeitig Gestalt annehmen. Die Abteilung für Architektur hat hiefür eine beachtliche Fülle von Varianten für mögliche Überbauungen der Areale Hönggerberg und der bescheidenen Restareale im Zentrum aufgezeigt.

Die ETH Zürich ist in der Lehre (über tausend Absolventen pro Jahr), der Forschung (über zweitausend Forschungsprojekte in Bearbeitung), wissenschaftlicher Dienstleistung durch Zusammenarbeit mit Wirtschaft und öffentlicher Hand (wachsendes Volumen industrieller Forschungsaufträge; Innovationsausstellung 1985: 100 Aussteller, 5000 Besucher) im Institutsbetrieb, in den Abteilungen, im Sportbetrieb (52 Sportarten und Dienstleistungen), ihrem Exkursionswesen, auch im Bereich des Gesellschaftlichen (Polyball 1985: 10 000 Teilnehmer), eine gesunde, lebendige Hochschule, die den Vergleich mit den besten Hochschulen nicht zu scheuen braucht. Das tönt nach Eigenlob, ist aber nötig in einer Zeit, in der sonst in einer Art von Zweckpessimismus ausschliesslich auf Schwächen hingewiesen wird. Schwächen hat es gegeben, bei uns und anderswo, und Schwächen wird es immer wieder geben. Wir verlangen aber, am Erfolg, den wir beim Ausmerzen der Schwächen erringen, und an unseren Stärken gemessen zu werden! Sie sind in eindrücklicher Zahl vorhanden.

WABOLU (Wasser, Boden, Luft) ist der griffige Titel eines neuen, mehrere Institute umfassenden Forschungsprojekts an unserer Hochschule. Es wird sich auf das Studium jener Wechselwirkungen konzentrieren, deren Ergebnis als Luftverschmutzung, saurer Regen, Gewässerverschmutzung und tiefgreifender Veränderungen im Boden unsere Umwelt belasten. Von drei Abteilungen sind sodann Vorstösse unternommen worden, Umweltwissenschaft vermehrt in das Grundstudium einzubauen oder als Nachdiplomstudium anzubieten. Überlegungen zum Zusammenwirken von Mensch, Technik und Umwelt sind seit Jahren in unsere Lehrveranstaltungen eingeflossen. Die dabei gemachten Erfahrungen werden sich bei der Vorbereitung vor allem des angestrebten Nachdiplomstudiums als wertvoll erweisen.

Als besonderer Glanzpunkt im Berichtsjahr sei das Hermann Weyl-Symposium erwähnt, in welchem Borel, Penrose und Yang den grossen Mathematiker und Menschen in herausragenden Vorlesungen würdigten. Gross war die Zahl wissenschaftlicher Ehrungen, die ETH-Professoren zuteil wurden, und die den Dank der Hochschule verdienen. Im Berichtsjahr zum erstenmal verliehen wurde der bedeutende Kyoto-Preis; er ist an unseren Systemtheoretiker Rudolf Kalman gegangen, und das freut uns zutiefst.